Hoffmann
Optimales Online-Marketing

GABLER EDITION WISSENSCHAFT

Stefan Hoffmann

Optimales Online-Marketing

Marketingmöglichkeiten und anwendergerechte Gestaltung des Mediums Online

Mit einem Geleitwort von Prof. Dr. Claudia Fantapié Altobelli

DeutscherUniversitätsVerlag

Die Deutsche Bibliothek - CIP-Einheitsaufnahme

Hoffmann, Stefan:
Optimales Online-Marketing : Marketingmöglichkeiten und anwendergerechte Gestaltung
des Mediums Online / Stefan Hoffmann. Mit einem Geleitw. von Claudia Fantapié Altobelli.
- Wiesbaden : Dt. Univ.-Verl. ; Wiesbaden : Gabler, 1998
(Gabler Edition Wissenschaft)
Zugl.: Hamburg, Univ. d. Bundeswehr, Diss., 1997
ISBN 3-8244-6732-1

Rechte vorbehalten
Gabler Verlag, Deutscher Universitäts-Verlag, Wiesbaden
© Betriebswirtschaftlicher Verlag Dr. Th. Gabler GmbH, Wiesbaden, 1998

Der Deutsche Universitäts-Verlag und der Gabler Verlag sind Unternehmen der
Bertelsmann Fachinformation GmbH.

Das Werk einschließlich aller seiner Teile ist urheberrechtlich geschützt. Jede
Verwertung außerhalb der engen Grenzen des Urheberrechtsgesetzes ist
ohne Zustimmung des Verlages unzulässig und strafbar. Das gilt insbesondere für Vervielfältigungen, Übersetzungen, Mikroverfilmungen und die
Einspeicherung und Verarbeitung in elektronischen Systemen.

http://www.gabler-online.de

Höchste inhaltliche und technische Qualität unserer Produkte ist unser Ziel. Bei der Produktion und
Auslieferung unserer Bücher wollen wir die Umwelt schonen: Dieses Buch ist auf säurefreiem und
chlorfrei gebleichtem Papier gedruckt.

Die Wiedergabe von Gebrauchsnamen, Handelsnamen, Warenbezeichnungen usw. in diesem
Werk berechtigt auch ohne besondere Kennzeichnung nicht zu der Annahme, daß solche Namen
im Sinne der Warenzeichen- und Markenschutz-Gesetzgebung als frei zu betrachten wären
und daher von jedermann benutzt werden dürften.

Lektorat: Ute Wrasmann / Brigitte Knöringer
Druck und Buchbinder: Rosch-Buch, Scheßlitz
Printed in Germany

ISBN 3-8244-6732-1

Geleitwort

Schlagworte wie Multimedia-Marketing, Internet-Marketing, Online-Werbung und Electronic-Commerce geistern durch alle Medien. Eine Umsatz- und Erfolgsprognose jagt die andere; nahezu jede Unternehmensberatung und jedes Marktforschungsinstitut fertigen ständig neue Untersuchungen an. Der Informationsdschungel verfinstert sich zusehends, so daß ein Interessent die wesentlichen Möglichkeiten des Mediums nicht mehr sofort erkennen kann.

Ziel diese Buches ist es daher, erfolgversprechende Ansätze für das Marketing im Internet transparent darzustellen. Besonderes Augenmerk wird dabei auf einen integrierten Managementansatz gelegt. Dies ist deshalb notwendig, da sich der mangelnde Erfolg des Online-Engagement vieler Unternehmen darauf zurückführen läßt, daß sie ihre Online-Aktivitäten zu wenig mit dem klassischen Marketing abstimmen, kontrollieren und optimieren.

Kaum eine Unternehmen bringt ohne detaillierte Vorabanalyse der Konsumentenbedürfnisse neue Produkte auf dem Markt. Unverständlich erscheint es daher, daß mehrheitlich bei der Planung von Online-Marketing auf eine solche verzichtet wird. Die Forderung nach einer detaillierten Planung wird darüber hinaus noch dadurch unterstrichen, daß mit Web-Marketing vor allem Innovatoren und Early Adopters mit hohem Involvement angesprochen werden können - eine wertvolle Exklusivzielgruppe, die vielfach als Meinungsführer auf dem Gesamtmarkt auftritt.

Der in dieser Untersuchung vorgestellte Ansatz NetSign kann die Planung von Online-Auftritten entscheidend unterstützen, zumal mit diesem Ansatz nicht nur der Teilnutzen einzelner Applikationen auf Web-Sites bestimmt werden kann, sondern auch eine detaillierte Segmentierung der Besucherwünsche möglich wird. Kern des Ansatzes ist die im Marketing mittlerweile sehr häufig eingesetzte Conjointanalyse. Sie wurde allerdings in dieser Untersuchung so modifiziert, daß sie in Zukunft auch Online im WWW zur Präferenzmessung von Online-Sites eingesetzt werden kann.

In Zukunft wird das WWW nicht mehr nur über den Computer aufgerufen werden können. Notwendige Technologien für den WWW-Zugang über das ISDN-Telefon zu Hause, Mobilfunkgeräte, Informationssysteme in Automobilen und dem Fernsehapparaten sind bereits geschaffen. Unternehmen können Kunden und potentielle Kunden dann über das

WWW überall erreichen. Online-Marketing hat noch lange nicht die Bedeutung erreicht, die ihm gebührt; die vorliegende Arbeit ist jedoch auf jeden Fall ein Schritt in die richtige Richtung.

Univ.-Prof. Dr. Claudia Fanatapié Altobelli

Vorwort

Im Februar 1995 waren die Themen Online-Marketing und Internet-Marketing in der deutschen Wissenschaft noch sehr spärlich besetzt. Nur wenige Visionäre ahnten bereits, daß dieser Bereich innerhalb von kurzer Zeit zu einem festen Bestandteil des Marketings von Unternehmen werden würde.

Unter ihnen meine „Doktormutter" Univ.-Prof. Dr. Claudia Fantapié Altobelli, die sich während ihrer wissenschaftlichen Laufbahn bereits intensiv mit den Marketingmöglichkeiten in Neuen Medien auseinander gesetzt hat. Ihr gilt an dieser Stelle mein besonderer Dank. Durch die nicht selbstverständlichen Freiräume, die sie mir eingeräumt hat, und ihre konstruktive Kritik in zahllosen Diskussionen war es möglich, diese Arbeit relativ zügig zu beenden. Besonders zu würdigen ist aber auch mein Zweitgutachter Univ.-Prof. Dr. Michael Gaitanides, der durch seine nicht nur marktorientierte Sichtweise neue Akzente in der Betrachtung setzte.

Nicht zu vergessen sind die Kollegen am Institut für Marketing an der UniBW Hamburg, Ann-Kathrin Grosskopf, Susanne Fittkau (W3B, Hamburg) und Britta Handke, die während der Untersuchung jederzeit mit ihrer Fachkompetenz unterstützend zur Seite standen. Dank gilt aber auch allen Hilfskräften am Institut für Marketing. Hervorzuheben ist hier Maren Lübcke, die durch zahllose Recherchen und das Anfertigen diverser Charts wesentlich zum Gelingen der Arbeit beitrug.

Zur wissenschaftlichen Ausarbeitung des Themas Online-Marketing waren Ideen, Erfahrungen und Probleme von Praktikern, die täglich mit der Praxis des Online-Marketing konfrontiert werden, unerläßlich. Wesentliche Erkenntnisse konnten aus der Zusammenarbeit mit dem Vermarktungsunternehmen der ProSieben Media AG, der MGM MediaGruppe München und dem SPIEGEL Verlag gewonnen werden. Bei der MGM MediaGruppe München schulde ich vor allem Herrn Andreas Vill (nun W&V), Herrn Hans Lauber und Herrn Lars Beulke besonderen Dank. Herrn Dirk Vollmer vom SPIEGEL Verlag Hamburg gebührt ebenfalls mein besonderer Dank für tatkräftige Unterstützung.

Letztendlich ist allen zu danken, die in irgendeiner weise mit Rat und Tat bei der Anfertigung der Dissertation zur Seite standen. Zum Dank bin ich vor allem Christine Scheck vom Lehrstuhl für Absatzwirtschaft der Eberhard Karl Universität Tübingen verpflichtet, die sich in der Schlußphase der Dissertation zum Korrekturlesen opferte.

Ich wünsche mir, daß dieses Buch zumindest einen kleinen Beitrag zur Weiterentwicklung des Online-Marketing als Bestandteil des Gesamtmarketing liefert und daß die Leser nützliche Ansatzpunkte für ihre Arbeit gewinnen können.

Stefan Hoffmann

Inhaltsverzeichnis

Abbildungsverzeichnis

Verzeichnis der Variablen und Indizes

Variablen:

α	Signifikanzniveau beim t-Test
β_{lm}	Teilnutzen der Ausprägung m der Komponente l
δ_{lm}	Bedeutungsgewicht der m-ten Ausprägungsstufe der Komponente l
δ_0	Unterschied zwischen Mittelwerten
ϵ	Minkowski-Parameter
γ_l	Bedeutungsgewicht der Komponente l
λ	Vektor der Eigenwerte
μ	Mittelwert
A_{ijl}	von Individuum i wahrgenomme Ausprägung der Komponente l bei Online-Auftritt j (Akzeptanz der Ausprägungsstufe)
B	Viererblock im Differenzendesign
d_{lmt}	Codierung der Eigenschaft l mit Ausprägungsstufe m der im Paarvergleich t gegenübergestellten Stimuli
D	Differenzendesign
d_o	Obergrenze des Konfidenzintervalls beim t-Test
d_u	Untergrenze des Konfidenzintervalls beim t-Test
E	Eigenschaftsvektor der Stimulusbeschreibung
ES_{ij}	Einstellung des Nutzers i gegenüber dem Online-Auftritt j
e	Störterm bzw. stochastischer Nutzen
EM	Einheitsmatrix
G_j	Gewinn des Produktprofils j
I_{il}	individuelle Idealvorstellung einer Komponente l
IP_{ir}	Koordinate des Idealpunkts des Individuums i bezogen auf die r-te Dimension des Wahrnehmungsraums
K	halbe Spannweite des Konfidenzintervalls des t-Tests
KI	Konfidenzintervall des t-Tests
KO_j	Kosten des Produktprofils j
MA_j	Marktanteil des Produktprofils j
MV	Marktvolumen
P_{ij}	individuelle Nutzungswahrscheinlichkeit des Online-Auftrittes j
PO	Matrix der Prioritätsurteile beim AHP-Verfahren
PR_j	Preis des Produktprofils j

s	Stichprobenvarianz
S	Varianz in der Grundgesamtheit
T_l	Teststatistik des t-Tests für die Komponente l
U_{ij}	individueller Gesamtnutzen des Online-Auftrittes j
ΔU_t	erhobener Präferenzunterschied der im Paarvergleich t gegenübergestellten Online-Auftritte
US_j	Umsatz des Produktprofils j
V_{ij}	deterministischer Nutzen von Online-Auftritt j bei Online-Nutzer i
W_{ijl}	bei Nutzer i erhobene Wichtigkeit der Komponente l des Online-Auftrittes j
	w_{lm} zu schätzende Änderung des Teilnutzens beim Übergang von Ausprägungsstufe 1 zur Stufe m bei Komponente l
x_{jlm}	Codierung der Ausprägung m der Komponente l bei Stimulus j

Indizes:

c	Index für Online-Auftritte im Consideration-Set ($c=1,...,C$)
i	Index für die Individuen ($i=1,...,I$)
j	Index für Online-Auftritte ($j=1,...,J$)
k	Index für Online-Auftritte ($k=1,...,K$)
l	Index für die Komponenten ($l=1,...,L$)
m	Index für die Ausprägungsstufen einer Komponente ($m=1,...,M_l$)
n	Index für die Probanden ($n=1,...,N$)
r	Index für die Dimensionen im Wahrnehmungsraum ($r=1,...,R$)
t	Index für die Paarvergleiche ($t=1,...,T$)
y	Index für die Segmentzugehörigkeit
z	Index für die Segmentzugehörigkeit

Teil 1: Einführung

1.1 Gegenstand der Untersuchung

Die Beschaffung von Informationen und die Kommunikation haben sich in den letzten Jahren sehr stark verändert. Die Kommunikationstechniken Kabel-, Satellitenfernsehen und Telefax sind mittlerweile im täglichen Gebrauch selbstverständlich geworden und können nicht mehr wie Ende der achtziger Jahre als Neue Medien bezeichnet werden.[1]

Aus dem momentanen Blickwinkel heraus zählen das digitale Fernsehen, Kiosksysteme, CD-ROMs und das Medium Online zu den _Neuen Medien_. Beim digitalen Fernsehen bleiben die Abonnentenzahlen weit hinter den Erwartungen zurück.[2] Bei Kiosksystemen ist eine erste Stagnation in der Verbreitung zu verzeichnen,[3] und CD-ROMs haben sich als Speichermedium bereits seit einigen Jahren etabliert.[4] Ungebremst ist jedoch die Diffusion von Online-Medien.

Sowohl bei den Informationsanbietern als auch bei den Nachfragern sind im WWW (World Wide Web) des Internet enorme Wachstumszahlen zu verzeichnen, die bisher weder bei der Einführung des Telefons noch bei der des Fernsehens beobachtet werden konnten.[5] Die anfängliche Euphorie ist allerdings auch hier schon etwas geschwunden.

Ging man Mitte der neunziger Jahre in sehr optimistischen Prognosen von 25 Millionen _Online-Nutzern_ bis zum Jahr 2000 in Deutschland aus, so wurden die Voraussagen auf zehn Millionen nach unten korrigiert.[6] Auch auf der Seite der _Informationsanbieter_ ist Ernüchterung festzustellen. Mitte der neunziger Jahre stürmten sehr viele Unternehmen weitgehend unvorbereitet ins WWW, um dieses für das Marketing zu nutzen. Bereits 1999 sollten nahezu alle Unternehmen mit einem eigenen Auftritt im Netz vertreten sein. Ende 1996 waren es jedoch nur rund 30 Prozent.[7] Medienunternehmen aus dem Print- und TV-Bereich glaubten im Medium Online ein neues Ertragsfeld gefunden zu haben. Durch das Schalten von Online-Anzeigen sollten bis zum Jahr 2000 rund fünf Milliarden Dollar _Werbeumsätze_ weltweit erzielt werden.[8] Vorsichtige Schätzungen gehen für 1997 allerdings erst von zehn Millionen

---

[1] Vgl. Fantapié Altobelli (1990), S. 8-25
[2] Vgl. Heinemann (1997), S. 213-218; ECC European Communication Council (1997), S. 309, S. 329.
[3] Vgl. GfK/Horizont/MGM (1997), S. 15.
[4] Vgl. Spiegel Verlag (1996), S. 54.
[5] Vgl. ECC European Communication Council (1997), S. 335.
[6] Vgl. IDC International Data Corporation (1996), zitiert nach Boesebeck/Droste (1997), S. 12.
[7] Vgl. Fantapié Altobelli/Hoffmann (1996b), S. 231.
[8] Vgl. Jupiter Communications (1996), zitiert nach Boesebeck/Droste (1997), S. 1.

Mark in Deutschland aus.[9] Unzufrieden zeigt sich auch der Handel. Über *Online-Shopping-Malls* werden in Deutschland erst einige tausend Mark täglich umgesetzt.[10]

Ursächlich für geringe Nutzungszahlen von unternehmenseigenen Online-Angeboten ist, daß diese vielfach ohne Berücksichtigung der Bedürfnisse der Nutzer entwickelt wurden. Willkürlich wurden Angebote ins Netz gestellt. Oftmals wurde vergessen, daß dem Online-Konsumenten für den Abruf eines Online-Auftrittes Kosten in Form von Telekommunikationsgebühren und Internet-Zugangsgebühren entstehen. Der Nutzen eines Online-Angebotes muß jedoch höher sein als die Kosten, die für den Abruf anfallen. Erst nach den ersten Enttäuschungen beginnt man nun mit der Fokussierung auf die Erwartungen der Nutzer. Nun gilt für die Gestaltung: Qualität vor Quantität. Erstere ist besonders im *Online-Consumer-Marketing* wichtig, da es sich hier um einen reinen „Käufermarkt" handelt. Der Online-Nutzer entscheidet, welche Angebote er abruft und wie oft er diese anwählt.

Wenig Beachtung wurde zu Beginn der Internet-Euphorie dem *Online-Business-to-Business-Bereich* geschenkt. Aber gerade hier können Unternehmen gegenüber ihren Konkurrenten Wettbewerbsvorteile aufbauen: Die Verfügbarkeit von Produkten und Leistungen kann sofort online abgefragt werden, ohne Verzögerungen können Bestellungen getätigt werden.

Ziel dieser Untersuchung ist die Entwicklung eines *integratives Management-Konzepts*, das es ermöglicht, den Online-Marketing-Mix so festzulegen, daß die Ziele von Unternehmen als Anbieter und die Erwartungen von Nutzern als Nachfrager in gleicher Weise erfüllt werden.

Zunächst muß hierzu eine strukturierte Übersicht geschaffen werden, die alle Marketingmöglichkeiten im Medium Online vorstellt. Ferner muß aufgezeigt werden, in welchem Zusammenhang einzelne Online-Maßnahmen zueinander stehen. Ein optimaler Online-Marketing-Mix ist nicht nur mit dem klassischen Marketing-Mix abzustimmen, sondern durch ihn sind auch Synergien zwischen Online-Maßnahmen in einzelnen Online-Medien auszuschöpfen. Darüber hinaus ist zu prüfen, inwiefern sich das Online-Marketing für verschiedene Wirtschaftssektoren wie Konsumgüter, Investitionsgüter und Dienstleistungen eignet.

Um strukturiert an die Entwicklung eines Online-Marketing-Mix herangehen zu können, ist ein *Planungsprozeß* zugrunde zu legen, der das Problem in verschiedene Phasen gliedert. Planungsunsicherheiten können nur dann reduziert werden, wenn aktuelle rechtliche und sicherheitstechnische Rahmenbedingungen berücksichtigt werden. Des weiteren müssen Kontrollgrößen fixiert werden, die Aufschluß über den Zielerreichungsgrad geben.

---

[9] Vgl. Klaus (1997), o.S.
[10] Vgl. Homeyer (1997), S. 63.

Zufriedenheit mit dem Online-Auftritt eines Unternehmens kann auf der Seite der Nutzer nur erreicht werden, wenn potentielle User in einer *Primäranalyse* befragt werden, welche Erwartungen sie an den Online-Aufritt eines bestimmten Unternehmens haben. Hierbei empfiehlt sich eine ähnliche Vorgehensweise wie bei der Neuproduktplanung, im Rahmen derer Konsumenten in einer Vorphase unterschiedliche Produktkonzepte bewerten. Die Ergebnisse der Primäranalyse sollen auch eine Segmentierung der Wünsche der Online-Nutzer ermöglichen, wodurch Online-Marketing-Konzepte für unterschiedliche Zielgruppen entworfen werden können. Die Erwartungen der Konsumenten sind dabei nicht als konstant anzusehen, vielmehr ist von einer Erwartungsevolution auszugehen: Mit stärkerer Verbreitung und Nutzung des Mediums Online werden auch die Ansprüche der Nutzer an das Online-Marketing steigen.

1.2 Gang der Untersuchung

In *Teil 2* werden zunächst die Neuen Medien digitales Fernsehen, Kiosksysteme, CD-ROMs und das Medium Online kurz charakterisiert. Detaillierter werden dann die Entwicklungsperspektiven der proprietären Online-Dienste (T-Online, AOL, CompuServe, MSN) und des WWW als Marketingträger aufgezeigt. Ein Vergleich der neuen Online- und Offline-Medien mit den klassischen Medien Print und TV soll die Vor- und Nachteile des Online-Marketing verdeutlichen.

Im Anschluß daran werden mögliche Online-Marktingaktivitäten auf unternehmenseigenen und unternehmensfremden Online-Plattformen detailliert untersucht. Die übrigen Online-Marketingformen wie Online-Shopping, Online-Marktforschung und virtuelle Messen werden hingegen nur kurz behandelt, da diese den eigentlichen Online-Marketing-Mix, bestehend aus einer eigenen Online-Präsenz und Online-Werbung, nur ergänzen.

Bevor auf die Planung des Online-Marketing näher eingegangen wird, werden die Besonderheiten des Online-Marketing für die Wirtschaftssektoren Investitionsgüter, kurz- und langlebige Konsumgüter sowie Dienstleistungsunternehmen hergeleitet.

Diese Ergebnisse sowie rechtliche und sicherheitstechnische Gegebenheiten bilden den Rahmen für den Planungsprozeß, der in Anlehnung an die Planung der klassischen Werbung für das Online-Marketing abgeleitet wird. Des weiteren wird auch auf die Kontrolle von Online-Marketingmaßnahmen eingegangen. Der Planung und Kontrolle folgen Ansatzpunkte zur Integration des Online-Marketing-Mix in den klassischen Marketing-Mix.

Bei der Planung erweist sich insbesondere die Festlegung der Inhalte des Online-Auftrittes als problematisch. Die sich daran anschließenden Ausführungen stellen hierzu Lösungsmöglichkeiten vor. Zunächst werden in *Teil 3* anhand des S-O-R-Paradigmas Determinanten für die

Nutzung von Web-Auftritten untersucht. Ein daraus abgeleitetes Phasen-Modell für die Internet-Nutzung macht deutlich, daß die Präferenz von Internet-Auftritten entscheidend für die wiederholte Nutzung ist. Aus diesem Grund werden in der Folge die „klassischen" Verfahren der kompositionellen und dekompositionellen Präferenzforschung näher vorgestellt und kritisch durchleuchtet. Jede Methode wird dahingehend überprüft, ob sie sich zur Präferenzmessung von Internet-Auftritten eignet.

In einem neuen Ansatz für die Online-Präferenzforschung für Internet-Auftritte wird der kompositionelle mit dem dekompositionellen Ansatz verknüpft. Mit ersterem können deutlich mehr Inhaltskomponenten untersucht werden, die Ergebnisse erweisen sich allerdings als zu wenig detailliert. Die im kompositionellen Verfahren als am wichtigsten klassifizierten Komponenten werden daher mit der Conjointanalyse näher durchleuchtet. Durch eine Gegenüberstellung der Ergebnisse beider Methoden wird die Validität der Aussagen überprüft. Mit den individuellen Teilnutzen für einzelne Komponenten der Online-Auftritte aus beiden Verfahren wird jeweils eine A-priori- und A-posteriori-Segmentierung (Benefitsegmentierung) durchgeführt, wodurch segmentspezifische Web-Präsenzen konstruiert werden können.

Abschließend werden in *Teil 4* die Ergebnisse einer Pilotuntersuchung für Versicherungs-Sites mit dem entwickelten Verfahren aufgezeigt.[11] Schritt für Schritt werden hier die Resultate der einzelnen Auswertungsstufen vorgestellt und mit Tests für Reliabilität und Validität ergänzt.

---

[11] Testergebnisse für neun weitere Branchen können der Pilotuntersuchung von Fantapié Altobelli/Hoffmann (1996b) entnommen werden.

Teil 2: Online-Marketing als Ergänzung des klassischen Marketing-Mix

1. Neue Medien als Marketingplattform

1.1 Einsatz multimedialer Technologien im Marketing

Unter dem Begriff Multimedia wird eine Kommunikationstechnologie verstanden, die ihren Einsatz nicht nur im Marketing, sondern in vielen anderen Bereichen wie etwa jenen der *Dokumentation und Präsentation* hat. Allen Einsatzbereichen liegt eine einheitliche Abgrenzung des Begriffes zugrunde. Drei wesentliche Kriterien lassen sich zur begrifflichen Abgrenzung von Multimedia heranziehen:[12]

- Durch *multimodale* Informationstechnologien werden mehrere Sinne der menschlichen Wahrnehmung, z.B. Auge und Ohr, angesprochen. Bereits das Fernsehen kann multimodal kommunizieren.

- *Interaktivität* ist das eigentliche Kennzeichen von Multimedia. Der Nutzer der Technologie ist nicht nur Empfänger von Information, er kann vielmehr gezielt Inhalte selektieren und im Dialog individuelle Wege einschlagen.

- Darüber hinaus liegen bei allen multimedialen Anwendungen die Informationen *digital* vor oder werden digital bearbeitet.

Für die Multimedia-Technologien bestehen im Marketing vielfältige Einsatzbereiche. Multimedia kann zum einen fester *Bestandteil des Produktes* sein. So kann die Bedienung und Wartung von Produkten aus dem Investitionsgüterbereich über Terminals mit multimedialer Software anschaulicher und transparenter gestaltet werden. Aber auch multimedial aufbereitete und in das Produkt integrierte Betriebsanleitungen, wie z.B. bei Mobilfunkgeräten, können den Gebrauch des Produktes vereinfachen.[13]

Noch größere Bedeutung hat die Multimedia-Technologie aber durch die Verbindung mit entsprechenden Hardware-Lösungen der Neuen Medien erlangt. Die Neuen Medien stellen das Trägermedium oder die Plattform dar, über die der Konsument multimedial kontaktiert werden kann. Zu den Neuen Medien zählen (vgl. Abb. 2.1):[14]

- digitales (interaktives) Fernsehen

---

[12] Vgl. Silberer (1995b), S. 4f.; Hünerberg/Heise (1995), S. 1-8; Booz-Allen & Hamilton (1995), S. 27; Schierl (1996), S. 40f.; Fink/Meyer (1996), S. 56f.
[13] Vgl. Silberer (1995a), S. 78.
[14] Vgl. Jäschke/Albrecht (1996), S. 178-183; Pepels (1992), S. 71f.; Hensmann/Meffert/Wagner (1996), S. 9.

- mobile Offline-Speichermedien (CD-ROMs und andere Datenträger)
- Kiosksysteme
- Online-Medien.

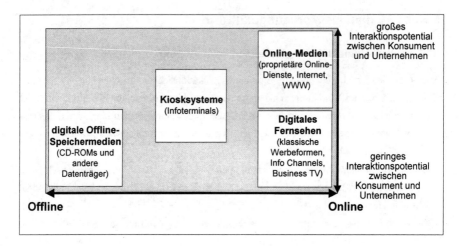

Abb. 2.1: Neue Medien im Vergleich
Quelle: in Anlehnung an Fink/Meyer (1996), S. 56; Booz Allen & Hamilton (1995), S. 28

Beim **digitalen Fernsehen** muß das Programm im Gegensatz zum herkömmlichen analogen Fernsehen in Form von digitalen Daten vorliegen. Das digitalisierte Programm wird über Satellit, Kabelnetz oder terrestrische Sender zu den TV-Haushalten übertragen. Durch die Digitalisierung können über die bestehenden Übertragungswege wesentlich mehr Programme ausgestrahlt werden als bisher.[15] Damit die Zuschauer das digitale Fernsehangebot nutzen können, benötigen sie eine spezielle Hardwarekomponente, die sogenannte **Set-Top-Box**, die die empfangenen digitalen Signale analogisiert und für herkömmliche Fernsehgeräte nutzbar macht.[16] Die TV-Zuschauer profitieren zum einen von einer höheren Bildqualität und zum anderen von einer größeren Programmvielfalt.[17] Autorennen müssen beispielsweise nicht mehr mit wechselnder Perspektive über einen Kanal übertragen werden, sondern für jede Perspektive kann ein separater Kanal eingerichtet werden. Der Zuschauer kann als eigener Regisseur seine favorisierte Perspektive auswählen.

---

[15] In einem herkömmlichen analogen TV-Kanal können bis zu 10 digitale Programme in Standard-Bild-Qualität übertragen werden. Vgl. Schrape (1996), S. 8.
[16] Mittelfristig werden sich neue Fernsehgeräte durchsetzen, in die diese Komponente bereits integriert ist. Vgl. Booz Allen & Hamilton (1995), S. 37; Schrape (1995), S. 9.
[17] Vgl. Schrape (1995), S. 7f.

Digitale Programmangebote können gebührenfrei oder -pflichtig angeboten werden. Beim *Pay-Per-Channel-Konzept* abonnieren die Zuseher bestimmte verschlüsselte Kanäle und beim *Pay-Per-View-Konzept* bezahlen sie nur für einzelne Sendungen.[18] Von der sogenannten Smart Card, die wie eine Telefonkarte funktioniert, werden die Nutzungsgebühren abgebucht.

Interaktiv und multimedial wird das digitale Fernsehen dann, wenn zwischen Zuschauer und Sender ein Rückkanal geschaltet wird. Über *Video-On-Demand* kann der Nutzer individuell gegen Bezahlung von einem Video-Server Angebote abrufen und sich sein Programm selbst zusammenstellen.[19]

Im Rahmen des Marketing kann das digitale Fernsehen dadurch genutzt werden, daß Unternehmen die *klassischen TV-Werbeformen* wie Werbespots, Sponsoring und Product Placement auch auf dieser Plattform anbieten.[20] Im digitalen Fernsehen können darüber hinaus spezielle *Werbekanäle* („Infomercial-Channels") für weiterführende, detailliertere Werbeinformationen oder „klassische" Tele-Shopping-Kanäle für den Verkauf und Vertrieb eingerichtet werden. So kann es einen „Autokanal" geben, über den in Verbindung mit redaktionellen Sendungen informative Promotionfilme über das Fahrzeug ausgestrahlt werden. Befindet sich der Zuschauer im Kaufentscheidungsprozeß, so kann er über diesen Kanal für ihn relevante Informationen abrufen.[21] Einen Schritt weiter geht das *Business TV*, bei dem Unternehmen die Peripherie des digitalen Fernsehens nutzen und eigene Fernsehprogramme für Kunden und Mitarbeiter anbieten. Richtet sich das Programm an die Mitarbeiter, so kann es zur internen Kommunikation und Schulung genutzt werden; sind Kunden die Zielgruppe, so kann z.B. der Gebrauch von Produkten vorgeführt werden.[22]

Größte Bedeutung unter den mobilen *Offline-Speichermedien* hat die *CD-ROM* erlangt. Auf ihr können digitale Daten (Text, Bild, Ton, Video) in hoher Qualität gespeichert werden. Mit einer Kapazität von 650 MB kann die CD-ROM heute bereits umfangreiche, multimediale Informationen beinhalten.[23]

Voraussetzung für den Einsatz der CD-ROM im Marketing ist nicht nur das Vorhandensein von CD-ROM-Laufwerken, sondern auch die Multimediatauglichkeit der verwendeten PCs. Hierzu müssen PCs mit einer Soundkarte und Lautsprechern ausgestattet sein. Wie Abb. 2.2 zeigt, sind heute weniger als die Hälfte der mit CD-ROM Laufwerk versehenen PCs multi-

---

[18] Vgl. Schrape (1995), S. 27.
[19] Vgl. Schrape (1995), S. 35f.
[20] Vgl. Glabus/Peters (1997), S. 77f.
[21] Vgl. Heinemann (1997), S. 213-218; Kroff (1995), S. 264.
[22] Vgl. Schäfer (1997), S. 49f.
[23] In naher Zukunft werden sogar deutlich größere Datenmengen auf CD-ROMs verarbeitet werden können.
      Vgl. Hünerberg/Heise (1995), S. 8f.

mediatauglich. Hinter den privaten PC-Nutzern mit 2,9 Millionen Multimedia-PCs verbirgt sich ein fast doppelt so großes Potential für Multimedia-Marketing wie bei beruflichen PC-Anwendern (vgl. Abb. 2.2).

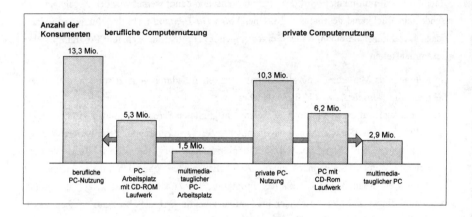

Abb. 2.2: Verbreitung von Multimedia-PCs in Betrieben und privaten Haushalten
Quelle: Spiegel Verlag (1996), S 31-59.

Großes Interesse besteht in der Bevölkerung vor allem für CD-ROMs, die Auskunftssysteme, Lernprogramme, Lexika und Datenbanken beinhalten. Die Bereitschaft, CD-ROMs mit Produktinformationen, Werbung und verkaufsfördernden Inhalten zu nutzen, ist im Vergleich etwas geringer.[24]

Das Spektrum der Marketingmöglichkeiten mit dem Offline-Medium CD-ROM ist sehr weitreichend. Im einzelnen lassen sich folgende Aktivitäten zusammenfassen:

– Einen Einsatzbereich stellt die **Produkt- und Leistungspräsentation** dar. Parallel zur Markteinführung von neuen Modellreihen bieten Automobilhersteller bereits neben den klassischen Prospekten CD-ROMs als Informationsmaterial an. Auf diesen Promotion-CD-ROMs erhält der Nutzer interaktiv abrufbare Informationen über Preise von einzelnen Modellvarianten und kann menügesteuert sein Wunschauto mit Sonderausstattungen zusammenstellen.[25] Neben Gebrauchsgütern mit extensiver Kaufentscheidung ist die CD-ROM auch für die Produktpräsentation von standardisierten Investitionsgütern geeignet.[26]

---

[24] Vgl. Spiegel Verlag (1996), S. 58.
[25] Vgl. Jäscke/Albrecht (1996), S. 180.
[26] Vgl. Heimbach (1997), S. 39.

Aber auch viele Dienstleister nutzen die CD-ROM als Marketinginstrument. Die Lufthansa und die Deutsche Bahn präsentieren beispielsweise ihre aktuellen Flug- bzw. Fahrpläne auf CD-ROM.

– Vor allem für den Versandhandel ist die CD-ROM zur *Sortimentspräsentation* sehr geeignet. Die großen deutschen Versandhandelsunternehmen offerieren bereits seit einigen Jahren ihre Kataloge auf CD-ROMs. Die Auflage der halbjährlich simultan mit den Print-Katalogen erscheinenden CD-ROM liegt bei Quelle bei immerhin 300.000 Stück und beim Otto-Versand bei 170.000 Stück.[27]

– Geringe Bedeutung hat die CD-ROM bisher im Bereich der *Werbung* erlangt. Obwohl sich sehr reichweitenstarke CD-ROM-Publikationen wie beispielsweise Telefonbücher, Fahrpläne usw. gut als Insertionsmedium eignen, wird diese zusätzliche Einnahmequelle bisher nur von sehr wenigen Anbietern ausgeschöpft.

Entscheidend für den Erfolg von CD-ROMs ist nicht nur deren Inhalt, sondern auch die Vermarktung.[28] Diese kann durch folgende Maßnahmen unterstützt werden:

– Print-Anzeigen und TV-Spots müssen auf die CD-ROM verweisen, die bei Interesse per Fax, Telefon oder E-mail bestellt werden kann.

– In zielgruppenaffinen Zeitungen und Zeitschriften können CD-ROMs ähnlich wie Produktproben beigelegt werden. Aber auch über Kooperationen mit großen Computerhandelsketten kann die CD-ROM beim Neukauf eines Computers vertrieben werden.

– Darüber hinaus eignet sich der Direktvertrieb, bei dem auf bestehende Adreßdaten zurückgegriffen wird, zur zielgruppengenauen Penetration.

Die Produktionskosten von qualitativ hochwertigen CD-ROMs sind im Vergleich zu den Reproduktionskosten relativ hoch. Für die Gestaltung und Programmierung sind Ausgaben bis zu einer Million Mark keine Seltenheit.[29]

Bei *Kiosksystemen* handelt es sich um frei zugängliche Computerterminals, die vom kommunizierenden Unternehmen am Point-of-Sales oder Point-of-Interest (Point-of-Information, Point-of-Fun) aufgestellt werden und für den Anwender multimediale Information bereithalten. In technischer Hinsicht handelt es sich hierbei um einfache PCs, auf denen offline CD-ROMs eingesetzt werden, die einen Zugang zu einem Online-System (z.B. Internet) ermöglichen, oder die hybride Systeme mit einem Online/Offline Mix beinhalten. Die

---

[27] Vgl. Heimbach (1997), S. 40-43.

[28] Vgl. Bruhn (1997b), S. 12.

[29] Die Kosten für die Vervielfältigung betragen hingegen nur etwa 2 Mark pro Stück. Insgesamt werden daher oftmals sogar die Herstellungskosten für einen vergleichbaren Printkatalog unterschritten. Vgl. GfK/Horizont/MGM (1997), S. 27; Jäscke/Albrecht (1996), S. 180.

Bedienung der Terminals wird den Nutzern allerdings im Vergleich zu PCs durch die Touch-Screen-Technik erleichtert.[30] Grundsätzlich können zwei Typen von Kiosksystemen unterschieden werden:[31]

- *Point-of-Information-* bzw. *Point-of-Fun-Systeme* besitzen primär informierenden oder unterhaltenden Charakter. Mit Pre-Sales-Services wie z.b. Informationen über Produkte in Kaufhäusern oder auf Messen sollen Nutzer zum Kauf angeregt werden.[32] Der eigentliche Kaufakt erfolgt über den Verkäufer und nicht über das Terminal.

- *Point-of-Sale-Systeme* beinhalten Transaktionsfunktionen, die die mit einem Kauf verbundenen Austauschbeziehungen ermöglichen. So können mit solchen Kiosksystemen z.b. Reservierungen und Buchungen von Tickets und deren Bezahlung vorgenommen werden. Diese Systeme müssen eine hybride Struktur besitzen. Zeitlich invariante Daten werden lokal gespeichert, und variante Daten (z.b. Preislisten, Rückkopplungen bei Buchungen und Bestellungen) werden online über die Netzanbindung übertragen.[33]

Im Vergleich zu den übrigen Neuen Medien beginnt die Verbreitung von Kiosksystemen bereits zu stagnieren. [34]

Bei *Online-Medien* wird zwischen Systemen mit dezentraler oder auch anarchischer und solchen mit zentraler Struktur unterschieden. Zu den anarchischen Netzen zählt das WWW (World Wide Web) des Internets. Alle proprietären Online-Dienste (T-Online, AOL, CompuServe usw.) sind in ihrer Struktur hingegen zentral organisiert.

Im folgenden werden die Verbreitung der Online-Medien in Deutschland und deren Nutzungs-möglichkeiten als Marktingplattform genauer aufgezeigt. Im Anschluß werden die Marketing-möglichkeiten mit den Neuen Medien (mobile Offline-Speichermedien und Online-Medien) mit denen der klassischen Medien verglichen. Auf das digitale Fernsehen und Kiosksysteme wird dabei nicht näher eingegangen. Ersteres befindet sich als Marketingplattform noch in einem frühen Entwicklungsstadium. Kiosksysteme stellen als frei zugängliche Terminals nur einen Spezialfall von Offline- bzw. Online-Medien dar.

---

[30] Vgl. Rieke (1996), S. 116.
[31] Vgl. Bruhn (1997b), S. 13.
[32] Vgl. Silberer (1995b), S. 16f.; Hünerberg/Heise (1995), S. 10f.; Rieke (1996), S. 117; Bruhn (1997a), S. 828.
[33] Vgl. Hensmann/Meffert/Wagner (1996), S. 11.
[34] Vgl. GfK/Horizont/MGM (1997), S. 15.

1.2 Das Medium Online als Marketingplattform

1.2.1 Kommerzielle proprietäre Online-Dienste

Bevor das Internet bzw. das WWW in Deutschland ab Mitte der 90er Jahre eine starke Verbreitung fand, wurden vor allem kommerzielle Online-Dienste, allen voran T-Online und CompuServe, genutzt. Mittlerweile beinhalten alle in Deutschland genutzten Online-Dienste (T-Online, CompuServe, AOL und MSN) einen Zugang zum WWW. Ihre Bedeutung als Informations- und Transaktionsmedium wird immer mehr vom WWW verdrängt. Die proprietären Dienste übernehmen zunehmend eine reine Providerfunktion für den Internet-Zugang.

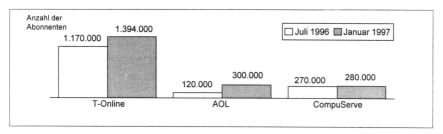

Abb. 2.3: Abonnenten der proprietären Online-Dienste in Deutschland
Quelle: MGM Mediareport (1997), S. 5

T-Online

T-Online ist eine Weiterentwicklung des Bildschirmtextes (Btx), für den der Startschuß unter Leitung der Bundespost bereits 1980 fiel. Die Diffusion von Btx erfolgte in den achtziger Jahren allerdings nicht so positiv wie ursprünglich prognostiziert.[35] Gründe hierfür waren die Ähnlichkeit zum kostenlos nutzbaren Videotext, die geringe Geschwindigkeit bei der Datenübertragung und die umständliche Bedienung des CEPT-Standards[36] sowie eine verfehlte Markteinführungspolitik. Eine Veränderung ergab sich 1992/93, als man Btx endlich an den Wünschen der PC-Nutzer ausrichtete und unter dem Namen Datex J in ein leistungsfähiges Computernetzwerk umwandelte. Eine weitere entscheidende Verbesserung erfolgte 1995, als der Dienst neben dem CEPT-Standard den KIT-Standard[37] erhielt. Dieser ermöglichte es, Angebote von T-Online genauso interaktiv und benutzerfreundlich zu gestalten wie WWW-Inhalte.[38]

---

[35] Vgl. Fantapié Altobelli (1990), S. 24f.
[36] Mit dem CEPT-Standard (Conférence Européenne des Administrations des Postes et des Télécommunications) können auf einer Seite 24 Zeilen mit jeweils 40 Zeichen dargestellt werden.
[37] KIT steht für Kernsoftware mit Intelligenten Terminals.
[38] Vgl. Lüpken (1995), S. 9-11; Neue Mediengesellschaft Ulm (1996), S. 9.

T-Online hält zu unterschiedlichen Themenbereichen Informationen bereit: Finanzen, Nachrichten, Unterhaltung usw. Am stärksten genutzt wird jedoch das Homebanking, das lange Zeit die „Killer-Applikation" und den Hauptgrund für die Anschaffung von T-Online darstellte.[39]

T-Online verfügte im Januar 1997 über 1,3 Millionen Abonnenten (vgl. Abb. 2.3). Auch in der Zukunft will sich T-Online als Breitband-Online-Dienst für jedermann positionieren.[40]

Die Tarifstruktur von T-Online ist im Vergleich zu den anderen Online-Diensten verhältnismäßig komplex. Neben einer relativ geringen Grundgebühr von monatlich 8 Mark zahlt der User zusätzlich eine zeitbezogene Gebühr für die Nutzung der T-Online-eigenen Angebote und des Internets. Für spezielle Angebote (z.B. Fahrplanauskunft) werden darüber hinaus weitere Gebühren erhoben.

	monatliche Gebühr	zeitbezogene Gebühr	inhaltsbezogene Gebühr	Gebühr für Internet-Nutzung	Zugangsknoten
T-Online	DM 8	DM 0,06/min DM 0,02/min	z.B. DM 0,30/ min (Fahr- planauskunft)	DM 3/h	zum Ortstarif
CompuServe	US$ 9,95 (5 Stunden frei)	US$ 2,95/h	je nach Information	-	12 Knoten
AOL	DM 9,90 (2 Stunden frei)	DM 6/h	-	-	60 Knoten
MSN	DM 12 (2 Stunden frei)	DM 6/h	-	-	36 Knoten

Abb. 2.4: Gebührenstruktur für proprietäre Online-Dienste in Deutschland
Quelle: Neue Mediengesellschaft Ulm (1996), S. 9-79

Unternehmen können in T-Online für eine Gebühr von 350 Mark pro Monat und weitere 8 Mark pro Tag und Seite Informationsanbieter werden. Das Inkassoverfahren von T-Online ermöglicht es Anbietern, Einnahmen durch den Abruf der angebotenen Informationen wie etwa Wirtschaftsdaten zu erzielen. Weitere Werbemöglichkeiten wie z.B. das Schalten von

---

[39] Vgl. Fugmann/Hoffmann/Pfleiderer (1996), S. 14.
[40] Die Zahl der Nutzer von proprietären Online-Diensten ist noch höher einzustufen, da ein einzelnes Abonnement von mehreren Personen genutzt werden kann.

Anzeigen sind - zumindest auf internen Telekom-Seiten - bei T-Online nicht angedacht (vgl. Abb. 2.5).

CompuServe

Im Gegensatz zu T-Online entstand der Online-Dienst CompuServe in den USA aus rein privater Initiative. Bereits 1979 wurden in einer umfangreichen Mailbox diverse Informationen und Services angeboten. 1996 wurden die Angebote von CompuServe komplett in das Internet integriert. CompuServe ist seitdem ein gebührenpflichtiges, geschlossenes Teilnetz im Internet.[41] Alle Informationen werden im HTML-Format[42] angeboten, nur der Zugang zu CompuServe erfolgt über einen speziellen Web-Browser.

	Online-Banner	Auftritt als Informationsanbieter
T-Online	- (nicht geplant)	++
CompuServe	+	+
AOL	+	+
MSN	+	+
Internet	++	+++

+ möglich   ++ einfach realisierbar   +++ sehr einfach realisierbar

Abb. 2.5: Marketingmöglichkeiten bei proprietären Online-Diensten

Die Nutzerzahlen von CompuServe stagnieren seit einigen Monaten (vgl. Abb. 2.3). In Deutschland wurde CompuServe nach Nutzerzahlen erst kürzlich von AOL überholt. In Zukunft will sich CompuServe verstärkt im Segment der Geschäftskunden positionieren.

Gegen die Bezahlung einer Grundgebühr und einer stündlichen Nutzungsgebühr kann der User entweder im Internet oder auf den CompuServe-eigenen Seiten Informationen abrufen. Nur für spezielle Datenbankabfragen (z.B. Datenbank der Süddeutschen Zeitung) werden dem Nutzer zusätzliche Gebühren berechnet (vgl. Abb. 2.4).

Unternehmen können sich bei CompuServe sowohl als eigene Informationsanbieter, als auch

---

[41] Vgl. Cole (1996), Kap. 2.8.2.
[42] HTML (Hyper Text Markup Language) ist die Programmiersprache, in der die Dokumente des WWW erstellt werden.

durch das Schalten von Werbe-Bannern[43] engagieren (vgl. Abb. 2.5).

AOL

Im November 1995 startete das Kooperationsprojekt von Bertelsmann und AOL in Deutschland. Intensives Marketing und eine anspruchsvoll aufbereitete Benutzeroberfläche machten es möglich, daß AOL innerhalb eines Jahres CompuServe in Deutschland nach Nutzerzahlen überholte. Die Angebote von AOL besitzen starken Entertainmentbezug. In Zukunft sollen auch viele lokale Informationen (z.b. Stadtmagazine, Fahrpläne von öffentlichen Nahverkehrsmitteln) in das Angebot aufgenommen werden. Außerdem will AOL vor allem jüngere Konsumenten als Zielgruppe ansprechen. Die Verzahnung mit dem Internet ist auch hier sehr eng. Die Nutzer bemerken teilweise nicht einmal, wenn sie sich über AOL ins WWW begeben.[44]

Die Gebührenstruktur ist ähnlich angelegt wie bei CompuServe. Allerdings gibt es keine inhaltsbezogenen Zusatzgebühren (vgl. Abb. 2.4).

MSN

Wie bei CompuServe stellt das Angebot von MSN ein Teilnetz des Internet dar. Auch WWW-Nutzer können ohne Gebühren auf Teile von MSN zugreifen. Die Angebotspalette von MSN ist derzeit allerdings noch relativ schmal. Außer dem ZDF konnten bisher keine namhaften Institutionen wie etwa Verlage, Firmen, Museen oder Stadtverwaltungen gefunden werden, die mit ihren Angeboten dazu beitragen könnten, daß MSN zu einem ernsthaften Konkurrenten von T-Online, AOL und CompuServe aufsteigt. Ebenso wie AOL will MSN seine Angebote in Richtung Unterhaltung ausbauen. Ein individualisierter Zugang soll in Zukunft dem Nutzer beim Einwählen genau diejenigen aktuellen Nachrichten, elektronischen Zeitungen und Navigationshilfen anbieten, für die er sich am meisten interessiert. Ergänzt wird die Angebotspalette von Beratungs- und Vertriebskomponenten für Microsoft-Produkte.[45]

Die soziodemographische Struktur der Nutzer der einzelnen Online-Dienste (T-Online, CompuServe, AOL, MSN) wird immer ähnlicher. Es zeigen sich kaum noch signifikante Unterschiede zwischen den einzelnen Diensten.[46]

Unternehmen werden in Zukunft auch deshalb immer stärker in Erwägung ziehen, ob sie über einen proprietären Dienst online aktiv werden wollen oder mit einer eigenen Web-Site. Letzteres hat vor allem den Vorteil, daß die Seiten selbständig gewartet und aktualisiert

---

[43] Unter einem Werbe-Banner wird eine Online-Anzeige verstanden. Vgl. Teil 2, Kap. 2.2.1.
[44] Vgl. Cole (1996), Kap. 2.8.4; Neue Mediengesellschaft Ulm (1996), S. 50-60.
[45] Vgl. Cole (1996), Kap. 2.8.5; Neue Mediengesellschaft Ulm (1996), S. 87-92.
[46] Vgl. W3B Fittkau/Maaß (1996a,1996b), o.S.; Stern (1996), S. 42-49.

werden können. Außerdem kann eine wesentlich größere Zielgruppe, nämlich alle Online-Nutzer, erreicht werden und nicht nur die Abonnenten eines einzelnen Online-Dienstes. Andererseits ist für die Online-Dienste das Verbleiben von einigen Anbietern (z.b. Der Spiegel, Arbeitsamt) lebenswichtig, denn hiervon ist ihre Angebotsbreite und der von den Usern empfundene Nutzen abhängig. Auch Banken, die in der Vergangenheit wegen des hohen Sicherheitsstandards an T-Online gefesselt waren, werden in Zukunft ihr komplettes Service-Angebot zunehmend im Internet zur Verfügung stellen.

Bereits jetzt sind Online-Dienste einem hartem Preiskampf mit den anderen Internet-Providern (z.B. Metronet) ausgesetzt. Höhere Internet-Zugangskosten können nur gerechtfertigt werden, wenn kommerzielle Online-Dienste die Transparenz des Internet durch spezielle Suchhilfen erhöhen oder sich über spezielle Inhalte definieren, wodurch bei den Online-Nutzern ein Zusatznutzen erzeugt wird.[47] Abb. 2.6 zeigt, daß von 100 WWW-Nutzern bereits 35 über einen direkten Internet-Anschluß (z.B. Firmen) und 42 über einen Internet-Service-Provider Zugang ins Web haben.

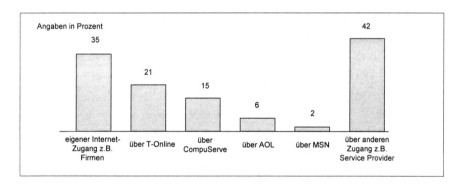

Abb. 2.6: Zugang zum WWW
Quelle: MGM Mediareport (1997), S. 8

1.2.2 World Wide Web (WWW) des Internet

Die Geburtsstunde des Internet war 1969, als im Auftrag des US-Verteidigungsministeriums unter dem Namen ARPANET (später DARPANET) ein Computernetzwerk ähnlich einem „Spinnennetz" entwickelt wurde, das erstmals den Informationsaustausch zwischen Computern über mehrere alternative Verbindungen ermöglichte. Die Informationen werden

---

[47] Vgl. MGM Mediareport (1997), S. 8.

dabei beim Sender in kleine Pakete unterteilt, dann über verschiedene Wege verschickt und schließlich erst beim Empfänger wieder zur eigentlichen Information zusammengesetzt. Bricht ein Verbindungsweg bei der Datenübertragung zusammen, so sucht das System selbständig einen anderen zur Verfügung stehenden Übertragungsweg.[48]

Mit Einführung und Verbreitung des TCP/IP Protokolls 1983, das den Datenaustausch und die Übertragung im Internet einheitlich regelt, entfernte sich das Internet immer mehr von seiner ursprünglichen militärischen Bedeutung und fand auch an Universitäten (unter der Förderung von IBM und MCI) zum Zwecke des Informationsaustausches große Verbreitung.[49]

Einen weiteren Meilenstein bei der weltweiten Diffusion des Internet stellt die Erfindung des WWW 1992 dar. Im Vergleich zu den übrigen Diensten des Internet (E-mail, Telnet, Usenet, FTP, Gopher und WAIS) bietet das WWW als einziges Netz die Möglichkeit, mit einer einfachen Programmiersprache (HTML) interaktive Informationssysteme zu konstruieren, in denen der Nutzer auf intuitiven Benutzeroberflächen Informationen per Mausklick auswählen kann. Auf WWW-Seiten können darüber hinaus auch multimediale Elemente (z.B. Graphiken, Sounds usw.) integriert werden.[50] Die multimedialen Darstellungsmöglichkeiten im WWW und die Entwicklung leistungsstarker Navigationssoftware, den Browsern wie Mosaic und Netscape, mit denen die HTML-Dokumente abgerufen und betrachtet werden können, führen seit Anfang 90er Jahre zu einer enormen Verbreitungszunahme des Internet, nicht nur an Universitäten, sondern auch bei privaten und geschäftlichen Anwendern.[51]

Grundlage für jegliche Informationsabfrage im WWW ist eine Client-Server-Architektur. Dabei stellt der WWW-Server ein Programm dar, das permanent und ständig zugriffsbereit auf einem mit dem Internet verknüpften Rechner läuft. Auf diesem Rechner sind auch die einzelnen Web-Sites im HTML-Code gespeichert. An einem irgendwo weltweit plazierten Client-Rechner kann der Nutzer über eine Browser-Software die URL-Adresse der Sites, die auf dem Server-Rechner liegen, eingeben. Die gewünschten Informationen werden dann zum Eingaberechner überspielt. Der auf dem Client-Rechner plazierte Browser übernimmt nicht nur den Datenabruf vom Server-Rechner, er ist sowohl für die Gestaltung als auch für die Einbindung der übertragen Graphiken und Dokumente zuständig.

Client- sowie Server-Rechner stellen Host-Rechner dar. Unter Hosts werden allgemein Rechner eines Netzwerkes verstanden, die mit dem Netzwerk zum Datenaustausch verbunden sind. Die Anzahl der Hosts wird oft zum Abschätzen von Nutzerzahlen eines Landes herangezogen,

---

[48] Vgl. Gilster (1994), S. 16f.; Smith/Gibbs (1994), S. 5.
[49] Vgl. Roth (1995), o.S.; Gilster (1994), S. 16f.
[50] Vgl. Hance (1996), S. 49.
[51] Vgl. Cole (1997), Kap. 1.8.

wobei sie allerdings nur die Untergrenze angibt, da ein Host von mehreren Nutzern als Internet-Zugang verwendet werden kann. Abb. 2.7 zeigt die Anzahl der Internet-Hosts im europäischen Vergleich und deren Anzahl je Tausend PCs auf (Stand: Juni 1996).

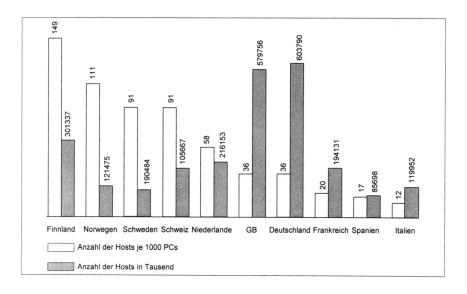

Abb. 2.7: Anzahl der Internet-Hosts je 1000 PCs im europäischen Vergleich
Quelle: Goldhammer/Lange (1997), S. 49

Die skandinavischen Länder haben im europäischen Vergleich eine deutliche Führerrolle übernommen. In Deutschland sind etwa 3,75 Millionen Konsumenten aktive Online-Nutzer.[52] Betrachtet man die Entwicklung der soziodemographischen Struktur der deutschen Online-Nutzer, so zeigt sich ein deutlicher Trend zur Heterogenität. Mittlerweile kann nicht mehr von dem Online-Prototypen (männlich, 29 Jahre und überdurchschnittliches Einkommen) ge-sprochen werden. Sowohl der Anteil älterer als auch jüngerer Online-Nutzer nimmt ständig zu (vgl. Abb. 2.8). Immer mehr Online-Nutzer haben mittlere Reife, der Studentenanteil nimmt hingegen ständig ab. Nicht zu vergessen ist der konstant zunehmende Frauenanteil. Das Internet wird sich langfristig ebenso wie das Fernsehen als Publikumsmedium etablieren.[53]

Nicht nur die Nachfrage, sondern auch das Angebot im Internet ist in den letzten Jahren ex-plosionsartig gestiegen. In Deutschland sind derzeit 41.781 Domains mit der Kennzeichnung

---

[52] Vgl. Spiegel Verlag (1996), S. 60.
[53] Vgl. MGM Mediareport (1997), S. 9-13.

.de in Betrieb. Unter einer Domain wird ein Web-Server im Internet verstanden, der über eine eigene Internet-Adresse (URL) verfügt. Ende 1995 waren gerade einmal 5.000 Web-Server mit eigener Adressierung in Deutschland gemeldet.[54]

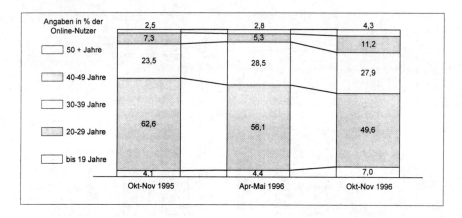

Abb. 2.8: Veränderung der Altersstruktur der Online-Nutzer
Quelle: MGM Mediareport (1997), S. 11

1.3 Marketing in neuen und klassischen Medien im Vergleich

Für viele Unternehmen steht es außer Frage, daß die Multimedia-Technologie für ihre Marketingaktivitäten eingesetzt werden kann. Ein Problem bereitet aber häufig die Entscheidung, ob das Engagement vor allem auf Online- oder auf Offline-Medien (z.B. CD-ROMs) zu konzentrieren ist. Im folgenden werden diese beiden Neuen Medien anhand der Kriterien Multimedialität, Reichweite, Intensität, Aktualität, Verfügbarkeit, Transaktionsmöglichkeit, Globalität und Kontrollierbarkeit den klassischen Medien (Print und TV) im Hinblick auf ihre Qualität als Marketingträger gegenübergestellt.

– Multimedialität

Nur mit der CD-ROM und mit Online als Trägermedium kann die multimediale Technologie für das Marketing genutzt werden. Chancen für das Marketing eröffnen sich hier vor allem aus der Hypermedialität und der maschinellen Interaktion.[55] Hypermedialität basiert auf dem Hypertext-Prinzip, bei dem Texte bzw. Informationen modular nebeneinander angeordnet werden und über Querverweise (Hyperlink) miteinander verbunden sind. Maschinelle Inter-

---

[54] Vgl. http://www. nic.de.

aktion bezeichnet das Ausmaß, in dem die Nutzer Form und Inhalt einer vermittelten Umgebung beeinflussen können.[56] Der Anwender hat so die Möglichkeit, gewünschte Informationen auf einer CD-ROM oder auf einer Internet-Site (z.B. Ausstattungskomponenten bei Automobilen) individuell anzusteuern und per Hyperlink Detailinformation dazu abzurufen. Hypermedialität und maschinelle Interaktion können bisher jedoch nur auf CD-ROMs in optimaler Qualität kombiniert werden, denn dort spielt die Dauer der Datenübertragung keine Rolle. Alle Daten werden lokal auf der CD-ROM gehalten. Ein graphisch anspruchsvoller „virtueller Besuch" bei einem Autohändler ist im Gegensatz zur CD-ROM bei einem Online-Auftritt noch zu übertragungsintensiv.

– Reichweite

Ein Defizit des Marketing in Neuen Medien liegt in der geringen Reichweite. Erst 3,75 Millionen Deutsche sind bereits Online-Nutzer; die derzeit reichweitenstärkste Online-Publikumszeitschrift, Focus Online, erreicht dabei monatliche Visits in Höhe von nicht einmal 600.000 (vgl. Abb. 2.11). Auch die Auflagen von CD-ROMs bewegen sich derzeit in der Größenordnung von einigen Hunderttausend. Mit einem TV-Spot in einem erfolgreichen Programmumfeld können hingegen bis zu zehn Millionen Zuschauer erreicht werden. Multimedia-Marketing wird in Zukunft wegen der geringen Reichweite nur eine Ergänzungsfunktion zu klassischen Medien übernehmen.

– Intensität

Die geringe Reichweite darf allerdings nicht über die qualitativ hochwertige Kontaktierung durch die Neuen Medien hinwegtäuschen. Im Gegensatz zu klassischen Medien muß beim Multimedia-Marketing nicht eine Push- sondern eine Pull-Strategie verfolgt werden.[57] Der Nutzer wird nicht passiv von Werbung zum Kauf animiert, er wählt aktiv die Informationen an, die er benötigt. Dementsprechend setzt er sich, sofern er sich einmal für die Nutzung entschieden hat, wesentlich intensiver mit dem Produkt auseinander als er dies z.B. bei einer Printanzeige tun kann. Bei attraktiven Angeboten führt die Selbstbestimmtheit zu Verweilzeiten von einigen Minuten.

– Aktualität

Internet-Sites können minütlich aktualisiert werden. Preisänderungen und die Verfügbarkeit von Produkten können über Aktualisierung der jeweiligen Seiten auf dem Server sofort an den

---

[55] Vgl. Riedl/Busch (1997), S. 3-7.
[56] Vgl. Hoffmann/Novak (1996), S. 52-54.
[57] Vgl. Hanser (1995), S. 35; Riedl (1997), S. 3f.

Kunden weitergegeben werden.[58] Bei TV-Spots und Printanzeigen existieren hingegen zum Teil erhebliche Verzögerungen. So nimmt die Produktion von Spots und Printanzeigen sowie das Einbuchen beim Trägermedium viel Zeit in Anspruch.[59] Am längsten dauert die Produktionsphase allerdings bei CD-ROMs. Die meisten CD-ROMs werden daher nur simultan mit dem Erscheinen von neuen Modellen oder neuen Katalogen veröffentlicht.

– Verfügbarkeit

Marketinginformationen im Internet sind permanent, d.h. 24 Stunden am Tag verfügbar.[60] Interessenten von bestimmten Produkten sind nicht an die Öffnungszeiten des Handels gebunden, um klassisches Informationsmaterial (z.B. Kataloge, Broschüren) zu erhalten bzw. sich beraten zu lassen. Zur Inanspruchnahme einer Produktberatung auf CD-ROM muß der Datenträger in der Regel eigens geordert werden.

– Transaktionsmöglichkeit

Unter Transaktionen werden alle Wahlhandlungen verstanden, die Tauschakte ermöglichen und begleiten. Das Medium Online ermöglicht eine symmetrische, reziproke Kommunikation. Per E-mail können Produkte bzw. Informationsmaterialien bestellt werden oder Detailinformationen zu Produkten bzw. Services eingeholt werden. Mit der Einbindung des Mediums Online erfolgt eine Abkehr vom standardisierten Marketing für die Gesamtheit der Nutzer („One-to-Many") hin zum personenbezogenen Individualmarketing („One-to-One").[61] Transaktionen sind bei CD-ROMs in der Standardausführung nicht möglich. Bei hybriden Systemen (z.B. der Lufthansa-CD-ROM „Infoflyway") wird Offline mit Online kombiniert. Wesentliche Informationen werden offline gespeichert, und nur bei der Buchung geht der Anwender online.[62] Bei den klassischen Medien ergeben sich nur abgeschwächte Interaktionsmöglichkeiten zwischen Produzent und Konsument, wie etwa durch das Rücksenden von Coupons bzw. durch das Tätigen von Anrufen bei telefonischen Hotlines. Somit stellt die Online-Kommunikation die bislang einzige Form der medialen Kommunikation dar, die mit unmittelbarer, persönlicher Kommunikation vergleichbar ist.

– Globalität

Online-Marketing ist nicht nur zeitlich, sondern auch räumlich unbegrenzt.[63] In den Web-Server eines Unternehmens können sich User weltweit einloggen. TV-Sender besitzen zwar

---

[58]　Vgl. Becker/Bachem (1996), S. 552.
[59]　Vgl. Canter/Siegel (1995), S. 53f.
[60]　Vgl. Ambros (1996), S. 101.
[61]　Vgl. Riedl/Busch (1997), S. 5; Link/Hildebrand (1994), S. 107f.
[62]　Vgl. Mertens (1996), S. 4f.
[63]　Vgl. Hünerberg/Heise/Mann (1997), S. 18; Ehrhardt (1996), S. 8f.

insbesondere bei Ausstrahlung über Satelliten eine deutlich größere geographische Reichweite als Printmedien, eine weltweite Ausstrahlung von werblichen Inhalten erfolgt jedoch nur in Ausnahmefällen, z.B. Bandenwerbung bei Fußball-Weltmeisterschaften.

– Kontrollierbarkeit

Die Reichweite sowie die Wirkung von TV- und Printkampagnen können nur über verschiedene Erhebungen (GfK-Fernsehpanel, Media Analyse, usw.) und Werbetests (Recall-, Recognitiontest usw.) abgeschätzt werden.[64] Der direkte Erfolg in Form von Absatzsteigerungen läßt sich nicht exakt bestimmen, da auch andere Faktoren den Markt beeinflussen. Über Zugriffsdaten läßt sich die Nutzung von Online-Auftritten genauer bestimmen, als es bei klassischen Medien über Panels und Erhebungen der Fall ist. Eine vielfach erwünschte exakte Kontrolle des User ist allerdings auch bei Online-Medien nicht möglich. Die Reichweite von CD-ROMs kann unmittelbar nur über den Abverkauf bzw. Vertrieb von CD-ROMs gemessen werden.

	Neue Medien		Klassische Medien	
	Offline	Online	TV	Print
Multimedialität	+++	++	+	+
Reichweite	+	+	+++	++
Intensität	+++	++	+	++
Aktualität	+	+++	++	++
Verfügbarkeit	+	+++	+	+
Transaktionsmöglichkeit	+	+++	+	+
Globalität	+	+++	++	+
Kontrollierbarkeit	+	+++	++	++
+ zufriedenstellend		++ gut		+++ sehr gut

Abb. 2.9. Klassische und Neue Medien im Vergleich

Auf lange Sicht ist zu erwarten, daß sich Online-Anwendungen aufgrund der beschriebenen Vorteile sowie der fortschreitenden Verbesserung der technologischen Infrastruktur als Multimedia-Applikation im Marketing durchsetzen werden. Mittelfristig stellen Kombinationslösungen aus Offline und Online einen richtigen Ansatz dar. Konstante Rahmeninformationen können, hochwertig aufbereitet, offline präsentiert werden. Aktuelle Informationen

---

[64]   Vgl. Behrens (1996), S. 145-153.

(z.B. Preise, Buchungssituation) und erweiterte Funktionen (z.B. Bestellverfahren) werden online ergänzt.[65] Die klassischen Massenmedien werden jedoch nie ihre Bedeutung zur Bekanntmachung von Produkten und zur Image- bzw. Einstellungsbildung verlieren.

---

[65] Vgl. Fink/Meyer/Wamser (1995), S. 470.

2. Marketingmöglichkeiten im Medium Online

2.1 Aktivitäten auf unternehmenseigener Online-Plattform

2.1.1 Form und Struktur von Online-Plattformen

Ein WWW-Auftritt mit eigener URL stellt die Basis für jegliche Form des Online-Marketing eines Unternehmens dar. Die offerierten Web-Sites sind bezüglich der gesetzten Zielsetzungen wie folgt zu unterscheiden:

- Online-Marketing ist zum einen dahingehend zu differenzieren, ob es private Konsumenten als Letztverbraucher (*Online-Consumer-Marketing*) ansprechen soll oder Geschäftskunden (*Online-Business-to-Business-Marketing*). Business-to-Business-Marketing findet im Geschäftskundenbereich, das heißt zwischen Unternehmen statt.[66] Die meisten Online-Auftritte etwa der Automobilhersteller (www.bmw.de, www.audi.de usw.) sind an den Bedürfnissen der Letztverbraucher (Produktberatung, Händlerverzeichnis) ausgerichtet. Einige Banken differenzieren auf ihren Web-Sites bereits zwischen privaten und geschäftlichen Nutzern. Die exklusive Online-Betreuung von Geschäftskunden stellt eine Form des Key-Account-Managements dar. Key-Account-Management umfaßt eine intensivere Betreuung und Führung jener Kunden, die wesentlich zum Unternehmenserfolg beitragen.[67] Online-Business-to-Business-Marketing berührt aber auch das *Investitionsgütermarketing* und das Handelsmarketing. Unter Investitionsgütern werden Leistungen verstanden, die von Organisationen (Nicht-Konsumenten) beschafft werden, um mit ihrem Einsatz (Geoder Verbrauch) weitere Güter für die Fremdbedarfsdeckung zu erstellen oder um sie unverändert an andere Organisationen weiter zu veräußern, die die Leistungserstellung vornehmen.[68] Ein wesentlicher Teil des *Handelsmarketing* bezieht sich auf das Beschaffungsverhalten des Handels.[69] Sowohl der Groß- als auch der Einzelhandel stellen aus den Angebotspaletten verschiedener Produzenten Leistungspakete zusammen, die sie weitervertreiben.[70] Dieser Auswahlprozeß der Hersteller kann z.B. durch Online-Produktkataloge der Anbieter unterstützt werden. Auf der Absatzseite kann sich der Handel über Shopping-Malls direkt an den Letztverbraucher wenden.

- Web-Sites können aber auch für die Nutzer im eigenen Unternehmen gestaltet sein. Im

---

[66] Vgl. Würgler (1997); S. 20f.; Merbold (1994), S. 11f.; Friege (1995), S. 27; Godefroid (1995), S. 19f.
[67] Vgl. Diller/Gaitanides (1988), S. 14-16; Diller (1989), S. 213-223; Münzberg (1995), S. 156-163.
[68] Vgl. Plinke (1991), S. 172; Backhaus (1995), S. 6. Online-Investitionsgütermarketing wird z.B. durch die Präsentation von speziellen Maschinen zur Bestückung von Leiterplatten auf einer virtuellen Messe betrieben.
[69] Vgl. Berndt (1996b), S. 140f.
[70] Vgl. Oehme (1992), S. 11-31.

Rahmen passwordgeschützter Anwendungen können beispielsweise im *Intranet* Informationen für den Außendienst bereitgestellt werden. Unter Intranet wird der Einsatz der aus dem Internet bekannten Techniken und Standards in firmenweiten, internen Netzwerken verstanden.[71] Intranet-Anwendungen unterstützen das *interne Marketing* eines Unternehmens, das alle unternehmerischen Ausstauschbeziehungen mit internen Systemelementen zu absatzmarktorientierten Zwecken umfaßt.[72] Über das Intranet können darüber hinaus auch die Forschung und Entwicklung sowie Mitarbeiterschulungen weltweit koordiniert werden.[73]

- Das Marketing im WWW eröffnet auch im *Non-Profit-Bereich* neue Möglichkeiten. Die öffentliche Nachfrage kann im Internet präsentiert werden, d.h. den Unternehmen können Detailinformationen zu bestimmten öffentlichen und beschränkten Ausschreibungen in regionalen Netzen dargeboten werden.[74] Aber auch andere öffentliche Einrichtungen wie Krankenhäuser, Bibliotheken usw. können Informationen und Services im Internet anbieten.[75] Verschiedene Behörden (z.B. Einwohnermeldeamt, Finanzamt) können digitalisierte Formulare online zur Verfügung stellen, die der Online-Nutzer bequem von zu Hause aus ausfüllen kann. Überdies können langfristig auch Einzahlungen in öffentliche Kassen z.B. beim An- oder Ummelden von Fahrzeugen, beim Ausstellen eines Reisepasses etc. ohne die üblichen Wartezeiten online getätigt werden.[76]

Zur Realisation dieser neuen Marketingaktivitäten müssen Unternehmen bzw. öffentliche Einrichtungen einen Web-Server einrichten, auf dem die notwendigen Informationen oder Services angeboten werden.[77]

2.1.2 Konsumentenorientierte Online-Auftritte

2.1.2.1 Präsentation von Produkt- und Dienstleistungsinformationen

Den Kern jedes Online-Markting-Auftrittes eines Unternehmens bildet die Präsentation der Produkte und Dienstleistungen. Durch die multimediale Technologie ist es möglich, einen sogenannten elektronischen Produkt- bzw. Dienstleistungskatalog zu konstruieren, der bereits in Verbindung mit CD-ROMs erfolgreich eingesetzt wird.[78] Der Anwender von elektro-

---

[71] Vgl. Dreyer/Summa (1996), Kap. 5.
[72] Vgl. Stauss/Schulze (1990), S. 149-158; Angell/Heslop (1995), S. 15; Bruhn (1995b), S. 21f.
[73] Vgl. Palupski (1995), S. 675.
[74] Vgl. Berndt (1996b), S. 147.
[75] Vgl. Brucksch/Grabowski (1996), S. 263-271.
[76] Vgl. Langosch/Müser/Schielein (1996), S. 251-257.
[77] Hierbei kann es sich um einen unternehmenseigenen Web-Server oder einen Web-Server bei einem externen Provider handeln. Vgl. Teil 2, Kap. 4.4.3.2.
[78] Vgl. Rosewitz/Timm (1996), S. 2; Levinson/Rubin (1996), S. 30f.; Graf (1996), S. 3f.

nischen Produktkatalogen kann individuell in einem Menü spezielle Angebote aus einem breiten Sortiment auswählen und diese dann detailliert bildlich und textlich inspizieren. Zusätzlich abrufbare detaillierte Beschreibungen und Hintergrundinformationen können im Vergleich zu einem herkömmlichen Produktkatalog ein noch umfassenderes Bild vom Produkt vermitteln. Die Produktinspektion kann sogar so weit entmaterialisiert sein, daß der Kaufgegenstand gedreht und gewendet werden kann. Optional kann sich der Nutzer nicht nur hierarchisch zum Produkt vorarbeiten, sondern auch im elektronischen Produktkatalog über Suchhilfen einzelne Produkte finden. Die Produktvorführung kann nicht nur mit Brutto-Verkaufspreisen versehen werden, sondern es können durch Eingabe der Kundenidentifikation als Schlüssel für Rabatte auch Netto-Bezugspreise abgerufen werden.[79]

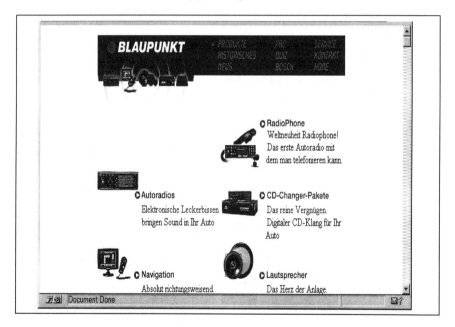

Abb. 2.10: Beispiel für eine Produktpräsentation im WWW

Für den Nutzer ergeben sich durch diese virtuelle Produktpräsentation einige deutliche Vorteile:

- Interaktivität und Hypermedialität erhöhen die **Transparenz der kompletten Angebotspalette**. Statt sich mühsam durch Kataloge und Prospekte zum interessierenden Angebot

---

[79] Vgl. Höpner/Richter (1996), o.S.

vorzuarbeiten, reicht ein Klick mit der Maus oder die Eingabe in ein Suchverzeichnis aus, um die gewünschten Informationen abzurufen.

- Angebote können den Interessenten *qualitativ besser* unterbreitet werden. Abbildungen von Produkten können in jeder möglichen Farbvariation abgerufen werden. Der Umfang eines herkömmlichen Katalogs würde durch Abbildungen mit allen erhältlichen Farben deutlich gesprengt werden.

- Der Anwender kann direkt in die Leistungserstellung im Sinne des *Customizing* integriert werden. Produkte können sogar individuell für Kunden produziert werden.[80]

- *Ohne Verzögerung* ist für den Kunden prüfbar, ob das gewünschte Produkt momentan überhaupt am Markt verfügbar ist. Ebenso kann er aktuelle Angebote einsehen, an die er bei einem Printkatalog erst nach einer längeren Zeit gelangen würde.

Nicht zu vergessen sind auch die Vorteile für den Produzenten bzw. Händler, der die Produktinformationen auf seiner Web-Site bereitstellt:

- Die digitale Verbreitung von elektronischen Produktkatalogen über Netzwerke oder auf Offline-Medien ist in der Regel kostengünstiger als der Druck und Versand von herkömmlichen Katalogen.[81]

- Auch die Angebotsseite hat ein großes Interesse daran, neue Marketinginformationen (z.B. Sondermodelle, -preise) schnell über das Internet als Kommunikationskanal an Konsumenten weiterzugeben.

2.1.2.2 Online-Services

Das Online-Angebot von Unternehmen kann durch Serviceleistungen differenziert werden. Serviceleistungen stellen Dienstleistungen dar,[82] die aber nicht als Hauptleistung, sondern als Nebenleistung (sekundäre Dienstleistung) definiert werden. Sie werden u.a. mit dem Zweck angeboten, die Hauptleistung zu fördern.[83]

Service setzt in der Regel die räumliche Nähe zwischen Anbieter und Nachfrager voraus. Über Online-Medien wird die räumliche Lücke geschlossen, weshalb Internet-Sites für Unternehmen hervorragend geeignet sind, Nebenleistungen anzubieten.[84]

Serviceleistungen können nach dem zeitlichen Ablauf des Kaufentscheidungsprozesses geordnet werden. Den Phasen Vorbereitung, Durchführung und Nachbereitung können die

---

[80] Vgl. Gaitanides/Scholz/Vrohlings (1994), S. 13-15; McKenna (1996), S. 10f.; Link (1996), S. 7.

[81] Vgl. Rauch Möbelwerke (1996), S. 3f.

[82] Meffert/Bruhn verwenden den Begriff Service entsprechend der angloamerikanischen Literatur (service= Dienstleistung) zu Dienstleistungen. Vgl. Meffert/Bruhn (1995), S. 27; Hilke (1989), S. 36f.

[83] Vgl. Höhl (1996), S. 2; Berndt (1996a), S. 154.

Kundenberatung, Zustellung, Installation, Instandsetzung, Kundenschulung und Instandhaltung zugeordnet werden.[85] Der Vertrieb von Produkten und Dienstleistungen kann nur in wenigen Fällen (z.b. Software) online durchgeführt werden. Nur in diesen Fall kann auch die Zustellung online erfolgen. Für die Service-Komponenten Installation und Instandsetzung fehlt im Internet die physische Nähe. Diese Leistungen bleiben weiterhin Teil der klassischen Produktpolitik. Online-Servicepolitik konzentriert sich daher auf Pre- und After-Sales Services:[86]

– *Pre-Sales-Services*

Pre-Sales-Services umfassen all jene Online-Leistungen, die zum Kauf des Produktes führen. Einen Schritt weiter als der oben beschriebene elektronische Produktkatalog geht die *Produktberatung.* Der elektronische Produktkatalog wird um einen „virtuellen Verkäufer" als Produktberatungskomponente ergänzt.[87] In einem virtuellen Verkaufsgespräch spezifiziert der Nutzer zunächst seine Produktwünsche. Aufgrund des ermittelten Bedarfs wird dem Nutzer ein passendes Produkt mit speziellen Eigenschaften, bestimmter Qualität und entsprechendem Preis angeboten. Verkaufsunterstützend wirken auch *Niederlassungs- bzw. Händler- und Kundenberaterverzeichnisse,* über die der Anwender die nächstgelegenen Ansprechpartner finden kann.[88] Viele Online-User nutzen überdies bereits heute die Möglichkeit, online Informationsmaterial (Prospekte, Broschüren, CD-ROMs usw.) zu bestellen.

– *After-Sales-Services*

Durch After-Sales-Services soll der Kontakt zum Abnehmer aufrechterhalten werden. Zum einen stellen Folgegeschäfte Einnahmequellen dar, zum anderen erhöht die Betreuung des Käufers die Kundenbindung und Loyalität, was die Chancen steigert, sich gegen Wettbewerber bei einem eventuellen Ersatzkauf durchzusetzen. Teil der Kundendienstpolitik kann eine *Online-Problemhilfe* sein, die den Nutzern Aufschluß über Ursachen von Defekten liefert. Aber auch *Verzeichnisse von Kundendienstniederlassungen* mit Hotlines zur Terminabsprache erhöhen die Loyalität. Ergänzt werden kann diese Maßnahme durch eine Online-Bestellmöglichkeit von Ersatzteilen bzw. Zusatzleistungen. Nicht zu vergessen sind *Online-Gebrauchsanweisungen,* die mit individuell abrufbaren Standardmodulen (kombiniert mit Text und Bild) die Erstinstallation vereinfacht und Aufschluß über die Bedie-

---

[84] Vgl. Nieschlag/Dichtl/Hörschgen (1994), S. 122.
[85] Vgl. Kotler/Bliemel (1992), S. 466-468.
[86] Vgl. Palupski (1995b), S. 265; Hansen (1995), S. 34.
[87] Vgl. Rosewitz/Timm (1996), S. 2f.
[88] Vgl. Busch (1996), S. 42.

nung geben.[89] Foren, E-mails an den Hersteller und Web-Page-Befragungen können für das *Beschwerdemanagement* genutzt werden.[90] Hieraus können einerseits Verbesserungen der Produkte bzw. der Dienstleistungen abgeleitet und andererseits kann damit die Kundenzufriedenheit gesteigert werden.

Die Ausbildung von Kunden für den Gebrauch von Produkten erfolgt bereits in vielen Fällen computergestützt. Durch die Möglichkeit, mit Computeranimationen und -simulationen komplexe Sachverhalte einfach darzustellen, sowie dem Interaktionspotential der Neuen Medien lassen sich anspruchsvolle Lerninhalte anschaulich vermitteln.[91] Eingeschränkt wird die Nutzung attraktiver Lernprogramme derzeit allerdings noch von den geringen Übertragungsraten im Internet.[92]

Online-Services können entgeltlich oder unentgeltlich angeboten werden. Um eine hohe Wirkung zu erzielen, sollten Online-Pre-Sales-Services kostenlos sein. Es ist möglich, After-Sales-Services nur einem geschlossenen Benutzerkreis über Paßwörter zugänglich zu machen. Hierdurch wird sichergestellt, daß nur Kunden auf die Angebote zugreifen können.

Einen Extremfall stellt das Online-Banking dar. Hierbei bietet die Bank nicht nur einen Service, sondern die vollständige Dienstleistung online an. Die Abwicklung des Zahlungsverkehrs, der Wertpapierkauf und -verkauf usw. sind Teil der Dienstleistungspalette jeder Bank.[93]

2.1.2.3 Verkauf und Vertrieb von Produkten und Dienstleistungen

Der Web-Server eines Unternehmens kann nicht nur zur Produktinformation und Produktberatung verwendet werden. Das Internet kann von Unternehmen auch als neuer Vertriebsweg genutzt werden. Unter einem Vertriebsweg wird die Gesamtheit aller Stufen verstanden, die ein Produkt oder eine Dienstleistung auf dem Weg vom Hersteller zum Konsumenten durchlaufen muß. Auch im Internet ist zwischen dem *direkten und dem indirekten Absatz* zu unterscheiden. Beim direkten Absatz wird auf das Einschalten des Handels verzichtet. Das Unternehmen tritt über den eigenen Web-Server direkt an den Kunden heran. Beim indirekten Absatz hingegen liegen zwischen Hersteller und Online-Konsumenten Absatzmittler wie Online-Shopping-Malls, digitale Marktplätze oder virtuelle Kaufhäuser.[94] Der Computer-Hardware-

---

[89] Vgl. Würgler (1997), S. 82.
[90] Vgl. Decker/Klein/Wartenberg (1995), S. 468; McKenna (1995), S. 92; Hansen/Jescke (1995), S. 531.
[91] Vgl. Mann (1996), 176f.; Schanda (1993), S. 317-322.
[92] Vgl. Huly/Raake (1995), S. 60f.
[93] Vgl. Eilenberger (1990), S. 234f.
[94] Vgl. Gerpott/Heil (1996), S. 1340; Berndt (1996a), S. 461; Merbold (1996), S. 190f. Eine Darstellung der Möglichkeiten für den Online-Handel findet sich in Teil 2, Kap. 2.3.1.

Hersteller Dell erwirtschaftet durch den direkten Vertrieb über das Internet bereits täglich einen Umsatz von einer Million Dollar.[95]

Ferner ist zu unterscheiden, ob nur der Kaufabschluß im Internet getätigt wird und die Lieferung bzw. Logistik, wie im Versandhandel, über Post und Paketdienste erfolgt, oder ob Produkte und Dienstleistungen auch über das Internet zum Konsumenten gelangen. Da über das Internet nur Daten übertragen werden können, eignen sich zur Online-Distribution lediglich Softwareprodukte, Datenbankabfragen und digitalisierte Musik, Filme, Bilder, Bücher und Zeitschriften.[96]

Dienstleistungen (z.B. Versicherungen, Reiseangebote) können zwar über das Internet verkauft werden, aber auch hier muß, wie bei Gütern, die physische Distribution genutzt werden, um Policen bzw. Tickets/Vouchers zum Konsumenten zu transportieren.

Die Bezahlung von Dienstleistungen und Gütern kann traditionell per Nachnahme oder Überweisung erfolgen. Online kann mit Kreditkarte, elektronischem Geld und über das Inkassoverfahren von geschlossenen Benutzergruppen bezahlt werden. Bei T-Online wird die Nutzung von bestimmten Diensten beispielsweise auf die monatlichen Telefongebühren aufgeschlagen.[97]

2.1.2.4 Direct-Marketing und Database-Marketing

Der direkte Vertrieb von Gütern und Dienstleistungen über das Internet ist Teil des Direct-Marketing. Unter Direct-Marketing werden alle Marketingmaßnahmen verstanden, die darauf ausgerichtet sind, eine bestimmte Zielgruppe mit minimalen Streuverlusten anzusprechen und zu einer sofortigen Reaktion zu veranlassen.[98] Die Maßnahmen können zum einen Kommunikationsbezug und zum anderen - wie der beschriebene Online-Direkt-Vertrieb - Distributionsbezug besitzen. Kommunikationsbezug weisen Direct-Werbung und Direct-Response-Werbung auf.[99]

Die **Direct-Werbung** umfaßt als Werbemittel Werbebriefe, Prospekte, Kataloge und Karten, die Antwortmöglichkeiten enthalten. Die Streuung der Werbemittel setzt die Kenntnis der Adressen der Zielgruppe voraus. Adressen können aus der Kundendatenbank stammen (Database-Marketing) oder von Fremdunternehmen zugekauft werden.[100]

---

[95] Vgl. Homeyer (1997), S. 63.
[96] Vgl. Fantapié Altobelli/Fittkau (1997), S. 405f.; Mertens (1996), S. 5; Christener (1996), S. 314.
[97] Vgl. Dreyer/Summa (1996), Teil 2, Kap. 4.2.1.2.
[98] Vgl. Greff/Töpfer (1993), S. 5f.; Kotler/Bliemel (1992), S. 917; Berndt (1996a), S. 319.
[99] Vgl. Pepels (1992), S. 75f.
[100] Vgl. Berndt (1996a), S. 320f.

Das Medium Online erweitert die Palette der Werbemittel der Direct-Werbung um E-mails. Mail-Adressen können auf den Web-Sites der Unternehmen mittels Teilnahme an Wettbewerben, Ausfüllen von Fragebögen, Anfragen zu bestimmten Angeboten oder durch den direkten Vertrieb von Produkten ermittelt werden.[101] Die Rückantwort kann bei E-mails durch das Anklicken der URL-Adresse des Web-Servers des Unternehmens erfolgen.

Im Gegensatz zur Direct-Werbung enthält die *Direct-Response-Werbung* auch Elemente der klassischen Werbung. In klassischen TV-Spots und Anzeigen sind Antwortmechanismen integriert, die es dem Konsumenten erlauben, sich sofort an den Werbungtreibenden zu wenden.[102] Bei Print-Anzeigen besteht die Antwortmöglichkeit vor allem aus Coupons, Antwortkarten und Umschlägen. Immer mehr Verbreitung findet daneben die Angabe einer telefonischen Hotline in Print-Anzeigen und TV-Spots. Aber auch die Angabe der URL (z.B. www.gira.de) bzw. T-Online-Adresse wird in vielen Anzeigen und Spots bereits als Responsemöglichkeit angeboten. Auf den jeweiligen Online-Seiten kann sich der Umworbene anonym über das Angebot informieren und gegebenenfalls seine persönlichen Daten hinterlassen.

Eine weitere Form der Direct-Response-Werbung stellt das Schalten von elektronischen Anzeigen (Banners) in den Neuen Medien dar. Bei Interesse kann der Online-Nutzer auf das Banner klicken und wird dann per Hyperlink mit den Detailinformationen auf dem Unternehmens-Server verbunden.[103]

Unter *Database-Marketing* wird das Marketing auf Basis kundenindividueller, in einer Datenbank gespeicherte Informationen verstanden. Es koordiniert die Aktivitäten des Direct-Marketing in der Form, daß über Direct-Marketing Informationen gesammelt und aufbereitet werden, die für zukünftige Maßnahmen dienen. Auf Basis der Daten des Direct-Marketings wird eine Datenbank eingerichtet, in der individuelle Kundeninformationen gespeichert werden. *Grunddaten* sind die zur konventionellen Kontaktierung erforderlichen Trivialdaten wie Name, Adresse, E-mail-Adresse, Anrede, Alter, Einkommen usw. Letztere werden vor allem zur Segmentierung im Direct-Marketing herangezogen. Für das Business-to-Business-Marketing können aber auch Merkmale wie Branche, Mitarbeiterzahl oder Mitglieder des Buying Centers in das Verzeichnis aufgenommen werden.

Darüber hinaus werden in der Database auch Potentialdaten, Aktionsdaten und Reaktionsdaten erfaßt. *Potentialdaten* umfassen vor allem den Gesamtbedarf der Kunden, der indirekt

---

[101] Zu den rechtlichen Problemen des Direct-Marketing vgl. Teil 2, Kap. 4.2.1.1.1.
[102] Vgl. Berndt (1996a), S. 322f.
[103] Unter einem Hyperlink wird ein Querverweis zwischen Texten und Informationen verstanden. Vgl. Teil 2, Kap. 1.3.

über bisherige Lieferungen und Marktanteile geschätzt werden kann. Zu den *Aktionsdaten* zählen Informationen über die bei Kunden durchgeführten Maßnahmen (Art, Intensität, Häufigkeit). Diese dienen wiederum der Bestimmung der *Reaktionsdaten*, die die Wirkung des Instrumenteinsatzes als ökonomische (Absatz) und außerökonomische Größe (Anfragen) speichern.[104]

Die Database bildet die Grundlage für weitere Aktivitäten des Individualmarketing in den Bereichen Produkt- und Sortimentspolitik (individuelle Anpassung von Produkten), Preis- und Konditionengestaltung (einzelfallbezogene Preisgestaltung), Kommunikationsmix (Art und Häufigkeit der direkten Kontaktierung) und dem persönlichen Verkauf (Häufigkeit des Besuches).[105] Von besonderer Bedeutung ist im Online-Bereich die Kommunikation. Über die Database als Informationsgrundlage können Kunden bzw. Interessenten in verschiedene Kategorien eingeteilt und per E-mail kostengünstig in individuellen Zeitintervallen z.B. über neue Angebote und Konditionen informiert werden. Die permanente Pflege und Aktualisierung der Database führt langfristig zu einer noch gezielteren Ansprache der Online-Nutzer und zu einer Erhöhung der Kundenbindung.[106]

2.1.2.5 Öffentlichkeitsarbeit und PR

Die bisher vorgestellten Komponenten von Web-Sites weisen direkt oder indirekt Absatzbezug auf. Im Gegensatz dazu ist das zentrale Anliegen der Öffentlichkeitsarbeit, umfassend über die Aktivitäten des Unternehmens zu informieren. Die Zielgruppe stellen nicht nur Konsumenten, sondern alle Personen, die mit dem Unternehmen in Verbindung stehen, dar: Lieferanten, Banken, Aktionäre, Mitarbeiter, Umweltschutzorganisationen, Gesetzgeber, Studenten, Wissenschaftler usw.[107]

Der Web-Server eines Unternehmens eignet sich dazu, verschiedene Unternehmensinformationen permanent und weltweit abrufbar bereitzustellen. Hierzu zählen im einzelnen:[108]

- Firmengeschichte

- gesellschaftliches Engagement (Kultur-, Sport-, Sozio-, Umweltsponsoring)

- Unternehmensstruktur, -kultur, -philosophie

- Unternehmensdaten (Geschäftsbericht, Bilanzdaten, Lageberichte, Marktdaten usw.)

- Forschungs- und Entwicklungsaktivitäten

---

[104] Vgl. Link/Hildebrand (1994), S. 107-109.
[105] Vgl. Link (1996), S. 4-6.
[106] Vgl. Huly/Raake (1995), S.36-42; Sterne (1995), S. 50.
[107] Vgl. Nauendorf (1993), S 597f.; Roll (1996), S. 80-82.
[108] Vgl. Alpar (1996), S. 191-193; Roll (1996), S. 80-82; Oenicke (1996), S. 117f.

Die Pressearbeit als Teil der Öffentlichkeitsarbeit kann zusätzlich durch das Internet unterstützt werden. Pressemitteilungen, Reden sowie Ehrungen können im Internet veröffentlicht werden. Pressemitteilungen können Journalisten per E-mail direkt zugestellt werden. Eine E-mail-Verbindung zur Presseabteilung erlaubt es, individuelle Anfragen von Interessenten zu erhalten. Auch Veranstaltungen und Messeauftritte können über das WWW publik gemacht werden.[109]

2.1.3 Business-to-Business-orientierte Online-Auftritte

Bei der Konstruktion eines vorrangig Business-to-Business-orientierten Online-Auftrittes müssen einige Besonderheiten berücksichtigt werden. Kern des Business-to-Business Marketing ist die Schaffung von komparativen Konkurrenzvorteilen. Dabei werden die Aktivitäten eines Unternehmens so an den Markterfordernissen ausgerichtet, daß die eigenen Angebote besser wahrgenommen werden als die der Konkurrenz.[110] Wettbewerbsvorteile können u.a. durch *Beziehungsmanagement* erreicht werden. Hierbei werden Grundsätze, Leitbilder und Einzelmaßnahmen so aufeinander abgestimmt, daß Geschäftsbeziehungen langfristig angebahnt, gesteuert und kontrolliert werden können.[111] Der Web-Server eines Unternehmens kann das klassische Beziehungsmanagement ergänzen und den Aufbau von Wettbewerbsvorteilen unterstützen.[112]

Im Vergleich zum Consumer-Marketing bestehen beim Business-to-Business-Marketing die Beziehungen zwischen den Geschäftspartnern meist schon. Die Ad-hoc-Beratung und der Verkauf von Gütern und Dienstleistungen spielen hier eine untergeordnete Rolle. Der Geschäftskunde ist vielmehr an einer eingehenden Beratung und an Detailinformationen interessiert, die im Vergleich zum Online-Consumer-Marketing in Hinblick auf die Gestaltung keiner so stark emotionalen Aktivierung über Reize bedürfen. Aber auch bei einer sehr konkreten Angebotsanfrage muß der angebotene elektronische Produktkatalog befriedigende Lösungen bieten.

Der Online-Auftritt kann durch attraktive Services ergänzt werden, die die Transaktion zwischen den Partnern vereinfachen. Das Schalten von Werbespots in bestimmte Werbeblöcke kann z.B. bei Medienunternehmen so transparent gestaltet sein, daß der Kunde via Internet prüfen kann, welche Sendeplätze aktuell noch verfügbar sind.

Auch für den Aufbau neuer Geschäftsbeziehungen eignet sich ein Internet-Auftritt gut. Zwar

---

[109] Vgl. Alpar (1996), S. 192.
[110] Vgl. Backhaus (1995), S. 7.
[111] Vgl. Diller/Kusterer (1988), S. 211-214; Diller (1995), S. 442f.
[112] Vgl. Becker (1996), S. 204f.

wird ein solcher Auftritt nur selten direkt angewählt, aber in Gesprächen und in Kommunikationsmaterialien kann darauf verwiesen werden. Im Internet kann sich der potentielle Geschäftskunde anschließend selektiver über Details informieren als über jedes andere Medium.

Soll das Internet-Engagement im Business-to-Business-Marketing über den bereits weit verbreiteten elektronischen Datenaustausch hinausgehen, so liegen die Anforderungen deutlich über jenen bei konsumentenorientierten Auftritten, zumal die Menge der den Güterfluß begleitenden Informationen wesentlich umfangreicher ist und die Beziehungen zum Kunden stärker individualisiert sind.

2.1.4 Medienspezifische Online-Auftritte

Auch viele Medienunternehmen, sowohl aus dem Print- (Spiegel, Focus usw.) als auch aus dem TV-Bereich (ProSieben, RTL, Sat 1 usw.), engagieren sich mit redaktionellen Angeboten im Internet. Online-Publishing löst die bestehenden Grenzen zwischen den Mediengattungen Print und TV auf.

Die Online-Angebote der Medien sind nicht ausschließlich auf Letztverbraucher als Zielgruppe ausgerichtet. Auch Fachpublikationen (w&v, Horizont), die im wesentlichen aus geschäftlichen Gründen gelesen werden, präsentieren sich im Internet. Einige Verlage und TV-Vermarkter versuchen, das Marketing für Anzeigenflächen und Werbeblöcke durch Online-Business-to-Business-Plattformen (MGM, IPA) zu ergänzen.

Insgesamt liegt der Fokus bei den meisten Medien auf der Bereitstellung von *redaktionellen Inhalten* für den Letztverbraucher. So veröffentlichen Verlage unter der URL des Titels Leitartikel oder Artikel zu Spezialgebieten (z.B. Süddeutsche Zeitung), während Fernsehsender Zusammenfassungen bzw. Hintergrundinformationen zu Sendungen (z.B. ran) zum Online-Abruf bereitstellen. Schwierigkeiten bereitet dabei die Aufbereitung der bereits existierenden redaktionellen Inhalte für das WWW, da kein Internet-User an extrem textlastigen Informationen interessiert ist.[113] Namhafte Medienunternehmen (z.B. Der Spiegel, Stern, ProSieben) haben daher Online-Redaktionen gegründet, die für den Web-Auftritt geeignete Inhalte produzieren und diese in die passende multimediale Form bringen. In einigen Fällen werden sogar vollkommen neue Titel entworfen (z.B. CineMotion), die nur im Internet publiziert werden.[114]

Auf einigen Online-Publishingplattformen werden darüber hinaus *Zusatzangebote* offeriert, die über das eigentliche redaktionelle Angebot hinausgehen. Der Spiegel hat zur Nutzer-

---

[113] Vgl. Rank (1996), S. 251.
[114] Vgl. Rank (1996), S. 258f.

bindung in sein Angebot einen aktuellen Reuters News Ticker integriert. Die Zeit bietet alle Stellenanzeigen mit einem Suchverzeichnis zusätzlich auch im Internet an. Das Online-Angebot der Bild Zeitung konzentriert sich vor allem auf den Entertainment-Bereich. Auf großes User-Interesse stößt auch die Online-Recherchemöglichkeit in den alten Ausgaben eines Titels (z.B. Süddeutsche Zeitung). Einige Objekte bieten den Nutzern zudem die Möglichkeit, im Rahmen des Direktvertriebs ein Abonnement über das WWW abzuschließen.

Das Online-Engagement erfolgt unter verschiedenen Zielsetzungen. Derzeit dient Online-Publishing von Verlagen vor allem der **Werbung** für den Print-Titel. Die Möglichkeit des Online-Abrufes von Kerninhalten der neuen Ausgabe soll vor allem das Kaufinteresse am Kiosk schüren.[115] Fernsehsender sehen in ihren Angeboten einerseits die Möglichkeit der Zuschauer-/**Kundenbindung**, und andererseits wollen sie die One-Way-Kommunikation um einen **Rückkanal** ergänzen.

Die Nutzung von klassischen Medien wird in den nächsten Jahren rückläufig sein. Schätzungen gehen für das Jahr 2005 von einem Rückgang der täglichen Fernsehzeit um 20 Minuten zugunsten der Online-Medien aus.[116] Sinkende Reichweiten werden Ausfälle bei Werbeeinnahmen zur Folge haben. Medienunternehmen müssen deshalb im Internet neue Ertragsquellen erschließen.

Durch das Online-Engagement fallen für die Medienunternehmen zum Teil erhebliche Kosten an. Als Finanzierungsmöglichkeit stehen langfristig folgende Alternativen zur Wahl:[117]

- Die Aufwendungen für Online-Publishing werden auch langfristig als **Werbe- und Promotionkosten** angesehen, die den Absatz induzieren.

- Zumindest ein Teil der Kosten kann über **Werbeeinnahmen** bzw. Sponsorengelder gedeckt werden. Die Einnahmen aus Online-Werbung reichen derzeit allerdings auch bei den führenden Publishing-Plattformen Spiegel und Focus mit ca. 1,5 Millionen DM jährlich nicht aus, um die Kosten zu decken.[118]

- Zusatzangebote wie interaktive Verzeichnisse von Stellenanzeigen oder Gebrauchtwagen und Datenbankrecherchen werden dem User nur gegen eine **Nutzungsgebühr** angeboten.

- Der digitalisierte Print-Titel wird dem Online-Nutzer in Form eines **Online-Abonnements** angeboten.

- Verlage nutzen die große Bekanntheit des Print-Titels, um unter ihrem Namen die Plattform zu einem **virtuellen Marktplatz** auszubauen, auf dem nicht nur das Objekt veröffent-

---

[115] Vgl. Vollmer (1997), S. 179; Oenicke (1996), S. 87f.
[116] Vgl. ECC European Communication Council (1997), S. 341.
[117] Vgl. Rank (1996), S. 261f.
[118] Vgl. Media Daten & Fakten (1997b), S. 38f.

licht wird, sondern auch Bücher und ähnliches verkauft werden.

Langfristig wird sich sowohl bei den Publishing-Plattformen wie auch im klassischen Printbereich eine Mischfinanzierung durchsetzen. Die Einnahmen aus Online-Werbung werden dabei eine wesentliche Rolle bei der Kostendeckung übernehmen. Bereits jetzt verfügen die führenden Print-Titel neben den Suchmaschinen (z.B. web.de) über die größten Reichweiten in Deutschland (vgl. Abb. 2.11).

Bei der zukünftigen Gestaltung des Marketing für das klassische Print-Objekt sind Interaktionen mit dem Online-Marketing zu berücksichtigen. Bereits der Teilvertrieb über das Internet kann zu „Kannibalisierungs-Effekten" führen.[119] Werden über das Internet die Inhaltsangaben veröffentlicht, so kann z.b. das Kaufinteresse an der aktuellen Ausgabe sinken. Beim Vertrieb des kompletten Titels über das Internet muß der Preis für das Online-Abonnement so angesetzt werden, daß insgesamt ein Renditeeinbruch vermieden wird.

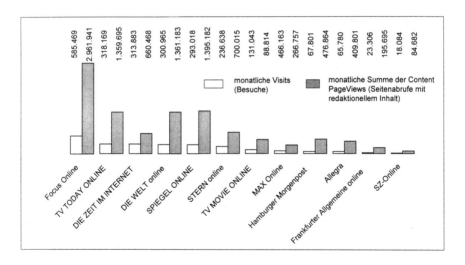

Abb. 2.11: Monatliche Visits und PageViews der führenden deutschen Publikumszeitschriften
Quelle: http://www.pz-online.de

---

[119] Vgl. Mertens (1996), S. 15.

2.2 Aktivitäten auf unternehmensexternen Online-Plattformen

2.2.1 Unterschiedliche Banners und Buttons

Unternehmen können sich im Internet nicht nur mit einer eigenen Web-Site präsentieren, sie können - wie in klassischen Medien - auch Werbung schalten.[120] Dies ist vor allem notwendig, um Aufmerksamkeit für den eigenen Auftritt im Internet zu schaffen, der per Hyperlink mit der Online-Anzeige verbunden ist.[121] Diese Aktivitäten können als die eigentliche Online-Werbung bezeichnet werden, denn der Web-Server eines Unternehmens kann zwar werblichen Charakter haben, berührt aber auch andere Bereiche des Marketing.

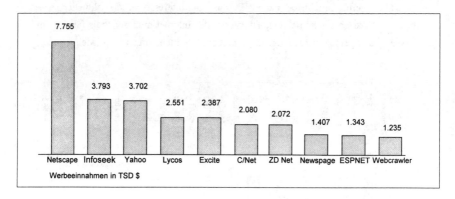

Abb. 2.12: Einnahmen aus Online-Werbung der 10 größten U.S. Werbeplattformen
Quelle: Goldhammer/Lange (1997), S. 65

Als Werbeträger kommen einerseits Online-Publikationen von Medienunternehmen (z.B. Focus Online, Spiegel Online usw.) in Frage und andererseits Suchmaschinen für Web-Sites (z.B. web.de, Yahoo, Lycos usw.). Darüber hinaus findet Online-Werbung auf elektronischen Marktplätzen immer mehr Verbreitung (z.B. The Mall bei TV Today).[122] Diese Web-Sites besitzen eine relativ große Reichweite und eignen sich daher ideal als Werbeplattform. Die Werbeumsätze können hierbei entscheidend zur Finanzierung der Auftritte beitragen. Die 10 größten amerikanischen Werbeplattformen erwirtschafteten im zweiten Quartal 1996 Ein-

---

[120] Vgl. Briggs/Hollis (1997), S. 44.
[121] Vgl. Fantapié Altobelli/Bouncken/Hoffmann (1997), S. 4.
[122] Vgl. Werner/Stephan (1997), S. 129.

nahmen von fast 29 Millionen Dollar (vgl. Abb. 2.12). In Deutschland ist die Entwicklung der Online-Werbeeinnahmen hingegen noch mäßig.[123]

Als gängigste Online-Werbeform hat sich die Banner- und Button-Plazierung etabliert. Der Betreiber der Online-Plattform stellt den Werbetreibenden dabei, ähnlich wie bei einer Anzeige, eine Werbefläche zur Verfügung, die er mit einem Werbemittel bestücken kann.[124] Im einzelnen lassen sich Online-Anzeigen nach folgenden Kriterien klassifizieren:

– Form und Größe

Bei Online-Anzeigen wird zwischen größeren Flächen am Kopf- und Fußende einer Internet-Seite (Banner-Flächen) und kleineren, an den Seitenrändern plazierten Anzeigenflächen (Button-Flächen) differenziert.[125] Die Größe der Anzeigenfläche wird in Pixel (z.B. 460*60) angegeben.

Abb. 2.13: Online-Werbung bei Spiegel Online

– Grad der Interaktivität

Online-Anzeigen können statisch und interaktiv sein. Dem Grundgedanken der Direct-Response-Werbung entspricht ein interaktives Banner, über das der Online-Nutzer per Mausklick zum Internet-Auftritt des Werbetreibenden gelangt. Statische Banner stellen im Gegen-

---

[123] Für 1997 geht man in Deutschland von 20 bis 30 Million Mark Werbeumsätze aus. Vgl. Media Daten & Fakten (1997b), S. 38f.
[124] Vgl. Roll (1996), S. 146-148; Alpar (1996), S. 181-187.
[125] Vgl. Rengelshausen (1997), S. 101.

satz dazu sicher, daß sich der Online-Nutzer nicht über die Online-Anzeige von der Publishing-Plattform entfernen kann. Statische Anzeigenflächen sind mit einer klassischen Print-Anzeige vergleichbar und in der Regel billiger als interaktive Anzeigen.[126]

– Dynamik

Anzeigenflächen müssen nicht konstant mit dem gleichen Banner ausgestattet sein. Bei einigen Anbietern rotieren die Banner in festen Zeitabständen, ähnlich wie wechselnde Bandenwerbung in Fußballstadien.[127] Bewegung führt zu einer Steigerung der Kontaktchancen, und bei nur einem Seitenabruf kann der Online-Nutzer mit mehreren Anzeigen kontaktiert werden.[128]

– Reichweite bzw. Themen der Trägerseite

Die Eingangsseiten eines Online-Auftrittes besitzen in der Regel die größte Reichweite. Die Plazierung auf diesen Seiten ist dementsprechend preisintensiv. Auf Unterseiten sinkt zwar die Reichweite, die Positionierung von Banners in einem interessenbezogenen Umfeld erhöht jedoch bei hoch involvierten Zielgruppen die Kontaktwahrscheinlichkeit. Dies führt zu einer Steigerung der Kontaktqualität.[129]

– Verwendung der Frametechnik

Durch die Frametechnik ist es möglich, gleichzeitig mehrere Fenster unabhängig voneinander auf dem Bildschirm darzustellen. In einem großen Fenster (Content Frame) wird ausführlich das redaktionelle Angebot präsentiert, während parallel dazu in einem kleineren Fenster das Inhaltsverzeichnis (Navigationsframe) des gesamten Auftrittes angezeigt werden kann. Für die Werbung läßt sich diese Technik dahingehend nutzen, daß während des Blätterns durch das redaktionelle Angebot sowohl das werbliche Angebot in einem Adframe[130] wie auch das Inhaltsverzeichnis permanent präsent bleiben.[131]

2.2.2 Unterschiedliche Abrechnungsmodelle

Auch hinsichtlich der Abrechnungsmodalitäten haben sich unterschiedliche Modelle am Markt entwickelt:

---

[126] Vgl. Vollmer (1997), S. 184.
[127] Vgl. Rengelshausen (1997), S. 101.
[128] Vgl. Werner/Stephan (1997), S. 127f.
[129] Vgl. Briggs/Hollis (1997), S. 44.
[130] Unter einem Adframe wird ein werbetragendes Fenster verstanden. Vgl. Teil 2, Kap. 4.5.1.2.
[131] Vgl. Vollmer (1997), S. 183f.

– **Abrechnung nach Zeitraum**

Die gängigste Abrechnungsmethode in Deutschland ist die zeitraumbezogene Abrechnung. Der Kunde bucht die Anzeigenfläche für einen bestimmten Zeitraum (z.B. eine Woche, einen Monat). Focus verlangt beispielsweise für die vierwöchige Plazierung eines interaktiven Banners 30.000 Mark.

– **Abrechnung nach Werbeträgerkontakten**

Bei diesem Preismodell bucht der Kunde nicht einen bestimmten Zeitraum, sondern das Banner bleibt so lange auf der Werbeträgerseite plaziert, bis die vorher vereinbarte Anzahl von Kontakten erreicht ist. Kontakte beziehen sich in diesem Fall nicht auf das Anklicken oder Wahrnehmen der Seite, sondern auf die Abrufe der Trägerseite.[132] Zwischen der Reichweite der Seite und der Wirkung des Banners besteht ein deutlicher Unterschied. Auch wenn der User die Seite abruft und deren Inhalte liest, kann er dabei das Banner - wie eine Print-Anzeige in einer Zeitschrift - übersehen. Auf der Homepage von web.de beispielsweise kosten 1000 Kontakte für ein exklusives Banner 120 Mark.[133]

– **Abrechnung nach AdClicks**

Bei diesem Abrechnungsmodell zahlt der Werbetreibende nur, wenn auf sein Banner geklickt wird. Das Risiko wird somit ganz auf die Seite des Betreibers der Online-Plattform verlagert. Ist die Qualität des Banners schlecht, und es wird nur von wenigen Nutzern angeklickt, so zahlt der Kunde weniger. In Abhängigkeit von der Qualität liegt die durchschnittliche Klickrate in Deutschland zwischen einem und fünf Prozent.[134] Die MGM MediaGruppe München berechnet derzeit für jeden AdClick innerhalb des von ihr vermarkteten Angebots „ProSieben Online" 2 Mark.

Die Plazierung von Unternehmenslogos führt zu sehr geringen Klickraten. Erfolge können eher mit Slogans auf den Banners erreicht werden, die Gratifikationen versprechen oder dem User Reize darbieten bzw. Emotionen auslösen. Beispiele für die erste Variante stellen „Netscape was free. The Microsoft Internet Explorer is still free!" oder „Kostenlos die CD-ROM Bewegende Werbung" dar. Reaktionen können z.B. durch „Shop naked" oder „Please Click me" hervorgerufen werden. Erfolgreich sind auch sogenannte „Living Banners" bzw. „Animated Gifs", in die bewegte Bilder integriert sind. Bewegung auf einem statischen

---

[132] Diese Kontakte werden oftmals als AdViews bezeichnet. Dies würde aber implizieren, daß der User das Banner auch wahrnimmt (views), was jedoch nur über eine Befragung gemessen werden kann.

[133] Vgl. Media Daten&Fakten (1997a), S. 42-104.

[134] In der amerikanischen Literatur finden sich sogar unglaublich hohe AdClickraten von über 50 Prozent. Bei diesen enormen Unterschieden zwischen Deutschland und USA ist an der Korrektheit der Daten zu zweifeln. Vgl. Werner/Stephan (1997), S. 126f.

Hintergrund führt zu einer höheren Aktivierung des Users und schließlich zu höheren Klickraten. Farblich sollte sich das Banner deutlich vom Umfeld der Seite abheben, um schneller wahrgenommen zu werden.

– Rabatte für Cross-Buchung und Langzeitbuchung

Verlage und Fernsehsender räumen ihren Kunden bei Cross-Buchungen, im klassischen Medium und auf der Online-Plattform, deutliche Rabatte ein. Aber auch Langzeitbuchungen werden mit günstigeren Konditionen belohnt.

	Pixel-Größe	Preis in DM	Plazierungsdauer
Tageszeitungen			
www.bild.de	400*70	30.000	4 Wochen
www.welt.de	340*50	2.000	1 Woche
www.zeit.de	330*50	1.250	1 Woche
www.abendblatt.de	160*35	1.000	1 Woche
www.mopo.de	328*53	520	1 Woche
www.taz.de	120*100	5.400	4 Wochen
Publikumszeitschriften			
www.allegra.de	137*60	3.500	4 Wochen
www.amica.de	600*50	10.000	4 Wochen
www.autobild.de	120*180	3.000	4 Wochen
www.cinema.de	600*50	10.000	4 Wochen
www.fitforfun.de	600*50	10.000	4 Wochen
www.focus.de	432*50	30.000	4 Wochen
www.geo.de	400*80	5.400	4 Wochen
www.gong.de	100*75	500	4 Wochen
www.spiegel.de	400*80	3.200	1 Woche
www.sportbild.de	60*340	3.000	4 Wochen
www.stern.de	40*60	5.000	4 Wochen
www.tvtoday.de	110*52	1200	4 Wochen
www.tvspielfilm.de	600*50	10.000	4 Wochen
Online-Medien			
www.web.de	468*60	120	1000 Kontakte
www.netguide.de	180*60	0,35	1 Kontakt
Fernsehen/Funk			
www.pro-sieben.de	400*30	2	Adclick
www.rtl.de	60*300	8.000	4 Wochen
www.rtl2.de	45*60	6.000	4 Wochen
www.vox.sw	250*60	3.700	4 Wochen

Abb. 2.14: Preise und Plazierungsdauer für Online-Banners bei führenden deutschen Online-Plattformen

Quelle: Media Daten & Fakten (1997a), S. 80-135

Die obigen Preismodelle können beliebig miteinander kombiniert werden. Bei manchen Betreibern werden die Bannerflächen nur wochenweise vergeben. Im Anschluß daran wird ermittelt, wie viele Kontakte sich ergeben haben. Der Preis der Schaltung ergibt sich durch Multiplikation der Kontaktzahl mit dem Tausender-Kontakt-Preis (TKP) geteilt durch

Tausend. Aber auch eine Mischform zwischen kontakt- und AdClick-bezogener Abrechnung ist im Web zu finden. Neben den Werbeträgerkontakten (z.b. DM 60 pro 1000 Kontakte) werden für jeden AdClick zusätzliche Kosten (z.b. DM 1,50) berechnet.

2.2.3 Online-Sonderwerbeformen

Neben Banners als gängigster Online-Werbeform, die eine große Verwandtschaft zu Insertionswerbeformen in klassischen Print-Medien aufweist, haben sich bereits einige Sonderwerbeformen im Internet entwickelt.

Online-Sponsoring

Sponsoring von Angeboten im Internet hat seinen Ursprung im TV-Bereich. Bekannte Markenhersteller (z.b. Becks) treten dort seit langem als Sponsoren bestimmter Programme (z.b. ran) auf. In einem kurzen Spot vor Beginn und am Ende der Sendung wird das Unternehmen als Sponsor vorgestellt.[135] Ähnliches ist auch im WWW vorzufinden. Werbekunden entwickeln hier zusammen mit dem Anbieter ein redaktionelles Online-Angebot (z.b. Berichte zu Sportereignissen, Gewinnspiele usw.). Der Werbekunde wird im Gegenzug auf diesen Seiten exklusiv als Sponsor präsentiert.

Individualisierte Werbeformen

Bei individualisierten Werbeformen werden nicht alle Nutzer mit der gleichen Werbung konfrontiert. Die präsentierte Online-Werbung ist von den Bedürfnissen bzw. vom Verhalten des Nutzers abhängig. Ein Beispiel hierfür besteht im sogenannten *„Keyword Advertising"*: Der Werbekunde reserviert einige Suchbegriffe in einem Online-Suchverzeichnis. Das Einblenden des Online-Banners wird an die Eingabe dieser Suchworte gekoppelt. Nutzer, die beispielsweise „Sport" als Kriterium eingeben, bekommen ihr Suchergebnis in Kombination mit einem Werbebanner eines Sportartikelherstellers präsentiert, der diesen Begriff zuvor reserviert hat.[136]

Ferner ermöglichen die *„Webcasting"*-Systeme eine individualisierte Ansprache. Hierunter wird eine Kombination aus Bildschirmschoner und Nachrichtenservice verstanden. Interessenten stellen sich im Internet aus einem Auswahlmenü ihr persönliches Nachrichtenprofil (z.B. Politik, Wirtschaft, Börse) zusammen. Aktuelle Nachrichten aus diesem Bereich werden online aus dem Netz auf den Computer des Nutzers übertragen und erscheinen dort in Form eines Bildschirmschoners. Das System ist werbefinanziert: Neben aktuellen Informationen

---

[135] Vgl. Stelzer (1994), S. 101.
[136] Vgl. Rengelshausen (1997), S. 132.

werden interessenabhängige Werbebanners übertragen.[137]

Verdeckte Werbeformen

Bei verdeckten Online-Werbeformen nimmt der User, ähnlich dem Product Placement in Filmen, den werblichen Kontakt nicht bewußt wahr.[138] Unternehmen können z.b. die Position ihrer URL bei Abfragen in Suchmaschinen kaufen. Jedesmal wenn ein Nutzer nach Automobilen sucht, erscheint beispielsweise an erster der Stelle der Auflistung der Suchergebnisse die URL von Mercedes Benz.

2.3 Weitere Anwendungsmöglichkeiten des Online-Marketing

2.3.1 Online als Handelsplattform

Viele Unternehmen bieten ihre Güter und Dienstleistungen im direkten Vertrieb auf ihrer eigenen Internet-Page an. Weniger bekannte und kleinere Unternehmen müssen ihre Produkte in verschiedenen Online-Handelsformen anbieten, die die Funktion von „market makers" übernehmen, indem sie Angebote von verschiedenen Herstellern bündeln und an den Nutzer kommunizieren.[139] Derzeit sind die Umsätze des Online-Handels im Vergleich zum klassischen Handel mit etwa einem Prozent noch sehr bescheiden. Nur Produkte und Dienstleistungen, bei denen der Nutzer beim Kauf ein geringes Risiko empfindet (z.B. Musik-CDs, Bücher, Videos) werden online erfolgreich verkauft.[140] Abb. 2.15 stellt die Online-Einkäufe von Büchern, Musik-CDs und Reisen jenen gegenüber, die im Handel und über Kataloge getätigt werden.

Folgende *Online-Einzelhandelsformen* sind zu unterscheiden:[141]

Electronic-Malls bzw. Shopping-Malls

Bei dieser Handelsform stellt der Mall-Betreiber als Contentprovider das redaktionelle Umfeld (Seitengestaltung, Suchalgorithmus usw.) und verschiedene Serviceleistungen (Werbung für die Mall, Abwicklung der Bezahlung) zur Verfügung. Anbieter können nach Art des Shop-in-Shop-Konzeptes Ladenfläche in der virtuellen Mall erwerben. Der Betreiber der Mall erhält entweder einen monatlichen Pauschalbetrag als Miete und/oder er behält einen Teil des erzielten Umsatzes ein. Die Zahlungsabwicklung kann entweder zentral über den Betreiber koordiniert werden oder von jedem Stand in Eigenregie geregelt werden.

---

[137] Vgl. Cortese (1997), S. 41-45; Riedl (1997), S. 8f.
[138] Vgl. Berndt (1996a), S. 306-319; Behrens (1996), S. 210-213.
[139] Vgl. Gerport/Heil (1996), S. 1340; Hance (1996), S. 54; Albers/Peters (1997), S. 20-22.
[140] Vgl. Werner/Stephan (1997), S. 77-90; Resch (1996), S. 103-105.
[141] Vgl. Fantapié Altobelli/Fittkau (1997), S. 406; Cole (1996), Kap. 6.2.

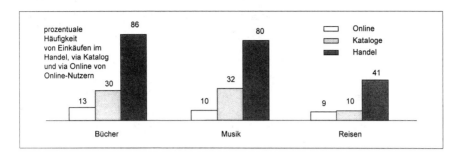

Abb. 2.15: Online-Einkäufe im Vergleich zu klassischen Handelsformen
Quelle: Rautenberg (1996), S. 136

Subscription Services bzw. Kundenclubs

Subscription Services stellen eine Unterform des Mall-Konzeptes dar. Nur Nutzer, die sich über ein interaktives Formular (Adresse, Kreditkartennummer) registrieren, können das Angebot nutzen. Die exakte Identifikation des Users mindert das Transaktionsrisiko. Über die Auswertung von Logfile-Daten können darüber hinaus die Interessen der Nutzer in Erfahrung gebracht werden, wodurch Individualmarketing z.B. in Form von E-mails mit speziellen Sonderangeboten ermöglicht wird. Beim erneuten Besuch der Mall hinterläßt der Nutzer nur noch seine Identifikation und wird daraufhin als „Kundenclub-Mitglied" erkannt und behandelt.

Klassischer Versandhandel

Auch die großen Handelsunternehmen engagieren sich mit eigenen Plattformen online. Der Betreiber des virtuellen Kaufhauses bezieht die Produkte beim Hersteller und veräußert sie weiter. Die Rendite des Online-Verkaufs ergibt sich wie beim Versandhandel über die Margen, die das Handelsunternehmen festlegt.[142] Die Online-Shopping-Mall von Karstadt „my world" erwirtschaftet derzeit allerdings nur einen Umsatz von 4000 Mark täglich.

Nach der Identifikation des Kunden kann der *Großhandel* nicht nur Produkte, sondern auch individuelle Verkaufskonditionen online präsentieren. Standardeinkäufe beim Großhandel können langfristig vollautomatisiert durchgeführt werden, wodurch zum einen die Fehlerquote sinkt und zum anderen die interne Abwicklung rationalisiert werden kann. Die persönliche Betreuung kann sich auf Spezialfälle konzentrieren. Der Großhandel muß verstärkt als Marketinginformationsdienst in Erscheinung treten, indem er aktuelle Informationen vom Hersteller an den Kunden weitergibt und als Online-Service verstärkt Beratungs- und

---

[142] Vgl. Flenker (1996), S. 238-245.

Schulungsaufgaben übernimmt. Hierdurch kann er sein Bestehen neben dem Direktvertrieb der Hersteller rechtfertigen und fungiert nicht nur als deren Verteilzentrum.[143]

Durch das Online-Engagement ergeben sich für den Handel einige Vorteile: Der Sortimentsbreite sind beim Online-Handel keine Grenzen gesetzt. Als strategische Stellgröße können bei Bedarf zusätzliche Angebote in die Mall aufgenommen oder entfernt werden. Hilfreich ist hierbei das Webtracking[144], mit dem die Wege der Nutzer durch die Mall aufgezeichnet werden können. Werden bestimmte Produkte verstärkt angewählt, kann das Sortiment an dieser Stelle überarbeitet werden.[145]

Durch leistungsfähige Suchmöglichkeiten und aktuelle Angebote können sich auch kleinere Handelsunternehmen neben großen Konkurrenten behaupten. Eingeschränkt wird Online-Shopping allerdings derzeit noch durch Probleme bei den Zahlungstransaktionen, die in absehbarer Zeit gelöst sein werden. Aber auch dann wird der Online-Handel im Vergleich zum klassischen Handel nur eine untergeordnete Rolle spielen und sich auf wenige Produkte und Dienstleistungen konzentrieren.

Der Konsument wird vor allem von den geringeren Preisen profitieren, die sich durch sinkende Transaktionskosten auf dem Online-Markt einstellen werden. Dies wird durch das Wegfallen der Preisdifferenzierung in einem weltweiten Markt unterstrichen. Aber auch die sehr hohe Sortimentsbreite z.B. im Musik-CD-Bereich bindet hochinvolvierte User an Spezial-Malls. Genauso wie alle Online-Angebote kann der User die Handelsplattformen rund um die Uhr nutzen. Vor dem Besuch des realen Geschäftes kann sich der Nutzer über Sortiment und Öffnungszeiten informieren. Online-Nutzer lassen sich als preisbewußte „Schnäppchenjäger" charakterisieren.[146] Eingeschränkt wird das preisbewußte Online-Shopping derzeit noch durch den enormen Suchaufwand, um interessante Angebote im Netz zu finden. „Intelligente Agenten", die als Software selbständig im Netz Angebote einholen, werden in Zukunft zu einer Steigerung des Online-Absatzes beitragen.[147]

2.3.2 Online als Marktforschungsplattform

Die Verbreitung der neuen Kommunikationstechnologien findet auch in der Marktforschung Eingang. Nachdem die neuen Befragungstechniken CBS (Computergestützte Befragungssysteme) und CATI (Computer Assisted Telephone Interviewing) neben klassischen Paper-

---

[143] Vgl. Würgler (1997), S. 168-171.
[144] Unter Webtracking wird die Bestimmung der Nutzung von Online-Angeboten aufgrund von Logfiles verstanden. Vgl. Teil 2, Kap. 4.5.1.1.
[145] Vgl. Cole (1996), Kap. 6.1; Burke (1996), S. 123.
[146] Vgl. Mertens (1996), S. 13f.
[147] Vgl. Mertens (1996), S. 8f.

and-Pencil Befragungen an Bedeutung gewonnen haben[148], ist mit dem Internet ein neues Testfeld entstanden.

Die klassische Marktforschung unterteilt sich in zwei Teilbereiche: Primär- und Sekundärforschung. In der Sekundärforschung werden Daten für Marktforschungsprobleme aufbereitet, analysiert und interpretiert, die bereits zu einem früheren Zeitpunkt und für andere oder ähnliche Zwecke erhoben wurden. Reichen die Daten der Sekundärforschung zur Informationsbeschaffung nicht aus, so müssen im Rahmen der Primärforschung über Befragungen oder Beobachtungen zusätzliche Daten eigens für den jeweiligen Untersuchungszweck beschafft werden.[149]

Das Internet stellt für die Sekundärforschung einen unendlich großen Pool von Informationen bereit. Als Basis für die *Sekundärforschung* ergeben sich folgende Quellen:[150]

Server von professionellen Informationsdiensten (commercial databases)

Die weltweit größten Online-Informationsdienste (DIALOG, LEXIS-NEXIS, DataTimes, NewsNet, I/Plus Direct, Dow Jones usw.) bieten ihre Services mittlerweile auch über das WWW an. Nutzer können hier gebührenpflichtig via Internet Anfragen an das System stellen.[151] Über T-Online bieten einige Informationsdienste (z.B. Genios, Hoppenstedt usw.) schon seit einigen Jahren ihre Dienste an.

Server amtlicher bzw. halbamtlicher Institutionen

Einrichtungen wie das statistische Bundesamt oder das Kraftfahrtbundesamt sind mit allgemeinen Informationen online vertreten. In Zukunft wollen diese Institutionen über das WWW Daten gebührenpflichtig vertreiben.

Server von wissenschaftlichen Einrichtungen

Über die Server von Universitäten und Forschungseinrichtungen (z.B. HWWA, Ifo-Institut) können aktuelle Forschungsberichte und Wirtschaftsdaten abgerufen werden. Sie bieten vielfach auch Online-Zugang zu Bibliotheksrechnern an, in denen nach Forschungsberichten gesucht werden kann.

Server von Unternehmen, Medien und Marktforschungsinstituten

Einige Unternehmen nutzen ihren Web-Server auch zu PR-Zwecken. Dort werden unter anderem verschiedene Unternehmensdaten angeboten. Medienunternehmen präsentieren z.B.

---

[148] Vgl. Berekoven/Eckert/Ellenrieder (1993), S. 111-118.
[149] Vgl. Böhler (1992), S. 55f., S. 76.
[150] Vgl. Berekoven/Eckert/Ellenrieder (1993), S. 40-46.
[151] Vgl. Lescher (1995), S. 75-102.

Auflagen, Marktanteile usw. im WWW. Darüber hinaus offerieren renommierte Markt-forschungsinstitute einige Daten kostenlos im Internet.

Obwohl online fast alle Informationen, die im Rahmen der Sekundärforschung benötigt werden, vorrätig sind, stellt das Auffinden dieser Informationen ein erhebliches Problem dar. Um an die Informationsquellen zu gelangen, müssen meist die einschlägigen Suchhilfen ge-nutzt werden.

Im Rahmen der ***Primärforschung*** ergeben sich folgende Einsatzbereiche:

Das Internet kann dazu eingesetzt werden, Aufgaben der konventionellen Marktforschung mit der exklusiven Gruppe von Onlinern zu lösen. Ergänzt wird die Online-Marktforschung für klassische Aufgaben um den Bereich der Online-Werbeforschung.

Produkt- und Dienstleistungstests

Neue Produkte und Dienstleistungen können den Online-Nutzern auch im WWW zur Beur-teilung vorgestellt werden. Diese Form der Online-Marktforschung erreicht aber erst dann die Qualität eines traditionellen Produkttests, wenn die entsprechenden Produkte im WWW nicht nur graphisch, sondern mit allen Funktionalitäten präsentiert werden können. Die geringe Übertragungsleistung des WWW macht virtuelle Produktpräsentationen wie auf Automobil-CD-ROMs mit Einstieg ins Auto, Inspektion des Innenraums usw. unmöglich. Grundsätzlich lassen sich virtuelle Prototypen auf Basis von CAD-Konstruktionsplänen aber relativ einfach erstellen.[152] Bis zur Behebung der technischen Engpässe des WWW muß auf hybride Erhe-bungen zurückgegriffen werden, bei denen über den physischen Weg entweder reale Proto-typen oder CD-ROMs als Stimuli an die Probanden verschickt werden. Die Bewertung kann bereits jetzt auf Online-Fragebögen erfolgen.[153]

Expertenbefragungen

Der Besuch von Experten für Befragungen verursacht erhebliche Kosten und nimmt viel Zeit in Anspruch. Online-Interviews mit Experten können kostengünstiger und schneller durchge-führt werden. Wegen des geringen Standardisierungsgrades sollten diese in Online-Foren durchgeführt werden. Der Interviewer kann hierbei direkt auf die Antworten des Probanden reagieren. Eingeschränkt wird der Einsatz von Online-Expertenbefragungen derzeit noch durch die fehlende Vertrautheit vieler Experten mit der Internet-Technologie. Ausnahmen stellen Erhebungen im Online- und Computerbereich dar.[154]

---

[152] Vgl. Erdmann (1996), S. 47f.
[153] Vgl. Hansen (1995), S. 34; Canter/Siegel (1995), S. 67f.
[154] Vgl. Naether (1996), S. 30.

Gruppendiskussionen und Tiefeninterviews

Die für den Erfolg von Gruppendiskussionen notwendige Dynamik und Spontaneität kann ebenso nur in Online-Foren gewährleistet werden.[155] Die Rekrutierung von Probanden stellt hier ein ähnliches Problem wie bei Expertenbefragungen dar. Es kann zwar auf vorhandene Adreßdaten zurückgegriffen und die Online-Verfügbarkeit dieser Probanden überprüft werden, doch die Erfolgsquote wird relativ gering sein. Über Online-Bannerschaltungen müssen neue Probanden rekrutiert werden, denen über verschiedene Filterfragen bestimmte Interessengebiete zugeordnet werden können. Bei anstehenden Interviews kann ihnen per E-mail die URL des entsprechenden Forums mitgeteilt werden.

Online-Werbe- und -Nutzungsforschung

Ein neues Tätigkeitsfeld ergibt sich für Marktforschungsinstitute im Bereich der Online-Werbe- und -Nutzungsforschung. Hierunter fällt die Messung des Nutzungsverhaltens und der Interessen der Online-User.

In den USA existiert unter dem Namen „PC Meter" bereits ein *Online-Panel*, das das Nutzungsverhalten der User aufzeichnet. Unter einem Panel wird allgemein eine über einen längeren Zeitraum gleichbleibende Auswahl von Erhebungseinheiten verstanden, die in regelmäßigen Abständen zum gleichen Untersuchungsgegenstand befragt bzw. beobachtet werden.[156] Ähnlich wie beim GfK-Fernsehpanel wird beim PC Meter für jeden Panel-Teilnehmer aufgezeichnet, welche Seiten er im Web in einen bestimmten Betrachtungs-zeitraum anwählt. Aus diesen Daten lassen sich Reichweite und Soziodemographie der Nutzer einzelner Web-Sites berechnen.[157] Abb. 2.16 zeigt als Ausschnitt die Reichweitendaten des „PC Meters".

Online-Panels dieser Form weisen für alle Sites relativ kleine und etwa gleich große Markt-anteile aus, da der Nutzer im Internet im Gegensatz zu Fernsehpanels nicht zwischen ca. 30 Kanälen, sondern zwischen Tausenden von Websites wählen kann. Darüber hinaus muß die Zusammensetzung der Panelteilnehmer ständig angepaßt werden, da sich durch die Weiter-verbreitung des Webs die soziodemographische Struktur der Nutzer ständig ändert.[158]

In *Werbepretests* kann durch Befragung im Internet ermittelt werden, welche Angebote der User auf Websites von Unternehmen, Medien und Online-Diensten erwartet. Die Qualität von Banners kann ebenfalls in kleinen Feldversuchen über die Klickrate vorab getestet werden.[159]

---

[155] Vgl. Naether (1995), S. 63; Schmaltz (1996), S. 142.
[156] Vgl. Böhler (1992), S. 60.
[157] Vgl. Bhatia (1996), S. 58-60.
[158] Vgl. Naether (1996), S. 31.
[159] Vgl. Naether (1996), S. 32.

Auch das *Auswerten von Logfiles* von Servern zur Ermittlung von Visits, PageViews und AdClicks stellt einen Teil der Online-Marktforschung dar. Viele Unternehmen führen auf ihren Servern zusätzlich eigene Umfragen durch, um für die Vermarktung von Werbeangeboten Anhaltspunkte über die Struktur ihrer Nutzer (Benutzerprofile) zu erhalten.[160]

	Reich-weite (sortiert)	Nutzungs-tage pro Person	Seitenab-rufe pro Nutzungs-tag	Sekunden pro Ansicht	Minuten pro Seitenabruf	Minuten pro Nutzungs-tag	Nutzungs-minuten pro Person
CNET.COM	6,6	2,12	5,03	39,33	1,74	8,76	18,60
ZDNET.COM	6,5	1,63	3,72	50,52	2,25	8,35	13,62
PATHFINDER.COM	5,8	1,46	3,99	49,35	2,08	8,39	12,11
DISNEY.COM	4,7	1,43	6,72	35,75	1,42	9,55	13,66
SPORTSZONE.COM	3,7	2,38	9,80	42,75	1,52	14,94	35,52
INTELLICAST.COM	3,4	2,63	3,44	36,65	1,24	4,26	11,19
WEATHER.COM	3,3	2,86	5,30	40,57	1,30	6,89	19,71
USATODAY.COM	3,1	1,91	4,59	27,30	0,84	3,86	7,37
MACROMEDIA.COM	2,7	1,25	3,18	33,70	1,28	4,07	5,10
NANDO.COM	2,4	1,31	2,44	30,27	1,02	2,48	3,24
CNN.COM	2,2	2,58	3,30	57,08	1,92	6,35	16,41
UNITEDMEDIA.COM	2,0	2,50	2,34	31,15	1,34	3,14	7,84
STRIP-TEASE.COM	2,0	1,23	8,59	38,33	1,43	12,28	15,09
PCMAG.COM	1,8	1,27	3,20	41,90	1,35	4,31	5,49
NBC.COM	1,8	1,30	3,50	42,03	1,27	4,45	5,80
HOTWIRED.COM	1,7	1,10	3013	45,57	1,46	4,57	5,01
IMDB.COM	1,7	1,43	8,47	18,75	0,71	6,04	8,63
HAPPYPUPPY.COM	1,7	1,59	2,57	47,36	2,07	5,33	8,45
DISCOVERY.COM	1,6	1,46	3,63	47,90	1,68	6,11	8,93
HOMEARTS.COM	1,6	1,18	4,48	44,16	1,25	6,07	7,19

Abb. 2.16: Ergebnisse eines Online-Panels
Quelle: ECC European Communication Council (1997), S. 340

Die Online-Marktforschung im Primärbereich zeichnet sich im Vergleich zur klassischen Marktforschung durch einige *Besonderheiten* aus:[161]

– hohe Dynamik und schnelle Auswertbarkeit von Erhebungen

Im Gegensatz zu klassischen Befragungen können Fragebögen schnell erstellt und im Netz über Banners bekannt gemacht werden. Die online eingehenden Daten liegen in einer per Computer schnell auswertbaren Form vor.

---

[160] Vgl. Decker/Klein/Wartenberg (1995), S. 473.
[161] Vgl. Berekoven/Eckert/Ellenrieder (1993), S. 117f.; Naether (1995), S. 64f.; Werner/Stephan (1997), S. 186-188.

– interaktive multimediale Fragebögen

Die multimediale Technologie erlaubt es, Fragebögen attraktiver und verständlicher zu gestalten. Unklar formulierte Fragen können über einen Link näher erläutert werden. Nachfolgende Fragen eines Fragebogens können obendrein *adaptiv* an den Ergebnissen vorheriger Fragen ausgerichtet werden.

– keine zeitlichen Restriktionen und internationaler Einsatz

Die Befragung ist nicht an zeitliche Restriktionen gebunden: Die Probanden können z.b. auch in den späten Abendstunden an Befragungen teilnehmen. Über spezielle Links können auch ausländische Nutzer zu Produkttests auf Server im Heimatland geleitet werden.

– Kostenersparnis durch fehlenden Interviewereinsatz und Wegfall des Interviewerbias

Die für herkömmliche Befragungen notwendigen Interviewer entfallen bei Online-Befragungen. Ebenso werden die Antworten nicht durch den Interviewer beeinflußt.

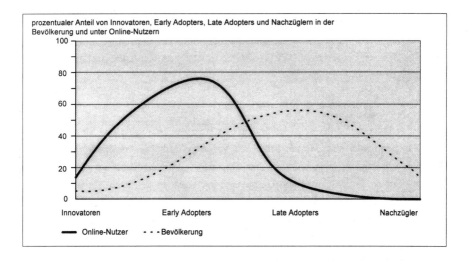

Abb. 2.17: Verteilung von Innovatoren in Online-Medien und in der
Durchschnittsbevölkerung
Quelle: Fugmann/Hoffmann/Pfleiderer (1996), S. 10[162]

---

[162] Der Anteil von Innovatoren, Early Adopters, Late Adopters und Nachzügler wurde über Befragung festgestellt. Probanden, die z.B. angaben, daß sie jegliche technische Innovation erwerben, wenn sie neu am Markt ist, werden als Innovatoren klassifiziert.

– **exklusive Zielgruppe von Innovatoren**

Online-Nutzer unterscheiden sich nicht nur soziodemographisch von der Durchschnittsbevölkerung, sie sind auch überdurchschnittlich innovativ (vgl. Abb. 2.17).

Innovatoren und Early Adopters entscheiden über den langfristigen Erfolg von neuen Produkten, da sie als Meinungsführer maßgeblichen Einfluß auf die übrigen Konsumenten aus-
üben.[163] Schneidet eine technische Innovation in einem Test mit Online-Nutzern schlecht ab,
so können ihr nur wenig Chancen auf dem Markt zugesprochen werden.[164]

Als *Nachteile* der Online-Primärforschung lassen sich anführen:

– **keine Repräsentativität für die Gesamtbevölkerung**

Das Verhalten und die Soziodemographie der Online-User unterscheidet sich derzeit zum Teil
erheblich vom Bevölkerungsdurchschnitt. Eine Übertragung der Ergebnisse auf die Gesamtbevölkerung ist daher nicht möglich.

– **Verzerrungen bei der Rekrutierung der Probanden**

An Online-Umfragen nehmen selbst dann, wenn eine Gratifikation in Aussicht gestellt wird,
nur User teil, die bereit sind, sich interviewen zu lassen. Diese Verzerrung wird im Medium
Online noch höher eingestuft als bei klassischen Erhebungen, bei denen Auskunftspersonen
ebenso angeworben werden müssen.[165]

2.3.3 Online als Messe- und Ausstellungsplattform

Zu den Marktveranstaltungen von Unternehmen werden Ausstellungen und Messen gezählt.
Die Besucherklientel von Messen setzt sich vor allem aus Fachbesuchern (Business-to-
Business) zusammen, im Gegensatz zur allgemeinen Öffentlichkeit bei Ausstellungen.
Messen besitzen darüber hinaus im Unterschied zu Ausstellungen auch Verkaufsfunktion.
Diese wird in den letzten Jahren verstärkt von Informations- und Beratungsfunktionen ersetzt.
Insgesamt ist ein Trend hin zur Fachmesse zu beobachten, die dem Besucher ein höhere
Transparenz in bestimmten Teilmärkten verspricht.[166]

Messen und Ausstellungen als Marketinginstrument tangieren alle Subbereiche des Marketing
eines Unternehmens. Der Besucher kann auf Messen und Ausstellungen neue Produkte von
konkurrierenden Anbietern intensiv durch Sehen, Tasten, Riechen, Hören und Schmecken

---

[163] Vgl. Nieschlag/Dichtl/Hörschgen (1994), S. 574f.
[164] Vgl. Fugmann/Hoffmann/Pfleiderer (1996), S. 5f. Für klassische Produkttests vgl. Parfitt/Collins (1968), S.
131-135; Silk/Urban (1978), S. 186-189.
[165] Vgl. Werner/Stephan (1997), S. 191-195.
[166] Vgl. Strothmann/Roloff (1993), S. 714f.; Behrens (1996), S. 204f.

vergleichen. Diese einzigartige, reale Produktwahrnehmung wird von einem erläuternden persönlichen Gespräch (persönlicher Verkauf) ergänzt. Neben Aufbau und Pflege von Kontakten durch kommunikative Maßnahmen kann mit einem attraktiven, innovativen Messestand auch Öffentlichkeitsarbeit betrieben werden. Vom Besucher geschilderte Probleme mit Produkten und der Blick auf die Innovationen der Konkurrenz finden in der zukünftigen Produktpolitik Berücksichtigung. Die Preise der Konkurrenten und die von Interessenten geäußerte Preisbereitschaft beeinflussen die geplante Preisstrategie. Im Vergleich zur Kommunikationswirkung ist der Verkauf von Produkten auf Messen von minderer Bedeutung.[167]

Klassische Messen können durch virtuelle Messen im Internet ergänzt werden. Auch hier bezahlt der Aussteller für einen Messestand. Vom virtuellen Stand aus kann unter Umständen per Link auf den Webserver des Unternehmens geführt werden. Der virtuelle Messeauftritt dient dann auch der Vermarktung des eigenen Internet-Angebots. Grundsätzlich lassen sich temporäre und permanente Internet-Messen und -Ausstellungen voneinander abgrenzen.

Temporäre Messen

Begleitend zur eigentlichen Messeveranstaltung wird zeitlich begrenzt auch im WWW die Messe präsentiert. Über Suchalgorithmen auf der Eingangsseite der Messe (Messename als URL) kann der Nutzer vor dem eigentlichen Messebesuch ähnlich wie im Messekatalog Produkte und Aussteller ausfindig machen. Als Suchergebnisse müssen nicht nur kurze textliche Informationen angeboten werden, sondern auch Produkte und Dienstleistungen detailliert und mit Abbildungen versehen vorgestellt werden. Im Extremfall kann der virtuelle Messestand sogar der Architektur des eigentlichen Messestands entsprechen.[168] Einheitliche Gestaltungsrichtlinien für die virtuellen Stände können allerdings eine Vergleichbarkeit der Angebote gewährleisten. Durch Besucherautorisierung (Paßwort, Herkunftsort, geschäftlicher oder privater Besucher) können auch wettbewerbssensitive Informationen wie etwa Preise abgerufen werden.[169]

Zusätzlich können dem Nutzer noch messebegleitende Services, z.B. Hallenbelegungspläne, Veranstaltungskalender und Gesprächsterminierungen, angeboten werden.[170]

Virtuelle Messeauftritte erfüllen im Vergleich zur eigentlichen Messe nur Kommunikationsfunktionen. Vor dem eigentlichen Messebesuch können die Aussteller raum- und zeitunabhängig mit Interessenten in Kontakt treten. Das Fehlen des persönlichen Kontaktes und der physischen Produktpräsentation wird die Bedeutung von realen Messen nicht schmälern.

---

[167] Vgl. Selinski/Sperling (1995), S. 77-96; Wenge/Müller (1993), S. 730-732.
[168] Vgl. Jirikovsky (1996), S. 251.
[169] Vgl. Reineke (1996), S. 2f.
[170] Vgl. Reineke (1996), S. 3.

Virtuelle Messen bieten Zusatzservices, um zielorientierte Messebesuche zu ermöglichen.

Permanente Messen

Unter der URL des Messenamens werden ganzjährig nicht nur Informationen zu den Ausstellern, sondern auch zusätzliche thematisch verwandte Informationen angeboten. Diese Messeform übernimmt für den Nutzer vor allem die Funktion einer Suchhilfe und stellt für den Veranstalter eine zusätzliche Einnahmequelle dar. Als eine Sonderform von permanenten Messen werden sogenannte „Touchstones" bezeichnet. Unter bestimmten Überbegriffen für Dienstleistungen und Güter (z.B. www.versicherungen.de, www.automobile.de) werden komplementäre Angebote von verschiedenen Anbietern auf einem Server zusammengefügt.

3. Online-Marketing für ausgewählte Wirtschaftssektoren

3.1 Ansatzpunkte für Güterhersteller

3.1.1 Investitionsgüter

Zur Gestaltung des Online-Marketings für Investitionsgüter müssen diese in einem ersten Schritt in Gruppen mit homogenen Marketingprozessen eingeteilt werden.[171] Eine Klassifikation nach Geschäftstypen ist dafür besser geeignet als eine Abgrenzung nach technischen Leistungsangeboten. Im einzelnen lassen sich folgende Geschäftstypen unterscheiden:[172]

- Im Rahmen des *Produktgeschäftes* werden vorgefertigte, meist in Mehrfachfertigung erstellte Leistungen, die beim Nachfrager als Stand-Alone-Produkt zum Einsatz kommen, vermarktet. Marketing für Produktgeschäfte ist von der Konzeption her mit dem für langlebige Konsumgüter vergleichbar.

- Beim *Systemgeschäft* werden zuerst Entscheidungen über eine Systemarchitektur getroffen, die zukünftig Anschaffungen von weiteren Systemkomponenten vorab strukturiert. Im Rahmen eines Systemgeschäftes bindet sich der Nachfrager über einen längeren Zeitraum an den Anbieter.

- Im *Anlagengeschäft* stehen komplexe Projekte im Mittelpunkt der Betrachtung, die kundenindividuell gefertigt werden. Die Leistungserstellung zeichnet sich durch ein hohes Maß an Interaktion zwischen Anbieter und Nachfrager aus.

Die Kaufentscheidung bei Investitionsgütern gliedert sich in mehrere Phasen. Nach der Problemerkennung, Informationssammlung und der Angebotsanfrage beim Anbieter (Voranfragephase) erstellt dieser ein konkretes Angebot (Angebotserstellungsphase), das Gegenstand der Verhandlung zwischen Anbieter und Nachfrager (Verhandlungsphase) ist. Daran schließen sich die Phasen Projektabwicklung und Gewährleistung an.[173] In den Beschaffungsprozeß sind auf Nachfragerseite in einem sogenannten *Buying-Center* unterschiedliche Personen eingebunden. Im einzelnen läßt sich im Buying-Center folgende Rollenverteilung unterscheiden:[174]

- *Nutzer (User)*, die nach dem Kauf mit dem Investitionsgut arbeiten

- *Einkäufer (Buyer)*, die die Auswahl von Lieferanten übernehmen und somit die klassische Beschaffungsfunktion erfüllen

---

[171] Eine detailliertere Definition von Investitionsgütern findet sich in Teil 2, Kap. 2.1.1.

[172] Vgl. Backhaus (1995), S. 231f.; Plinke (1991), S. 175; Godefroid (1995), S. 25f.

[173] Vgl. Backhaus (1995), S. 435.

[174] Vgl. Webster/Wind (1972), S. 17.

– **Beeinflusser (Influencer)**, die die Anforderungskriterien an das Gut formulieren und die Alternativen bewertbar machen

– **Entscheider (Decides)**, die Aufgrund ihrer Position über die Auftragsvergabe entscheiden

– **Selektierer (Gatekeeper)**, die den Informationsfluß im Buying-Center kontrollieren.

Je nach Aufgabengebiet verfügen die Mitglieder über unterschiedliche Informationsbedürfnisse. Gatekeeper sind beispielsweise an breiten Informationen über alle Alternativen interessiert, die sie an die übrigen Mitglieder weitergeben können. Mit ihnen muß der Anbieter zuerst in Kontakt treten. Buyers informieren sich detailliert über preisliche und formale Konditionen, während Influencer technische und qualitative Daten benötigen.

Investitionsgüter sind im Vergleich zu den übrigen Güterarten in bezug auf Funktion, Leistung und Nutzen am erklärungsbedürftigsten.[175] Demzufolge ist die Bereitschaft zur selbständigen Informationssuche im WWW hier am stärksten ausgeprägt (vgl. Abb. 2.18).

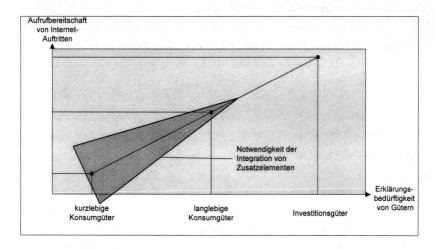

Abb. 2.18: Aufrufbereitschaft von Internet-Auftritten nach Güterarten
Quelle: Fantapié Altobelli/Hoffmann (1996a), S. 46

Der medialen Werbung wird im Investitionsgüterbereich im Vergleich zu den übrigen Güterarten eine geringe Wirkung zugesprochen - was sich in Aufwendungen unter einem Prozent des Umsatzes niederschlägt[176] - , die im weiteren Verlauf der Entscheidungsfindung sogar noch abnimmt (Abb. 2.19). Von entscheidender Bedeutung ist vielmehr die persönliche Face-

---

[175] Vgl. Merbold (1993), S. 860.
[176] Vgl. Merbold (1993), S. 861f.

to-face-Kommunikation mit dem Nachfrager, die vor allem auf eine spezifische Beratung hin ausgerichtet sein muß.[177]

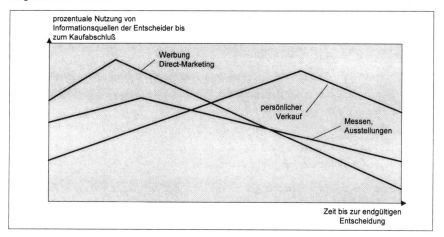

Abb. 2.19: Relevanz von Informationsquellen während der Entscheidungsfindung
Quelle: Backhaus (1984), S. 18

Der Internet-Auftritt eines Investitionsgüterherstellers kann die Kommunikationspolitik unterstützen. Ähnlich wie in Prospekten und auf Messen kann die Leistungsfähigkeit der Produkte vorgestellt werden. Detaillierte interaktive Produkt-/Servicepräsentationen, eine interaktive Angebotsabfrage und Wirtschaftlichkeitssimulationen eignen sich vor allem für standardisierte Leistungen des Produkt- und Systemgeschäfts. Anlagen werden hingegen kundenindividuell angefertigt, weshalb hier im WWW nur auf Referenzprojekte verwiesen werden kann. Kennzeichnend für alle Geschäftstypen des Investitionsgütermarketing ist eine rational ausgerichtete Präsentation.[178]

Über spezielle Auswahlmenüs auf WWW-Server können die Mitglieder des Buying-Centers ihre individuellen Informationsbedürfnisse befriedigen.[179] Darüber hinaus können im Internet wesentlich mehr Informationen permanent zur Verfügung gestellt werden als in Prospekten oder Katalogen.

Mit einem WWW-Auftritt kann auch Vertrauen und der Goodwill zum Unternehmen ausgebaut werden. Dies kann über die Darstellung von Herstellerinformationen und Nachweisen

---

[177] Vgl. Becker (1996), S. 204.
[178] Vgl. Merbold (1993), S. 867.
[179] Vgl. Merbold (1993), S. 868.

sowie über den Verweis auf Referenzunternehmen geschehen.[180]

Die kommunikative Bedeutung des WWW beschränkt sich allerdings auf die frühen Phasen der Entscheidungsfindung, weil nur dort das standardisierte Informationsangebot des Web-Servers ausreicht, um die Bedürfnisse der Kunden zu befriedigen.

Investitionsgüter erweisen sich auch in der Nachkaufphase als sehr erklärungsbedürftig. Spezielle After-Sales-Services wie Online-Betriebsanleitungen, Online-Problemhilfe oder Online-Wartung erleichtern die Betreuung des Kunden in der Nachkaufphase.[181] Besondere Bedeutung erlangen die Maßnahmen bei Systemgeschäften, da dort der Kontakt mit dem Kunden über einen längeren Zeitraum besteht. Über herkömmliche After-Sales-Services hinaus können Kunden über das Internet permanent über Systemneuerungen und -erweiterungen informiert werden.

Dem Buying-Center auf der Nachfragerseite steht das Selling-Center auf der Anbieterseite gegenüber. Sowohl in der Entscheidungs- als auch in der Realisationsphase tauschen die Mitglieder beider Center Informationen aus.[182] Via Internet können Pflichtenhefte modifiziert, Konstruktionspläne ausgetauscht, Terminpläne festgelegt werden etc. Die Transaktionen über das Internet ergänzen allerdings nur klassische Interaktionen, weil sie den persönlichen Kontakt nicht voll ersetzen können.[183] Da Anlagen individuell erstellt werden, können solche Geschäfte niemals vollständig per Internet abgeschlossen werden. Dem persönlichen Kontakt wird auch in Zukunft im Investitionsgütermarketing eine wesentliche Bedeutung zukommen.

3.1.2 Langlebige Konsumgüter

Als Abgrenzungsmerkmal zwischen kurzlebigen und langlebigen Konsumgütern kann die Länge der Nutzungsperiode herangezogen werden.[184] Bei kurzlebigen Konsumgütern erfolgt der Verbrauch in einem einmaligen Akt oder durch eine allmähliche Verringerung der physischen Gestalt. Die Kaufhäufigkeit ist bei kurzlebigen Konsumgütern wesentlich höher als bei langlebigen Konsumgütern.[185] Im Gegensatz zu Konsumgütern werden Investitionsgüter dazu beschafft, um mit ihnen Leistungen zu erstellen.[186]

Bei langlebigen Gebrauchsgütern wird bis zum Kauf ein ähnlich extensiver Entscheidungsprozeß wie bei Investitionsgütern durchlaufen, der mit der Informationssammlung beginnt und

---

[180] Vgl. Merbold (1994), S. 72f.; Godefroid (1995), S. 340.
[181] Vgl. Flory (1995), S. 128f.
[182] Vgl. Backhaus (1995), S. 107.
[183] Vgl. Samli/Wills/Herbig (1997), S. 55; Rayport/Sviokla (1995), S. 80; Schubert (1994), S. 29-31.
[184] Vgl. Brosche/Wißmeier (1993), S. 813.
[185] Vgl. Eichmann (1993), S. 18f.
[186] Vgl. Engelhardt/Günter (1981), S. 24; Backhaus (1995), S. 7; Plinke (1991), S. 172.

über die Bewertung von verschiedenen Alternativen im Kauf mündet.[187] Die anschließende Nachkaufphase ist seitens der Konsumenten durch Unsicherheiten über die Kaufentscheidung gekennzeichnet.[188]

Befindet sich der Konsument in der Informationsphase, die mit einem erhöhten Produktinvolvement verbunden ist, so sucht er aktiv nach Informationen über Alternativen. Der potentielle Käufer verfügt dabei über eine erhöhte Aktivierung, die dazu führt, Detailinformationen in der Werbung (Anzeigen, Spots) zu suchen und den Handel aufzusuchen, um sich beraten zu lassen oder sich Informationsmaterialien wie z.B. Prospekte zu besorgen. In dieser Phase kann das WWW als zusätzliche Informationsquelle dienen. Neben *detaillierten Produktinformationen* können im Rahmen der *Pre-Sales-Services* auch Beratungskomponenten zur Verfügung gestellt werden. Der hohe Informationsbedarf und die permanente anonyme Erhältlichkeit von produktrelevanten Daten begünstigt eine hohe Aufrufbereitschaft des Online-Auftrittes. Da sich durchschnittlich nur etwa fünf Prozent der Bevölkerung in der Entscheidungsphase für ein langlebiges Gebrauchsgut befinden, können die Streuverluste der Informationsversorgung über klassische Werbung umgangen werden.[189] Werbung in klassischen Medien kann sich auf das Branding und den Imageaufbau konzentrieren.

Die Nachkaufphase von langlebigen Konsumgütern ist von Unsicherheiten bezüglich der Qualität und der Eigenschaften der realisierten Alternative (kognitive Dissonanz) gekennzeichnet. Der Dissonanzabbau kann durch attraktive Betriebsanleitungen, stimulierende Zusatzprodukte (z.B. CD-ROM zum Computer) usw. erfolgen.[190] Auch hierbei kann der WWW-Auftritt hilfreich sein. *After-Sales-Services* wie Online-Betriebsanleitungen, Online-Problemhilfen usw. führen zum Dissonanzabbau und stärken die Kundenbindung.[191]

Die Online-Plattform eines Herstellers von langlebigen Konsumgütern sollte nicht nur auf Kontakte in der Vor- und Nachkaufphase abzielen. Vielmehr kann der Gedanke eines offenen Kundenclubs auch im Internet realisiert werden. Durch attraktive, frei zugängliche *Zusatzangebote* (Benefits, Added-Values) sollte der Nutzer an das Online-Angebot gebunden werden,[192] wodurch eine permanente Kommunikation mit Kunden und potentiellen Kunden möglich wird.[193] Zu solchen Benefits zählen im Automobilbereich beispielsweise interaktive Straßenroutenplanung, ein virtuelles Fahrsicherheitstraining, aktuelle Informationen über den Motorsport und jegliche Form von Gewinnspielen.

---

[187] Vgl. Berndt (1996b), S. 38f.; Lachmann (1993), S. 833.
[188] Vgl. Nieschlag/Dichtl/Hörschgen (1994), S. 557f.
[189] Vgl. Lachmann (1993), S. 836.
[190] Vgl. Berndt (1996b), S. 77-79; Lachmann (1993), S. 853.
[191] Vgl. Levinson/Rubin (1996), S. 238f.
[192] Vgl. Fantapié Altobelli (1996b), S. 23; Sterne (1995), S. 168f.; Bauer/Ilchmann/Kohl (1996), S. 2f.

3.1.3 Kurzlebige Konsumgüter

Zu den klassischen kurzlebigen Konsumgütern zählen Nahrungs- und Genußmittel, Arzneimittel (OTC-Produkte), Kosmetik und Körperpflegeartikel sowie Wasch- und Reinigungsmittel.[194]

Im Gegensatz zu Investitionsgütern und langlebigen Konsumgütern handelt es sich bei kurzlebigen Konsumgütern überwiegend um gewohnheitsmäßige, sogenannte habitualisierte Kaufentscheidungen, bei denen Entscheidungen, die auf Erfahrungswerten aufbauen, routinemäßig bzw. automatisch ablaufen.[195] Mit Werbeaufwendungen können gerade auf den gesättigten Käufermärkten der kurzlebigen Konsumgüter Konkurrenten verdrängt und der Absatz gesteigert werden.[196] Die Konsumenten sind im kurzlebigen Konsumgütermarkt einem enormen Werbedruck ausgesetzt, der das bei Low-Involvement-Produkten generell niedrige Informationsinteresse weiter sinken läßt. Dies führt zu einer niedrigen Aufrufbereitschaft von Internet-Auftritten in diesem Bereich.

Kurzlebige Konsumgüter sind bezüglich ihres Grundnutzens gegeneinander austauschbar. Ähnlich verhält es sich mit Internet-Auftritten für diese Produkte. Online-Auftritte für kurzlebige Konsumgüter müssen daher einen Zusatznutzen generieren, damit sie einmal bzw. mehrmals aufgerufen werden. [197]

In diesem Bereich können Internet-Auftritte dazu genutzt werden, die *Qualität* der Produkte (z.B. durch detaillierte Beschreibung der Zusammensetzung) unter Beweis zu stellen. Für erklärungsbedürftige Güter wie z.B. diätetische Lebensmittel, Baby- und Sportlernahrung sind zwar *ernährungspsychologische Informationen* und *Gesundheitsinformationen* relevant,[198] im Vergleich zu den langlebigen Konsumgütern nehmen Produktinformationen hier aber sonst eine untergeordnete Rolle ein (vgl. Abb. 2.20).

Zusatznutzen auf Online-Präsenzen stiftet die Präsentation von aktuellen Trends, die das Verbraucherverhalten von kurzlebigen Konsumgütern insgesamt maßgeblich beeinflussen. Zu nennen sind hier der Fitness- und „Öko-Trend" sowie die Gesundheitswelle und Veränderungen in der Mode.[199] Hierzu zählen aber auch Komponenten, die den Verbrauch bzw. den Verzehr von Produkten beschreiben und unterstützen, wie etwa Rezepte. Insgesamt sind es vor allem *redaktionelle Inhalte* rund um das Produkt, die zur Nutzensteigerung beitragen und

---

[193] Vgl. Meffert/Bruhn (1995), S. 145f.
[194] Vgl. Brosche/Wißmeier (1993), S. 813f.
[195] Vgl. Berndt (1996b), S. 40f.
[196] Vgl. Behrens (1963), S. 24; Brosche/Wißmeier (1993), S. 813f.
[197] Vgl. Fantapié Altobelli/ Hoffmann (1996b), S. 9f.
[198] Vgl. Koppelmann (1981), S. 64-86; Münzberg (1995), S. 187.
[199] Vgl. Brosche/Wißmaier (1993), S. 815f.

damit mehr Aufrufe der Web-Site induzieren.[200]

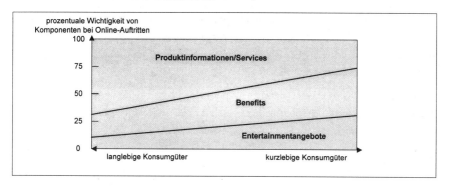

Abb. 2.20: Relevanz der Inhaltskomponenten von Internet-Auftritten von kurz- und langlebigen Konsumgütern
Quelle: Fantapié Altobelli/Hoffmann (1996b), S. 241

Gerade jüngere Online-Nutzer können mit Gewinnspielen an das Angebot gebunden werden. Werbespiele haben bereits einen festen Platz in der Marekting-Kommunikation gefunden.[201] Die steigende Verbreitung stellt allerdings immer neue Anforderungen an deren Qualität. Zur Nutzerbindung müssen diese *Entertainment-Angebote* in festen Zyklen erneuert werden.[202]

Das WWW kann aber auch zur *Interaktion bzw. Kommunikation* mit dem Kunden verwendet werden, welche zur Kundenbindung im anonymen Massenmarkt der kurzlebigen Konsumgüter immer mehr an Bedeutung gewinnt. Über E-mail können Produktproben, Kochbücher usw. bestellt oder spezielle Fragen zu den Produkten eingereicht werden.[203]

Im Ergebnis müssen Online-Auftritte von kurzlebigen Konsumgütern mit mehr Komponenten mit Zusatznutzen und Entertainment ausgestattet sein als langlebige Konsumgüter.

3.2 Ansatzpunkte für Dienstleister

Definitorisch lassen sich Dienstleistungen über drei konstitutive Elemente beschreiben, die im Verbund das Wesen einer Dienstleistung ausmachen.[204]

Im Gegensatz zu Sachgütern sind Dienstleistungen marktfähige Leistungen, die mit den Potentialen *Bereitstellung von Leistungen* (z.B. Geldanlage) und/oder dem Einsatz der

---

[200] Vgl. Kuch (1996), o.S.
[201] Vgl. Nolte (1997), S. 97.
[202] Vgl. Glossbrenner/Glossbrenner (1995), S. 17f.
[203] Vgl. Kuch (1996), o.S.; Burger/Entenmann/Neputé (1996), S. 157.
[204] Vgl. Meyer (1993), S. 900f.; Meffert/Bruhn (1995), S. 26f.; Corstens (1990), S. 22f.

Leistungsfähigkeit (z.B. Friseurleistung) verbunden sind.

Kennzeichnend ist ferner die **Immaterialität** von Dienstleistungen. Das Leistungspotential vor der Durchführung der Dienstleistung ist immer immateriell, und das Ergebnis der Dienstleistung kann von materieller (z.B. Haarschnitt beim Friseur) aber auch immaterieller (z.B. ärztliche Therapie) Natur sein.

In den Erstellungsprozeß von Dienstleistungen muß immer ein **externer Faktor** integriert werden. Dabei kann es sich um den Kunden selbst (z.B. bei Reisen) oder um ein Objekt des Kunden (z.B. das Geld des Kunden bei Bankgeschäften) handeln.

Der Online-Auftritt eines Dienstleisters kann kommunikationsbezogene Aspekte beinhalten. Empirische Untersuchungen belegen, daß die Informationsbeschaffung vor Nachfrageentscheidungen bei Dienstleistungen im Vergleich zu Sachgütern noch ausführlicher erfolgt.[205] Ursächlich hierfür ist die Unsicherheit bezüglich der Qualität und der Angemessenheit des Preises einer Leistung aus Sicht des Nachfragers.

Die Darstellung der Potentiale Leistungsfähigkeit und -bereitschaft bietet einen Ansatzpunkt für die Kommunikation der Dienstleistung. Die Abstraktheit, Komplexität und Immaterialität von Dienstleistungen macht die Kommunikation allerdings schwierig. Dieser Effekt wird im Internet dadurch verstärkt, daß der Nutzer nicht wie vor dem realen Leistungserstellungsprozeß auf sogenannte Touch-Quality-Faktoren wie Freundlichkeit und Aussehen des Personals bzw. Gestaltung und Sauberkeit der Serviceumgebung zur Qualitätsbeurteilung zurückgreifen kann. Der Web-Auftritt eines Dienstleisters hat daher die Aufgabe des **Verständlichmachens der Dienstleistung** durch konkrete Bilder und bildhafte Sprache. Ein kommunikatives Lebendigmachen der Leistungspotentiale kann z.B. durch attraktive Simulationsprogramme für Renten auf Versicherungs-Sites, Geldanlagen auf Sites von Finanzdienstleistern und Reisen bei Tourismusunternehmen erfolgen.[206]

Große Bedeutung besitzt aber auch die Kommunikation von sogenannten **Service-Standards** auf Web-Sites. Anhand dieser grundlegenden Service-Versprechen wie Erreichbarkeit, Kompetenz und Betreuung kann der potentielle Kunde seine Qualitätserwartungen aufbauen, die Basis für die Entscheidung sein können.[207]

Gerade im Dienstleistungsbereich, wo erwartete und erfahrene Qualität wegen der Komplexität der Leistungen sehr schnell divergieren, thematisieren unzufriedene Kunden in ihrem

---

[205] Vgl. Murray (1991), S. 10f.
[206] Vgl. Meyer (1993), S. 909f.; Meffert/Bruhn (1995), S. 291; Reimann (1996), S. 30.
[207] Vgl. Maleri (1994), S. 218. Service-Versprechen sollten glaubwürdig sein, da sonst zu hohe Erwartungen aufgebaut werden, aus deren Unterschreitung hohe Unzufriedenheit resultiert.

persönlichen Umfeld ihre negativen Erfahrungen, was zu einer langfristigen Imageschädigung führen kann. Internet-Nutzer sind nicht nur Meinungsführer bei Innovationen, sondern auch sogenannte Beschwerdeführer, die sehr stark negative Mund-zu-Mund-Propaganda betreiben können. Durch hochwertige Betreuung von Beschwerden kann jedoch die Unzufriedenheit vermindert werden. Die Two-Way-Kommunikationstechnologie des Internet eignet sich hervorragend zur *Beschwerdestimulierung* und zur Übermittlung der Beschwerde.[208]

Von Bedeutung für das Internet-Marketing ist auch die *Interaktion mit dem externen Faktor „Kunde"*. Bei Dienstleistungen erfolgt bereits während des Erstellungsprozesses vielfach eine Interaktion zwischen Anbieter und Nachfrager.[209] Bevor es zum Abschluß einer Reise kommt, muß dem Online-Kunden aufgrund seiner Leistungsspezifikation ein individuelles Angebot unterbreitet werden. Die interaktive, selbständige Auswahl von Angeboten auf automatisierten Plattformen läßt allerdings die, gerade im Dienstleistungsbereich wichtige, subjektive Betreuung durch geschultes Verkaufspersonal vermissen. Dies schränkt den Abschluß des Leistungserstellungsprozesses für Dienstleistungen via Internet stark ein.

Bei der Gestaltung von Auftritten von Dienstleistungsanbietern ist auf eine konsequente Anwendung der Corporate Identity Policy großer Wert zu legen. Markenzeichen, Design und Softwareergonomie stellen das *Kontaktobjekt* des Auftrittes dar. Ihnen kommt zur Leistungsbeurteilung eine ähnlich hohe Bedeutung zu wie dem Auftreten der Mitarbeiter und der Gestaltung des Gebäudes im klassischen Dienstleistungsmarketing. Eine Übereinstimmung mit dem herkömmlichen Design fördert die Imageverankerung und schafft Vertrauen in den Auftritt.[210]

Mit dem Online-Auftritt von Dienstleistungsunternehmen kann auch die Leistungspolitik erweitert werden. Sogenannte *Value-Added-Services* können wesentlich zur qualitätsorientierten Profilierung beitragen. Unter Value-Added-Services werden Sekundärleistungen verstanden, die in Kombination mit der Primärleistung angeboten werden.[211] Bei gleicher Primärleistung verschiedener Konkurrenten (z.B. herkömmliche Bankdienstleistung) tragen bereits „klassische" Sekundärleistungen wie Geldausgabeautomaten, Kontoauszugsdrucker, Börseninformationen, Kultur-Events in der Schalterhalle oder Steuertips zur Wertsteigerung bei.[212] Das WWW erweitert das Aktionsfeld für Value-Added-Services um einen zusätzlichen Bereich. Einzelne Komponenten wie aktuelle Börsenkurse oder Wirtschaftsinformationen helfen dem Dienstleister, sich auch in der virtuellen Welt gegenüber Konkurrenz-Auftritten zu

---

[208] Vgl. Reimann (1996), S. 30.
[209] Vgl. Meyer (1993), S. 916; Maleri (1994), S. 217f.
[210] Vgl. Kühnapfel (1995), S. 190f.
[211] Vgl. Meffert/Burmann (1996), S. 26.; Maleri (1994), S. 75f.; Bitz (1995), S. 22-24.
[212] Vgl. Kühnapfel (1995), S. 167f.; Wings (1996), S. 8f.

behaupten,[213] denn Online-Kontoanfragen und -Transaktionen werden bei allen Online-Banken mittelfristig genauso selbstverständlich sein, wie es derzeit Geldautomaten sind.

Ebenso zum Bereich der Zusatzservices gehören *Cross-Selling-Aktivitäten* von Dienstleistern. Bereits im Rahmen des klassischen Dienstleistungsmarketing vertreiben Banken z.b. Versicherungsangebote oder engagieren sich auf dem Immobilienmarkt. Diese Aktivitäten führen auch auf Internet-Plattformen zu einer Nutzensteigerung.[214]

Online-Auftritte können aber ebenfalls zum Vertrieb von Dienstleistungen eingesetzt werden. Insbesondere für Dienstleistungen des täglichen Bedarfs (Verkehrsdienstleister, Bankdienste, Postdienste usw.) stellt die *schnelle und permanente Erreichbarkeit* des Anbieters ein zentrales Qualitätsmerkmal dar.[215] Online-Vertrieb kann die empfundene Qualität in dieser Dimension erhöhen und zur Steigerung der Zufriedenheit beitragen.

Einige Dienstleistungshersteller (Reiseveranstalter, Lotterien, Konzertveranstalter usw.) sind beim Vertrieb ihrer Leistungen zur Marktabdeckung an Handelspartner gebunden. Der *direkte Vertrieb* der Leistung kann in Zukunft als interessante Absatzalternative gelten, zumal der Hersteller auch eine mögliche Handelsmarge für sich beanspruchen kann. Die Lufthansa beispielsweise möchte den Eigenvertrieb von derzeit sechs Prozent mittels elektronischer Medien auf 16 Prozent ausdehnen.[216]

Als Ergebnis kann festgehalten werden, daß sich das Online-Marketing für Investitionsgüter, lang- und kurzlebige Konsumgüter und Dienstleistungen inhaltlich zum Teil erheblich unterscheiden muß. Güter- und dienstleistungsspezifische Besonderheiten müssen in die Planung des Online-Marketing-Mix mit einfließen. Wie bei der Planung im Detail vorzugehen ist, zeigt das nächste Kapitel.

---

[213] Vgl. Birkelbach (1996a), S. 6f.; Birkelbach (1996b), S. 56.
[214] Vgl. Meffert/Bruhn (1995), S. 259-261; Meffert/Burmann (1996); S. 27; Reimann (1996), S. 31.
[215] Vgl. Meffert/Bruhn (1995), S. 319; Hinrichs (1994), S. 214; Hies (1996), S. 26; Birkelbach (1995b), S. 55f.; Birkelbach (1995a), S. 51; Prokop (1996), S. 9f.
[216] Vgl. Conrady (1996), o.S.

4. Planung und Kontrolle des Online-Marketing

4.1 Planungs- und Kontrollprozeß im Überblick

Unter Planung wird in betriebswirtschaftlicher Hinsicht eine Tätigkeit in einem Unternehmen verstanden, die zum gegenwärtigen Zeitpunkt eine Entscheidung vorbereitet und unter verschiedenen Handlungsmöglichkeiten eine Alternative auswählt.[1] Die Planung des Online-Marketing gliedert sich in mehrere Prozesse. Im einzelnen sind folgende Teilprozesse zu nennen: Situationsanalyse, Strategieplanung, taktische und operative Maßnahmenplanung, Planungskontrolle und Durchführung von Anpassungsmaßnahmen.[2]

Den Ausgangspunkt der Planung des Online-Marketing bildet - wie bei jedem betriebswirtschaftlichen Planungsprozeß - die Analyse der derzeitigen und der zukünftigen Situation des Unternehmens, die sich in spezifischen *internen und externen Rahmenbedingungen* konkretisiert. Die Sammlung von Plandaten ist notwendig, um aus dem Istzustand einen möglichen Sollzustand ableiten zu können.[3]

Im Rahmen der *Strategieplanung* wird vor dem Hintergrund der betrieblichen Gesamtplanung auf hierarchisch höher liegenden Unternehmensebenen entschieden, ob die Marketingaktivitäten um den Online-Bereich erweitert werden. Im Ergebnis werden im Rahmen der Online-Strategie mittel- und langfristig Rahmenziele für die Online-Präsenz festgesetzt.[4]

Anhand der strategischen Vorgaben werden Einzelmaßnahmen abgeleitet, mit denen die Rahmenziele verwirklicht werden können. In dieser Planungsphase erfolgt die *Zielplanung*, die die Auswahl der Objekte für das Online-Marketing sowie die Festlegung von Detailzielen und der Zielgruppe beinhaltet. Sodann folgt die *Budgetierung* und *Gestaltung des Online-Auftrittes*. Ebenso taktisch-operativen Charakter weist die *Vermarktung des Online-Auftrittes* auf. Hier muß wiederum eine Online-Werbestrategie abgeleitet werden, die allerdings durch einen weniger langfristigen Planungshorizont charakterisiert ist als die gesamte Online-Strategie.

Der Online-Marketing-Mix bedarf anschließend einer exakten *Kontrolle*. Diese bezieht sich sowohl auf Ziele des Online-Auftrittes als auch auf Ziele der Online-Werbung für die Web-Site. Weichen Ist- und Planzustand bei der Kontrolle voneinander ab, sind Ursachen zu analysieren und Anpassungsmaßnahmen zu ergreifen, die auf unterschiedlichen Ebenen des

---

[1]   Vgl. Kreikebaum (1997), S. 23f.; Hinterhuber (1996a), S. 45; Bea/Haas (1997), S. 11-14.
[2]   Vgl. Sander (1993), S. 268f.; Jaspersen (1995), S. 62.
[3]   Vgl. Sander (1993), S. 263f.; Bea/Haas (1997), S. 74, S. 96.
[4]   Vgl. Unger (1989), S. 88f.; Becker (1993), S.119-121; Kreikebaum (1997), S. 24-29

Planungsprozesses greifen können.

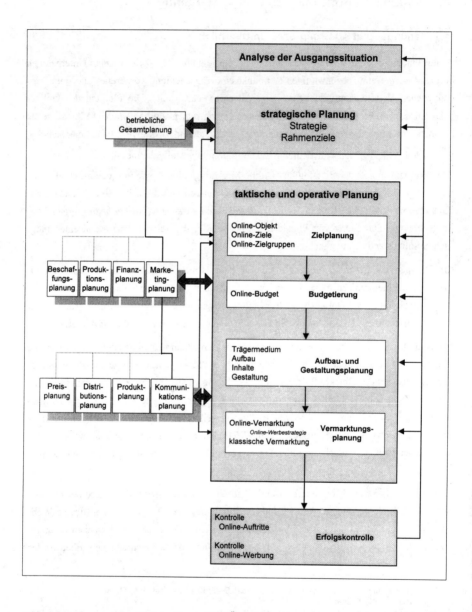

Abb. 2.21: Planungs- und Kontrollprozeß im Überblick

Der Planungsprozeß ist vor dem Hintergrund der betrieblichen Gesamtplanung und der Marketingplanung zu sehen. Die vorgestellten Stufen müssen nicht in der präsentierten Reihenfolge durchlaufen werden, der Prozeß ist vielmehr von Rückkoppelungen und Interdependenzen gekennzeichnet. Zur Koordination muß daher auf retrograde (Top-Down-Verfahren), progressive (Bottom-Up-Verfahren) oder das Gegenstromverfahren (Down-Up-Verfahren) zurückgegriffen werden.[5] Die Integration des Online-Marketing-Mix in den klassischen Marketing-Mix erfüllt eine solche koordinative Funktion (vgl. Abb. 2.21).

4.2 Rahmenbedingungen für das Online-Marketing

Die Rahmenbedingungen für Online-Marketing können in unternehmensinterne und -externe Faktoren unterteilt werden. Während unternehmensinterne Einflußgrößen Gegebenheiten und Strukturen des eigenen Unternehmens abbilden, beziehen sich externe Rahmenbedingungen auf die Umwelt des Unternehmens. Hierbei kann wiederum zwischen der näheren Umwelt des Unternehmens wie beispielsweise dem Markt, der Konkurrenz (Mikroumwelt) und der weiteren Umwelt wie etwa den rechtlichen, technischen und gesamtgesellschaftlichen Daten (Makroumwelt) differenziert werden (vgl. Abb. 2.22). Im folgenden wird vor allem auf rechtliche und sicherheitstechnische Probleme eingegangen, da sich hier die größten Planungsunsicherheiten ergeben.

4.2.1 Unternehmensexterne Rahmenbedingungen

4.2.1.1 Rechtliche Rahmenbedingungen

Die Ubiquität des Internet erfordert es, daß die Planung von Online-Marketing nicht nur an nationalen, sondern auch an internationalen Richtlinien ausgerichtet wird. Hierdurch ergeben sich neue Anforderungen für das Unternehmen. Zunächst soll auf die rechtlichen Grenzen des Online-Auftrittes von Unternehmen eingegangen werden. Im Anschluß werden die rechtlichen Hürden beim Online-Vertrieb und bei der Online-Marktforschung näher beleuchtet.[6]

4.2.1.1.1 Rahmenbedingungen für den Aufbau einer Online-Präsenz

Domain-Grabbing

Der Aufbau einer Internet-Präsenz beginnt mit der Reservierung einer URL. Hierbei wird beim NIC (Network Information Center) gegen eine Gebühr ein sogenannter Domain-Name

---

[5] Vgl. Sander (1993), S. 266-286; Kreikebaum (1997), S. 123f.

[6] Schaar (1996), S. 170-177; Müller-Hengstenberg (1996), S. 1777-1782 und Roland Berger (1996), S. 12 liefern einen Überblick über Gesetze, die Online-Marketing berühren.

reserviert (z.B. bmw.de, pro-sieben.de usw.). Die Vergabe von Domain-Namen erfolgt nach dem „first come, first served"-Prinzip. Auch Personen, die mit dem Unternehmen in keinerlei Verbindung stehen, können demnach Domain-Namen von bekannten Firmen und Marken erwerben. Diesen Vorgang nennt man Domain-Grabbing. Ziel solcher Aktivitäten ist meist der Verkauf des Nutzungsrechts an das betroffene Unternehmen oder der Aufbau einer artfremden Präsenz unter einer URL mit hohem Bekanntheitsgrad. Besteht namensmäßige Verwandtschaft zwischen URL und Unternehmen bzw. vermuten die Internet-Nutzer zwischen URL und Unternehmen eine nicht unerhebliche Verbindung, so muß der Grabber die Domain aufgrund des *Namens- und/oder Markenrechts* an das betroffene Unternehmen abtreten, so die Entscheidung der Richter.[7]

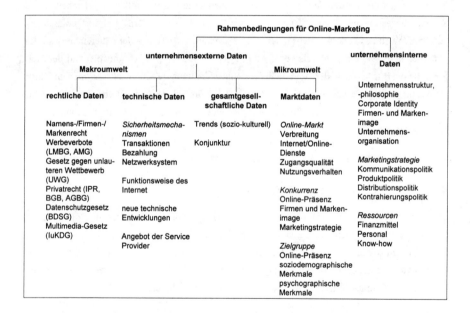

Abb. 2.22: Unternehmensinterne und -externe Rahmenbedingungen des Online-Marketing

Präsentation von Produkt- und Dienstleistungsinformationen

Das Angebot von Produkt- und Dienstleistungsinformationen auf Web-Sites berührt in einigen Fällen die gesetzlichen Regelungen für Produktwerbung. Hierzu zählen etwa

---

[7]   Vgl. Boesebeck/Droste (1997), 10-12; Waltl (1997), S. 194f.; Kur (1996), S. 591-594; Freitag (1996), S. 498f.; Ahlert/Schröder (1996), S. 339f.

Beschränkungen der Werbung für Tabakwaren und hochprozentige Alkoholika im Print-bereich (LMBG: Lebensmittel- und Bedarfsgegenständegesetz) oder das Werbeverbot für ver-schreibungspflichtige Arzneimittel (AMG: Arzneimittelgesetz).[8] Da der Nutzer selbst über die werbliche Beeinflussung durch Anwählen solcher Sites entscheiden kann, ist die Anwend-barkeit dieser Gesetze auf den Online-Bereich fraglich. Kritisch muß allerdings das Schalten von Banners für die erwähnten Produkte betrachtet werden, da die Werbeaussage dann in den redaktionellen Kontext integriert ist. Ebenso sind einige Berufsgattungen wie Rechtsanwälte, Steuerberater, Wirtschaftsprüfer, Ärzte und Unternehmensberater an ein Werbeverbot gebun-den. Geht die Präsentation im Internet über die Angabe der Adresse der eigenen Praxis oder Kanzlei hinaus, oder werden gar spezielle Dienstleistungen oder Behandlungsmethoden be-worben, so überwiegt der werbliche Charakter der Site und das Verbot wird wirksam.[9]

Produktpräsentationen auf Web-Sites, die einen Vergleich zu Konkurrenzprodukten bein-halten, sind als vergleichende Werbung durch das *Gesetz gegen unlauteren Wettbewerb* (UWG) in Deutschland verboten.[10] Ein solches Werbeverbot kann nicht dadurch umgangen werden, daß der Server mit dieser Inhaltskomponente in einem Land aufgestellt wird, in dem eine solche Werbeform erlaubt ist, oder der User auf länderspezifische Inhalte geleitet wird.[11] Denn auch in diesem Fall kann die Site von deutschen Usern abgerufen werden. Eine Ab-sicherung gegenüber Klagen von konkurrierenden Unternehmen ist nur gewährleistet, wenn die Grundsätze des weltweit restriktivsten Wettbewerbsrechtes, sozusagen als kleinster gemeinsamer Nenner, als Maßstab angelegt werden. Entscheidend für die Berufung auf das deutsche UWG ist allerdings, daß wettbewerbsrechtliche Interessen von Unternehmen in Deutschland miteinander kollidieren. Die betroffenen Unternehmen müssen demnach inner-halb Deutschlands in einer Konkurrenzsituation stehen. Durch gerichtliche Maßnahmen kann das anbietende Unternehmen dann dazu gezwungen sein, auch in der übrigen Welt wettbe-werbsrechtlich unbedenkliche Inhalte von seinem Server zu entfernen, selbst wenn dieser z.B. in den USA aufgestellt ist und mit dem Internet verbunden ist.[12]

Integration von externen Elementen

Neben Produkt- und Firmeninformationen werden in vielen Internet-Auftritten auch externe Elemente (z.B. Wetterberichte, Rezepte, Landkarten oder Zeitungsberichte) als Benefitting- und Entertainmentkomponenten integriert. Texte, Fotografien und Musik sind vom Zeitpunkt ihrer Schöpfung an bis 70 Jahre nach dem Tod des Urhebers über das UrhG

---

[8] Vgl. Ahlert/Schröder (1996), S. 264-272; Behrens (1996), S. 25f.
[9] Vgl. http://www.vorbeck.de.
[10] Vgl. Helfrich (1995), o.S.; Stelzer (1994), S. 49f.; Paefgen (1992), S. 385f.
[11] Vgl. Boesebeck/Droste (1997), S. 8f.; Waltl (1997), S. 190f.
[12] Vgl. Waltl (1997), S. 190f.

(*Urheberrechtsgesetz*) geschützt. Das Recht, solche Inhalte in digitaler Form zu verwerten, muß neu erworben werden, auch wenn es für die Verwendung in herkömmlicher Form - etwa zum Druck - bereits besteht.[13] Der Multimediahersteller kann allerdings von sogenannten Verwertungsgesellschaften (z.b. GEMA), die treuhänderisch solche Rechte verwalten, Lizenzen für die Verwendung im Web erwerben.[14] Als schwierig erweist sich dabei die Festlegung des Umfangs der Lizenz, da vorab nicht bestimmt werden kann, ob überhaupt und wenn ja, wie oft bestimmte Inhalte von Usern abgerufen werden. Unnötig ist der Erwerb von Rechten zum Web-Publishing von öffentlichen Reden, Zeitungsartikeln ohne Fotografien oder Zeichnungen, Nachrichten, wissenschaftlichen Veröffentlichungen mit Quellenangabe, Kleinzitaten von Kunstwerken und Musikzitaten.[15]

Unklarheit besteht bisher noch darüber, ob eine fertiggestaltete Web-Site in ihrer Gesamtheit ebenfalls ein „Werk" im Sinne des Urheberrechts darstellt.[16] Das Recht zur Weiterverwendung von Teilen einer Web-Site müßte dann ebenso erworben werden. Nach dem neuen Informationsdienste- und Kommunikationsdienste-Gesetz („Multimedia-Gesetz") kann der Betreiber einer Web-Site für die von ihm verbreiteten Inhalte verantwortlich gemacht werden. Ungeklärt ist dabei nach wie vor, ob auch ein Hyperlink auf ein Internet-Angebot mit gesetzwidrigem Inhalt strafbar ist.

Direct-Marketing

Die über eine Web-Site ermittelten persönlichen Daten von Usern - vor allem die E-mail-Adressen - können für Direct-Mailings verwendet werden. Direct-Mailings über Telefax, Telex, Btx und Telefonanrufe mit werblichem Charakter verstoßen allerdings dann gegen das Wettbewerbsrecht, wenn der Adressat (Gewerbetreibender oder Privatperson) nicht vorher sein Einverständnis zum Erhalten von Werbebotschaften erklärt hat. Dieses Einverständnis kann nicht aus der Angabe der E-mail-Adresse im WWW oder auf Briefköpfen abgeleitet werden.[17] Werbliche E-mails belasten das Rechnersystem und den Speicherplatz des Hosts, verursachen Telefonkosten beim Abrufen und führen so zur Belästigung des Empfängers.[18] Nur bei einer expliziten Genehmigung seitens des Empfängers kann das Internet zum Direct-Marketing verwendet werden.

---

[13] Vgl. Lehmann (1997a), S. 61-63; Melichar (1995), S. 757f.; Schwarz (1996b), S. 215f.
[14] Vgl. Hoeren (1997a), S. 92f.; Hoeren (1995), S. 713f.
[15] Bei Kleinzitaten von Kunstwerken handelt es sich um kleine Ausschnitte aus Kunstwerken. Eine ausführliche Übersicht über weitere Ausnahmefälle findet sich bei Hoeren (1997b), S. 96-107.
[16] Vgl. Vahrenwald (1996), Kap. 5.3.
[17] Vgl. Waltl (1997), S. 193f.
[18] Vgl. Hoeren (1997c), S. 115.

4.2.1.1.2 Rahmenbedingungen für die Online-Distribution

Bei der Online-Distribution wird ein digitaler Vertrag zwischen Anbieter und Nutzer abgeschlossen. Ein Vertrag zwischen Abwesenden wird dann wirksam, wenn die elektronische Willenserklärung des Nutzers z.B. per E-mail beim Anbieter eingeht.[19] Sind beide Vertragspartner in Deutschland ansässig, so kommt der Vertrag nach *deutschem Privatrecht* (BGB) und dem Gesetz der *Allgemeinen Geschäftsbedingungen* (AGBG) zustande. Beim direkten Vertrieb von Software und Datenbankabfragen über das Internet erweist sich vor allem die Authentizitäts- und Identitätskontrolle von elektronischen Erklärungen für den Anbieter als problematisch. Deshalb sind bereits einige Sicherheitsmechanismen entwickelt worden, die im nachfolgenden Kapitel vorgestellt werden.

Nach dem AGBG werden Allgemeine Geschäftsbedingungen nur dann Bestandteil des Vertrages, wenn der User die Möglichkeit hat, in zumutbarer Weise von Inhalten der AGB Kenntnis zu nehmen. Als ausreichend wird hierbei entweder ein Verweis auf die AGB per Hyperlink oder eine Präsentation der AGB in Verbindung mit einem „I accept"-Button angesehen.[20]

Bei Verträgen zwischen Partnern aus unterschiedlichen Ländern ist bei fehlender Rechtsgrundlage laut Internationalem Privatrecht dasjenige Recht anzuwenden, zu dem die engste Verbindung besteht. Bei sogenannten Verbraucherverträgen, die die Lieferung von beweglichen Sachen und die Erbringung von Dienstleistungen zu privaten Zwecken umfassen, gilt generell das Recht am gewöhnlichen Aufenthaltsort des Verbrauchers. Anders ist dies bei Verträgen, bei denen die Leistung selbst über das Internet, wie z.B. Softwarevertrieb und Datenbankabfragen, erbracht wird. Hierbei handelt es sich nicht um Kaufverträge sondern um Dienstverträge.[21]

Kommen Vertragsabschlüsse im WWW dadurch zustande, daß ein Nachfrager eine Angebotserklärung aufruft, seine persönlichen Angaben macht und bestätigt, alle Hinweise gelesen und verstanden zu haben, so ist die rechtliche Gültigkeit noch zu bezweifeln. Erst ein digitales Dokument, das beiderseitige Willenserklärungen enthält (z.B. Auftragsbestätigung) und vom Anbieter zum Nachfrager übermittelt wird, schafft hier Abhilfe.[22]

---

[19] Vgl. Bachmann (1997), S. 173; Heun (1994), S. 600.
[20] Vgl. Bachmann (1997), S. 173f.; Waltl (1997), S. 200-203 (beide Autoren weisen auch noch auf die Problematik der AGBs bei internationalen Verträgen hin); Sieber (1992), S. 522.
[21] Vgl. Bachmann (1997), S. 176-179; Sieber (1992), S. 522-524; Hoeren (1993), S. 129; Schwarz (1996a), S. 122f.
[22] Vgl. Bachmann (1997), S. 182.

4.2.1.1.3 Rahmenbedingungen für die Online-Marktforschung

Durch das **Datenschutzgesetz des Bundes** (BDSG) und der Länder werden Einzelangaben über persönliche und sachliche Verhältnisse einer bestimmten bzw. bestimmbaren Person geschützt. Die über Online-Marktforschung erhobenen Daten dürfen nur zu dem Zweck verwendet werden, zu den die Erhebung erfolgte.[23] Die Speicherung bzw. Weitergabe von Daten an Dritte ist nur mit Genehmigung des Probanden zulässig. Anbieter von gebührenpflichtigen Inhalten oder Zugangsdiensten zum Internet dürfen allerdings personenbezogene Daten so lange einbehalten, wie zur Abrechnung unbedingt notwendig.[24] Die EU-Datenschutz-Richtlinie legt darüber hinaus fest, daß personenbezogene Daten nur dann in nicht-europäische Datenbanken überspielt werden dürfen, wenn dort ähnliche Schutzmechanismen gewährleistet sind.

Auf rechtlich unsicheres Terrain begeben sich Web-Site-Betreiber durch die Verwendung von „Cookies" für die Marktforschung. Hier werden, im Gegensatz zur anonymen Reichweitenanalyse über Logfiles, beim Abruf der Site kleine Datensätze auf die Festplatte des Rechners des Users übertragen. Diese ermöglichen, bei einer wiederholten Nutzung dieser Site, die genaue Identifikation des Nutzers, da die „Cookies" mit dem Angebotsserver kommunizieren. Das Übertragen von „Cookies" auf den Rechner des Nutzers ohne dessen Einwilligung stellt eine Verletzung der Privatsphäre dar.[25]

4.2.1.2 Sicherheitstechnische Rahmenbedingungen

4.2.1.2.1 Sicherheit der Datenübermittlung

Zum weiteren Ausbau der kommerziellen Nutzung des WWW müssen sich Verfahren etablieren, die ein hohes Maß an Sicherheit bei jeglicher Form von Transaktionen (Willenserklärungen bei Bestellungen, Zahlungsanweisungen etc.) gewährleisten. Folgende fünf Punkte stellen wesentliche Merkmale für sichere Transaktionen dar:[26]

– **Vertraulichkeit**: Im Zusammenhang mit Transaktionen übertragene Daten dürfen nur autorisierten Personen zugänglich sein.

– **Authentizität**: Die Identität des Partners muß eindeutig bestimmbar sein.

– **Verbindlichkeit**: Vereinbarungen und Absprachen, die über das Internet getroffen werden, müssen rechtlich bindend sein.

---

[23] Vgl. Waltl (1997), S. 194; Hoeren (1997c), S. 116f.
[24] Vgl. Boesebeck/Droste (1997), S. 4.
[25] Vgl. Boesebeck/Droste (1997), S. 4.
[26] Vgl. Alpar (1996), S. 151f.; Dreyer/Summa (1996), Kap. 6.1.2; Anderer (1995), S. 23f.

– *Integrität*: Eine Modifikation der Daten bei der Übertragung muß ausgeschlossen sein.

– *Anonymität*: Auf beidseitigen Wunsch müssen die Geschäftspartner bei der Transaktion anonym bleiben können.

In der Vergangenheit wurden bereits einige Lösungen vorgestellt, die den obigen Sicherheitsanforderungen genügen. Die meisten Verfahren beruhen auf der Kryptographie. Hierbei werden Informationen allgemein in eine für Dritte unverständliche Form umgewandelt.

Bei *symmetrischen Kryptosystemen* kodiert der Absender seine Botschaft mit einem geheimen Schlüssel, der sie für Dritte unkenntlich macht. Der Empfänger der Nachricht muß zum Entziffern im Besitz des gleichen Schlüssels sein. Wird der Schlüssel allerdings ebenfalls über das Internet gesendet, kann er möglicherweise von Dritten kopiert werden, die somit Zugang zur übermittelten Information bekommen.

Asymmetrische Kryptosysteme bieten durch die Verwendung von unterschiedlichen Schlüsseln generell ein höheres Sicherheitsniveau. Jeder Kommunikationsteilnehmer besitzt ein Schlüsselpaar, bestehend aus einem öffentlichen, jedermann zugänglichen und einem privaten, geheimen Schlüssel. Eine Nachricht kann nur mit dem jeweils anderen Schlüssel dechiffriert werden. Schickt User A eine Nachricht an User B, verschlüsselt er diese mit dem öffentlichen Schlüssel von B. Dieser kann die Mitteilung nur mit seinem privaten Schlüssel entziffern. Auch der umgekehrte Weg ist möglich: User A codiert einen Teil der Nachricht mit seinem privaten Schlüssel. User B öffnet die Information mit dem öffentlichen Schlüssel von A.

Durch diesen Verbund werden *digitale Unterschriften* bei Kaufaufträgen möglich. A verschlüsselt einen Teil der Nachricht, z.B. die Unterschrift, mit seinem privaten Schlüssel. Diese hängt er an die eigentliche Botschaft, die mit dem öffentlichen Schlüssel von B chiffriert wird. Der Empfänger (B) öffnet die gesamte Mitteilung mit seinem privaten Schlüssel. Dabei erhält er die eigentliche Botschaft und die mit dem privaten Schlüssel von A codierte Unterschrift. Diesen Bestandteil kann er mit dem öffentlichen Schlüssel von A entziffern. Die dechiffrierte Unterschrift kann dann mit der Unterschrift auf der eigentlichen Botschaft bezüglich Authentizität verglichen werden.[27]

Damit Unternehmen bei Transaktionen mit den Nutzern ein hohes Maß an Sicherheit gewährleisten können, sollten sie auf eines der genannten Kryptosysteme zurückgreifen.

4.2.1.2.2 Sicherheit der Bezahlung

Für die Nutzung der Online-Medien als Vertriebskanal ist nicht nur die Übermittlung von Bestellungen von Bedeutung, sondern auch die Bezahlung. Online-Shopping wird bisher noch von Sicherheitslücken bei der Online-Bezahlung eingeschränkt.

Zahlung mit Kreditkarte:

Am weitesten verbreitet ist im WWW die Bezahlung per Kreditkarte. Beim Online-Einkauf gibt der Kunde seine Kreditkartennummer an, und der Betrag wird über das Kreditkartenunternehmen von seinem Konto abgebucht. Die Bezahlung per Kreditkarte erweist sich allerdings für kleinere Rechnungsbeträge als ungeeignet. Zwar beansprucht das Kreditkartenunternehmen auch hier nur zwischen 3,5 und vier Prozent des Umsatzes, doch fallen für den Händler bei kleinen Beträgen die gleichen Verwaltungskosten wie bei großen Umsätzen an, weshalb Online-Händler oft Mindestumsätze beim Online-Kauf verlangen.

Über in den Browsern von Netscape integrierte Protokolle wird bereits heute weitestgehend sichergestellt, daß kein Unbefugter die Kreditkartennummer bei der Übertragung duplizieren kann. Zur Akzeptanzsteigerung haben die führenden Kreditkartenunternehmen VISA und MasterCard den sogenannten SET-Standard (Secure Electronic Transaction-Standard) für Transaktionen im WWW entwickelt, der noch höhere Sicherheit verspricht.

Online-Bestellungen erfolgen auf Basis eines erweiterten asymmetrischen kryptograpischen Verfahrens. Wie im oben beschriebenen asymmetrischen Verfahren werden auch hier zwei Schlüsselpaare, bestehend aus privatem und öffentlichem Schlüssel, bei Absender und Empfänger zur Überprüfung eingesetzt. Im Gegensatz zu obiger Methode, bei der nur eine Nachricht übermittelt wird, werden hier zwei getrennte Nachrichten, Bestellung und Zahlungsanweisung, über das Internet verschickt. Aus beiden Nachrichten werden jeweils eine Signatur a und b abgeleitet, die darüber hinaus zu einer zusätzlichen Signatur (ab) (*„dual signature"*) zusammengeführt werden. Der Kunde (Absender) codiert diese mit seinem privaten Schlüssel. Will der Händler (Empfänger) die Authentizität der Bestellung prüfen, dechiffriert er Signatur a. Zusätzlich erhält er die Signatur der Zahlungsanweisung (b), die als Teil der Zahlungsanweisung die Kreditkartennummer allerdings nicht preisgibt. Aus beiden Signaturen wird die Nachricht zu (ab) kombiniert, die mit der übermittelten Signatur (ab) auf Authentizität überprüft werden kann. In gleicher Weise erfolgt die Überprüfung der Zahlungsanweisung bei dem Kreditkartenunternehmen.[28]

Mit dem SET-Standard ist es möglich, dem Partner einer Kaufhandlung immer genau so viele Informationen zukommen zu lassen, wie er zum Ausführen seiner Tätigkeit benötigt. Begrenzt wird der Einsatz dieses Verfahrens durch die Notwendigkeit der Installation einer speziellen Software bei User und Händler.

---

[27] Vgl. Grimm/Zangeneh (1996), S. 5f.; Dreyer/Summa (1996), Kap. 6.1.2.4.
[28] Vgl. Dreyer/Summa (1996), Kap. 7.2.2; Cole (1996), Kap. 6.5.2.1.

Zahlung mit digitalem Geld:

Im Gegensatz zur Bezahlung mit Kreditkarte begleicht der User seine Rechnungen mit digitalen Münzen, die genauso wie reale Münzen einen inhärenten Wert besitzen, aber nur aus einer Reihe von Bits bestehen. Zu den bekanntesten Varianten dieser Währung zählt DigiCash. In einem ersten Schritt hebt der Benutzer mit einer speziellen Kundensoftware online digitales Geld von seinem E-Cash-Konto ab und speichert es auf seiner Festplatte. Er sendet die verschlüsselten Seriennummern an seine Bank, die diese durch eine Unterschrift validiert und an den Kunden zurückschickt. Beim Online-Einkauf entschlüsselt der Kunde die Seriennummern der digitalen Münzen und bezahlt mit diesen. Der Händler reicht die Seriennummer der Münze an seine Bank weiter, die deren Existenz beim Geldinstitut des Kunden prüft. Erfolgt das Clearing, so erhält der Händler ein Bestätigung und die entsprechende Gutschrift.[29]

Zahlung über Kundenkonten:

Bei dieser Form der Bezahlung wird ein Systembetreiber als dritte Partei in die Zahlungsabwicklung einbezogen. Der Systembetreiber hat ein festes Vertragsverhältnis mit dem Kunden und dem Händler und verwaltet ein Konto des Kunden, über das Bestellungen und Bezahlungen abgewickelt werden. Dieses System wird bereits erfolgreich von verschiedenen proprietären Online-Diensten angewendet. T-Online, CompuServe und AOL registrieren verschiedene Bestellungen und gebührenpflichtige Nutzungen des Users und rechnen diese regelmäßig mit dem Kunden ab. Auch im WWW hat sich das Verfahren bereits etabliert. Damit der User in einer Mall einkaufen kann, muß er dort zunächst Mitglied werden. Bei der Anmeldung wird seine Kreditkarteninformation einmalig telefonisch übertragen. In regelmäßigen Abständen werden die Einkaufsbeträge dann von der Kreditkarte abgebucht.[30]

4.2.1.2.3 Sicherheit des Computersystems

Ist der Web-Server Teil des Computersystems des Unternehmens, so besteht die Gefahr, daß sogenannte „Hacker" versuchen, in unbefugter Weise über das Internet an unternehmensinterne Daten zu gelangen. Führende Versandhandelsunternehmen berichten sogar von täglichen Versuchen, über die Internet-Peripherie in das Netzwerk des Unternehmens einzudringen.

Den besten Schutz hiervor bietet eine physikalische Trennung des Internet-Rechners vom Unternehmensnetz. Dadurch wird allerdings der Benutzerkomfort erheblich eingeschränkt. Bietet

---

[29] Vgl. Emery (1996), S. 185-188; Dreyer/Summa (1996), Kap. 7.4.
[30] Vgl. Grimm/Zangeneh (1996), S. 21f.; Dreyer/Summa (1996), Kap. 7.3.

der Internet-Auftritt eines Unternehmens bisher die Möglichkeit der Online-Bestellung von Produkten, so können diese Daten nicht mehr direkt an entsprechende Datenbanken weitergeleitet werden.[31]

Neben der physikalischen Trennung kann aber auch eine sogenannte „Firewall" zwischen dem privaten Netzwerk und dem Internet plaziert werden. Firewalls steuern und überwachen mit Filtern und Kontrollfunktionen den Datenzu- und -abfluß des privaten Netzwerks.[32]

4.2.2 Unternehmensinterne Rahmenbedingungen

Wesentlichen Einfluß auf die Entscheidung für Online-Marketing hat die Unternehmenskultur und -philosophie. Unter der Unternehmenskultur wird die Persönlichkeit eines Unternehmens hinsichtlich der spezifischen, historisch gewachsenen Denkschemata und Problemlösungsmuster verstanden. Sie umfaßt Bereiche wie Tradition im Führungsverhalten, überlieferte Geschäftspraktiken oder Organisationsstruktur. Die Unternehmensphilosophie stellt den Teil der Unternehmenskultur dar, der sich auf das Denken und Handeln bezieht. Nach außen zeigt sich die Unternehmensphilosophie z.B. in speziellen Verhaltensrichtlinien.[33]

Eng verbunden mit der Unternehmenskultur und -philosophie ist die Corporate Identity. Corporate Identity Policy ist das Instrument, das die Unternehmenskultur- und -philosophie sowohl intern als auch extern verankert.[34]

Darüber hinaus ist die Planung des Online-Marketing vor dem Hintergrund der Unternehmensorganisation durchzuführen. Während der Planungsphase ist auch zu prüfen, ob im Unternehmen ausreichende Know-how-Ressourcen zur Verfügung stehen, die eine Realisation des Online-Marketings ermöglichen.

Daten über die Ausrichtung der einzelnen Marketingpolitiken und der Marketingstrategie bilden letztendlich den Rahmen für die integrierte Planung des Online-Markting-Mix.

4.3 Strategische Planung des Online-Marketing

Nach Abschluß der Ist-Analyse muß in einer ersten Planungsphase eine Strategie für das Online-Marketing festgelegt werden. Unter einer Strategie wird eine langfristig wirkende Grundsatzentscheidung mit Instrumentalcharakter verstanden. Aus den strategischen Basisentscheidungen kann der nachfolgende Mitteleinsatz im Rahmen der taktischen, operativen Planung abgeleitet werden. Die strategische Planung erfolgt im allgemeinen beim Top-Manage-

---

[31] Vgl. Alpar (1996), S. 161f.
[32] Vgl. Cole (1996), Kap. 6.7; Emery (1996), S. 156f.
[33] Vgl. Bea/Haas (1997), S. 64f.; Hinterhuber (1997b), S. 236-241.
[34] Vgl. Hermanns/Püttmann (1993), S. 27f.; Berndt (1993), S. 12f.; Hinterhuber (1997b), S. 246-251.

ment, während die operative Maßnahmenplanung auf hierarchisch tiefer liegenden Ebenen angesiedelt ist.[35]

Basis für die Ableitung der Online-Marketingstrategie bildet die allgemeine strategische Ausrichtung des Unternehmens sowie die jeweilige Unternehmenskultur und -philosophie. Die Möglichkeit der permanenten Geschäftstätigkeit über Online-Marketing ist möglicherweise nicht mit den Werthaltungen und Verhaltensnormen der Unternehmenskultur vereinbar. Gegebenenfalls müssen im Rahmen der strategischen Planung auch die Unternehmenskultur und -philosophie an die neuen technologischen Entwicklungen angepaßt werden.

Hilfreich für die Herleitung einer Online-Strategie ist die Orientierung an verschiedenen strategischen Dimensionen. Sie erleichtern die inhaltliche Beschreibung der Strategie. Folgende Dimensionen, die für das Online-Marketing von Relevanz sind, lassen sich herleiten:[36]

- räumliche Abgrenzung des Online-Marketing (lokal, regional, national, international)
- Art der Bearbeitung des Online-Marktes (differenziert, undifferenziert)
- allgemeine Einstellung zu Innovationen (Vorreiter, Nachzügler)
- Primäre Leistungsinhalte des Online-Marketing (Information, Verfügbarkeit, Kundennähe, Qualität)
- Primäre Online-Ziele (Image, Umsatz, Rentabilität)
- Vertrautheit mit dem Online-Markt (wenig, sehr vertraut)
- Einstellung zu den Konkurrenten (aggressiv, defensiv)

Die Online-Strategie sollte generell mehrdimensional ausgerichtet sein und alle oben genannten Dimensionen berücksichtigen.[37]

Zur Unterstützung der Planung von taktischen und operativen Maßnahmen wird die Online-Strategie in speziellen strategischen Rahmenzielen fixiert. Simultan können auch mehrere Ziele nebeneinander verfolgt werden. Folgende Rahmenziele sind grundsätzlich denkbar.[38]

- positive Beeinflussung des Unternehmensimages
- Steigerung der Kundenbindung
- Absatzsteigerung durch Online als zusätzlichen Absatzkanal
- Förderung des Kundendialogs

Nach Abschluß der strategischen Planungsphase wird in der taktischen, operativen Planung

---

[35] Vgl. Bea/Haas (1997), S. 44-47, S. 385-388; Kreikebaum (1997), S. 127f.
[36] Vgl. Hünerberg/Heise (1995), S. 17.
[37] Vgl. Nieschlag/Dichtl/Hörschgen (1994), S. 883f.; Kotler/Bliemel (1992), S. 78f.
[38] Vgl. GfK/Horizont/MGM (1997), S. 10; Sterne (1995), S. 46; Bruhn (1992), S. 134-136; Kroeber-Riel (1993), S. 41f.

nach speziellen Maßnahmen gesucht, mit denen die gesetzten Ziele erreicht werden können.[39]

4.4 Taktische und operative Planung des Online-Marketing

4.4.1 Zielplanung

4.4.1.1 Festlegung des Online-Marketing-Objektes

Nachdem das Unternehmen seine Online-Marketingaktivitäten strategisch fixiert hat, muß das Objekt für das Online-Marketing bestimmt werden. Unternehmen können sich auf der Konzern-, Unternehmens-, Produkt-, Marken- bzw. Dienstleistungsebene im WWW präsentieren. Hierbei handelt es sich um keine ausschließende Entscheidung. Nebeneinander können auch mehrere Objekte im Internet beworben werden. Die Hypertext-Technologie ermöglicht es, die einzelnen Objekte miteinander zu vernetzen. User können so von der Produkt-Site auf die Konzern-Site gelangen und umgekehrt.

Die Entscheidung über die Online-Objekte ist letztendlich von der Zielsetzung abhängig. Will man dem User online spezielle Services zur Verfügung stellen, so ist dies unter der URL des Konzerns wenig sinnvoll. Internet-User geben unabhängig von Hyperlinks im allgemeinen diejenige URL-Adresse direkt in den Browser ein, die die größte Bekanntheit besitzt. Dabei kann es sich um eine Marke oder das Unternehmen handeln.[40]

4.4.1.2 Zielformulierung

In dieser Phase der taktischen, operativen Zielplanung werden aus strategischen Zielen konkrete operative Ziele abgeleitet. Es kommen nur solche operativen Teilziele in Frage, deren Erfüllungsgrad exakt auf die Online-Marketingaktivitäten zurückgeführt werden kann. Wegen der generellen Zurechenbarkeitsproblematik der Veränderung von ökonomischen Größen, wie etwa dem Absatz, verwendet man bei der Werbeplanung sogenannte außerökonomische Ersatzziele wie Bekanntheit oder Erinnerung usw. Der Erreichungsgrad dieser Ersatzziele kann auf diese Weise exakter dem Einsatz oder der Variation der Marketinginstrumente zugeschrieben werden. Allerdings besteht die Schwierigkeit darin, zwischen Ersatzzielen und ökonomischen Zielen eine Korrelation herzustellen.[41]

---

[39] Vgl. Dreyer/Summa (1996), Kap. 9.4, 9.5.
[40] Vgl. Werner/Stephan (1997), S. 115f.; Angell/Heslop (1995), S. 33-38. In einer Untersuchung des Sterns wird die Sympathie gegenüber verschiedenen Marken der Onliner der Gesamtbevölkerung gegenübergestellt. Es zeigt sich, daß die Marken Erdinger Weißbier, BMW, ADAC Rechtsschutz usw. von Onlinern sympathischer eingestuft werden als von der Gesamtbevölkerung. Vgl. Stern (1996), S. 89-100.
[41] Vgl. Huth/Pflaum (1993), S. 92f.; Sander (1993), S. 272; Rogge (1996), S. 55-58.

Ein ähnliches Problem ergibt sich auch beim Online-Marketing. Will ein Unternehmen mit seiner Online-Präsenz vor allem das Unternehmensimage positiv beeinflussen, so können die Bekanntheit der Online-Präsenz und die Anzahl der Visits gemessen werden. Letztendlich kann aber nicht bestimmt werden, wie stark diese Faktoren das Unternehmensimage beeinflussen, da am Gesamtmarkt auch noch andere Einflüsse wirken.

In Abb. 2.23 werden operative Teilziele für die strategischen Rahmenziele vorgestellt. Diese sind so operationalisiert, daß sie die Ableitung von entsprechenden Inhalten und Maßnahmen des Online-Auftrittes erleichtern und eine anschließende Erfolgsmessung unterstützen. Im Einzelfall muß das Ausmaß des Ziels noch genauer (z.B. 5000 Visits pro Woche) präzisiert werden. Nur so kann eine Erreichung, Überdeckung oder Unterdeckung ermittelt werden.[42]

strategische Rahmenziele	operative Teilziele			
Absatzsteigerung	Steigerung des Abrufes von Pre-Sales-Services	Steigerung des Online-Direct-Vertriebs	Steigerung des Vertriebs in Online-Handelsplattformen	Steigerung der Online-Bestellung von Prospekten
positive Beeinflussung des Unternehmensimages	Steigerung der Bekanntheit der Online-Präsenz	Steigerung der Visits des Online-Auftrittes	Steigerung der Nutzung von Unternehmensinformation	Steigerung der Online-Bestellung von Unternehmensbroschüren
Steigerung der Kundenbindung	Steigerung der Nutzung von Online-Transaktionen	Steigerung des Abrufs von After-Sales-Services	Steigerung der Nutzung von Benefitkomponenten	Stimulierung von Beschwerde-E-mails
Förderung des Kundendialogs	Steigerung der Nutzung von E-mail-Funktionen	Steigerung der Nutzung von Online-Foren	Online-Sammlung von Adreßdaten	

Abb. 2.23: Ableitung von operativen Zielen aus strategischen Rahmenzielen

4.4.1.3 Zielgruppenplanung

Nicht alle Online-Nutzer kommen im gleichen Ausmaß als potentielle Besucher einer Online-Site in Frage. Die Maßnahmen des Online-Marketings müssen daher auf relevante Gruppen von Online-Usern konzentriert werden.[43] Online-Banners müssen beispielsweise im Rahmen des Push-Marketing dort geschaltet werden, wo sich diejenigen User aufhalten, deren Umleitung aus Sicht des Anbieters auf die eigene Plattform erfolgversprechend erscheint. Die wiederholte Nutzung der Web-Site hängt davon ab, in welchem Maße die Erwartungen der Nutzer an die Inhalte erfüllt werden.

Wenn als Zielgruppe des Online-Marketings grundsätzlich die gleichen Konsumentenkreise in

---

[42] Vgl. Steffenhagen (1993), S. 298.
[43] Vgl. Unger (1989), S. 118; Sander (1993), S. 274.

Frage kommen wie für das **klassische Marketing**, können die Zielgruppen direkt aus dem klassischen Marketing übernommen werden. Eingeschränkt wird die Übertragbarkeit derzeit allerdings noch durch die besondere soziodemographische Struktur der Online-Nutzer. Erst in den nächsten Jahren wird das Medium Online immer mehr zum Publikumsmedium avancieren.[44]

Aufgrund der strategischen Planung und der operativen Zielformulierung kann durch WWW-Marketing auch eine spezielle **Online-Zielgruppe** angesprochen werden.[45] Obwohl sich beispielsweise das Hauptaktionsfeld einer Versicherung vor allem auf 30jährige mit überdurchschnittlichem Einkommen bezieht, kann sich das Online-Marketing speziell auf jüngere Zielgruppen konzentrieren, um potentielle Kunden über allgemeine Versicherungsbelange zu informieren. Zur Bildung von speziellen Online-Zielgruppen können die herkömmlichen Kriterien der Marktsegmentierung herangezogen werden. Dazu zählen sozioökonomische oder psychographische Kriterien, aber auch beobachtbare Kriterien des Konsumentenverhaltens (z.B. Einkaufsstättenwahl und Verbrauchsgewohnheiten).[46] Es muß aber simultan mit der Zielgruppenbildung überprüft werden, ob diese Konsumentengruppen überhaupt in ausreichendem Maße online erreicht werden können. Hierzu sollten jeweils aktuelle Untersuchungen über Nutzerstruktur, Nutzungsverhalten und Nutzertypologien als Sekundärquellen herangezogen werden.[47] Momentan erscheint es beispielsweise noch wenig sinnvoll, Online-Marketing für Senioren im WWW zu betreiben.

4.4.2 Budgetplanung

Einen weiteren wesentlichen Schritt im Rahmen des Planungsprozesses von Online-Marketing stellt die Budgetplanung dar. In dieser Phase werden die finanziellen Mittel für den Online-Auftritt und für die Online-Werbung festgelegt. Für Budgetierungsentscheidungen im Marketing können allgemein marginalanalytische Verfahren bzw. sogenannte Praktikermethoden zum Einsatz kommen. Erstere zeichnen sich dadurch aus, daß eine ökonomische Größe (z.B. Umsatz bzw. Gewinn) in Abhängigkeit von den Marketingausgaben optimiert wird. Dieses Verfahren setzt jedoch die Kenntnis der exakten Wirkungsbeziehung zwischen Marketingmaßnahmen und der ökonomischen Größe in Form einer Funktionsgleichung voraus. Ein

---

[44] Vgl. Bachem (1996b), S. 340.
[45] Vgl. Dreyer/Summa (1996), Kap. 9.4.1.
[46] Vgl. Freter (1983), S. 43-99; Huth/Pflaum (1993), S. 75-78.
[47] In einer Untersuchung des Spiegel Verlages und des Manager Magazins wurde beispielsweise auch überprüft, in welchem Ausmaß Lifestyle-Typologien der Sinus-Milieus auch online erreicht werden können. Vgl. Spiegel Verlag (1997).

solcher Zusammenhang kann für Online-Marketing nicht bestimmt werden.[48] Erfolgverspre-chender sind hingegen die sogenannten Praktikermethoden.[49]

Budgetierung als Prozentsatz des Umsatzes bzw. Gewinnes:

In der Werbeplanung werden die Spendings häufig als Prozentsatz des Umsatzes bzw. des Gewinns festgelegt. Obwohl dieser Ansatz in der Praxis große Verbreitung gefunden hat, ist er sachlogisch falsch, da Umsatz bzw. Gewinn als Bestimmungsfaktoren für die Werbung angesehen werden und nicht als deren Ergebnis. Darüber hinaus sind die Ausgaben für Online-Werbung im Vergleich zur klassischen Werbung als so gering anzusehen, daß eine exakte Planung in Prozentpunkten nicht möglich ist. Sinnvoller ist es daher, die Online-Mar-ketingausgaben mit Ausgaben für klassische Kommunikation zu vergleichen.

Budgetierung als Prozentsatz des Kommunikations- bzw. Werbebudgets:

Bei diesem Ansatz wird die Wirkung des Online-Budgets (z.B. Online-Absatz, Anzahl der Kontakte) derjenigen der klassischen Kommunikation gegenübergestellt. Das Online-Budget macht bei großen Unternehmen zwischen zwei und fünf Prozent der klassischen Media-spendings aus.[50] In der Grobanalyse werden für die einzelnen Instrumente Wirkungskoeffizienten geschätzt, die als Basis für die prozentuale Verteilung des gesamten Budgets dienen. Bei dieser Vorgehensweise wird allerdings vernachlässigt, daß das innovative Instrument Online-Marketing einer besonderen Förderung bedarf, da beispielsweise eine neue Online-Präsenz immer mit erheblichen Anlaufkosten verbunden ist.

Budgetierung gemäß den Ausgaben der Konkurrenz:

Bei dieser Form der Budgetierung orientiert man sich an den Ausgaben des (Haupt-)Konkur-renten. Für das Online-Marketing gibt es allerdings noch keine Erhebungen, die die exakte Höhe der Werbespendings aller Marktteilnehmer offenbaren, wie im Fall der klassischen Werbung. Das Budget des Konkurrenten kann nur aufgrund intensiver Beobachtung des Online-Marktes geschätzt werden. Außerdem berücksichtigt diese Methode nicht, daß mög-liche Unterschiede (z.B. Image, Zielgruppen etc.) zwischen den Konkurrenzunternehmen be-stehen können.

Budgetierung gemäß dem Ziel und der zu lösenden Aufgabe (Objective and Task-Methode):

Am erfolgversprechendsten ist die Objective and Task-Methode. Aufgrund der festgelegten

---

[48] Denkbar ist ein Ansatz, der die Visits einer Site in Beziehung zu Werbespendings setzt. Dieser löst allerdings nur das Problem der Budgetierung von Online-Werbung.
[49] Vgl. Schmalen (1992), S. 47f.; Berndt (1996a), S. 342-345; Sander (1993), S. 274f.
[50] Vgl. GfK/Horizont/MGM (1997), S. 15.

Ziele des Online-Marketings wird für die nächste Planungsperiode ein vollständiges Online-Marketingkonzept einschließlich der Vermarktung erarbeitet.[51] Für dieses Konzept werden die exakten Kosten ermittelt und als Budget festgesetzt. Übersteigen die erforderlichen Mittel die tatsächlich verfügbaren finanziellen Mittel, so ist eine Zielkorrektur notwendig. Der Planungsprozeß ist in modifizierter Form erneut zu durchlaufen. Das Budgetierungsverfahren endet, wenn die finanziellen Mittel ausreichen, die gesetzten Ziele zu erreichen.

Die Budgetierung des Online-Marketing muß nicht ausschließlich mit einem der vorgestellten Verfahren durchgeführt werden. Durch deren Kombination und gegenseitiges Abgleichen können mögliche Planungsfehler minimiert werden.

4.4.3 Aufbau- und Gestaltungsplanung

4.4.3.1 Festlegung des Trägermediums

In einem ersten Schritt muß innerhalb der Aufbau- und Gestaltungsplanung festgelegt werden, in welchem Online-Medium das Unternehmen mit einer eigenen Präsenz vertreten sein möchte. Zur Auswahl stehen das weltweit abrufbare WWW und die proprietären Online-Dienste T-Online, AOL, CompuServe und MSN. Die Nutzung der Inhalte der letztgenannten ist allerdings deren Abonnenten vorbehalten.

Bezüglich der soziodemographischen Struktur der Nutzerschaft sind zwischen den Online-Medien kaum Unterschiede gegeben.[52] Auch die Nutzung der inhaltlichen Angebote nähert sich immer mehr an. Die Ansprache einer speziellen Zielgruppe bzw. die Verstärkung der Nutzung durch Positionierung innerhalb eines bestimmten inhaltlichen Kontextes können deshalb nicht als Kriterium für die Entscheidungsfindung herangezogen werden.

Eine Präsenz im WWW kann auch von den Nutzern kommerzieller Online-Dienste erreicht werden. Darüber hinaus kann der Web-Auftritt mittels Banner in der proprietären Umgebung beworben werden. Abonnenten der proprietären Online-Dienste nutzen immer häufiger das Internet. Sogar bei T-Online, das die attraktivsten Angebote in der eigenen Umgebung bereitstellt, verbringen zwei Drittel der User rund die Hälfte ihrer Online-Zeit im WWW.[53] Fraglich ist daher, ob sich der Aufbau des eigenen Web-Angebots innerhalb eines proprietären Dienstes lohnt. Sinnvoll kann es für redaktionelle Anbieter (wie z.B. für den Spiegel) sein, die für ihre Präsenz in proprietären Online-Diensten bezahlt werden.

Das WWW bietet im Vergleich zu den kommerziellen Online-Diensten auch größere Freihei-

---

[51] Vgl. Resch (1996), S. 210-214.
[52] Vgl. W3B Fittkau/Maaß (1996a, 1996b), o.S.
[53] Vgl. Peters (1997), S. 75.

ten bei der Gestaltung und eine vereinfachte Aktualisierung der Inhalte. Empfehlenswert sind proprietäre Online-Dienste momentan für Auftritte, die vermehrt Transaktionskomponenten oder Vertriebskomponenten beinhalten. Die besseren Sicherheitsstandards (z.B. das Inkasso-verfahren) erleichtern das Online-Shopping und das Homebanking.

4.4.3.2 Aufbau des Web-Servers

Bei dem *Aufbau eines Web-Servers* stehen Unternehmen grundsätzlich vor dem Problem, ob dieser innerhalb der unternehmenseigenen Netzperipherie oder bei einem Internet-Service-Provider extern plaziert wird. Neben Sicherheitsaspekten sind hier hauptsächlich Kostenaspekte zu berücksichtigen. Abgesehen von zum Teil erheblichen Hard- und Software-kosten fallen bei einem *eigenen Server* auch Kosten für eine Standleitung ins Internet an. Dem stehen die problemlose Erweiterung des Umfangs der Online-Präsenz und die verein-fachte Aktualisierung der Inhalte gegenüber. Der Betreuer der Internet-Site muß sich nicht erst bei einem Provider einwählen, um Inhalte zu verändern. Der eigene Web-Server ist allerdings mit erheblichen Anlaufkosten verbunden und nur für Unternehmen zu empfehlen, die lang-fristig starken Verkehr auf ihrem Server erwarten.

Im Vergleich günstiger ist der Erwerb von Speicherplatz auf dem *Server eines Providers*. Bei der Entscheidung für einen Provider sind folgende Gesichtspunkte zu berücksichtigen:[54]

– Entfernung zu den Einwahlknoten des Providers (Erreichbarkeit zum Ortstarif)
– verwendete Abrechnungsmodelle (Anschlußgebühr, Grundgebühr, Nutzungsdauer, Ver-kehrsvolumen, Speichergebühr)
– Netzwerkdurchsatz (Qualität der Einwahlknoten, Qualität der Verbindung zu Carriern[55])

Zur Berechnung der Kosten muß der Umfang der Internet-Präsenz und der erwartete Daten-verkehr prognostiziert werden. Nur so können bei unterschiedlichen Preismodellen die Kosten als Vergleichsbasis herangezogen werden.

Neben der Auswahl des Internet-Zuganges muß in dieser Phase auch die Agentur ausgewählt werden, die für die Gestaltung der Serverinhalte zuständig ist. Dabei wird exakt so vorge-gangen wie bei klassischer Werbung. Verschiedene Agenturen stellen in der ersten Phase Kompetenz unter Beweis, indem sie beispielsweise Referenzprojekte oder grobe Konzepte für den Auftritt vorstellen. Unter Kosten-Leistungs-Gesichtspunkten entscheidet sich das Unter-nehmen daraufhin für die Zusammenarbeit mit einem Partner.[56]

---

[54] Vgl. Alpar (1996), S. 132-139; Dreyer/Summa (1996), Kap. 9.2.
[55] Carrier haben direkten Anschluß in das Backbone des Internet und bieten den Internet-Service-Providern Zugang in das Netz.
[56] Vgl. Dreyer/Summa (1996), Kap. 9.2; Roll (1996), 112f.

4.4.3.3 Festlegung der Inhalte

Zusammen mit der Online-Agentur werden aus den operativen Zielen Inhalte für den Web-Auftritt abgeleitet. Grundsätzlich ist hierbei zwischen Inhalten zu unterscheiden, die im Sinne der Zielsetzung Marketingrelevanz besitzen, und sogenannten Zusatzkomponenten, die den Nutzen eines Auftrittes steigern und die Nutzer an das Angebot binden. Exemplarisch werden in Abb. 2.24 einige Detailausprägungen von Inhaltskomponenten für bestimmte Zielsetzungen vorgestellt.[57]

Inhalte mit Marketingrelevanz	mögliche Inhaltskomponenten
Pre-Sales-Services	Produktübersicht, Interaktive Produktberatung, Interaktives Filialverzeichnis
After-Sales-Services	Interaktives Kundendienstverzeichnis
Direkt-Vertrieb	Online-Bestellformular
Unternehmensinformationen	Unternehmensphilosophie, Bilanzdaten, Unternehmensgeschichte
Kommunikation	Formular für Beschwerden, Formular für Erfahrungen mit Unternehmen
Bindung von Nutzern	mögliche Inhaltskomponenten
Added-Values (Benefitting)	Börsenkurse, Wirtschaftsinformationen
Unterhaltung (Entertainment)	Wettbewerb für neue Slogans

Abb. 2.24: Mögliche Inhalte und Inhaltskomponenten eines Online-Auftrittes

Zur Festlegung der Inhalte ist eine Primäranalyse hilfreich, anhand der bestimmt werden kann, welche Inhalte von bestimmten Online-Zielgruppen gefordert werden.

4.4.3.4 Gestaltung des Online-Auftrittes

Strukturierung und Prototyping

Zunächst wird die hierarchische Struktur der Inhalte entworfen. Die oberste hierarchische Ebene (Homepage) sollte einen Überblick über die Inhalte des gesamten Auftrittes vermitteln. Auf der zweiten Stufe befinden sich detaillierte Übersichten thematisch zusammengefaßter Inhalte (z.B. Produkt- und Dienstleistungsinformationen, Unternehmensinformationen etc.), die auf hierarchisch tiefer liegenden Ebenen genauer spezifiziert werden.

Im Ergebnis erhält man eine *Verzeichnisstruktur* des kompletten Auftrittes, aus der zu er-

---

[57] Vgl. Oenicke (1996), S. 116-119; Dreyer/Summa (1996), Kap. 9.5.1.

sehen ist, an welcher Stelle die konkreten Inhalte vorzufinden sein werden.[58] Der Verzeichnisstruktur ist ein *Verflechtungsnetz* hinzuzufügen, das Aufschluß darüber gibt, wie einzelne Seiten sowohl horizontal als auch vertikal über Hyperlinks miteinander vernetzt werden.[59]

An dieser Stelle ist auch die Frage der *Navigation* innerhalb des Auftrittes zu klären. Einzelne Teile des Angebots können nur durch Hyperlinks miteinander verknüpft werden. Zusätzlich kann ein Navigationsframe eingerichtet werden, der auf jeder Hierarchiestufe sichtbar ist. Denkbar ist auch ein eigenes Suchsystem für bestimmte Inhalte.[60]

Im Anschluß wird ein *Prototyp* der Web-Site programmtechnisch realisiert. Dieser bildet die ermittelte Verzeichnisstruktur ab und ermöglicht bereits die vollständige Navigation durch das Angebot.

Produktion

In der Produktionsphase wird das noch leere Gerüst des Auftrittes mit konkreten Inhalten gefüllt. Hier werden Text geschrieben und konvertiert, Illustrationen, Graphiken und Fotos eingescannt oder bearbeitet und an die im Prototyp vorgesehenen Stellen des Auftrittes gesetzt.[61] Dieser kreative Prozeß sollte vor dem Hintergrund der technischen Restriktionen (z.B. Übertragungskapazität des Netzes) ablaufen.[62]

Qualitätssicherung und Pre-Tests

Zur Qualitätssicherung sollte der Online-Auftritt nach der Fertigstellung getestet werden.[63] Noch in der Laborumgebung können Links innerhalb des Auftrittes und die Integration von Graphikelementen getestet werden. Durch die Verwendung von verschiedenen Browsertypen können unterschiedliche Darstellungsweisen der Web-Site aufgedeckt werden.

Zur weiteren Prüfung wird der Online-Auftritt auf dem endgültigen Server installiert. Nun können die realen Übertragungszeiten mit Modems (14400 bps, 28800 bps) und ISDN ermittelt werden.

In einem User-Pre-Test können autorisierte Nutzer durch das Angebot surfen und den Auftritt kritisch beurteilen. Hierdurch kann das Risiko von Fehlern und Unklarheiten in der Navigation und den Inhalten des Web-Angebots minimiert werden.

Durch Tests und den daraus abgeleiteten Modifikationen kann sichergestellt werden, daß jeder

---

[58] Vgl. Resch (1996), S. 181-189.
[59] Vgl. Ellsworth/Ellsworth (1995), S. 195-202.
[60] Vgl. Dreyer (1996), S. 191f.; Roll (1996), S. 128f.
[61] Vgl. Resch (1996), S. 191.
[62] Vgl. Werner/Stephan (1997), S. 141-145.
[63] Vgl. Dreyer/Summa (1996), Kap. 9.8; Roll (1996), S. 139f.

Nutzer das Angebot in gleicher Weise auf dem Bildschirm sehen kann.

4.4.4 Vermarktungsplanung

4.4.4.1 Vermarktung über Online-Medien

Entscheidend für die Nutzung der konstruierten Online-Angebote ist deren Vermarktung. Prinzipiell wird hierbei zwischen der Online-Vermarktung und der Vermarktung über klassische Medien unterschieden. Bei der Online-Vermarktung stehen folgende Maßnahmen zur Verfügung:[64]

Eintragung in Suchdienste:

Internationale Suchdienste wie Alta Vista, Infoseek, Lycos, Yahoo und nationale Suchdienste wie Dino, web.de und netguide helfen dem Online-Nutzer, spezifische Inhalte im WWW zu finden. User geben hier als Suchkriterium z.B. „Automobilhersteller" ein und erhalten dann eine Liste der im WWW vertretenen Anbieter. Für die Vermarktung einer Online-Präsenz ist der Eintrag in sämtliche Suchdienste obligatorisch, zumal die Eintragung kostenlos ist. Über Suchdienste gelangen allerdings nur solche User zum Auftritt des Unternehmens, die bereits ein Informationsdefizit verspüren und aktiv nach Informationen suchen.

Online-Werbung:

Auf Online-Werbemaßnahmen wird dann zurückgegriffen, wenn der Online-Auftritt bei einer breiten Masse von Usern bekanntgemacht werden soll. Die Planung der Online-Werbung ist ein integrativer Bestandteil der Planung des Online-Marketing. Ziele, Zielgruppen und Budgetvorgaben des Online-Marketing bilden den Rahmen für die Planung der Online-Werbung.

In einem ersten Schritt wird die Online-Werbestrategie festgelegt. Grundsätzlich kann hier zwischen einer *Penetrations- und Selektionsstrategie* unterschieden werden. Erstere versucht durch zentrale Plazierungen auf reichweitenstarken Homepages hohe Kontaktzahlen bei einer breiten Zielgruppe zu erreichen. Die Selektionsstrategie hingegen konzentriert sich auf die Kontaktierung einer enger definierten Zielgruppe durch themenspezifische Umfeldplazierungen.[65]

Mit der Objective and Task-Methode kann in dieser Planungsphase auf Basis eines ermittelten Online-Werbestreuplans das Online-Werbebudget ermittelt werden. Wird die grobe Budgetvorgabe für Online-Werbung überschritten, so muß der Streuplan angepaßt und das Budget

---

[64] Vgl. Roll (1996), S. 141-152; Werner/Stephan (1997), S. 113-140; Dreyer/Summa (1996), Kap. 9.10; Dreyer (1996), S. 195; Ellsworth/Ellsworth (1995), S. 288f.
[65] Vgl. Klaus (1997), o.S.

neu berechnet werden.

Die Ermittlung eines optimalen Streuplans für Online-Werbung scheitert bisher noch am Fehlen von relevanten Werbeplandaten. Erst durch die Einrichtung eines Online-Panels werden exakte soziodemographische Unterschiede zwischen den Nutzern von einzelnen Plattformen, Überschneidungen bei der Nutzung von verschiedenen Online-Angeboten und die Mehrfachnutzung desselben Online-Mediums erkennbar sein. Erst dann können optimale Streupläne für bestimmte Budgetvorgaben berechnet werden.

Bis diese Daten verfügbar sind, kann nur anhand verschiedener Kriterien überprüft werden, ob sich einzelne Online-Werbeträger zur Zielerreichung eignen. Folgende Kriterien können in die Betrachtung einbezogen werden: [66]

– monatliche Reichweite der Trägerseiten (Visits, PageViews)

– Reichweiten-Kosten-Relation (TKP)

– Erreichbarkeit der Zielgruppe (zentrale und themenspezifische Plazierung)

– Plazierungsgröße (Größe der Banner- und Buttonfläche)

– Häufigkeit der Aktualisierung als Ansatzpunkt für die Mehrfachnutzung

– Abrechnungsmodalitäten als Ansatzpunkt für die Risikoabschätzung (zeitraumbezogen, kontaktbezogen, AdClick-bezogen)

Aus entscheidungstheoretischer Sicht stellt die Auswahl relevanter Online-Werbeträger anhand von verschiedenen Kriterien ein Problem der Entscheidungsfindung bei mehrfacher Zielsetzung dar, das z.B. mit dem Scoring-Modell gelöst werden kann. Der Entscheider muß den Bewertungskriterien dabei subjektive Gewichtungsfaktoren zuteilen. Jeder potentielle Online-Werbeträger wird unter Berücksichtigung der gesetzten Ziele anhand der verschiedenen Kriterien, die aus den Zielen abgeleitet werden müssen, auf einer Intervall-Skala beurteilt. Für jeden Werbeträger wird durch Addition der gewichteten Beurteilungen ein Punktwert berechnet (vgl. Abb. 2.25). Eine Buchung erfolgt dann zuerst bei demjenigen Werbeträger, der den höchsten Wert erhalten hat. Steht anschließend noch ein Teil des Budgets zur Verfügung, so wird auch bei der zweitplazierten Plattform gebucht usw. [67]

Gegenseitige Vernetzung der Angebote (Cross-Links):

Die gegenseitige Vernetzung von Web-Sites kommt der ursprünglichen Idee des WWW am nächsten. In Form eines Kompensationsgeschäfts verweist der Betreiber auf die Site eines anderen Anbieters und erhält im Gegenzug dort einen Link auf das eigene Angebot. Besondere Bedeutung für Unternehmen besitzt vor allem die Vernetzung mit sogenannten Touch-

---

[66] Einige klassische Mediaagenturen haben ihr Aktionsfeld bereits um die Online-Werbeplanung erweitert.

[67] Vgl. Berndt (1996a), S. 389f.; S. 367-369.

stones (z.B. automobile.de), die auf einer hierarchisch höheren Stufe verwandte Informationen von verschiedenen Anbietern zusammenfügen.

Kriterien	subjektive Gewich- tungs- faktoren	Bewertung				
		5=sehr gut	4= gut	3=befriedigend	2= ausreichend	1= schlecht
monatliche Reichweite der Trägerseite	0,40	Spiegel Homepage 253.000	Focus Homepage 189.222			
Reichweiten- Kosten- Relation (TKP)	0,25	Spiegel Homepage (60); Focus Homepage (63)				
Erreichbarkeit Zielgruppe	0,10	Focus Homepage Spiegel Homepage				
Plazierungs- größe	0,10	Focus Homepage 432x50		Spiegel Homepage 130x80		
Häufigkeit der Aktualisierung	0,10				Focus Homepage Spiegel Homepage wöchentlich	
Abrechnungs- modalität	0,05				Focus Hompage Spiegel Homepage zeitraumbezogen	

Scoringwerte: Spiegel Homepage: 4,35
                 Focus Homepage: 4,15

Abb. 2.25: Fiktives Beispiel für ein Scoringmodell zur Auswahl von Online-Werbeträgern

Versenden von E-mails:

Ist es gelungen, über einen Auftritt im WWW E-mail-Adressen von Nutzern zu sammeln, so können diese User bei Aktualisierungen oder gar Relaunches über neue, verbesserte Angebote auf der Site informiert werden.[68]

4.4.4.2 Vermarktung über klassische Medien

Integration der Internet-Adresse in klassische Werbemittel:

Durch den Hinweis auf den Internet-Auftritt in Kino-, Fernseh-, Hörfunkspots und Printan- zeigen kann der Internet-Auftritt auch bei Konsumenten bekanntgemacht werden, die mögli- cherweise noch gar nicht im Medium online aktiv sind. Zusammen mit der Online-Werbung besitzt diese Vermarktungsform im Publikumsbereich den größten Einfluß auf die Nutzung.[69] Der Hersteller von Komponenten für die Elektroinstallation Gira beispielsweise wirbt sogar in Spiegel-Anzeigen großformatig nur mit der Internet-Adresse.

---

[68] Vgl. Levinson/Rubin (1996), S. 16.
[69] Vgl. Maddox/Metha/Daubek (1997), S. 48f.

Pressearbeit für den Online-Auftritt:

Nicht minder wichtig ist die Bekanntmachung von Launches und Relaunches von Online-Auftritten im redaktionellen Umfeld der Medien. Unternehmen müssen hierzu Pressemitteilungen an die entsprechenden Redaktionen senden oder die zuständigen Redakteure direkt mit Informationen versorgen.

Integration der Internet-Adresse in Unternehmensunterlagen und Produktverpackungen:

Das Internet bzw. WWW wird ein ähnlich selbstverständlicher Kommunikationskanal werden wie Telefon und Fax. Die URL und eventuell die E-mail-Adresse des Unternehmens sind daher in allen Unternehmensunterlagen (Prospekte, Flyers, Betriebsanleitungen, Briefpapier, Visitenkarten usw.) zu integrieren. Darüber hinaus können auf Produkten oder Verpackungen dargestellte Adressen und Hotlines um die Internet-Adresse ergänzt werden.

Direct-Mailing:

Als kostspielig erweist sich das Versenden von klassischen Mailings, die exklusiv auf den Internet-Auftritt hinweisen. Diese Maßnahme bietet allerdings eine hohe Zielgruppengenauigkeit. Nach verschiedenen Kriterien wie z.b. der Kaufhäufigkeit von technischen Neuerungen können aus bestehenden Adreßdateien diejenigen Personen ausgewählt werden, die als Meinungsführer gelten und durch Mund-zu-Mund-Propaganda den Auftritt unterstützen.

4.5 Kontrolle des Online-Marketing

4.5.1 Kontrolle des Online-Auftrittes

4.5.1.1 Logfiles des Servers als Basis für die Kontrolle

Der Erfolg eines Online-Auftrittes kann passiv über Webtracking kontrolliert werden. Unter Webtracking wird allgemein die Bestimmung der Nutzung von Online-Angeboten auf Basis von Nutzungsprotokollen verstanden. Es liefert für den Site-Betreiber Erkenntnisse für die Kontrolle und Optimierung seiner Angebote. Medienunternehmen, die ihre Online-Auftritte über Werbeschaltungen finanzieren, können die Ergebnisse obendrein zur Vermarktung verwenden und Kunden mit Kontrolldaten versorgen.[70]

Quasi als Abfallprodukt protokolliert jeder Server in einem sogenannten Logfile alle Nutzungsvorgänge. Ein Logfile kann am besten mit einem „Logbuch" verglichen werden: Jeder Eintrag des Logfiles enthält die IP-Adresse des anfragenden Rechners, das Datum und die Uhrzeit des Zugriffs, den Namen und das Dateiformat der abgerufenen Objekte sowie die übertragene Datenmenge.[71]

IP-Adresse	Datum u. Urzeit	abgeladene Dateien	Bytes
sun7.lrz-muenchen.de	26/Sep/1995:13:41:41	GET/HTTP/1.0	389
sun7.lrz-muenchen.de	26/Sep/1995:13:41:49	GET/briefkas.gif/HTTP/1.0	5533
uzd3.guj.de	26/Sep/1995:13:43:42	GET/usage/HTTP/1.0	-
sun7.lrz-muenchen.de	26/Sep/1995:13:46:06	GET/STERN_email.htmlHTTP/1.0	560
uzd3.guj.de	26/Sep/1995:13:48:33	GET/usage/HTTP/1.0	-
dd27-134.compuserve.com	26/Sep/1995:13:57:29	GET/HTTP/1.0	389
dd27-134.compuserve.com	26/Sep/1995:13:57:32	GET/briefkas.gif/HTTP/1.0	5533
dd27-134.compuserve.com	26/Sep/1995:13:57:54	GET/STERN_email.htmlHTTP/1.0	560
dd27-134.compuserve.com	26/Sep/1995:13:58:00	GET/logokl.gifHTTP/1.0	1274
wsv16.informatik.uni-hamburg.de	26/Sep/1995:14:01:24	GET/HTTP/1.0	389
dd27-134.compuserve.com	26/Sep/1995:14:01:32	POST/cgi-bin/STERN_email.plHTTP/1.0	151
wsv16.informatik.uni-hamburg.de	26/Sep/1995:14:03:00	GET/briefkas.gif/HTTP/1.0	5533
gw2.att.com	26/Sep/1995:14:03:31	GET/HTTP/1.0	389
mac4f16.informatik.uni-hamburg.de	26/Sep/1995:14:03:38	GET/HTTP/1.0	389
mac4f16.informatik.uni-hamburg.de	26/Sep/1995:14:04:02	GET/briefkas.gif/HTTP/1.0	5533
gw2.att.com	26/Sep/1995:14:05:44	GET/briefkas.gif/HTTP/1.0	5533
mac4f16.informatik.uni-hamburg.de	26/Sep/1995:14:07:08	GET/STERN_email.htmlHTTP/1.0	560
corange.com	26/Sep/1995:14:11:13	GET/HTTP/1.0	389
corange.com	26/Sep/1995:14:11:20	GET/briefkas.gif/HTTP/1.0	5533
corange.com	26/Sep/1995:14:11:39	GET/STERN_email.htmlHTTP/1.0	560
corange.com	26/Sep/1995:14:11:43	GET/logokl.gifHTTP/1.0	1274
i20fw2.ira.uka.de	26/Sep/1995:14:19:37	GET/HTTP/1.0	389
i20fw2.ira.uka.de	26/Sep/1995:14:22:01	GET/briefkas.gif/HTTP/1.0	5533
joan.informatik.uni-rostock.de	26/Sep/1995:14:24:59	GET/briefkas.gif/HTTP/1.0	5533
joan.informatik.uni-rostock.de	26/Sep/1995:14:25:18	GET/HTTP/1.0	389
studm.hrz.uni-siegen.de	26/Sep/1995:14:25:59	GET/HTTP/1.0	389
studm.hrz.uni-siegen.de	26/Sep/1995:14:26:26	GET/STERN_email.htmlHTTP/1.0	560
sun.spr.de	26/Sep/1995:14:36:35	GET/HTTP/1.0	389
sun.spr.de	26/Sep/1995:14:36:36	GET/briefkas.gif/HTTP/1.0	5533
sun.spr.de	26/Sep/1995:14:36:50	GET/STERN_email.htmlHTTP/1.0	560
uzd3.guj.de	26/Sep/1995:14:37:07	GET/HTTP/1.0	389
uzd3.guj.de	26/Sep/1995:14:39:15	GET/STERN_email.htmlHTTP/1.0	560
uzd3.guj.de	26/Sep/1995:14:39:14	POST/cgi-bin/STERN_email.plHTTP/1.0	151

Abb. 2.26: Ausschnitt aus einem Logfile

Jede erfolgreich durchgeführte Übertragung des Web-Servers stellt einen sogenannten *Hit* (Abruf, Zugriff) dar. Gerade Unternehmen, die auf ihrer Plattform keine Werbeflächen zur Verfügung stellen, beurteilen den Erfolg ihres Auftrittes immer noch anhand der Zugriffszahlen. Diese erweisen sich allerdings zur Leistungsbeurteilung als nur bedingt geeignet, da sich eine Bildschirmseite im Web-Format neben einem Textkörper auch aus Multimediaelementen (z.B. Graphiken) zusammensetzen kann, die beim Abruf der Seite ebenso je einen Hit verursachen. Web-Sites mit vielen Graphiken bringen daher generell höhere Zugriffs-

---

[70] Vgl. Bachem (1997), S. 189.
[71] Vgl. Hünerberg/Jaspersen (1996), S. 201f.; Bachem (1997), S. 190; Hegge (1997), S. 7; Alpar (1996), S. 112f.

zahlen mit sich.[72]

Aus den Einträgen des Logfiles kann nicht exakt ermittelt werden, wie oft der Internet-Auftritt eines Unternehmens letztendlich abgerufen wurde. Vielmehr stellen Logfiles eine Untergrenze für die eigentliche Nutzung dar. Nicht bei jeder Nutzung wird auf den Web-Server zugegriffen: Die User werden über verschiedene Zwischenspeicher (Caches) mit den Informationen versorgt.

Bei Zwischenspeichern wird zwischen lokalen Caches und Proxyservern unterschieden. Beim *lokalen Caching* werden Seiteninhalte auf der Festplatte des Nutzers zwischengespeichert. Klickt sich der Nutzer nach dem Besuch einer hierarchisch tiefer liegenden Seite zurück zur Eingangsseite, so wird diese nicht aus dem Netz, sondern von der Festplatte abgerufen. Zu den *Proxyservern* zählen die Rechner von Internet-Providern, Online-Diensten, Universitäten und großen Unternehmen, die Web-Sites ebenfalls zwischenspeichern. Fordert etwa ein an einen Proxyserver angeschlossener Nutzer eine Website an, so prüft der Proxyserver, ob die Seite bereits lokal vorliegt. Ist dies der Fall, gibt er die Seite an den User weiter, das Logfile des Web-Servers des Site-Betreibers erhält keinen Eintrag.[73] Caching führt generell zur Entlastung des Datenverkehrs im WWW, da nicht jede Information direkt vom Web-Server geladen werden muß.

Das lokale Caching wird für exakte Reichweitenmessung außer acht gelassen. Der beschriebenen Proxy-Problematik wird mittels *Teildynamisierung* der HTML-Seiten Rechnung getragen. Ein CGI-Programm erzwingt bei jedem Zugriff des Nutzers auf eine Web-Seite die Übertragung einer ein Pixel großen, unsichtbaren Graphik vom Web-Server des Anbieters, auch wenn die Seite bereits auf einem Proxyserver vorliegt. Auf diese Weise erfolgt ein Eintrag in das Logfile, obwohl der eigentliche Seitenabruf von Zwischenspeichern befriedigt wird. Das Netz wird durch die Übertragung der Minigraphik (43 Byte) nur geringfügig belastet.[74]

4.5.1.2 Online-Kennziffern zur Reichweitenkontrolle

Die großen deutschen Verbände, VDZ (Verband Deutscher Zeitungsverleger), BDZV (Bundesverband Deutscher Zeitungsverleger), VPRT (Verband Privater Rundfunk und Telekommunikation) und DMMV (Deutscher Multimedia-Verband) haben sich mittlerweile auf einheitliche Reichweiten-Kennziffern geeinigt, die die Leistung einzelner Werbeträger

---

[72] Vgl. http.//www.pz-online.de.
[73] Vgl. Bachem (1997), S. 192; http.//www.pz-online.de.
[74] Vgl. http://www.pz-online.de.

vergleichbar machen sollen.[75] Die Kerninhalte werden im folgenden detailliert dargestellt.

PageViews/Page Impressions:

Als *PageView* wird die Zahl der qualifizierten (technisch einwandfreien und vollständigen) Zugriffe auf eine WWW-Seite, unabhängig von der Menge der darin eingebundenen Ressourcen (z.B. Graphiken), verstanden.[76]

Als problematisch erweist sich hierbei die Frame-Technik.[77] Mit dieser Technik ist es möglich, eine Bildschirmseite aus mehreren HTML-Einzelseiten aufzubauen. Von der technischen Seite her wird jeder Frame als eigenständige Seite gemessen. Im einzelnen muß aber zwischen sogenannten Content-, Navigations- und Adframes unterschieden werden. Nur Contentframes umfassen den eigentlichen Inhalt (redaktionelles Angebot) der Seite, Navigations- und Adframes werden jedoch oft in Verbindung mit unterschiedlichen Contentframes eingeblendet, um einerseits die Navigation im Gesamtangebot zu erleichtern und andererseits die Werbewirkung zu festigen.[78]

Für die Berechnung der Gesamtzahl von PageViews eines Online-Auftrittes sind nur die Zugriffe auf die Contentframes entscheidend. Die übrigen Frames können zusätzlich ausgewertet werden, um die Reichweite von bestimmten Banners in einem Adframe zu messen.

Um eine exakte Größe für die Reichweite zu erhalten, müssen darüber hinaus interne Zugriffe durch Mitarbeiter, Provider oder betreuende Agenturen aus dem Protokoll entfernt werden.[79]

Die mit einer Web-Seite erzielten PageViews stellen die Bruttoreichweite der Seite dar. Unter Bruttoreichweite wird die Anzahl von Kontakten verstanden, die vom Werbeträger innerhalb eines bestimmten Zeitraums erreicht werden. Sie läßt offen, ob einige Nutzer durch mehrmaligen Seitenabruf wiederholt kontaktiert worden sind.[80] Da ein Internet-Zugang auch von mehreren Personen genutzt werden kann, kann die Anzahl der eigentlichen Nutzer auch nicht über das oben beschriebene teildynamisierte Verfahren ermittelt werden.[81] Der Site-Betreiber kann aus den PageViews einzelner Contentframes lediglich ersehen, welche Online-Angebote auf besonderes Interesse stoßen.

Im Rahmen der VDZ-Richtlinien weisen Verlage die Gesamtanzahl der PageViews ihrer

---

[75] Diese Online-Reichweiten-Kennziffern werden in der Praxis als Online-Währungsbegriffe bezeichnet.
[76] Vgl. Werner/Stephan (1997), S. 174f.; Bachem (1997), S. 192f.; http://www.pz-online.de.
[77] Eine Beschreibung der Frame-Technik findet sich in Teil 2, Kap. 2.2.1.
[78] Vgl. http://www.pz-online.de; Werner/Stephan (1997), S. 179f.
[79] Vgl. Bachem (1996a), o.S.
[80] Vgl. Schmalen (1992), S. 127; Behrens (1996), S. 229.
[81] Einen Ansatz zur Nutzeridentifikation bieten sogenannte Cookies, die auf die Festplatte des Nutzers geschrieben werden. Ruft der Nutzer ein Angebot wiederholt auf, so kann er eindeutig identifiziert werden. Zu den bei der Verwendung auftretenden rechtlichen Problemen vgl. Teil 2, Kap. 4.2.1.1.3.

Online-Angebote aus. Diese Zahl darf nicht darüber hinwegtäuschen, daß umfangreichere Angebote generell zu einer höheren Gesamtanzahl von PageViews führen.

Visits/Sessions/Besuche:

Unter einem *Visit* werden aufeinanderfolgende Seitenabrufe eines Hosts verstanden. Ein Visit gilt als beendet, wenn zehn Minuten lang keine weitere Datei nachgeladen wird. Greift der User zehn Minuten (Interaktivitätsgrenzwert) nach dem letzten Abruf erneut auf das Angebot zu, so beginnt ein neuer Visit.[82]

Die Gesamtzahl der Visits für einen bestimmten Betrachtungszeitraum können als Bruttoreichweite des Online-Angebotes interpretiert werden. Aus dem Verhältnis zwischen Page-Views und Visits kann abgeleitet werden, wie intensiv das Online-Angebot genutzt wird.

Clickstream:

Zusätzlich zu diesen Kontrolldaten können Clickstreams von Nutzern aufgezeichnet werden. Unter einem **Clickstream** wird eine Abfolge von Seitenabrufen innerhalb einer Online-Präsenz während eines Visits verstanden (vgl. Abb. 2.27). Auf diese Art und Weise wird zum einen aufgezeichnet, über welche Seite der User ins Angebot gelangt und zum anderen, welche Inhalte er bei seinem Besuch anwählt.[83]

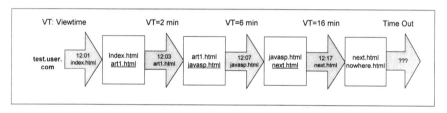

Abb. 2.27: Darstellung eines Clickstreams
Quelle: Hegge (1997), S. 24

Clickstreams ermöglichen sogar eine Typologisierung der Besucher nach Interessengebieten. Diese Erkenntnisse können sowohl zur Plazierung von Banners innerhalb der Site als auch zur Neuorganisation der hierarchischen Struktur der gesamten Site Verwendung finden.

Viewtime:

Wird den einzelnen innerhalb eines Clickstreams abgerufen Seiten zusätzlich der Zeitpunkt der Anfragen aus dem Logfile zugeordnet, so kann aus der sich daraus ergebenden Differenz die sogenannte *Viewtime* der einzelnen Seiten ermittelt werden (vgl. Abb. 2.27). Optional

---

[82] Vgl. http://www.pz-online.de; Hegge (1997), S. 21f.

kann die Viewtime aber auch für Visits bestimmt werden. Die Verweilzeit auf der letzten abgerufenen Seite kann nicht exakt bestimmt werden; sie wird über sogenannten Timeouts geschätzt.[84]

Viewtimes werden vor allem für die Positionierung von rotierenden Banners benötigt. Die
durchschnittliche Viewtime einer Seite gibt Aufschluß darüber, mit wievielen Banners der
User bei einem Besuch kontaktiert werden kann.

4.5.1.3 Response-Management zur Kontrolle der Nutzerstruktur

Aus den Logfile-Daten können keine Aussagen über die soziodemographische Struktur der
Nutzer abgeleitet werden. Erkenntnisse hierüber können über Online-Umfragen innerhalb der
Site gewonnen werden. Auch bei Auslobung eines Incentives nimmt jedoch nur ein bestimmter, hoch involvierter Besucherkreis an einer solchen Erhebung teil. Die Repräsentativität von
derartigen User-Befragungen muß immer angezweifelt werden.[85]

Eine andere Methode besteht darin, den Nutzer beim erstmaligen Besuch dazu aufzufordern,
sich detailliert identifizieren und registrieren zu lassen. Bei jedem erneuten Besuch muß er
sich zunächst durch Angabe seiner User-Identifikation (User-ID) anmelden. Erfahrungen
diverser Anbieter aus den letzten Jahren haben allerdings gezeigt, daß eine große Mehrheit der
Internet-Nutzer nicht bereit ist, derartige Anmeldeprozeduren zu akzeptieren.[86]

Auf fast allen Online-Plattformen können die Nutzer in irgendeiner Form mit dem Unternehmen in Kontakt treten, sei es direkt per E-mail oder über Kummerkästen, Gewinnspiele
oder ähnliches. Die Anzahl der innerhalb eines Betrachtungszeitraumes erzeugten Responses
kann ins Verhältnis zur ermittelten Nutzung gesetzt werden. Unter der Betrachtung der Zielsetzung des Online-Auftrittes kann dann entschieden werden, ob die Anzahl der Dialogelemente auf der Site erhöht oder vermindert werden muß.

4.5.2. Kontrolle der Vermarktung des Online-Auftrittes

Unternehmen ergreifen diverse Maßnahmen, um ihren Online-Auftritt publik zu machen. Der
Erfolg der Online-Vermarktung über Banners kann sehr exakt quantifiziert werden. Nahezu
unmöglich ist im Gegensatz dazu die Ermittlung der Wirkung von Hinweisen auf den Online-
Auftritt in *klassischen Werbemitteln*. Werden die Online-Aktivitäten allerdings in einem bestimmten Betrachtungszeitraum nahezu konstantgehalten und wird zeitgleich in klassischen

---

[83]   Vgl. http:// www.pz-online.de; Hegge (1997), S. 24.
[84]   Vgl. http://www.pz-online.de; Hegge (1997), S. 24.
[85]   Vgl. Neather (1996), S. 33.
[86]   Vgl. Bachem (1997), S. 194; Werner/Stephan (1997), S. 183.

Kampagnen intensiv auf den Online-Auftritt verwiesen, so kann die Steigerung der Nutzung auf die klassische Promotion der Site zurückgeführt werden.

Als Richtgröße für die Reichweite von einzelnen Online-Werbeschaltungen wird die Anzahl der PageViews der Trägerseite herangezogen. Die Kontaktierung wird hierbei allerdings überbewertet, da einige Nutzer durch spezielle Browser-Einstellungen nur die Trägerseite ohne Graphiken (Banners) betrachten. Eine härtere Währung stellen daher sogenannten *AdImpressions* dar. Diese zeichnen die Zugriffe auf werbetragende Objekte (Banner/Buttons) unabhängig von der Trägerseite auf.[87]

Neben der Reichweite des Banners wird auch die Anzahl der *AdClicks* berechnet.[88] Hierunter wird die Anzahl der Klicks auf ein werbetragendes Objekt verstanden, das über einen Hyperlink zu einer dahinter liegenden Information eines Werbetreibenden führt. Aus den AdClicks und den AdImpressions kann die *AdClickrate* ermittelt werden:

$$AdClickrate = \frac{Anzahl\ der\ AdClicks}{Anzahl\ der\ AdImpressions} \cdot 100$$

Die AdClickrate liegt in der Regel zwischen ein und fünf Prozent. Sie dient vor allem als Maßstab für die Qualität eines Banners. Bei zu niedrigen Clickraten muß die Gestaltung des Banners überarbeitet werden oder im Detail geprüft werden, ob das redaktionelle Umfeld auf der Seite Nutzer anspricht, die an dem beworbenen Objekt interessiert sind. Hilfreich ist hierbei ein intramedialer Vergleich der Plazierungen zwischen den unterschiedlichen Online-Werbeträgern. Das gleiche Werbemittel kann in verschiedenen Werbemedien zu unterschiedlichen Clickraten führen.

4.5.3 Kontrolle des Online-Vertriebs

Bei der Kontrolle des Online-Vertriebs wird zwischen einer Kontrolle der kommunikativen (außerökonomischen) und ökonomischen Zielsetzung differenziert.[89]

Bei der *kommunikativen Kontrolle* wird überprüft, für welche Produkte bzw. Dienstleistungen sich die Nutzer der Vertriebskomponente einer Web-Site oder einer Shopping Mall interessieren. Auch wenn die Nutzer das Produkt letztendlich nicht online ordern, geht von der

---

[87] Briggs/Hollis weisen sogar eine Werbewirkung nach, auch wenn das Banner nicht angeklickt wird. Vgl. Briggs/Hollis (1997), S. 44.
[88] Auf AdClicks wurde bereits in Teil 2, Kap 2.2.2 eingegangen.
[89] Vgl. Schmalen (1992), S. 17f.; Behrens (1996), S. 151.

Produktpräsentation eine kommunikative Wirkung aus. Über Webtracking kann hier z.b. ermittelt werden, welche Produktseiten im Angebot besonders oft aufgerufen werden oder zu welchen Produkten sogar Beschreibungen und Detailinformationen abgerufen werden. Die Auswertung von Clickstreams kann auf die Notwendigkeit einer Warenumplazierung innerhalb einer Mall hinweisen.

Der Online-Absatz stellt die wesentliche *ökonomische Kontrollgröße* dar. Dem Online-Umsatz können die Kosten für den Online-Vertrieb (Kosten für Online-Auftritt, Kosten für Vermarktung des Auftrittes, Abwicklungskosten) gegenübergestellt werden. Hieraus lassen sich die effektiven Margen berechnen. Werden bestimmte Produkte besonders stark nachgefragt, so kann dort gegebenenfalls das Angebotssortiment erweitert werden. Ungenutzte Einkaufsmöglichkeiten sollten aus Kostengründen vom Netz genommen werden.

Noch fundiertere Erkenntnisse können sich aus dem Vergleich von kommunikativen und ökonomischen Kontrollgrößen ergeben. Deuten die PageViews an, daß die Besucher zwar starkes Interesse für bestimmte Produkte zeigen, diese aber nur selten online ordern, so ist u.a. die Preissetzung zu überprüfen oder die Sicherheit bei Online-Transaktionen zu erhöhen.

4.5.4 Ermittlung von Kosten-Nutzen-Kennziffern im Medium Online und deren Vergleich mit klassischen Kennziffern

Aufgrund der ermittelten Kontrolldaten können einige Kennziffern berechnet werden, die einen Vergleich mit dem klassischen Marketing zulassen.

Kennziffern für Online-Auftritte:

Die gesamten Aufwendungen für das Online-Marketing können den Visits des Auftrittes gegenübergestellt werden. Visits bzw. Besuche auf der Online-Plattform stellen die Kernzielgröße des Online-Marketing dar. Bei jedem Besuch wird der User werblich beeinflußt. Je länger er auf der Seite verweilt, desto hochwertiger ist der Kontakt.

Angenommen, der Online-Auftritt kostet ein Unternehmen (incl. Provider-, Agentur-, Personalkosten etc. sowie einschließlich der Online-Vermarktungskosten) jährlich 500.000 Mark. Im gleichen Betrachtungszeitraum würden 200.000 Visits erzielt. Für das Unternehmen kostet dann ein Visit 2,50 Mark bzw. 1000 Visits 2500 Mark. Geht man von einem durchschnittlichen TKP von 30 Mark bei klassischen Medien aus, so ist die Herstellung eines Online-Kontaktes 83mal so teuer wie bei einer Anzeige oder einem Werbespot.

$$TKP_{Online-Auftritt} = \frac{\text{Aufwendungen für Online - Marketing / Zeiteinheit}}{\text{Visits / Zeiteinheit}} * 1000$$

$$\text{Entscheidungshilfe}_{\text{Online-Budget}} = \frac{\text{TKP}_{\text{Online-Auftritt}}}{\text{TKP}_{\text{klassische Medien}}}$$

Die Online-Ausgaben sind in dieser Höhe dann gerechtfertigt, wenn ein Visit auf der Web-Site des Unternehmens den 83fachen Nutzen eines TV-Spots oder einer Anzeige erbringt. Bei diesem Vergleich ist zu berücksichtigen, daß Visits immer zu einer bewußten Auseinandersetzung mit dem Unternehmen führen, wohingegen Anzeigen und Spots nicht immer wahrgenommen werden. Darüber hinaus ist der Kontakt im Web um ein Vielfaches länger. Bei Spots und Anzeigen sind es gerade ein paar Sekunden, bei Web-Sites sind es im Durchschnitt einige Minuten. Beträgt die durchschnittliche Verweilzeit auf einer Web-Site fünf Minuten, so unterscheidet sich diese um den Faktor 10 von einem 30-Sekunden-Spot.

Kennziffern für Online-Bannerschaltungen:

Die Werbewirkung von Bannerschaltungen ohne Berücksichtigung von AdClicks kann mit der Schaltung von Anzeigen in Print-Produkten verglichen werden. Als Kontrollkriterium kann auch hier der TKP herangezogen werden, der im Online-Bereich allerdings um eine zeitliche Dimension (z.B. Anzahl der Kontakte pro Monat) zu erweitern ist.

$$\text{TKP}_{\text{Online-Banner}} = \frac{\text{Belegungskosten / Zeiteinheit}}{\text{AdImpressions / Zeiteinheit}} * 1000$$

Auf der Homepage von Spiegel Online kostet eine Bannerschaltung pro Woche 3800 Mark. Im Monat wird diese Seite 253.000mal abgerufen.[90] Das ergibt pro Woche eine durchschnittliche Reichweite von 63.250. Als TKP läßt sich dann eine Wert von 60 Mark berechnen.

Um die TKPs verschiedener Online-Werbeträger exakt miteinander vergleichen zu können, muß auch die Größe der Werbefläche in die Betrachtung miteinfließen.[91]

Für die Planung und Kontrolle kann der Online-TKP mit dem TKP für klassische Print-Produkte verglichen werden. Eine ganzseitige Anzeige im Spiegel kostet in einer wöchentlichen Ausgabe ca. 87.000 Mark. Der Spiegel hat durchschnittlich eine Reichweite von 5,96

---

[90] Vgl. Media Daten & Fakten (1997a), S. 83f.; http://www.pz-online.de.
[91] Die TKP-Berechnung auf 1 Pixel zu beziehen wäre allerdings zu detailliert. Bei einem Vergleich ist vielmehr zu beachten, in welcher Größenrelation die Bannerflächen zueinander stehen.

Millionen. Leser pro Woche. Für die Print-Anzeige ergibt sich daraus ein TKP von 14,5 Mark. Im Ergebnis ist die Kontaktierung von 1000 Personen im Online-Bereich demnach viermal so teuer.

$$\text{Entscheidungshilfe}_{\text{Online-Banner}} = \frac{TKP_{\text{Online-Banner}}}{TKP_{\text{Print-Anzeige}}}$$

Werbungtreibende können über diese Entscheidungshilfe überprüfen, ob ihnen eine Anzeige im Online-Bereich, bei der ein äußerst innovatives Publikum mit speziellen Interessengebieten erreicht wird, viermal mehr wert ist als eine Print-Anzeige.

Kennziffern für AdClicks:

Das wesentliche Ziel von Bannern ist, die Internet-Nutzung auf den eigenen Online-Auftritt umzuleiten, damit Nutzer dort werblich kontaktiert werden können und je nach Ziel zum Kauf oder Vertragsabschluß animiert werden. Die Kontaktherstellung mit dem Nutzer ist mit einer Direct-Response-Anzeige (z.B. Couponanzeige) vergleichbar. Auch hier meldet sich der Leser bei Interesse und kann mit einem individuellen Angebot wie auf einer Web-Site betreut werden. Die Kosten für die Erzielung von Direct-Response über klassische Anzeigen/Spots und über Online-Banners können einander gegenübergestellt werden.

Angenommen, eine Direct-Response-Anzeige in einer Ausgabe des Spiegel, die Schaltungskosten von 87.000 Mark verursacht, habe einen Rücklauf von 6000. Für jeden Direct-Response würden sich dann Kosten von 14,50 Mark ergeben. Geht man von einer AdClickrate von einem Prozent aus, so erhält man bei Spiegel Online für 3800 Mark 630 Kontakte. Pro Response ergibt sich hier ein Wert von sechs Mark.

Direct-Response-Kosten$_{\text{Online-Banner}}$ =

AdClickrate · AdImpressions/Zeiteinheit · Belegungskosten/Zeiteinheit

In diesem Beispiel ist Online-Direct-Response um die Hälfte günstiger als der Response über klassische Medien. Im Anschluß ist prüfen, in welchem Verhältnis die Kontakte zueinander stehen.

$$\text{Entscheidungshilfe}_{\text{Direct-Response}} = \frac{\text{Direct - Response - Kosten}_{\text{Online-Banner}}}{\text{Direct - Response - Kosten}_{\text{Print-Anzeige}}}$$

Diese Ansätze stellen Möglichkeiten dar, die neuen Werbeformen mit klassischen zu vergleichen. Auf diese Weise kann die Kontrolle des Online-Marketing transparenter gestaltet werden.

In den vorangegangenen Ausführungen wurden Schritte aufgeführt, die zur Planung eines effizienten Online-Marketing-Mix durchlaufen werden müssen. Für die Ermittlung von Inhaltskomponenten für Online-Auftritte wurde die Primärforschung vorgeschlagen. Bevor im nachfolgenden Teil der Untersuchung gezeigt wird, wie man über eine Online-Erhebung die optimalen Komponenten für eine Web-Site finden kann, wird untersucht, wie das Online-Marketing in den klassischen Marketing-Mix integriert wird.

4.6 Integration des Online-Marketing in das klassische Marketing

4.6.1 Integration des Online-Marketing-Mix

4.6.1.1 Integration verschiedener Online-Marketingaktivitäten

Die kommerziellen Aktivitäten von Unternehmen in elektronischen Netzwerken werden als „Electronic Commerce" bezeichnet. Hierunter fallen auch die bisher noch nicht angesprochenen Aktivitäten im Personalbereich. Viele Unternehmen schalten bereits Stellenanzeigen und bieten Hintergrundinformationen zu Stellenausschreibungen auf dem unternehmenseigenen Web-Server an. Online-Marketing stellt einen Teil des Electronic Commerce dar und umfaßt diejenigen Online-Aktivitäten, die in irgendeiner Weise die Marketingpolitik im engeren Sinn eines Unternehmens berühren.[92]

Ein wirkungsvoller und effizienter Online-Markting-Mix ergibt sich nur durch zweistufige Integration. Unter Integration wird im Marketing die formale, inhaltliche und zeitliche Abstimmung von Maßnahmen mit dem Ziel verstanden, Synergieeffekte zwischen den Aktivitäten wie auch Rationalisierungseffekte bei deren kombinierten Einsatz zu realisieren.[93] In einem ersten Schritt müssen die unterschiedlichen Online-Marktingaktivitäten aufeinander abgestimmt werden, bevor das Engagement in den unterschiedlichen Online-Medien koordiniert werden kann (vgl. Abb. 2.30).[94]

---

[92]   Vgl. Höhl (1996), S. 4.
[93]   Vgl. Hermanns/Püttmann (1993), S. 22; Berndt (1996a), S. 436; Meyer-Hentschel (1991), S. 107.
[94]   Vgl. Glossbrenner/Glossbrenner (1995), S. 136f.

Die Marketingaktivitäten eines Unternehmens in einem Online-Medium unterteilen sich grundsätzlich in den unternehmenseigenen Auftritt mit verschiedenen Inhalten, die Online-Werbung auf häufig besuchten Seiten, den Verkauf von Produkten über eine Shopping-Mall und die Teilnahme an einer virtuellen Messe.

Eine sinnvolle Integration der Online-Aktivitäten setzt die Kenntnis der Wirkung des Maßnahmenpaketes voraus. Folgende Beziehungsstrukturen ergeben sich zwischen den Aktivitäten:[95]

– komplementäre Beziehung

Die eingesetzten Aktivitäten ergänzen sich bzw. stützen sich gegenseitig. Als Beispiel kann die Vernetzung zwischen der eigenen Web-Site und dem Auftritt in einer virtuellen Messe bzw. einer Shopping-Mall genannt werden. Über Hyperlinks gelangt man vom Web-Server zur Shopping-Mall bzw. zur virtuellen Messe und umgekehrt.

– konditionale Beziehung

Die Wirkung einer Aktivität setzt die Wirkung einer anderen voraus. Ohne intensive Bannerschaltung ist z.B. kaum Verkehr auf der Web-Site zu erwarten.

– substituierende Beziehung

Die Wirkung einer Maßnahme kann auch durch eine andere Maßnahme erreicht werden. Zwischen Online-Marktingaktivitäten sind keine substituierenden Beziehungen zu erwarten, da unterschiedliche, sich ausschließende Ziele verfolgt werden. Eine Web-Plattform hat Informationsfunktion, mit Online-Shopping wollen Unternehmen Produkte verkaufen, Online-Werbung macht den Internet-Auftritt bekannt, und der virtuelle Messeauftritt begleitet den klassischen Messeauftritt im Verbund mit anderen Herstellern.

– konkurrierende Beziehung

Die einzelnen Aktivitäten beeinflussen sich negativ. Der Direktvertrieb über einen eigenen Server etwa reduziert möglicherweise den Absatz der Produkte in einer Shopping-Mall.

Das vorgestellte Beziehungsgeflecht verdeutlicht, daß einzelne Maßnahmen nicht separat geplant werden dürfen. Vielmehr müssen die Maßnahmen in einen Kontext gebracht werden. Die einzelnen Online-Aktivitäten müssen inhaltlich, formal und zeitlich koordiniert werden.[96] Hierbei unterscheidet man folgende Ansatzpunkte der Integration:

---

[95] Vgl. Bruhn (1992), S. 51-59.
[96] Vgl. Bruhn (1992), S. 51-59; Raffée (1991), S. 87-88; Pepels (1992), S. 80-82.

Inhaltliche Integration

– *instrumentale und funktionale Integration*

Bei der instrumentalen und funktionalen Integration werden Instrumente miteinander verbunden, mit denen die gleiche Zielsetzung verfolgt bzw. die gleiche Funktion erfüllt wird. Informationsfunktionen nehmen z.b. sowohl die Web-Site als auch der virtuelle Messeauftritt wahr. Online-Shopping und der Direktvertrieb im eigenen Internet-Auftritt richten sich beide auf den Verkauf von Produkten.

– *horizontale und vertikale Integration*

Die horizontale Integration verbindet Maßnahmen, die auf der gleichen Marktstufe (Händler/Letztverbraucher) ansetzen. Die vertikale Integration koordiniert die Aktivitäten für unterschiedliche Marktstufen. Das bedeutet z.b., daß Entertainment-Angebote auf der Web-Site und Online-Shopping vor allem Konsumenten ansprechen, wohingegen Verfügbarkeitsabfragen und virtuelle Messeauftritte für Geschäftspartner vorgesehen sind.

– *internationale Integration*

Eine letzte Art der inhaltlichen Integration ist die Integration im Rahmen des internationalen Marketing. Ein globaler Internet-Auftritt kann eine Sprachwahloption und länderspezifische Informationen auf hierarchisch tieferliegenden Seiten beinhalten.[97] Über Bannerschaltung in unterschiedlichen Ländern können Nutzer auf die jeweiligen Angebote aufmerksam gemacht werden. Produkte und Dienstleistungen können in unterschiedlichen, regional begrenzten Malls vertrieben werden.

Formale Integration

Die formale Integration umfaßt die Vereinheitlichung der Form und des Erscheinungsbildes der Maßnahmen.[98] Firmennamen, Firmenzeichen, Slogans, Schriftart und Farben (Corporate Design) sind hier einheitlich anzuwenden.

Zeitliche Integration

Die einzelnen Online-Aktivitäten müssen auch zeitlich koordiniert werden. Hierunter fällt zum einen die zeitliche Abstimmung des Einsatzes der verschiedenen Maßnahmen und zum anderen die zeitliche Kontinuität der Gestaltung. Die Bannerplazierung sollte z.B. nicht vor der Fertigstellung der Internet-Auftritte stattfinden, und Relaunches von Auftritten sollten von intensiver Bannerschaltung begleitet werden. Zeitliche Kontinuität bei der Gestaltung erweist

---

[97] Vgl. Fantapié Altobelli (1996a), S. 340; Ehrhardt (1996), S. 15-17.
[98] Vgl. Bruhn (1992), S. 36.

sich zur Imagebildung als sehr wichtig. Im Online-Bereich sollten Web-Sites allerdings regelmäßig inhaltlich überarbeitet und an neue Technologien angepaßt werden. Auch bei Banners deuten erste Untersuchungen darauf hin, daß regelmäßiges Wechseln der Gestaltung zu höheren Klickraten führt.[99]

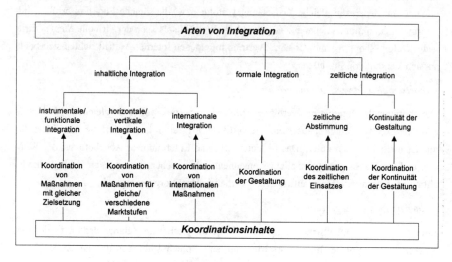

Abb. 2.28: Ansatzpunkte für die Integration von Marketingmaßnahmen
Quelle: in Anlehnung an Berndt (1996a), S. 437

4.6.1.2 Integration verschiedener Online-Medien

Das Online-Marketing einiger Unternehmen ist nicht nur auf das WWW beschränkt. So besitzen die Unternehmen einen eigenen Web-Server, vermarkten diesen aber über Banners in den proprietären Online-Diensten T-Online, AOL, CompuServe oder MSN. Weitere Unternehmen sind wiederum mit eigenen Online-Auftritten neben dem WWW auch in T-Online und in CompuServe vertreten. Die einzelnen Marketingmaßnahmen in unterschiedlichen Online-Medien müssen in einer zweiten Stufe koordiniert werden.[100]

Auch hier bestehen die bereits angesprochenen Beziehungsverflechtungen:

– komplementäre Beziehung

Durch Bannerschaltung und Präsenz in unterschiedlichen Online-Medien kann allgemein das

---

[99] Vgl. Klaus (1997), o.S.
[100] In der ersten Stufe erfolgt die Integration der Online-Marketingmaßnahmen, die jeweils in einem Online-Medium (WWW, T-Online, CompuServe, AOL, MSN) zum Einsatz kommen.

Online-Engagement publik gemacht werden.

– konditionale Beziehung

Der Online-Auftritt in einem proprietären Dienst kann nur über Banners innerhalb dieses Dienstes bekannt gemacht werden, denn z.b. nur AOL-Abonnenten haben Zugang zum AOL-Auftritt des Unternehmens. Banners in den einzelnen Diensten können auch mit der Web-Präsenz verbunden sein. Über Banners in proprietären Umgebungen können Nutzer zur Web-Site geführt werden.

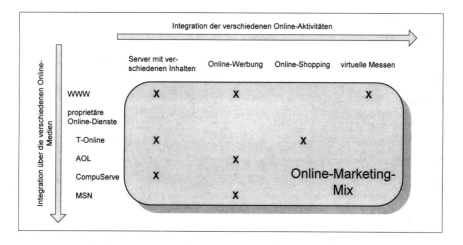

Abb. 2.29: Integration des Online-Marketing-Mix

– substituierende Beziehung

Informative Komponenten auf verschiedenen Sites stehen in einer substitutionalen Beziehung zueinander. Einige Services innerhalb des Auftrittes (z.B. Homebanking, Bezahlung beim Einkauf) können mit einem hohen Sicherheitsstandard allerdings nur innerhalb der geschlossenen Benutzergruppe der proprietären Dienste (Inkassoverfahren) angeboten werden.

– konkurrierende Beziehung

Mehrere Präsenzen in unterschiedlichen Online-Shopping-Malls beeinträchtigen sich gegenseitig. Möglicherweise entstehen sogar Kannibalismuseffekte.

Abb. 2.29 verdeutlicht, wie sich der Online-Markting-Mix aus unterschiedlichen Aktivitäten in den einzelnen Medien zusammensetzt.

Für die Integration unterschiedlicher Online-Medien stehen folgende Handlungsmöglichkeiten zur Wahl:

Inhaltliche Integration

– *instrumentale und funktionale Integration*

Die Sites in den einzelnen Online-Medien erfüllen vor allem Informationsfunktion. Mit Bannerschaltung kann insbesondere die Bekanntheit des Online-Engagements gefördert werden, und durch die Koordination der Vertriebsmöglichkeiten in unterschiedlichen Shopping-Malls entsteht insgesamt ein zusätzlicher Absatzkanal.

– *horizontale und vertikale Integration*

Die proprietären Dienste sprechen unterschiedliche Online-User-Gruppen an. Horizontal muß das Engagement in den Letztverbraucher-orientierten Diensten (AOL, T-Online) aufeinander abgestimmt werden.

– *internationale Integration*

Das Online-Angebot in lokalen, nicht weltweit frei zugänglichen Online-Diensten kann spezielle lokale Marketinginformationen beinhalten, da dabei Überschneidungen mit dem internationalen Marketing ausgeschlossen sind. Weltweite Online-Werbekampagnen in verschiedenen Online-Medien für einen Web-Server müssen zeitlich und inhaltlich aufeinander abgestimmt sein.

Formale Integration

Für die formale Integration unterschiedlicher Medien gilt das gleiche wie für die einzelnen Aktivitäten: Das Erscheinungsbild sollte vereinheitlicht werden, um Verwirrungen bei den Konsumenten auszuschließen.

Zeitliche Integration

Online-Bannerkampagnen sollten gleichzeitig in verschiedenen Online-Medien gestartet werden, und die Inhalte der einzelnen Plattformen sollten simultan optimiert werden.

4.6.2 Integration des Online-Marketing-Mix in den klassischen Marketing-Mix

Aus den beiden vorangegangenen Integrationsstufen ergibt sich der Online-Marketing-Mix. Dieser muß am klassischen Marketing-Mix ausgerichtet werden, und der klassische Marketing-Mix muß um die neuen Online-Marketingmaßnahmen ergänzt werden.[101] Diese Anforderung beschränkt sich nicht auf einige Teilpolitiken, sondern betrifft, wie Abb. 2.30 zeigt, den gesamten Marketing-Mix.

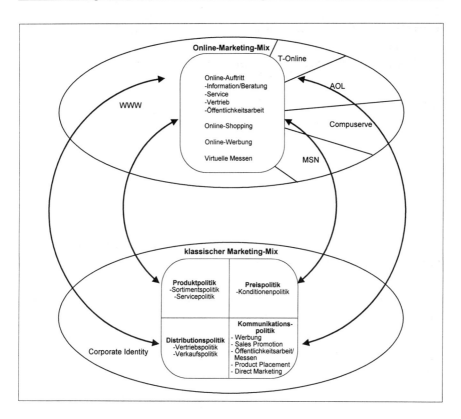

Abb. 2.30: Beziehungsgeflecht zwischen Online-Marketing-Mix und klassischem Marketing-Mix

Produktpolitik

Das Anbieten von Pre- und After-Sales-Services (Online-Produktberatung, Online-Problemhilfe, Online-Beipackzettel usw.) berührt die Servicepolitik eines Unternehmens, die einen Teil der Produktpolitik darstellt.[102]

Distributionspolitik

Der Vertrieb von Produkten und Dienstleistungen auf der eigenen Web-Site oder über eine

---

[101] Vgl. Hanser (1995), S. 35; Roll (1997), S. 88; Spar (1996), o.S.; Dreyer/Summa (1996), Kap. 4.2.1.3.
[102] Vgl. Fink/Wamser (1996), S. 196f.

Shopping-Mall kann zu Konflikten mit der klassischen Distributionspolitik führen.[103] Darüber hinaus wird auch der persönliche Verkauf durch Außendienstmitarbeiter einerseits durch die Produktberatung auf Web-Sites und anderseits durch die Online-Vereinbarung von Besuchsterminen beeinflußt.[104]

Preispolitik

Niedrigere Preise beim Online-Direktvertrieb können zu Problemen mit den klassischen Handelspartnern führen, die hierdurch einen Umsatzrückgang verzeichnen.[105] Aber auch die Konditionenpolitik wird vom Online-Marketing berührt. Einzelnen Geschäftskunden können online unterschiedliche Rabatte eingeräumt werden, und die Beratung für bestimmte Produkte kann durch Finanzierungsangebote ergänzt werden.

Kommunikationspolitik

Am stärksten wird die klassische Kommunikationspolitik durch Online-Marketing beeinflußt. Zum einen ist hier die Öffentlichkeitsarbeit zu nennen. Die konventionelle Öffentlichkeitsarbeit kann durch die Veröffentlichung von Pressemitteilungen, Unternehmensinformationen, Reden und Zeitschriften im WWW ergänzt werden. Unternehmen können aber auch als Sponsoren von Web-Sites auftreten.[106] Die Darstellung von Produktinformationen, interaktive Beratung sowie Bannerschaltung ergänzen die traditionelle Werbung. Das übliche Messemarketing wird durch den Auftritt in einer virtuellen Messe ergänzt. Auch Direct-Communications bzw. Direct-Marketing können im WWW durchgeführt werden.[107]

Den Rahmen für die Integration des Online-Marketing-Mix und des Online-Marketing bildet die Corporate Identity Policy. Unter der Corporate Identity wird die anzustrebende Einmaligkeit bzw. Persönlichkeit eines Unternehmens verstanden, welche es unverwechselbar macht und damit bei internen wie auch externen Bezugsgruppen des Unternehmens ein einheitliches, konsistentes Image hervorruft.[108] Als Basis für die Instrumente der Corporate Identity Policy fungiert die Corporate Mission, die sowohl Unternehmensgrundsätze als auch das Wert- und Normengefüge des Unternehmens beinhaltet. Im einzelnen stehen folgende Instrumente zur Verfügung:[109]

– Corporate Design umfaßt die unverwechselbare Gestaltung aller optisch wahrnehmbaren

---

[103] Vgl. Palupski (1995b), S. 268.
[104] Mit dem Intranet können den Außendienstmitarbeitern auch detaillierte Informationen über den Kunden bereitgestellt werden (Computer Aided Selling). Vgl. Link/Hildebrand (1994), S. 107f.
[105] Vgl. Eusterbrock/Kolbe (1995), S. 144.
[106] Vgl. Roll (1997), S. 88f.
[107] Eine detaillierte Beschreibung des Direct-Marketing findet sich in Teil 2, Kap. 2.1.2.4.
[108] Vgl. Berndt (1996a), S. 274-277.
[109] Vgl. Hermanns/Püttmann (1993), S. 27f.

Elemente des Erscheinungsbildes eines Unternehmens. Hierzu zählen Firmennamen, -zeichen, -farben, Unternehmensarchitektur und das Product Design.

– Corporate Communications beinhaltet Corporate Advertising (unternehmensbezogene Werbung) und Public Relations (Öffentlichkeitsarbeit).

– Corporate Behavior bezieht sich auf die in der Corporate Mission festgelegten Verhaltensrichtlinien und -grundsätze für die Mitarbeiter.

Die beschriebenen Beziehungen zwischen dem Online-Marketing und dem klassischen Marketing haben ebenso komplementären wie konditionierenden, substituierenden und konkurrierenden Charakter:

– komplementäre Beziehung

Im wesentlichen handelt es sich bei den Beziehungen zwischen Online-Marketing und klassischem Marketing um komplementäre Beziehungen. Die klassische Öffentlichkeitsarbeit, das Messemarketing, die Werbung und Teile der Servicepolitik (Händler-/Niederlassungs-/Kundendienstverzeichnisse) werden um die entsprechenden Online-Aktivitäten erweitert.

– konditionierende Beziehung

Hinweise auf die URL des Internet-Auftrittes in klassischen Werbemitteln haben maßgeblichen Einfluß auf die Nutzung des Internet-Auftrittes. Hier ist von einer konditionierenden Beziehung auszugehen.

– substituierende Beziehung

Substituierende Beziehungen bestehen beispielsweise zwischen den Online-Plattformen von Finanzdienstleistern und dem Bankmarketing. Ein Teil der Bankdienstleistungen (z.B. Überweisungen) kann online in Auftrag gegeben werden. Aber auch klassische Vertriebswege, beispielsweise im Softwarebereich, werden durch die neuen Vertriebswege in den Online-Medien ersetzt. Darüber hinaus haben auch Teile der Online-Services wie Online-Problemhilfe und Online-Schulungen substitutiven Charakter. Langfristig wird dies eine Verminderung der klassischen Servicepolitik zur Folge haben. Viele User lassen sich bereits im Internet über Produkte und Dienstleistungen beraten. Die Beratung im Rahmen des persönlichen Verkaufes wird teilweise durch Online-Beratung ersetzt.

– konkurrierende Beziehung

Die niedrigeren Preise beim Online-Vertrieb konkurrieren mit den Preisen im klassischen Vertrieb. Hier ist von einer Beeinflussung der klassischen Preisbildung und -differenzierung und von einer Verlagerung von den klassischen Vertriebswegen hin zum Online-Vertrieb auszugehen.

Aus den dargestellten Beziehungen zwischen dem Online-Marketing-Mix und dem klassischen Marketing-Mix lassen sich folgende Integrationsarten ableiten:

Inhaltliche Integration

– instrumentale und funktionale Integration

Neben den traditionellen Instrumenten (Werbung, Sales Promotion, Direct-Communications, Öffentlichkeitsarbeit und Messen) besitzt auch Online-Marketing *Informationsfunktion*. Zur Erreichung von Synergieeffekten müssen die Inhalte der jeweiligen Instrumente aufeinander abgestimmt werden. Bisher war die *Dialogfunktion* nur auf Direct-Communications, Öffentlichkeitsarbeit, Messen und persönlichem Verkauf beschränkt. Internet-Markting eröffnet hier durch die Two-Way-Kommunikation neue Möglichkeiten. Der User kann sich per E-mail direkt an das Unternehmen wenden oder sich in ein elektronisches Gästebuch eintragen.[110] Integration bedeutet hier z.B. die Zusammenfassung der Kundenreaktionen in einer Datenbank. Der Koordination bedarf es auch bei den Instrumenten mit *Absatzfunktion*. Im Vorfeld muß z.B. festgelegt werden, über welchen Distributionskanal einzelne Produkte vertrieben werden. Auch die Inhalte mit *Servicefunktion* im Online-Bereich müssen mit der klassischen Servicepolitik verbunden werden.

– horizontale und vertikale Integration

Für die Ansprache der einzelnen Marktstufen (Großhandel, Handelsvertreter, Einzelhändler, Letztverbraucher) bestehen im klassischen Marketing-Mix bereits eigene Marketingprogramme. Die Inhalte des Online-Marketing-Mix müssen aus dem bereits bestehenden klassischen Bereich übernommen werden. Auch Konzepte für die Betreuung von unterschiedlichen Zielgruppen auf einer Marktstufe, z.B. Geschäftskunden und Privatkunden als Letztverbraucher, können in den Online-Marketing-Mix übernommen werden.

– internationale Integration

Im Rahmen des Internationalen Marketing werden möglicherweise einzelne Ländermärkte mit differenzierten Maßnahmen angesprochen: Produktneueinführungen finden zu unterschiedlichen Zeitpunkten statt, die Zusammensetzung der Produktpalette variiert, und in jedem Land wird eine spezifische Preispolitik verfolgt. Die Inhalte des Online-Marketings müssen an den länderspezifischen Marketingkonzepten ausgerichtet werden und so kommuniziert werden, daß der User mögliche Differenzen nicht identifizieren kann.

---

[110] Vgl. Fantapié Altobelli (1996a), S. 340.

Formale Integration

Formale Integration bedeutet die konsequente Anwendung der Corporate Identity sowohl auf den klassischen Marketing-Mix als auch auf den Online-Marketing-Mix. Obwohl Online-Inhalte multimedial aufbereitet werden müssen, sollten auch sie eine eindeutige Identifikation des Unternehmens über Firmenzeichen, Schriftart und Farbe ermöglichen.

Zeitliche Integration

Die Online-Marketingmaßnahmen sollten bezüglich des zeitlichen Einsatzes mit dem klassischen Marketingprogramm abgestimmt werden. Via Internet können Botschaften über Produkte, Messen und das Unternehmen simultan zu den übrigen Kommunikationskanälen verbreitet werden. Nur die Aktualität der Inhalte des Web-Servers führt zu einer Etablierung des WWW als zusätzliches Marketinginstrument. Klassische Werbemittel sollten erst dann zur Promotion der Informationen auf dem Web-Server eingesetzt werden, wenn diese dort tatsächlich vorhanden sind. Auch im Online-Marketing-Mix muß die Kontinuität des gesamten kommunikativen Auftrittes eines Unternehmens gewährleistet sein. Die durch die Online-Medien mögliche Innovativität und Kreativität bei der Gestaltung muß vom Rezipienten als passende Ergänzung und nicht als Bruch empfunden werden.[111]

4.6.3 Organisatorische Aspekte bei der Durchführung der Integration

Sowohl bei der Durchführung der Integration als auch bei der Planung des Online-Marketing-Mix spielen *organisatorische Aspekte* eine zentrale Rolle, da zahlreiche Bereiche des Unternehmens davon betroffen sind: Vertrieb, Marketing, Werbung, Öffentlichkeitsarbeit, Messe oder EDV-Abteilung.[112]

Im Unternehmen muß daher eine zentrale, koordinierende Stelle eingerichtet werden, die nicht nur die Planung und Integration betreut, sondern zukünftig auch für Realisierung, Betreuung, Wartung und Aktualisierung zuständig ist.[113] In der Anfangsphase sollte das sogenannte Internet-Projektteam bzw. Online-Projektteam[114] eine Stabsfunktion neben der Marketingleitung einnehmen. Aus dieser organisatorischen Stellung heraus können Informationen über die Marketingmöglichkeiten im Internet gesammelt werden und Schnittstellen mit dem klassischen Marketing geprüft werden. Nach Abschluß der Konsolidierungsphase, die in die Festlegung einer Strategie mündet, ist das Projektteam hierarchisch in den Marketingbereich einzugliedern, in welchem es den Aufbau und die Betreuung des Engagements sowohl intern als

---

[111] Vgl. Fantapié Altobelli (1996a), S. 341.
[112] Vgl. Heise (1996), S. 218f.; Dreyer (1996), S. 183; Bruhn (1995a), S. 28.
[113] Vgl. Bruhn/Zimmermann (1993), S. 183.

auch extern mit Online-Agenturen und Internet-Service-Providern operativ koordiniert (vgl. Abb. 2.31).[115]

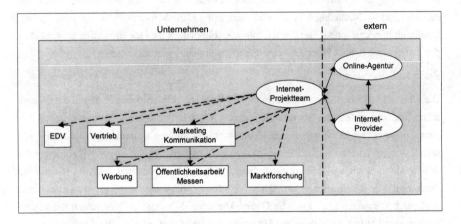

Abb. 2.31: Organisatorische Einbindung des Internet-Projektteams
Quelle: in Anlehnung an Fantapié Altobelli (1996a), S. 340; Heise (1996), S. 220

Dem Internet-Projektteam sollten nicht nur Mitarbeiter mit Marketing-, sondern auch mit redaktioneller und EDV-Erfahrung angehören. Redaktionelle Kenntnisse fördern die Generierung und Aufbereitung aktueller Inhalte und Themen für den Internet-Auftritt. Mitarbeiter aus dem EDV-Bereich können die Einrichtung und Wartung des Web-Servers unterstützen und sollten außerdem mit der Umsetzung von redaktionellen Inhalten in den HTML-Code der Web-Pages vertraut sein.[116]

Die vorgestellten Integrationsstufen müssen nicht in der hier vorgeschlagenen Reihenfolge Bottom-up durchgeführt werden. Denkbar wäre auch eine Top-down-Vorgehensweise, bei der zuerst die Integration in den Marketing-Mix vollzogen und erst dann festgelegt wird, mit welchen Aktivitäten man sich in welchem Online-Medium engagiert.[117]

Im den vorangegangenen Kapiteln wurden die Marketingmöglichkeiten im Medium Online aufgezeigt und erörtert, wie diese den klassischen Marketing-Mix ergänzen. Im folgenden wird untersucht, wie man auf Basis einer Online-Erhebung anwendergerechte Online-Auftritte konstruieren kann.

---

[114] In manchen Unternehmen wird das Online-Projektteam als Teil der Abteilung für Neue Medien angesehen.
[115] Vgl. Ziffer/Moss (1996), S. 344; Fantapié Altobelli (1996a), S. 341.
[116] Vgl. Alpar (1996), S. 131.
[117] Vgl. Bruhn (1992), S. 97-101; Sander (1993), S. 266-268.

Teil 3: Methodik zur optimalen Gestaltung von Online-Auftritten

1. Präferenz von Online-Auftritten als Erfolgsfaktor für das Online-Marketing

1.1 Typologien zur Abbildung der Nutzung von Internet-Auftritten

Wie der Kauf von Produkten kann auch die Nutzung von Internet-Auftritten über verschiedene Modelle des Konsumentenverhaltens beschrieben werden. Grundlage eines Modells für die Nutzung von Internet-Auftritten bildet folgende schematische Darstellung des Entscheidungsprozesses (vgl. Abb. 3.1).

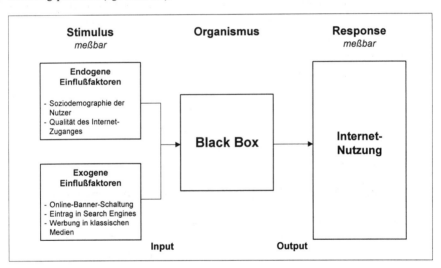

Abb. 3.1: Erklärung von Internet-Nutzung mit dem S-O-R-Paradigma
Quelle: in Anlehnung an Berndt (1996b), S. 42; Böcker (1990), S. 35

Als Input des Modells sind **endogene und exogene Einflußfaktoren** (Stimuli) und die realisierte Nutzung eines Online-Auftrittes als **Output** (Response) beobachtbar.[1] Zu den endogenen Einflußfaktoren zählen z.B. demographische Merkmale der Internet-Nutzer (jüngere Internet-Nutzer bevorzugen andere Informationen als ältere) und die Qualität der Verbindung ins Internet (Zugangssoftware und Übertragungsleistung des Modems 28.800 bps/14.400 bps oder ISDN-Zugang mit 64.000 bps).[2] Exogene Faktoren oder auch Umwelteinflüsse sind beispielsweise Bannerschaltungen für Web-Auftritte, Einträge in Search-Engines und die Bekanntmachung des Internet-Auftrittes über klassische Medien. Als Output des Modells können die konkreten Nutzungsdaten von Web-Sites wie z.b. PageViews und Visits aber auch wiederholte Aufrufe von Web-Sites herangezogen werden. Alle diese Faktoren sind meßbar. Nicht beobachtbar ist der dazwischenliegende Entscheidungsprozeß, der auch als Black-Box bezeichnet wird. Bei der Modellierung der Black-Box werden grundsätzlich *stochastische Modelle* und *Strukturmodelle* unterschieden.[3]

Bei stochastischen Modellen wird die Black-Box nicht genauer spezifiziert. Es wird lediglich ein Zusammenhang zwischen den Outputvariablen und den Inputvariablen hergestellt (S-R-Modell).[4] Im einfachsten Fall wird beispielsweise mittels Regressionsanalyse ein Zusammenhang zwischen den Nutzungsdaten und der Anzahl der Bannerschaltungen hergestellt. Aufgrund des ermittelten Zusammenhangs kann die Nutzung (abhängige Variable) bei Veränderung der Inputvariable, nämlich Anzahl der Bannerschaltungen (unabhängige Variable), prognostiziert werden.[5] Die Verwendung von stochastischen Nutzungsmodellen unterliegt einigen Annahmen.[6] Es wird z.B. Konstanz der Modellparameter (Stationärität) unterstellt. Für obiges Beispiel würde dies bedeuten, daß sich der Einfluß der Bannerschaltungen auf den Aufruf von Internet-Sites nicht verändert. Die Internet-Nutzung ist jedoch sehr dynamisch und unterliegt keinen allgemeingültigen Nutzungsregeln. Aus diesem Grund können stochastische Modelle hier nur begrenzt angewendet werden. Bei der vorliegenden Untersuchung werden sie nicht weiter verfolgt.

1.2 Strukturmodelle zur Abbildung der Nutzung von Internet-Auftritten

Strukturmodelle beleuchten im Gegensatz zu stochastischen Modellen das Zustandekommen der Nutzung von Internet-Auftritten in der Black-Box detaillierter (S-O-R-Modelle).[7] Folgende Determinanten können für die Nutzung von Internet-Auftritten zusammengestellt

---

[1]   Vgl. Howard/Sheth (1969), S. 24f.; Böcker (1986), S. 565.
[2]   Vgl. Apel (1996), S. 22.
[3]   Vgl. Topritzhofer (1974), S. 15f.
[4]   Vgl. Berndt (1996b), S. 43; Bänsch (1996), S. 133-135.
[5]   Hier handelt es sich genau genommen um ein teilstochastisches Modell, da auch Marketingvariablen in die Betrachtung aufgenommen werden. Bei vollstochastischen Modellen wie z.B. dem Markoff-Modell wird nur aufgrund eines als konstant unterstellten Markenwechselverhaltens der Marktanteil der neuen Periode berechnet. Vgl. Hruschka (1996), S. 9f.; Berndt (1996b), S. 101-106.
[6]   Eine detaillierte Abhandlung der Annahmen von teil- und vollstochastischen Modellen findet sich bei Hruschka (1996), S. 9f.; Lilien/Kotler/Moorthy (1992), S. 33.
[7]   Vgl. Topritzhofer (1974), S. 15f.

werden (vgl. Abb. 3.2):[8]

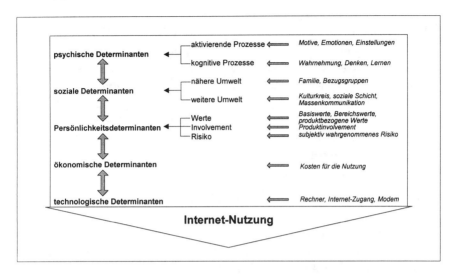

Abb. 3.2: Determinanten für die Nutzung von Online-Auftritten

– **Psychische Determinanten** ergeben sich aus dem Zusammenspiel von aktivierenden und kognitiven Prozessen, die vor, während und nach der Nutzung von Web-Sites beim Konsumenten ablaufen.[9]

Elemente des *aktivierenden Prozesses* sind *Motive, Emotionen und Einstellungen*. Motive lassen sich als Mangelzustände kennzeichnen, die den Organismus veranlassen, diese zu beheben.[10] Ein Informationsdefizit bezüglich der Ausstattung eines speziellen PKW-Modells kann den Nutzer dazu bewegen, die Internet-Site des Automobilherstellers aufzurufen. Emotionen sind Gefühle und Empfindungen, die vor, während und nach der Nutzung durchlebt werden.[11] So sind Emotionen die Antriebskräfte für die Nutzung der im Internet stark frequentierten Sites mit pornographischen Inhalten. Einstellungen bilden schließlich die Bereitschaft ab, bestimmten Reizen gegenüber eine stabile Reaktion zu zeigen.[12] Speziell der Einstellung kommt für die Nutzung von Internet-Sites eine starke Bedeutung zu. Wird ein Internet-Auftritt nach dem ersten Besuch als informativ

---

[8] An dieser Stelle sei darauf hingewiesen, daß die Gliederung der Determinanten auch anders erfolgen kann. Entscheidend ist, daß alle wesentlichen Einflußgrößen berücksichtigt werden. Vgl. Fink/Meyer (1996), S. 58.

[9] Vgl. Kroeber-Riel/Weinberg (1996), S. 49.

[10] Vgl. Kroeber-Riel/Weinberg (1996), S. 53-58.

[11] Vgl. Trommsdorff (1993), S. 60-65.

empfunden, wird er möglicherweise wieder aufgerufen.

Kognitive Prozesse umfassen die **Wahrnehmung**, das **Denken** und das **Lernen**. Unter Wahrnehmung wird vor allem die Informationsaufnahme verstanden.[13] Das Wahrnehmen eines Internet-Auftrittes in der Informationsflut des Internet spielt eine entscheidende Rolle für erfolgreiches Online-Marketing. Unter dem Denken wird vor allem das Verarbeiten von Wahrnehmungen zur Präferenz verstanden.[14] Nachdem der Konsument Web-Sites getestet und deren Eigenschaften wahrgenommen hat, ordnet er den einzelnen Auftritten verschiedene Nutzenwerte zu. Lernen beschreibt im Rahmen des Konsumentenverhaltens die Veränderung des Verhaltens infolge von Erfahrungen.[15] Wird ein Online-Nutzer mehrmals auf eine spezielle Site geleitet und findet er dort zunehmend interessante Inhalte vor, so kann seine Einstellung gegenüber der Site verändert werden.

– Zu den **sozialen Determinanten** zählen alle Einflüsse der Umwelt auf die Nutzung von Web-Sites. Zur näheren Umwelt zählen z.B. die **Familie, Bezugsgruppen (Freundeskreis, Arbeitskollegen)** und **Meinungsführer**.[16] In der „Internet-Gemeinde" besitzt die Mund-zu-Mund-Propaganda (Word of Mouth) beispielsweise für neue Angebote eine große Bedeutung. Unter der weiteren Umwelt werden der **Kulturkreis**, in dem das Individuum lebt, die **soziale Schicht** und die **Massenkommunikation** subsumiert.[17] In manchen Kulturkreisen hat sich das Internet zur Informationsbeschaffung schon einen festen Platz erobert. Einen ähnlichen Einfluß kann der sozialen Schicht zugesprochen werden; das Internet wird vor allem von jüngeren, besser verdienenden Konsumenten genutzt. Obendrein wurde durch die Berichterstattung in Fernsehen und Print (Massenkommunikation) in den vergangenen Jahren eine Euphorie für dieses neue Medium erzeugt.

– Über die **Wertvorstellungen**, das **Involvement** und durch das **wahrgenommene Risiko** fließen **Persönlichkeitsdeterminanten** in das Konsumentenverhalten ein. Zu den Wertvorstellungen zählen Basiswerte (z.B. Frieden, Sicherheit, Gerechtigkeit), Bereichswerte (z.B. Lohngerechtigkeit im Bereich der Wirtschaft) und produktbezogene Werte (wie Umweltfreundlichkeit und Gesundheitsbewußtsein).[18] Besonders das Involvement, als die Bereitschaft eines Individuums, sich für bestimmte Sachverhalte zu interessieren und einzusetzen, hat großen Einfluß auf die Nutzung von Web-Sites.[19] Männer besitzen z.B. ein

---

[12] Vgl. Bänsch (1996), S. 38f.
[13] Vgl. Kroeber-Riel/Weinberg (1996), S. 224-240.
[14] Vgl. Seidel (1980), S. 74.
[15] Vgl. Sixtl/Korte (1969), S. 184.
[16] Vgl. Bänsch (1996), S. 96-113.
[17] Vgl. Trommsdorff (1993), S. 201f.; Kroeber-Riel/Weinberg (1996), S. 431.
[18] Vgl. Trommsdorff (1993), S. 170-177.
[19] Vgl. Riedl/Busch (1997), S. 12-19; Hoffman/Novak (1996), S. 62f.

generell höheres Produktinvolvement für Automobile als Frauen und rufen Sites von Automobilherstellern dementsprechend häufiger auf. Aber auch das subjektiv wahrgenommene Risiko bestimmt die Internet-Nutzung. Viele Internet-Nutzer empfinden etwa bei Online-Transaktionen eine zu große Unsicherheit.[20]

- Des weiteren sind *ökonomische und technologische Determinanten* in die Betrachtung der Black-Box einzubeziehen. Zu den ökonomischen Determinanten zählen z.B. die Kosten für den Internet-Zugang.[21] Für rein private Online-Nutzer fallen in der Regel relativ hohe Online-Kosten an (Kosten für den Provider und Telekommunikationsgebühren). Diese Online-Nutzer überlegen in der Regel sehr genau, welche Angebote sie im Internet anwählen. Bei gebührenfreiem Internet-Zugang im Unternehmen oder an Universitäten ist die Bereitschaft zum Aufruf von Web-Sites mit werblichem Inhalt deutlich höher. Zu den technologischen Determinanten zählen Rechnerausstattung (Multimediatauglichkeit), Zugangssoftware (Browser, Plug-Ins), Telefonanschluß (analog, digital, ISDN) und Modem (14.400 bps, 28.800 bps).[22]

Werden in die Modellierung der Black-Box alle hier betrachteten Determinanten aufgenommen, so spricht man von einem *Totalmodell*. Im Gegensatz dazu lassen sich *Partialmodelle* dadurch charakterisieren, daß nur eine bzw. einige wenige Determinanten herausgegriffen und näher durchleuchtet werden.[23] Bei obiger Darstellung wurde bereits deutlich, daß alle Variablen den Aufruf von Web-Sites beeinflussen. Eine Teilbetrachtung von einigen Determinanten wäre daher wenig aussagekräftig.

Bei Totalmodellen wird generell zwischen dem *Systemansatz* und dem *Entscheidungsnetzansatz* differenziert.[24] Der Entscheidungsnetzansatz zeichnet sich durch induktives Vorgehen aus. Hierbei werden einzelne Prozesse etwa beim Einkaufen in einem Supermarkt aufgezeichnet und in einem Netzwerk miteinander verknüpft. Zur Durchführung einer solchen Methode in bezug auf die Internet-Nutzung müßte nicht nur der Weg der Nutzer durch das Internet, sondern auch deren jeweilige Gedanken und Emotionen aufgezeichnet werden.[25] Ersteres ist durchaus möglich, letzteres nur in einem speziellen Testfeld. Vielversprechender ist die deduktive Methode des Systemansatzes, bei der, aufgrund des Wissens über die Internet-Nutzung, ein Modell konstruiert wird, das anschließend empirisch statistisch getestet

---

[20] Vgl. Fugmann/Hoffmann/Pfleiderer (1996), S. 19.
[21] Diese Variable wurde bereits als exogene Inputvariable für den S-R-Ansatz klassifiziert. Die weiterführende Betrachtung wird zeigen, daß die Black-Box sehr stark mit den Inputvariablen verzahnt ist.
[22] Vgl. Apel (1996), S. 22.
[23] Vgl. Mazanec (1978), S. 27.
[24] Vgl. Bänsch (1996), S. 5.
[25] Vgl. Bettman (1979), S. 371f.

wird. Zu den verbreitetsten Systemansätzen zählen die Modelle von Engel/Kollat/Blackwell und Howard/Sheth.[26]

Aus beiden Modellen lassen sich verschiedene Phasen des Konsumverhaltens ableiten: Bedürfnisweckung, Informationssuche, Perzeptionsbildung, Präferenzbildung, Kaufentscheidung und Nachkaufgefühle (vgl. Abb. 3.3). Durch interne (z.b. Hunger) oder externe (z.B. Anzeigen) Stimuli werden Bedürfnisse aktiviert. Im Anschluß wird die Informationssuche nach geeigneten Alternativen (z.B. Produkte) eingeleitet. Die gewonnenen Erkenntnisse über die Eigenschaften der Produkte ermöglichen eine subjektive Wahrnehmung der Möglichkeiten (Alternativen; Handlungsmöglichkeiten). Aufgrund der wahrgenommenen Eigenschaften erfolgt eine subjektive Rangordnung der Alternativen, die auch als Präferenzbildung bezeichnet wird. Ist die meistpräferierte Möglichkeit verfügbar, so wird diese abschließend gewählt. Die empfundene Zufriedenheit entscheidet in der Nachkaufphase über Wiederholungskäufe.[27]

1.3 Der Entscheidungsprozeß für die Nutzung von Internet-Auftritten

Die Nutzung von Internet-Auftritten läßt sich in verschiedene Prozesse gliedern. Diese Phasen müssen nicht in der hier vorgestellten Sequenz ablaufen, sondern sind durch Sprünge zwischen den Phasen bzw. durch Rückkoppelungen gekennzeichnet (vgl. Abb. 3.3).[28]

Die Nutzung eines Internet-Auftrittes beginnt durch *Aktivierung eines Informationsbedürfnisses*.[29] Mögliche Ursachen hierfür können *interne* und *externe Stimuli* sein.[30]

In vielen Fällen fungiert die Informationssuche innerhalb des Kaufentscheidungsprozesses als interner Stimulus. Vor dem Kauf eines neuen PKWs beispielsweise rufen Interessenten im WWW Informationen über die neuesten Modelle ab. Aber auch Unzufriedenheit mit bereits genutzten Produkten und Dienstleistungen kann zur Informationssuche im Internet führen. Ein unzufriedener Bankkunde kann sich online über die Konditionen von Konkurrenzbanken erkundigen. Ergänzt werden interne Stimuli durch die Suche nach Services (z.B. Online-Betriebsanleitung, Kundendienstverzeichnis) in der Nachkaufphase.[31]

---

[26] Vgl. Howard/Sheth (1969), S. 24f.; Engel/Kollat/Blackwell (1968), S. 15f.
[27] Vgl. Lilien/Kotler/Moorthy (1992), S. 24-31; Hruschka (1996), S. 8f.; Böcker (1986), S. 550-554.
[28] Vgl. Berthon/Pitt/Watson (1996), S. 45f.
[29] Vgl. Riedl/Busch (1997), S. 20-24.
[30] Vgl. Lilien/Kotler/Moorthy (1992), S. 25.
[31] Vgl. Maddox/Mehta/Daubek (1997), S. 57.

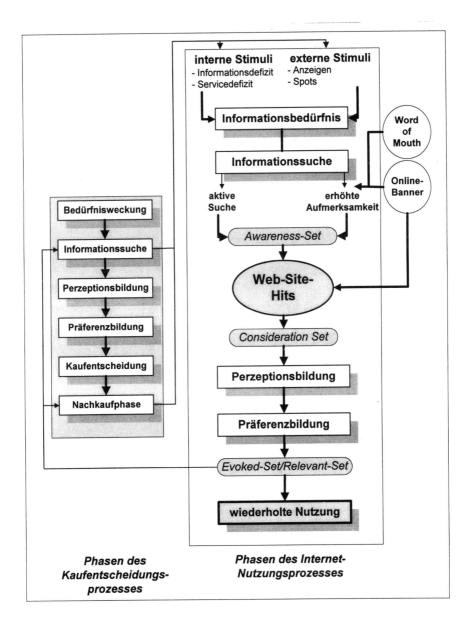

Abb. 3.3: Entscheidungsprozeß für die Nutzung von Internet-Auftritten

Als externe Stimuli kommen Kontakte mit Print-Anzeigen, Fernsehspots, Unternehmens-informationen und Produktverpackungen in der Phase der Informationssuche oder Nachkauf-phase in Betracht, in denen auf im Internet-Auftritt enthaltene detaillierte Informationen und Services verwiesen wird.

Die Aktivierung eines Informationsbedürfnisses führt entweder zu einer **aktiven Suche** nach Web-Sites oder zu einer **erhöhten Aufnahmebereitschaft** für relevante Web-Sites.[32] Bei der aktiven Informationssuche gibt der Online-Nutzer in Online-Suchkatalogen Hersteller- oder Markennamen als Suchkriterien ein und erhält eine Übersicht über die verfügbaren Online-Präsenzen. Der Nutzer kann aber auch aktiv URLs von Unternehmen nach dem Trial-and-Error-Verfahren direkt in den Browser eingeben. Wird der User in der Phase erhöhter Auf-nahmebereitschaft von einem relevanten Banner kontaktiert, so klickt er dieses an. Vielfach werden Internet-Nutzer auch von anderen Usern auf bestimmte Sites aufmerksam gemacht (Word of Mouth).

Zusammen mit den in Print-Anzeigen, Fernsehspots und Unternehmensinformationen ange-botenen URLs bildet sich eine Gruppe von Web-Sites, die das Informationsbedürfnis des Users grundsätzlich befriedigen kann. Diese Menge an wahrgenommenen Alternativen wird als **Awareness-Set** bezeichnet.[33]

Im Gegensatz zum Kaufentscheidungsprozeß schließt sich an die Phase der Informationssuche bei der Nutzung von Web-Sites nicht direkt die Perzeptionsbildung an. Zur Perzeptions-bildung benötigt der Online-Nutzer detaillierte Informationen über die Eigenschaften des Online-Auftrittes (z.B. welche Informationen wie dargeboten werden bzw. welche Services online erledigt werden können).[34] Diesen Überblick kann sich der Nutzer jedoch nur ver-schaffen, wenn er die Web-Sites selbst besucht.

Dem **Kontakt mit der Web-Site** müssen nicht notwendigerweise das Vorhandensein von Informationsbedürfnissen und die Informationssuche vorausgehen. Es kann auch sogenannte „Spontan-Nutzung" festgestellt werden.[35] Internet-Auftritte aus dem kurzlebigen Konsum-güterbereich erfahren vielfach „Hits" durch die Schaltung von aktivierenden Banners.

Durch das Inhaltsverzeichnis auf der Homepage bzw. durch das „Absurfen" und Nutzen der Inhalte kann der Online-Nutzer feststellen, über welche Eigenschaften die Web-Site verfügt. Alle Online-Auftritte aus dem Awareness-Set, die einer solch detaillierten Prüfung unter-

---

[32] Vgl. Lilien/Kotler/Moorthy (1992), S. 25f.
[33] Vgl. Brisoux/Laroche (1980), S. 112-114; Böcker (1996), S. 55f.
[34] Vgl. Berthon/Pitt/Watson (1996), S. 48-51.
[35] Vgl. Klaus (1997), o.S.

liegen, gelangen in das *Consideration-Set.*[36]

In einem Vergleich beurteilen die Site-Visitors anschließend, wie unterschiedlich ausgeprägt einzelne Eigenschaften bei den verschiedenen Web-Sites sind. Diese Beurteilung bzw. *Perzeptionsbildung* ist ein subjektiver Prozeß und kann zwischen einzelnen Online-Nutzern stark variieren.[37] In Abb. 3.4 ist exemplarisch die Perzeption von drei Online-Banken aus der Sicht von zwei verschiedenen Usern (A und B) für die Dimensionen Übersichtlichkeit und Informationsgehalt dargestellt.

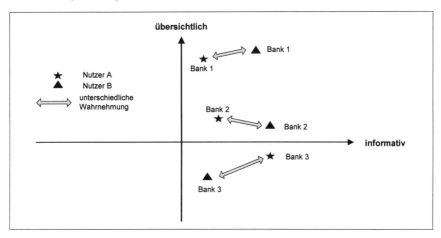

Abb. 3.4: Beispiel für die Perzeption von Online-Banken

Aufgrund der Wahrnehmung von Eigenschaften (Perzeption) bildet sich eine dauerhafte Einstellung gegenüber den betrachteten Online-Auftritten.[38] Diese Einstellung kann von absoluter Begeisterung („Eine sehr anspruchsvolle Web-Site") bis zur Enttäuschung („Web-Site ist äußerst langweilig") reichen. Die Erstellung einer Rangfolge der Internet-Auftritte aufgrund der subjektiven Wahrnehmung der Eigenschaften (Perzeption) stellt den eigentlichen Prozeß der Präferenzbildung dar.[39] Wird einer Web-Site eine sehr positive Einstellung entgegengebracht, so besitzt sie auch einen hohen Präferenzwert (Nutzenwert). Präferenz und Einstellung können daher synonym verwendet werden.

Nur solche Online-Auftritte, denen ein hoher Präferenzwert zugeordnet wird, steigen aus dem Consideration-Set in das Evoked- bzw. Relevant-Set der Online-Nutzer auf und kommen für

---

[36] Vgl. Lilien/Kotler/Moorthy (1992), S. 64.
[37] Vgl. Backhaus/Erichson/Plinke/Weiber (1996), S. 432f.
[38] Vgl. Ducoffe (1996), S 28f.
[39] Vgl. Gierl (1995), S. 35f.

die wiederholte Nutzung in Frage. Bei erneutem Auftreten eines Informationsdefizites werden die im Evoked-Set vertretenen Alternativen zur Beseitigung des Problems herangezogen.[40]

Entscheidend für den langfristigen Online-Erfolg ist es, Online-Auftritte aufzubauen, die hohe Präferenz erzeugen und so dauerhaft im Evoked-Set verbleiben. Die Messung der Präferenz von Online-Auftritten und die Konzeption optimaler Online-Auftritte ist Kern der nachfolgenden Untersuchung.

---

[40] Vgl. Böcker (1996), S. 55f.; Brisoux/Laroche (1980), S. 112-114.

2. Möglichkeiten zur Messung der Präferenz von Online-Auftritten

2.1 Kompositionelle und dekompositionelle Verfahren im Vergleich

Im vorherigen Abschnitt wurde gezeigt, daß die Präferenz von Online-Auftritten der entscheidende Faktor für die wiederholte Nutzung von Web-Sites ist. In der Vergangenheit wurden verschiedene Verfahren entwickelt, mit denen die Präferenz gemessen werden kann. Generell wird dabei zwischen kompositionellen und dekompositionellen Verfahren unterschieden. Bei *kompositionellen* Verfahren werden die Einzelurteile über spezifische Eigenschaften zu einer Gesamtbeurteilung zusammengesetzt, die die Einstellung bzw. Präferenz abbildet.[41]

$$U_{ij} \Leftrightarrow ES_{ij} \leftarrow \sum_{l=1}^{L} \beta_{ijl}$$

U_{ij} *dem Online-Auftritt j vom Individuum i zugeordnete Präferenz*
ES_{ij} *Einstellung des Nutzers i zum Online-Auftritt j*
β_{ijl} *Einfluß der Eigenschaft l auf die Einstellung Eij*
$l=1,...,L$ *Eigenschaften des Online-Auftrittes j*

Innerhalb der kompositionellen Methoden wird zwischen ein- und mehrdimensionalen Einstellungsmodellen unterschieden. Für die Einstellungsforschung im Marketing sind vor allem mehrdimensionale Modelle von Bedeutung, da diese den Einfluß aller relevanten Eigenschaften auf die Einstellung (affektive und kognitive Einflüsse) einbeziehen, während eindimensionale Modelle lediglich affektive (emotionale) Komponenten erfassen.[42]

Dekompositionelle Verfahren gehen den umgekehrten Weg. Hier wird zunächst die Gesamtbeurteilung eines Produkts erhoben, um daraus den Beitrag einzelner Eigenschaften zu errechnen.[43]

$$U_{ij} \Leftrightarrow ES_{ij} \rightarrow \sum_{l=1}^{L} \beta_{ijl}$$

---

[41] Vgl. Meffert (1992), S. 325; Böcker (1986), S. 560f.
[42] Vgl. Böhler (1992), S. 109f.
[43] Vgl. Backhaus/Erichson/Plinke/Weiber (1996), S. 497.

2.2 Kompositionelle Modelle zur Ermittlung der Präferenz

2.2.1 Semantisches Differential (Polaritätsprofile)

Einen Ausgangspunkt für die mehrdimensionale Einstellungsmessung bildet das semantische Differential bzw. Imagedifferential.[44] Den Probanden wird hier eine Batterie verschiedener Eigenschaften von Internet-Auftritten (beratend, informativ, übersichtlich, unterhaltsam usw.) präsentiert, die sie auf einer Ratingskala zu beurteilen haben. Die Eckpunkte der Skalen markieren die Extrema der Beurteilung, z.b. „trifft zu" und „trifft nicht zu". Die einzelnen Beurteilungen auf den Ratingskalen können graphisch miteinander verbunden werden, woraus sich für jedes Objekt ein spezifisches Polaritätsprofil (Imageprofil) ergibt. Aus den Profilen kann anschaulich ersehen werden, bei welchen Eigenschaften ein bestimmter Online-Auftritt im Vergleich zu den übrigen besser bzw. schlechter abschneidet. Der Unterschied zwischen einzelnen Objekten läßt sich über folgende Distanzformel genauer quantifizieren:

$$D_{jk} = \sqrt{\sum_{l=1}^{L} (A_{jl} - A_{kl})^2}$$

D_{jk} *Abstand zwischen zwei Stimuli im semantischen Raum*
A_{jl}, A_{kl} *Ratingwerte der Online-Auftritte j und k bei Eigenschaft l*
$l = 1,...,L$ *Eigenschaften des Online-Auftrittes*

Zudem können die einzelnen Ratingwerte eines Online-Auftrittes zu einem Einstellungswert aufsummiert werden. Kritisch hierbei ist allerdings, daß alle Eigenschaften gleichgewichtet in die Addition einfließen. Für die Bildung der Einstellung haben in der Realität jedoch manche Eigenschaften mehr Bedeutung als die übrigen.

2.2.2 Modell von Fishbein und Varianten

Beim Modell von Fishbein können einzelne Eigenschaften unterschiedliche Wichtigkeiten besitzen. Der Einstellungswert von Objekt j resultiert hier aus der wahrgenommenen Wahrscheinlichkeit, inwieweit das Objekt j eine bestimmte Eigenschaft (Komponente) l besitzt (kognitive Komponente: wahrgenommene Eigenschaftsausprägungen und der Bewertung dieser Eigenschaft l (affektive Komponenten: Wichtigkeit der Eigenschaft).[45]

---

[44] Vgl. Böhler (1992), S. 113-117; Berndt (1996b), S. 64; Trommsdorff (1993), S. 158-162.
[45] Vgl. Fishbein (1966), S. 199-223.

$$ES_{ij} = \sum_{l=1}^{L} A_{ijl} \cdot W_{ijl}$$

ES_{ij} *Einstellung des Nutzers i zum Online-Auftritt j*

A_{ijl} *wahrgenommene Ausprägung der Komponente l bei Online-Auftritt j durch Nutzer i*

W_{ijl} *Bewertung der Komponente l bei Online-Auftritt j durch Nutzer i*

l=1, ..., L   *Eigenschaften des Online-Auftrittes*

Sowohl die Wahrscheinlichkeit des Vorhandenseins einer Eigenschaft als auch ihre Bewertungen werden über Ratingskalen erhoben. Exemplarisch ergibt sich für eine Eigenschaft folgendes Erhebungsdesign (vgl. Abb. 3.5).

Rating-Skala 1: (wahrgenommene Wahrscheinlichkeit für das Vorhandensein der Eigenschaft)

Der Online-Auftritt von Unternehmen x hilft bei der Auswahl der Produkte

○ ◐ ● ● ● ●

sehr wahrscheinlich   sehr unwahrscheinlich

Rating-Skala 2: (Bewertung der Eigenschaft)

Die Unterstützung bei der Auswahl von Produkten ist bei diesem Online-Auftritt

○ ◐ ● ● ● ●

sehr wichtig   völlig unwichtig

Abb. 3.5: Beispielfragen für das Modell von Fishbein

Die Angabe der Wahrscheinlichkeit für das Vorhandensein einer Eigenschaft führt bei kontinuierlichen Merkmalen zu Interpretationsproblemen.[46] Eine geringe Ausprägung des Merkmals „Hilfestellung bei der Auswahl von Produkten" kann von den Probanden sowohl als sehr wahrscheinlich als auch als sehr unwahrscheinlich klassifiziert werden. Fishbein geht ursprünglich nur von kategorialen Merkmalen (Hilfestellung bei der Auswahl von Produkten vorhanden/nicht vorhanden) aus. Bei Adaequacy-Value-Modellen wird das Problem der kontinuierlichen Merkmale wie folgt gelöst (vgl. Abb. 3.6).

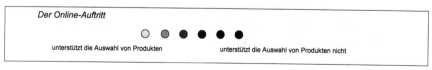

Der Online-Auftritt

○ ◐ ● ● ● ●

unterstützt die Auswahl von Produkten   unterstützt die Auswahl von Produkten nicht

Abb. 3.6: Beispielfrage für das Adaequacy-Value-Modell

---

[46] Vgl. Böhler (1992), S. 117-119.

Darüber hinaus wurde das ursprüngliche Fishbein-Modell dahingehend modifiziert, daß die affektive Komponente „Wichtigkeit der Eigenschaft" zum besseren Verständnis für die Probanden direkt auf einer Wichtig-unwichtig-Skala erhoben wird (Adaequacy-Importance-Modell).

Durch das Adaequacy-Value/Importance-Modell werden wesentliche Schwachstellen des aus der Sozialpsychologie stammenden Fishbein-Modells behoben. Dennoch führt auch dieses Modell für die Einstellungsmessung im Marketing zu einigen Problemen:

- Kritik wird der Messung der Wichtigkeit der Eigenschaften beim verbesserten Fishbein-Modell entgegengebracht. Konsumenten neigen (gerade während der Vorkaufsphase) dazu, Eigenschaften als deutlich wichtiger einzustufen, als sie für den Kauf tatsächlich sind.[47]
- Des weiteren unterstellt das Fishbein-Modell für alle Eigenschaften eine „Je-mehr-desto-besser-Beziehung". Dies mag für die meisten Merkmale richtig sein. Beispielsweise für das Merkmal „Zucker im Kaffee" gilt allerdings, daß der Nutzen mit steigendem Zuckeranteil im Kaffee zunächst steigt, ab einem bestimmten Punkt jedoch wieder abnimmt.

2.2.3 Modell von Trommsdorff

Beim Modell von Trommsdorff wird die affektive Komponente durch die Angabe der idealen Eigenschaftsausprägung erfaßt und die kognitive Komponente - wie beim Fishbein-Modell - durch Angabe des wahrgenommenen Ausmaßes der Eigenschaft ausgedrückt. Die Einstellung errechnet sich aus dem Abstand des beurteilten Produktes (Realprodukt) zum Idealprodukt.[48]

$$ ES_{ij} = \sum_{l=1}^{L} \left| A_{ijl} - I_{il} \right| $$

ES_{ij}	*Einstellung des Nutzers i zum Online-Auftritt j*
A_{ijl}	*wahrgenommene Ausprägung der Komponente l bei Online-Auftritt j durch Nutzer i*
I_{il}	*von Nutzer i als ideal bewertete Ausprägung der Komponente l*
l=1, ..., L	*Eigenschaften des Online-Auftrittes*

Sowohl die wahrgenommene Eigenschaftsausprägung als auch die Idealvorstellung werden mittels einer Ratingskala erhoben. Exemplarisch ergibt sich für einzelne Eigenschaften eines Online-Auftrittes folgendes Erhebungsdesign (vgl. Abb. 3.7).

---

[47] Vgl. Böcker (1986), S. 560f.
[48] Vgl. Trommsdorff (1993), S. 141f.

Rating-Skala 1: (wahrgenommene Eigenschaftsausprägung)

Wie hilfreich ist der Online-Auftritt von Unternehmen x bei der Auswahl von Produkten?

○ ◉ ● ● ● ●
sehr hilfreich   überhaupt nicht hilfreich

Rating-Skala 2: (als ideal empfundene Eigenschaft)

Wie hilfreich sollte ein idealer Online-Auftritt bei der Auswahl von Produkten sein?

○ ◉ ● ● ● ●
sehr hilfreich   überhaupt nicht hilfreich

Abb. 3.7: Beispielfragen für das Modell von Trommsdorff

Empirische Untersuchungen haben gezeigt, daß die Hinzunahme einer zusätzlichen Variablen zur Gewichtung der Eigenschaften zu keiner Verbesserung der Ergebnisse führt, zumal die Probanden bereits anhand ihrer Idealvorstellungen indirekt die von ihnen empfundene Wichtigkeit einzelner Eigenschaften äußern.[49]

Beim Modell von Trommsdorff wird die größte Schwäche des Fishbein-Modells, nämlich die Erhebung der Wichtigkeit der erfragten Eigenschaften, indirekt umgangen. Als Schwachpunkt kann jedoch angeführt werden, daß es vielen Konsumenten schwerfällt, auf einer sechsstufigen Ratingskala die Idealausprägung und die wahrgenommene Ausprägung von Merkmalen einzutragen.

Ein grundsätzliches Problem bei kompositionellen Modellen ist die große Anzahl zu bewertender Ratingskalen. Geht man von 25 relevanten Eigenschaften eines Online-Auftrittes aus, so muß der Befragte bereits bei zwei Online-Auftritten insgesamt 75 Ratings (25 Ratings für Wichtigkeiten bzw. Idealausprägungen und jeweils 25 für die Ausprägungen der Merkmale) vornehmen. Dies führt zu Ermüdung und unkonzentrierter Beantwortung des Fragebogens. Die einfache Struktur der Fragen stellt allerdings im Vergleich zu dekompositionellen Modellen nur geringe Anforderungen an die Informationsverarbeitung der Probanden.[50] Beim Fishbein-Modell wie beim Modell von Trommsdorff werden durch die Addition über alle Eigenschaften geringere Teilnutzen eines Merkmals durch hohe Teilnutzen eines anderen Merkmals kompensiert (kompensatorische Modelle). In der realen Entscheidungsphase kann das Fehlen einer Eigenschaft (z.B. kein Balkon bei einer Wohnung) jedoch dazu führen, daß der Alternative insgesamt kein Nutzen mehr zugeordnet wird.[51]

---

[49] Vgl. Trommsdorff (1993), S. 142.
[50] Vgl. Tscheulin (1992), S. 17f.
[51] Vgl. Lilien/Kotler/Moorthy (1992), S 89.

2.2.4 Analytic Hierarchy Process (AHP)

Beim Verfahren des Analytic Hierarchy Process werden intervallskalierte Prioritätsurteile von Eigenschaften und Eigenschaftsausprägungen erhoben. Prioritätsurteile geben an, wie stark z.B. eine bestimmte Eigenschaftsausprägung A einer anderen Eigenschaftsausprägung B gegenüber bevorzugt wird. Wie bei den Modellen von Fishbein und Trommsdorff erfolgt die Datenermittlung auf der Ebene der Eigenschaften. Das AHP-Verfahren reiht sich deshalb neben diesen Modellen in die kompositionellen Verfahren ein.[52]

In einem ersten Schritt muß bei der Verwendung des AHP-Verfahrens ein Hierarchiesystem aus Eigenschaften und Eigenschaftsausprägungen festgelegt werden.[53] Hierzu werden grundsätzlich drei Hierarchieebenen definiert. Auf der ersten Hierarchieebene wird das Ziel (nutzenmaximaler Online-Auftritt) festgelegt, auf der zweiten die Produkteigenschaften und auf der dritten die zu den jeweiligen Eigenschaften gehörenden Eigenschaftsausprägungen. Exemplarisch kann ein solches Hierarchiesystem für Online-Auftritte von Reiseveranstaltern wie folgt aussehen (vgl. Abb. 3.8).

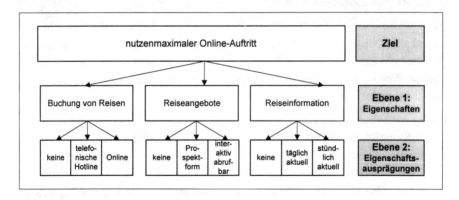

Abb. 3.8: Hierarchiesystem zur Bestimmung der Bedeutungsgewichte von Eigenschaften und Eigenschaftsausprägungen mit dem AHP-Verfahren

Ziel des AHP-Verfahrens ist die Ermittlung der Bedeutungsgewichte der Eigenschaften (Verbindung von Ebene 2 zu Ebene 1) sowie der Eigenschaftsausprägungen (Verbindung von Ebene 3 zu Ebene 2). Der Gesamtnutzen des Online-Auftrittes läßt sich mit den ermittelten Gewichten folgendermaßen bestimmen:[54]

---

[52] Vgl. Tscheulin (1992), S. 28.
[53] Vgl. Saaty (1990), S. 11-16.
[54] Vgl. Tscheulin (1992), S. 39.

$$U_j = \sum_{l=1}^{L}\sum_{m=1}^{M_l} \gamma_l \cdot \delta_{lm} \cdot x_{jlm}$$

U_j _geschätzter Nutzenwert des Online-Auftrittes j_

x_{jlm} _Codierung der m-ten Ausprägungsstufe der l-ten Produkteigenschaft beim j-ten Produkt (Wertebereich: 0,1)_

γ_l _Bedeutungsgewicht der l-ten Produkteigenschaft_

δ_{lm} _Bedeutungsgewicht der m-ten Ausprägungsstufe in bezug auf die l-te Produkteigenschaft_

M_l _Anzahl der Ausprägungsstufen bei der l-ten Produkteigenschaft_

Die für die Präferenzanalyse relevanten Teilnutzen der Eigenschaftsausprägungen β_{lm} ergeben sich durch Multiplikation der Wichtigkeit der Eigenschaftsausprägung δ_{lm} mit der Wichtigkeit der Eigenschaften γ_l.

$$\beta_{lm} = \gamma_l \cdot \delta_{lm}$$

Für die Schätzung der Bedeutungsgewichte müssen sowohl Prioritätsdaten zwischen allen relevanten Produkteigenschaften (Ebene 2) als auch Prioritätsdaten für alle Ausprägungsstufen der l Produkteigenschaften (Ebene 3) erhoben werden. Die Prioritätsdaten können z.B. über Paarvergleiche mit folgender Fragestellung ermittelt werden (vgl. Abb. 3.9).

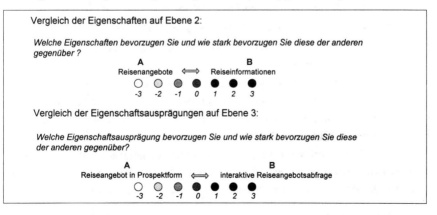

Abb. 3.9: Fragenbeispiele für AHP

Für obiges Beispiel ergeben sich auf der Eigenschaftsebene drei Paarvergleiche sowie auf der

Ebene der Eigenschaftsausprägungen (4·3=12) zwölf Paarvergleiche. Bereits für ein Beispiel mit drei Eigenschaften und je drei Ausprägungen ergeben sich somit insgesamt 15 Paarvergleiche.

Aus den Paarvergleichen lassen sich 1+1 symmetrische Vergleichsmatrizen für die Eigenschaften untereinander sowie zusätzlich für jede einzelne Eigenschaft ermitteln. Jede dieser Matrizen stellt den Dateninput für die Lösung eines klassischen Eigenwertproblems dar.

$$(PO - \lambda \cdot EM) \cdot w = 0$$

PO	*symmetrische Matrix mit den Prioritätsurteilen*
λ	*Vektor der Eigenwerte*
EM	*Einheitsmartix*
w	*Eigenvektor (Bedeutungsgewichte)*

Für obige Gleichungen können verschiedene Eigenwerte λ gefunden werden, die durch das Nullsetzen der Determinante der Matrix $(PO - \lambda \cdot EM)$ ermittelt werden können. Der zum größten Eigenwert λ_{max} gehörende Eigenvektor w enthält die gewünschten Bedeutungsgewichte. Dieser kann durch Einsetzen von λ_{max} in das ursprüngliche Eigenwertproblem berechnet werden.[55]

Dieses Lösungsverfahren des Eigenwertproblems muß für alle 1+1 Vergleichsmatrizen durchgeführt werden. Im Ergebnis erhält man so alle gewünschten Wichtigkeiten.

Das AHP-Verfahren stellt sehr hohe Anforderungen an die Probanden:
- Der Proband muß eine sehr große Anzahl von Paarvergleichen bewältigen, was sehr schnell zur Ermüdung führt.
- Die Bewertung eines Paarvergleichs setzt die Konstanz aller übrigen Eigenschaften und Eigenschaftsausprägungen voraus (Ceteris-paribus-Bedingung). Dies stellt ähnlich wie bei der Zwei-Faktor-Methode im Falle der Conjointanalyse hohe Anforderungen an das Abstraktionsvermögen des Probanden.[56]
- Tscheulin konnte bei einer vergleichenden Untersuchung von AHP und Conjoint-Measurement grundsätzlich eine Überlegenheit der Conjointanalyse feststellen. Nur wenn es gelingt, den Probanden die Aufgabenstellung von AHP begreiflich zu machen, führt

---

[55] Eine detaillierte Darstellung des Eigenwertproblems und dessen Lösung angewandt auf die Diskriminanzanalyse findet sich bei Backhaus/Erichson/Plinke/Weiber (1996), S. 157-164.
[56] Vgl. Teil 3, Kap. 3.1.1 dieser Arbeit.

AHP zu valideren Ergebnissen.[57]

2.3 Dekompositionelle Modelle zu Ermittlung der Präferenz

2.3.1 Dekompositionelle Modelle im Überblick

Bei dekompositionellen Modellen gibt die Testperson Gesamturteile über verschiedene Produktalternativen ab. Diese Urteile stellen die Basis zur Bestimmung der Parameter (Wichtigkeiten der Eigenschaften) der Präferenzfunktion dar. Mit der ermittelten Präferenzfunktion wird dann auch für weitere Alternativen der Nutzen berechnet, um so das nutzenmaximale Eigenschaftsbündel bestimmen zu können. Den oben bereits beschriebenen Phasen der Präferenzbildung lassen sich die Verfahren: Multidimensionale Skalierung bzw. Faktorenanalyse in Verbindung mit einer Präferenzanalyse, das Logit Modell und die Conjointanalyse zuordnen (vgl. Abb. 3.10).

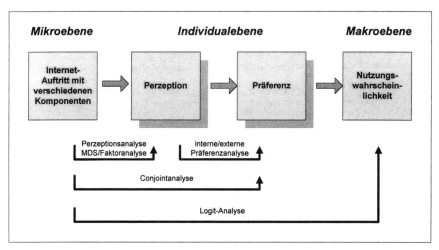

Abb. 3.10: Dekompositionelle Verfahren in Abhängigkeit der Phasen der Präferenzbildung
Quelle: Böcker (1986), S. 565

---

[57] Vgl. Tscheulin (1992), S. 153-156.

2.3.2 Präferenzanalysen in Verbindung mit Perzeptionsanalysen

2.3.2.1 Faktorenanalyse zur Ermittlung der Perzeption

Ansatzpunkt für die dekompositionelle Präferenzmessung bildet die Multidimensionale Skalierung (MDS) bzw. Faktorenanalyse in Verbindung mit einer Präferenzanalyse. In einer Vorphase müssen die relevanten Alternativen (Objekte, Produkte, Internet-Auftritte) mittels MDS oder Faktorenanalyse in einem Wahrnehmungsraum positioniert werden. Die daraus ableitbaren Ergebnisse stellen die unabhängigen Variablen für die Präferenzanalyse dar.

Verwendet man die Faktorenanalyse zur Ermittlung des Wahrnehmungsraumes, so wird den Probanden - wie bei kompositionellen Verfahren - in der Vorphase eine Batterie von Eigenschaften vorgelegt. Die Befragten müssen die einzelnen Online-Auftritte aufgrund der wahrgenommenen Eigenschaftsausprägungen auf metrischen Skalen beurteilen.[58] Im Gegensatz zu den Verfahren von Fishbein und Trommsdorff wird hier nur die wahrgenommene Eigenschaftsausprägung erhoben (vgl. Abb. 3.11).

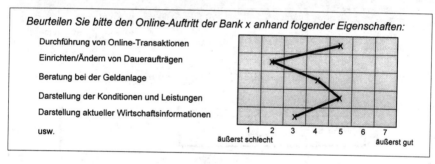

Beurteilen Sie bitte den Online-Auftritt der Bank x anhand folgender Eigenschaften:

Durchführung von Online-Transaktionen

Einrichten/Ändern von Daueraufträgen

Beratung bei der Geldanlage

Darstellung der Konditionen und Leistungen

Darstellung aktueller Wirtschaftsinformationen

usw.

    1   2   3   4   5   6   7

äußerst schlecht   äußerst gut

Abb. 3.11: Erhebungsdesign für die Faktorenanalyse

Aufgrund der Beurteilungen der einzelnen Eigenschaften werden Korrelationen zwischen den Eigenschaftsbewertungen ermittelt. Korrelieren die Eigenschaftsbeurteilungen miteinander, so können diese Eigenschaften zu Faktoren zusammengefaßt werden. Ziel der Faktorenanalyse ist es, eine große Anzahl von Eigenschaften auf nur wenige Faktoren zu reduzieren, ohne daß der Aussagewert der einzelnen Eigenschaftsbeurteilungen verlorengeht.[59] Eine Faktorenanalyse eignet sich dann besonders gut zur Ermittlung des Wahrnehmungsraumes, wenn sich die Eigenschaften auf zwei, maximal drei Faktoren reduzieren lassen, denn diese können auch graphisch veranschaulicht werden. Zur Positionierung der Objekte im Wahrnehmungsraum

---

[58] Vgl. Hüttner (1989), S. 224f.
[59] Vgl. Berekoven/Eckert/Ellenrieder (1993), S. 225f.

werden die Faktorenwerte als Koordinaten berechnet. Sie stellen nicht die Beurteilungen der Objekte hinsichtlich der relevanten Eigenschaften, sondern bezüglich der extrahierten Faktoren dar (vgl. Abb. 3.12).

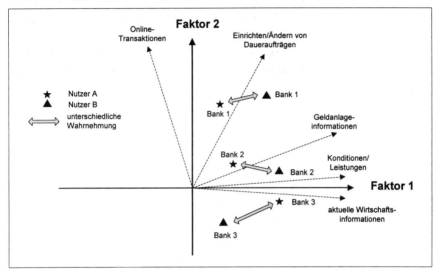

Abb. 3.12: Perzeption von virtuellen Banken mit Hilfe der Faktorenanalyse

Neben den Faktoren und Faktorwerten können auch noch die dahinter liegenden Eigenschaften dargestellt werden. Eigenschaftsvektoren verlaufen immer durch den Ursprung des Koordinatensystems und einen Punkt mit den entsprechenden Faktorladungen. Die Faktorladungen beschreiben den Zusammenhang der Eigenschaft mit den extrahierten Faktoren.[60] Das Einpassen der Eigenschaftsvektoren erweist sich für die Interpretation der extrahierten Faktoren als sehr hilfreich.

Gegen die Faktorenanalyse spricht der hohe Erhebungsaufwand. Jedes Objekt muß bezüglich jeder Eigenschaft beurteilt werden.

2.3.2.2 Multidimensionale Skalierung (MDS) zur Ermittlung der Perzeption

Inputdaten für die MDS sind Ähnlichkeitsurteile über Paare von Objekten. Die relevanten Eigenschaften der Objekte können unbekannt sein. Mögliche Erhebungsverfahren sind die

---

[60] Vgl. Überla (1972), S. 155f.

Methode der Rangreihung, die Ankerpunktmethode und das Ratingverfahren.[61]

Aufgrund dieser Ähnlichkeitsdaten und einer Anfangskonfiguration (willkürliche Positionierung der Objekte im Wahrnehmungsraum) berechnet der Algorithmus von Kruskal eine optimale Positionierung der Objekte. Den Output der MDS stellen die Koordinatenwerte der einzelnen Objekte im Wahrnehmungsraum dar. Vor Beginn des Verfahrens muß zusätzlich die Dimension des Wahrnehmungsraumes festgelegt werden. Zur graphischen Veranschaulichung beschränkt man sich in der Regel auf zwei oder maximal drei Dimensionen.

Da sich hinter jeder Dimension mehrere Eigenschaften verbergen, ergeben sich Interpretationsschwierigkeiten, zumal kein direkter Zusammenhang zwischen Eigenschaften und Dimensionen wie bei der Faktorenanalyse bekannt ist. Bei der Interpretation der Dimensionen kann das Property-Fitting hilfreich sein. Hierbei werden, wie bei der Faktorenanalyse, Eigenschaftsvektoren in den Wahrnehmungsraum eingetragen.[62]

Beide Verfahren, Faktorenanalyse und MDS, weisen als Instrument zur Ermittlung der Perzeption von Online-Auftritten einige Mängel auf:

- Die die Interpretation vereinfachende graphische Betrachtung limitiert den Wahrnehmungsraum auf zwei oder drei Dimensionen. Dies kann zu einer verzerrten Darstellung der Wahrnehmung der Objekte führen und sich negativ auf die Präferenzanalyse auswirken.[63]

- Jedes Individuum nimmt einen Online-Auftritt in unterschiedlicher Weise wahr. Die dadurch notwendige individuelle Analyse stellt einen erheblichen Aufwand bei der Auswertung dar.

2.3.2.3 Präferenzanalyse auf Basis der Perzeption

Die Perzeption ermöglicht nur Aussagen darüber, wie Individuen einzelne Objekte im Vergleich zu anderen beurteilen. Es kann keine Aussage darüber getroffen werden, welches Objekt den individuellen Nutzerbedürfnissen am nächsten kommt und welche Eigenschaft den größten Einfluß auf die Präferenz hat.

Die Präferenz wird durch zusätzliche Erhebungen (interne bzw. externe Präferenzanalyse) in

---

[61] Detaillierte Beschreibungen der Erhebungsverfahren finden sich bei Backhaus/Erichson/Plinke/Weiber (1996), S. 439-443.

[62] Das Einpassen der Eigenschaftsvektoren erfolgt wie bei den Präferenzvektoren. Zunächst werden die Eigenschaften analog der Vorgehensweise der Faktorenanalyse beurteilt. Die Eigenschaftsbeurteilungen stellen die abhängige Variable, die Koordinaten der Perzeption die unabhängigen Variablen der Regressionsanalyse dar. Im Ergebnis muß zusätzlich die gleiche Erhebung wie bei der Faktorenanalyse durchgeführt werden. Vgl. Gierl (1995), S. 125-130.

[63] Vgl. Böcker (1986), S. 562f.

die Perzeption integriert. Bei einer internen Präferenzanalyse beurteilt der Proband nicht nur die Ähnlichkeit der Objekte, sondern darüber hinaus auch deren Ähnlichkeit zu einem fiktiven Idealprodukt.[64] Dieses fiktive Idealprodukt wird ebenfalls in die MDS integriert. Bei der externen Präferenzanalyse werden Probanden zusätzlich gebeten, die relative Vorteilhaftigkeit einzelner Objekte anzugeben. Sie müssen beispielsweise eine Rangfolge der Online-Auftritte nach deren Attraktivität erstellen.

Idealvektormodell:

Unterstellt man bei der Bildung der Präferenz eine „Je-mehr-desto-besser-Beziehung", so muß ein Idealvektor in den Wahrnehmungsraum eingepaßt werden. Dies kann z.B. durch eine Präferenzregression geschehen.[65] Die erhobenen Präferenzen der Objekte stellen dabei die abhängigen Variablen dar und die Koordinaten der zum jeweiligen Präferenzwert gehörenden Objekte die unabhängigen Variablen.

$$U_{ij} = w_{io} + \sum_{r=1}^{R} w_{ir} \cdot x_{ijr}$$

U_{ij} *bei einer Person i erhobener Präferenzwert des Internet-Auftrittes j*
x_{ijr} *individuelle Koordinaten des Objektes j auf Dimension r*
w_{io}, w_{ir} *für das Individuum i zu schätzende Parameter (Wichtigkeit der Wahr-*
         nehmungsdimension r)
$r=1,..., R$ *Anzahl der Dimensionen des Wahrnehmungsraumes*

Die geschätzten Parameter w_r ermöglichen es, den Vektor in den Wahrnehmungsraum zu integrieren, da darüber hinaus jeder Idealvektor durch den Nullpunkt läuft.

Idealpunktmodell:

Wird hingegen angenommen, daß der Nutzen einzelner Eigenschaften mit steigender Ausprägung nicht ständig ansteigt, sondern ab einer bestimmten Ausprägungsstufe wieder abnimmt, so sollte das Idealpunktmodell verwendet werden. Ähnlich wie beim Idealvektormodell wird hier mittels Regressionsanalyse ein Idealpunkt in den Wahrnehmungsraum eingetragen. Bei der Regressionsgleichung handelt es sich um eine modifizierte Kreisgleichung:

$$U_{ij} = w_{io} + \sum_{r=1}^{R} w_{ir} \cdot x_{ijr} + w_{iR+1} \cdot \sum_{r=1}^{R} w_{ijr}^{2}$$

---

[64]   Vgl. Backhaus/Erichson/Plinke/Weiber (1996), S. 481f.
[65]   Vgl. Gierl (1995), S. 130-131; Backhaus/Erichson/Plinke/Weiber (1996), S. 466-475.

U_{ij} *bei einer Person i erhobener Präferenzwert des Internet-Auftrittes j*
w_{ir} *individuelle Koordinaten von Objekt j auf Dimension r*
w_{i0}, b_{ir}, b_{iR+1} *für das Individuum i zu schätzende Parameter*
$r=1,...,R$ *Anzahl der Dimensionen des Wahrnehmungsraumes*

Aufgrund der geschätzten Parameter können die Koordinaten des Idealpunktes wie folgt ermittelt werden:

$$x_{ir}^{\,*} = \frac{-w_{ir}}{2\,w_{iR+1}}$$

x_{ir}^{*} *Koordinatenwert des Idealpunktes des Individuums i bei der Dimension r*

In obigem Idealpunktmodell sind die Isopräferenzlinien konzentrische Kreise um den Idealpunkt. Objekte, die die gleiche Entfernung zum Idealpunkt besitzen, werden vom Konsumenten gleich stark präferiert. Mit zunehmender Entfernung vom Idealpunkt nimmt der Nutzen ab.

Das Verfahren der Präferenzanalyse kann dahingehend verfeinert werden, daß auch elliptische Isopräferenzlinien berücksichtigt werden. Diese implizieren, daß eine Eigenschaft mehr Einfluß auf die Präferenz hat als eine andere. Zur bestehenden Perzeption wird dabei willkürlich ein Idealpunkt in den Wahrnehmungsraum hinzugefügt.[66] Daraufhin wird die Distanz zwischen dem Idealpunkt und den bereits positionierten Objekten bestimmt. Die Form der Isopräferenzlinien wird anhand unterschiedlicher Parameter der Minkowski-Metrik ε, $0<\varepsilon<\infty$ modelliert.

$$D(j,IP_i) = \left(\sum_{r=1}^{R} \left| x_{ijr} - x_{IPir} \right|^{\varepsilon} \right)^{1/\varepsilon}$$

$D(j,IP_i)$ *Abstand des Online-Auftrittes j vom Idealpunkt IP des Individuums i*
x_{ijr} *Koordinate des Online-Auftrittes j bezüglich der Dimension r im Perzeptionsraum des Individuums i*
x_{IPir} *Koordinate des Idealpunktes von Individuum i bezüglich der Dimension r*
ε *Minkowski-Parameter*

---

[66] Vgl. Gierl (1995), S. 131f.

Die ermittelte Distanz wird der erhobenen Präferenz gegenübergestellt. Der Idealpunkt wird so lange im Objektraum verschoben, bis sich die Korrelation zwischen Distanz und Präferenz nicht mehr verbessern läßt.[67]

2.3.3 Multinomiales Logit Modell

Das Multinomiale Logit Modell geht über die eigentliche Ermittlung der Präferenz hinaus. Es stellt einen Zusammenhang zwischen der Kaufabsicht (Kaufwahrscheinlichkeit) und den wahrgenommenen Eigenschaftsausprägungen des Produktes her.[68]

Die Basis für das Multinomiale Logit Modell bildet das Axiom von Luce:[69]

$$P_{ij} = \frac{V_{ij}}{\sum\limits_{c=1}^{C} V_{ic}}$$

P_{ij} *Nutzungswahrscheinlichkeit von Internet-Auftritt j des Online-Nutzers i*
V_{ij} *individueller deterministischer Nutzen des Internet-Auftrittes j*
$c=1,...,C$ *Anzahl der Internet-Auftritte im Consideration-Set*

Nach dem Axiom von Luce entspricht die Wahrscheinlichkeit für die Nutzung eines Internet-Auftrittes dem Quotienten aus dem deterministischen Nutzen dieses Internet-Auftrittes und der Summe der Nutzenwerte für alle Internet-Auftritte, die sich im Consideration-Set des Online-Nutzers befinden.[70] Der deterministische Nutzen eines Internet-Auftrittes enthält dabei nur die Einflüsse der Merkmale und Komponenten des jeweiligen Internet-Auftrittes. Unberücksichtigt bleibt eine stochastische Nutzenkomponente e_{ij}, die letztendlich zusammen mit der deterministischen Komponente den Nutzen des Online-Auftrittes widerspiegelt.

$$U_{ij} = V_{ij} + e_{ij}$$

In der stochastischen Komponente werden die fehlerhaften Wahrnehmungen der Merkmale von Online-Auftritten (Online-Nutzer kennt gar nicht alle Komponenten eines Online-

---

[67]   Vgl. Gierl (1995), S. 134.
[68]   Das Multinomiale Logit Modell ist von Logit Loglinearen Modellen zu unterscheiden. Letztere werden bei der Kontingenzanalyse (Kreuztabellierung) eingesetzt, um den Einfluß von Faktoren mit kategorialem Niveau und deren Interaktionseffekte auf die Zellhäufigkeit zu schätzen. Vgl. Norusis/SPSS Inc.(1993a), S. 175-179.
[69]   Vgl. Luce (1959), S. 25f.
[70]   Vgl. Lilien/Kotler/Moorthy (1992), S. 98-101.

Auftrittes) und nicht beobachtbare Schwankungen der Präferenz (an manchen Tagen ist eine bestimmte Eigenschaft des Online-Auftrittes wichtiger) erfaßt. Darüber hinaus wird berücksichtigt, daß der Online-Nutzer nicht unbedingt den Internet-Auftritt abruft, der die größte Präferenz besitzt. Mögliche Ursachen hierfür können die momentane Nichtverfügbarkeit des Auftrittes oder die Dauer des Ladevorgangs sein.[71]

Unter der Annahme, daß die stochastischen Nutzenkomponenten e_{ij} voneinander unabhängig und doppelt exponentialverteilt sind, läßt sich das Axiom von Luce in folgender Weise zum Multinomialen Logit Modell erweitern:[72]

$$P_{ij} = \frac{e^{V_{ij}}}{\sum_{c=1}^{C} e^{V_{ic}}} = \frac{1}{1 + \sum_{c=1}^{C} e^{V_{ic} - V_{ij}}}$$

Unterstellt man, daß sich der deterministische Nutzen des Online-Auftrittes j über ein linear kompensatorisches Modell abbilden läßt, so ergibt sich folgendes Multinomiales Logit Modell:

$$P_{ij} = \frac{e^{\sum_{l=1}^{L} A_{ijl} w_l}}{\sum_{c=1}^{C} e^{\sum_{l=1}^{L} A_{cil} w_l}} = \frac{1}{1 + \sum_{c=1}^{C} e^{\sum_{l=1}^{L} w_l \left(A_{cil} - A_{ijl} \right)}}$$

A_{ijl} *von Individuum i wahrgenommene Ausprägung der Eigenschaft l des Online-Auftrittes j*

w_l *zu schätzende Wichtigkeit der Eigenschaft l*

Zur Schätzung der Parameter w_l werden die individuellen Nutzungswahrscheinlichkeiten P_{ij} und die Wahrnehmungen der Eigenschaften benötigt. Hier zeigt sich die Verwandtschaft zur

---

[71]   Vgl. Hruschka (1996), S. 42.

[72]   Stehen nur zwei Internet-Auftritte zur Wahl, so spricht man nicht von einem Multinomialen Logit Modell, sondern von einem Binären Logit Modell; sind die stochastischen Nutzenkomponenten normalverteilt, von einem binären Probit Modell. Vgl. Lilien/Kotler/Moorthy (1992), S. 60-62; Norusis/SPSS Inc. (1993c), S. 233f.

Präferenzregression. Die unabhängige Variable ist auch beim Multinomialen Logit Modell die Perzeption. Die abhängige Variable ist hier nicht wie bei der Regression die Präferenz, sondern die aus der Präferenz resultierende Nutzungswahrscheinlichkeit. Die Nutzungswahrscheinlichkeit kann man direkt per Befragung ermitteln („Mit welcher Wahrscheinlichkeit würden Sie den Auftritt nutzen?") oder über Häufigkeiten annähern.[73] Hierzu wird innerhalb einer Probandengruppe der Anteil der User bestimmt, die am ehesten Internet-Auftritt A, B usw. nutzen würden.[74] Die subjektiven Eigenschaftswahrnehmungen können über direkte Befragung erhoben werden.

Im Ergebnis liefert das Multinomiale Logit Modell nicht nur Erkenntnisse über die Wichtigkeit von einzelnen Faktoren, sondern kann auch zur Prognose und Sensitivitätsanalyse herangezogen werden. So läßt sich aus der Veränderung der Eigenschaftsausprägungen B_{ijk} die Veränderung der Nutzungswahrscheinlichkeit ermitteln.[75] Außerdem kann aus der Wichtigkeit der Eigenschaften und der wahrgenommenen Eigenschaftsausprägung der Teilnutzen einzelner Eigenschaften berechnet werden.

Als Schwächen des Multinomialen Logit Modells können folgende Punkte angeführt werden:

- Neben der Annahme des doppelt exponentialverteilten Fehlerterms kann die „Independence of Irrelevant Alternatives" bei Multinomialen Logit Modellen als Manko angeführt werden. Kommt ein neuer Online-Auftritt (weiterer Bank-Auftritt) in das Consideration-Set des Online-Nutzers, so führt dies zu einer proportionalen Veränderung der Nutzungswahrscheinlichkeiten zu Lasten aller bisher im Set vertretenen Alternativen.[76] Die Veränderung sollte jedoch nur bei ähnlichen Online-Auftritten (hier: Bank-Auftritten) höher ausfallen als bei unähnlichen Auftritten (hier: Automobil-Auftritten). Diese Annahme kann durch die Anwendung von mehrstufigen (hierarchischen) Wahlmodellen (Nested Logit Modelle) gelöst werden.[77] Der User gliedert annahmegemäß die Nutzung von Internet-Auftritten in zwei bzw. mehrere Stufen. Auf der ersten Stufe werden Gruppen von Internet-Auftritten gebildet (z.B. Automobile, Getränke, Banken usw.), auf der zweiten Stufe wählt der Online-Nutzer aus einer Gruppe spezielle Internet-Auftritte aus (z.B. BMW, Mercedes usw.). Durch die Zweistufigkeit verändert sich die Nutzungswahrscheinlichkeit bei Hinzunahme einer weiteren Alternative innerhalb der Gruppe stärker als

---

[73] Vgl. Elrod/Louviere/Davey (1992), S. 370.
[74] Vgl. Erichson (1980), S. 174-177.
[75] Für kontinuierliche Merkmale lassen sich sogar Elastizitäten bzw. Kreuzelastizitäten der Nutzungswahrscheinlichkeit ermitteln. Vgl. Hruschka (1996), S. 43.
[76] Vgl. Böcker (1986), S. 560.
[77] Vgl. Dellaert/Borgers/Timmermans (1996), S. 263f.

wenn dies gruppenübergreifend der Fall ist.[78]
- Das Logit Modell unterstellt Homogenität der Präferenzwerte. Eine Abweichung der Eigenschaftswahrnehmungen einzelner Individuen wird als zufällig angesehen und fließt in die stochastische Nutzenkomponente ein. Aus diesem Grund ist nur eine aggregierte ökonometrische Auswertung auf der Makroebene sinnvoll (vgl. Abb. 3.10). Zur Ableitung von Aussagen über Individuen erweist sich das Modell als ungeeignet.

2.3.4 Conjointanalyse

Das am weitesten verbreitete dekompositionelle Verfahren zur Präferenzmessung ist die Conjointanalyse. Bei der Conjointanalyse müssen die Probanden, ähnlich wie bei der Präferenzanalyse in Verbindung mit der MDS bzw. Faktorenanalyse Produkte oder Stimuli ihrer Vorziehenswürdigkeit entsprechend ordnen. Diese Daten werden nicht mit der Perzeption in Verbindung gebracht, sondern vielmehr direkt mit den realen Produkteigenschaften. Der Schritt der Perzeptionsbildung wird hier übersprungen.

Das Hauptanwendungsgebiet der Conjointanalyse liegt in der *Neuproduktplanung*. Vor dem Bau von Prototypen können die Eigenschaften ausfindig gemacht werden, die den höchsten Einfluß auf die Gesamtpräferenz des Produktes besitzen. Es kann z.B. bestimmt werden, welchen Nutzenbeitrag bestimmte Farben stiften oder welche Verpackungsart (z.B. Dose oder Flasche) einen größeren Nutzenbeitrag liefert.[79] Aus diesen Erkenntnissen läßt sich schließlich das Profil mit den nutzenmaximalen Eigenschaftsausprägungen ermitteln. Die Nutzenanalyse ist nicht nur auf materielle Produkte begrenzt, sondern wird auch im Bereich der *Gestaltung von Dienstleistungen und Services* (z.B. Tourismusangebote, Bankdienstleistungen) eingesetzt.[80]

Die Conjointanalyse ermöglicht auch, Präferenzforschung segmentspezifisch zu betreiben. In fast allen neueren Anwendungen werden *Segmentierungen* vorgenommen, um Präferenzunterschiede zwischen einzelnen Gruppen aufzudecken (A-priori-Segmentierung) bzw. Gruppen mit ähnlichen Präferenzen (A-posteriori-Segmentierung) zu identifizieren.[81]

Für den Anwender ist in der Regel nicht nur der Nutzen von Produktprofilen bzw. Eigenschaften und deren Ausprägungen von Interesse. Er möchte vielmehr genau wissen, wie sich

---

[78] Eine detaillierte Übersicht über Nested Logit Models findet sich bei Lilien/Kotler/Moorthy (1992), S. 103-107 und Hruschka (1996), S. 44-47.

[79] Vgl. Dichtl/Thomas (1986), S. 27-33; Müller/Kesselmann (1994), S. 271; Schweikl (1985), S. 142.

[80] Vgl. Oppermann/Schubert (1994), S. 26; Schwan (1996), S. 237; Theuerkauf (1989), S. 1190; Tscheulin (1992), S. 51.

[81] Eine sehr ausführliche Liste von Segmentierungen in Verbindung mit Conjointanalysen findet sich bei Aust (1996), S. 72.

der Marktanteil bzw. die Nutzungsbereitschaft bei Variation einzelner Eigenschaftsausprägungen verändert. Auf Basis der Teilnutzen kann mit dem Axiom von Luce in einem sogenannten *Choice-Simulator* die Kaufwahrscheinlichkeit bzw. der Marktanteil prognostiziert
werden. Ansatzpunkt ist dabei, daß sich die Kaufwahrscheinlichkeit eines Produktes bei
probabilistischen Wahlmodellen aus dem Nutzen des Produktprofils, dividiert durch die
Summe der Nutzen aller am Markt vertretenen Produkte (einschließlich des betrachteten)
errechnet.[82] Voraussetzung für den erfolgreichen Einsatz der Choice-Simulator-Analyse ist,
daß die Ausprägungsprofile der Konkurrenzprodukte bekannt sind.[83]

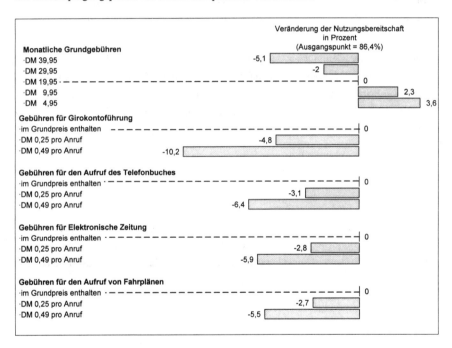

*Abb. 3.13: Veränderung der Nutzungsbereitschaft von Online-Diensten in Abhängigkeit von
Nutzungsgebühren*

Quelle: Fugmann/Hoffmann/Pfleiderer (1996), S. 41.

---

[82] Vgl. Teil 3, Kap. 2.3.3; Albers/Brockhoff (1985), S. 201.
[83] Vgl. Fugmann/Hoffmann/Pfleiderer (1996), S. 39-43.

Seit einigen Jahren hat die Conjointanalyse auch starke Verbreitung bei der Bestimmung von **Preisschwellen und Preisabsatzfunktionen** gefunden.[84] Dabei wird die Eigenschaft „Preis" im Vergleich zu den übrigen Eigenschaften innerhalb eines Produktprofils detaillierter untersucht. In einem ersten Schritt werden verschiedene Ausprägungsstufen des Preises festgelegt. Für diese werden dann, wie auch für die übrigen Eigenschaften, die Teilnutzen bestimmt. Über Choice-Simulatoren wird ermittelt, wie sich die Kaufbereitschaft beim Übergang von einer Preisstufe zur anderen verändert. Im letzten Schritt werden die Lücken zwischen den Ausprägungsstufen des Preises geschlossen, indem unterschiedliche stetige Funktionen gesucht werden (Extrapolation), die die ermittelten Preis-Kaufbereitschafts-Kombinationen am besten abbilden.

Überdies wird die Conjointanalyse auch angewandt, um nicht nur das nutzenmaximale, sondern auch das **gewinnmaximale Produktprofil** zu ermitteln.[85] Bei diesen Untersuchungen werden wie beim Choice-Simulator für einzelne Profile j Marktanteile MA_j berechnet. Aus Marktanteil MA_j, Marktvolumen MV und Preis des Produktes PR_j kann der mögliche Umsatz US_j berechnet werden.

$$US_j = MA_j \cdot MV \cdot PR_j$$

Sind für die einzelnen Eigenschaftsausprägungen die Kosten (z.B. ABS 1800 Mark, Lederausstattung 1500 Mark usw.) bekannt, so können die Kosten KO_j der einzelnen Produktprofile berechnet werden. Der Gewinn G_j des Produktprofils j ergibt sich dann als Differenz aus Umsatz und Kosten.

$$G_j = US_j - KO_j \cdot MA_j \cdot MV$$

Green/Krieger haben eine Heuristik (SIMOPT) vorgestellt, mit der das gewinnmaximale Produktprofil unter allen Alternativen ausfindig gemacht werden kann.[86] Als problematisch für die Durchführung solcher Simulationen erweist sich die exakte Ermittlung der Kosten

---

[84] Vgl. Balderjahn (1991), S. 34f.; Balderjahn (1994), S. 13-17; Kucher/Simon (1987), S. 30-32; Mengen/Simon (1996), S. 234-236; Müller/Kesselmann (1994), S. 263-265; Mahajan/Green/Goldberg (1982), S. 334f.; Kohli/Mahajan (1991), S. 349-350.

[85] Vgl. Bauer/Herrmann/Mengen (1994), S. 85f.

[86] Vgl. Green/Krieger (1992), S. 120-125.

einzelner Eigenschaftsausprägungen.[87]

Die Ergebnisse der Conjointanalyse (Wichtigkeit der einzelnen Eigenschaften) können auch im Rahmen der *Zielkostenrechnung* (Target Costing) dazu verwendet werden, festzustellen, welche Eigenschaften mehr Kosten verursachen als sie letztendlich Nutzen stiften.[88]

Als Vorteile des dekompositionellen Verfahrens der Conjointanalyse lassen sich zusammenfassen:

– Den Probanden werden ganze Beurteilungsobjekte zur Bewertung vorgelegt. Hierdurch wird die reale Kauf- bzw. Nutzungssituation annähernd nachempfunden.[89]

– Eine mögliche Verzerrung der ermittelten Präferenzfunktionen durch eine falsche Positionierung der Objekte im Wahrnehmungsraum (wie bei der MDS bzw. Faktorenanalyse in Verbindung mit einer Präferenzanalyse) ist ausgeschlossen.

Allerdings ist die Conjointanalyse auch mit einigen Nachteilen behaftet:

– Mit der Conjointanalyse kann nur das theoretische nutzenmaximale Produkt ermittelt werden. Auch wenn ein Online-Auftritt nutzenmaximal ist, kann er dennoch schwach frequentiert werden. Eine ansprechende multimediale Aufmachung beispielsweise steigert zwar den Nutzen des Online-Auftrittes, mindert jedoch dessen Nutzung, wenn die Einbindung multimedialer Elemente entsprechend lange Ladezeiten nach sich zieht.

– Bei der Conjointanalyse werden den Probanden die Ausprägungen von Produktmerkmalen direkt vorgegeben. Es kann durchaus sein, daß den Auskunftspersonen dabei Merkmale vorgelegt werden, die für die reale Nutzung gar nicht relevant sind.[90]

– Die größte Schwachstelle der Conjointanalyse ist die geringe Anzahl der analysierbaren Eigenschaften. Es sollten nicht mehr als neun Merkmale und fünf Ausprägungen pro Merkmal abgefragt werden.[91] Andernfalls ist es für die Probanden unmöglich, die Beschreibung der Stimuli zu verarbeiten und eine Präferenzreihenfolge festzulegen.

Von den vorgestellten kompositionellen Präferenzverfahren eignet sich vor allem das modifizierte Fishbein-Modell zur Bestimmung der Präferenz von Online-Auftritten. Aus den Bewertungen der Wichtigkeiten einzelner Komponenten und den wahrgenommenen Ausprägungen der einzelnen Komponenten kann hier sehr einfach die Präferenz berechnet werden. Probanden können allerdings für Online-Präsenzen, die noch nicht als Prototyp vorliegen, nicht die wahrgenommenen Ausprägungen einzelner Komponenten angeben. Ihnen müssen daher zusätzlich Ausprägungen von einzelnen Komponenten zur Online-Bewertung vorgelegt

---

[87]   Vgl. Fröhling (1994), S 1150-1155.
[88]   Vgl. Palloks (1996), S. 121-123.
[89]   Vgl. Mengen (1993), S. 73f.; Schubert (1991) S. 142.
[90]   Vgl. Green/Srinivasan (1978), S. 108.

werden. Das AHP-Verfahren erweist sich für Online-Erhebungen ohne Interviewer als zu komplex, und der Einsatz des Modells von Trommsdorff scheitert daran, daß mit diesem Verfahren nur real existierende Web-Sites untersucht werden können. Das Logit Modell kann nicht für Untersuchungen auf der Individualebene eingesetzt werden, und bei Präferenzanalysen in Verbindungen mit der Faktorenanalyse bzw. MDS muß die Perzeption von Online-Auftritten bestimmt werden, was für in Planung befindliche Online-Angebote nicht möglich ist. In der weiterführenden Untersuchung wird daher nur noch auf die Conjointanalyse eingegangen. Im nachfolgenden Kapitel wird gezeigt, welche Entscheidungen bei der Online-Durchführung einer Conjointanalyse getroffen werden müssen.

---

[91] Vgl. Theuerkauf (1989), S. 1180.

3. Formen der Conjointanalyse zur Ermittlung von Präferenzen

Im folgenden werden die unterschiedlichen Formen der Conjointanalyse vorgestellt. Zum Abschluß des Kapitels wird gezeigt, welche Modifikationen sich für die Online-Durchführung der Conjointanalyse eignen.

3.1 Unterschiede bezüglich der Erhebungsstruktur

3.1.1 Full-Profile-Ansatz (Profilansatz) und Trade-Off-Ansatz (Zwei-Faktor-Methode) für traditionelle einstufige Erhebungen

Traditionelle Conjointanalysen sind dadurch charakterisiert, daß den Probanden gleichzeitig alle Stimuli vorgelegt werden, die sie zu bewerten haben. Hinsichtlich der präsentierten Stimuli wird bei traditionellen Conjointanalysen zwischen dem Full-Profile-Ansatz und dem Trade-Off-Ansatz unterschieden.

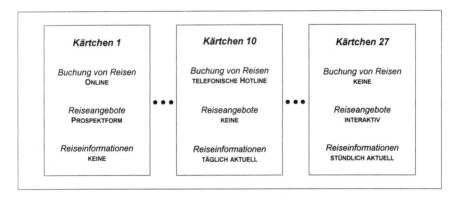

Abb. 3.14: Kärtchen für die Erhebung mit der Full-Profile-Methode

Beim Full-Profile-Ansatz werden die zu beurteilenden Objekte jeweils mit allen relevanten Eigenschaften beschrieben. Die Ausprägungen der Eigenschaften werden so lange variiert, bis alle möglichen Kombinationen berücksichtigt sind (Full-Profile).[92] Diese können auf Kärtchen beschrieben und den Probanden zur Präferenzreihung vorgelegt werden. Bereits bei einer geringen Anzahl von Eigenschaften und Ausprägungen ergibt sich eine relativ große Anzahl

---

[92] Vgl. Green/Wind (1975), S. 107-117. Besitzt ein Objekt z.B. 3 Eigenschaften mit jeweils 3 Ausprägungsstufen, so ergeben sich $(3 \cdot 3 \cdot 3 = 27)$ mögliche Stimuli.

an Kärtchen, die der Befragte bewerten muß (vgl. Abb. 3.14).[93]

Im Gegensatz zur Full-Profile-Methode werden beim Trade-Off-Ansatz nur jeweils zwei Eigenschaften pro Stimulus kombiniert. Für jedes mögliche Paar von Eigenschaften wird eine sogenannte Trade-Off-Matrix gebildet. Bei n Eigenschaften erhält man $\binom{n}{2}$ Trade-Off-Matrizen. Diese Matrizen enthalten in den Zellen Kombinationen von Eigenschaftsausprägungen, die jeweils als Stimulus zählen. Der Proband muß für jede Kombination der Ausprägungen Rangwerte vergeben, wobei sich die Anzahl der möglichen Rangplätze aus der Multiplikation der Anzahl der gegenübergestellten Ausprägungsstufen ergibt (vgl. Abb. 3.15).[94]

Eigenschaft 1: Buchung von Reisen	Eigenschaft 2: Reiseangebote		
	keine	Prospektform	interaktive Angebotsabfrage
Online	Stimulus 1	Stimulus 2	Stimulus 3
telefonische Hotline	Stimulus 4	Stimulus 5	Stimulus 6
keine	Stimulus 7	Stimulus 8	Stimulus 9

Abb. 3.15: Beispiel für eine Trade-Off-Matrix

Bei der Entscheidung zwischen Full-Profile-Ansatz und Trade-Off-Ansatz sollten folgende Faktoren berücksichtigt werden:

– Bei der Trade-Off-Analyse muß die Auskunftsperson nur zwei Faktoren simultan vergleichen. Im Gegensatz zum Full-Profile-Ansatz ist die **Bewertungsaufgabe** leichter zu bewältigen. Die Erhebung kann daher auch schriftlich mittels Fragebogen durchgeführt

---

[93] Es sind bereits Verfahren entwickelt worden, mit denen die Anzahl der Kärtchen so reduziert werden kann, daß die Güte der Conjointanalyse nicht darunter leidet. Diese werden im folgenden detaillierter vorgestellt.

[94] Vgl. Schweikl (1985), S. 47; Green/Srinivasan (1978), S. 107-108. Die übrigen, nicht in der jeweiligen Trade-Off-Matrix enthaltenen Eigenschaften besitzen gleiche Ausprägungen. Für obiges Beispiel ergeben sich 3 Trade-Off-Matrizen mit jeweils 3·3=9 Stimuli, also insgesamt ebenfalls 3·9=27 Stimuli. Die Anzahl der zu bewertenden Stimuli kann durch Weglassen von ausgewählten Trade-Off-Matrizen reduziert werden. Green hat hierzu das sogenannte partiell blanchierte unvollständige Block-Design entwickelt. Vgl. Green (1974), S. 63.

werden.[95] Die monotone Präsentation von Eigenschaftsmatrizen kann jedoch zur Ermüdung des Probanden führen und erhöht somit die Gefahr von Antwortmustern.[96]

– Auch wenn dem Befragten erklärt wird, daß bei der Trade-Off-Analyse die übrigen (1-2)
   Eigenschaften identisch sind, kann es zu Bewertungsverzerrungen kommen. Die Präsentation von kompletten Profilen bei der Full-Profile-Methode besitzt im Gegensatz zur
   isolierten Eigenschaftsbetrachtung mehr *Realitätsbezug*.[97]

– Mit steigender Anzahl von Faktoren wird es für den Probanden beim Full-Profile-Ansatz
   schwierig, alle Faktoren nebeneinander zu betrachten. Probanden neigen dazu, die Variation von weniger bedeutsamen Faktoren bei der Rangordnung zu ignorieren.[98]

– Mit steigender Anzahl von Eigenschaften und Eigenschaftsausprägungen nimmt die
   Anzahl der Stimuli bei der Profilmethode deutlich schneller zu als bei der Zwei-Faktor-
   Methode. Auch wenn die Stimuli durch spezielle Designs reduziert werden, ist die Anzahl
   der Stimuli im Falle der Profilmethode höher (vgl. Abb. 3.16).

Eigenschaften	3 Ausprägungsstufen steigende Anzahl von Eigenschaften		Ausprägungs-stufen	3 Eigenschaften steigende Anzahl von Ausprägungen	
	Anzahl der Stimuli Full-Profile	Trade-Off		Anzahl der Stimuli Full-Profile	Trade-Off
2	9	9	2	8	12
3	27	27	3	9	27
4	81	54	4	64	48
5	243	90	5	125	75
6	729	135	6	216	108
7	2187	189	7	343	147

Abb. 3.16: Anzahl der Stimuli beim Full-Profile- und Trade-Off-Ansatz

– Eine Untersuchung von Müller-Hagedorn/Sewing/Toporowski belegt, daß die Full-Profile-
   Methode grundsätzlich für das wichtigste Merkmal einen größeren Teilnutzen bzw. eine
   größere Wichtigkeit errechnet als die Trade-Off-Methode.[99] Bei einem dominanten Merk-

---

[95] Vgl. Green/Srinivasan (1978), S. 108. Die Bewertungsaufgabe bei der Trade-Off-Analyse ist mit der des
AHP-Verfahrens zu vergleichen, wobei im Rahmen letzterer Ausprägungen derselben Eigenschaft miteinander verglichen werden.
[96] Vgl. Schweikl (1985), S. 48.
[97] Vgl. Schweikl (1985), S. 48.
[98] Vgl. Green/Srinivasan (1978), S. 108.
[99] Vgl. Müller-Hagedorn/Sewing/Toporowski (1993), S. 146f.

mal ist daher die Trade-Off-Methode vorzuziehen.

Der Marktforscher muß bei der Entscheidung für eine der beiden Methoden festlegen, welche Fehler er billigend in Kauf nimmt. Der Grundidee der Conjointanalyse als ganzheitlicher dekompositioneller Ansatz kommt die Full-Profile-Methode am nächsten.[100]

3.1.2 Moderne mehrstufige Ansätze

3.1.2.1 Hybride Conjointanalysen

Für Anwendungen in der Praxis sind Präferenzanalysen gefordert, mit denen eine große Anzahl von Eigenschaften verarbeitet werden kann. Hybride Conjointanalysen können durch ihre Zweistufigkeit mehr Eigenschaften und Eigenschaftsausprägungen berücksichtigen und eignen sich deshalb besonders für umfangreichere Untersuchungen.

Im Rahmen der hybriden Conjointanalyse wird ein kompositionelles „Self-explicated"-Modell mit einem dekompositionellen Modell verknüpft.[101]

Die Erhebungen für das kompositionelle Modell sind mit dem Modell von Fishbein vergleichbar. Zum einen wird hier die *Akzeptanz* von einzelnen Eigenschaftsausprägungen (Attribute-Level-Desirability) und zum anderen die *Wichtigkeit* von einzelnen Eigenschaften (Attribute-Importance) erhoben. Die kompositionelle Erhebung erfolgt auf individuellem Niveau.

Neben diesen kompositionellen Beurteilungen muß der Proband innerhalb des Fragebogens zwischen 3 und 9 Produktprofile („Subsets") für den dekompositionellen Teil bewerten.[102] Nach Abschluß der Erhebung werden die Ergebnisse aus den Bewertungen der „Subsets" zur Ermittlung der aggregierten Teilnutzen zusammengeführt.

Aus den kompositionellen und dekompositionellen Datenstrukturen kann eine individuelle Präferenzfunktion bestimmt werden. Der individuelle Gesamtnutzen eines Produktprofils setzt sich aus den individuellen Nutzwerten des kompositionellen Modells und den aggregierten

---

[100] Vgl. Carroll/Green (1995), S. 387.

[101] Vgl. Green (1984), S. 156.

[102] Diese Produktprofile ergeben sich wie folgt: Zunächst werden auf Basis aller Eigenschaften und Eigenschaftsausprägungen sämtliche möglichen Stimuli ermittelt (Full-Profile-Ansatz). Die sich daraus ergebende Menge von Stimuli (bis zu 1000) wird zwecks Praktikabilität unter Berücksichtigung von orthogonalen Haupteffekten zum „Master Design" (einige 100 Stimuli) reduziert. Aus dem „Master Design" werden Teilmengen („Subsets") mit bis zu neun Stimuli gezogen und auf die Fragebögen verteilt. Vgl. Green (1984), S. 157; Stadtler (1991), S. 27f.

Nutzenwerten des dekompositionellen Modells zusammen.[103]

$$U_{i,m_1,m_2,\dots,m_l} = a + b\sum_{l=1}^{L} W_{il}A_{im_l} + \sum_{l=1}^{L} \beta_{m_l}$$

$U_{i,m_1,m_2,\dots,m_l}$	*von Individuum i empfundener Gesamtnutzen gegenüber einem Produktprofil mit den Ausprägungsstufen m bei Eigenschaft l*
W_{il}	*die vom Individuum i im kompositionellen Modell festgelegte Wichtigkeit der Eigenschaft l*
A_{im_l}	*die vom Individuum i im kompositionellen Modell festgelegte Akzeptanz der Ausprägungsstufe m bei Eigenschaft l*
β_{m_l}	*mit dem dekompositionellen Modell ermittelter Teilnutzen der Ausprägungsstufe m bei Eigenschaft l*
a,b	*Parameter der Regressionsanalyse*

Die aggregierte Schätzung der dekompositionellen Teilnutzen stellt die größte Schwachstelle des hybriden Conjointmodells dar. Der Split der Stimuli auf Teilstichproben wird dem Grundgedanken der individuellen Schätzung der Teilnutzen nicht gerecht. Das eigentliche Kernmodell stellt vielmehr der kompositionelle Ansatz dar, der die individuellen Nutzeneinflüsse mißt. Hybride Conjointanalysen stellen zwar einen ersten Ansatz zur Erhöhung der Eigenschaftszahl dar, sie sind allerdings in der Realität wenig praktikabel.[104]

3.1.2.2 Adaptive Conjointanalysen (ACA)

Adaptive Conjointanalysen kombinieren kompositionelle und dekompositionelle Modelle. Im Gegensatz zur hybriden Conjointanalyse erfolgt die Befragung jedoch interaktiv und computergestützt auf einem Bildschirm. Aufgrund der individuellen Ergebnisse des kompositionellen Teils konstruiert das Computerprogramm adaptiv die relevanten Stimuli des dekompositionellen Teils.[105]

Das ACA-Verfahren gliedert sich in vier Phasen.[106] Die erste und zweite Phase bilden den kompositionellen Teil, in Phase 3 wird die dekompositionelle Erhebung durchgeführt und in

---

[103] Mittels Regressionsanalyse kann der Parameter b des Modells bestimmt werden, der den Einfluß des individuellen Nutzens auf den Gesamtnutzen im Vergleich zum aggregierten Gruppennutzen widerspiegelt. Vgl. Green (1984), S. 157; Carroll/Green (1995), S. 385.

[104] Vgl. Carroll/Green (1995), S. 388.

[105] Vgl. Lilien/Kotler/Moorthy (1992), S. 243; Stadtler (1993), S. 36.

[106] Vgl. Huber/Wittink/Fiedler/Miller (1993), S. 109; Green/Krieger/Agarwal (1991), S. 215f.

Phase 4 die Güte der ermittelten Daten überprüft:[107]

– In der **ersten Phase** (Präferenz-/Akzeptanzbewertung) der ACA wird die Präferenz (Desirability) der Ausprägungsstufen jeder Eigenschaft ermittelt. Die Fragen in Phase 1 werden wie folgt formuliert (vgl. Abb. 3.17).

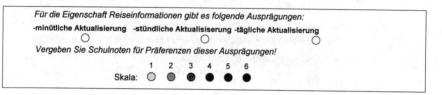

Abb. 3.17: Erhebung in der ersten Phase von ACA

– Anschließend wird in der **zweiten Phase** (Wichtigkeitsbewertung) die Wichtigkeit der Eigenschaften (Attribute-Importance) ermittelt. Dabei wird auf Basis der Ergebnisse der ersten Stufe für jede Eigenschaft die meistpräferierte Ausprägung mit der am wenigsten präferierten Ausprägung verglichen. Der Befragte muß dann auf einer Ratingskala angeben, wie wichtig er den Unterschied einschätzt (vgl. Abb. 3.18).[108]

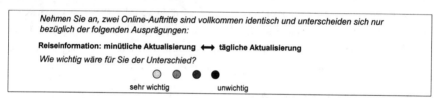

Abb. 3.18: Erhebung in der zweiten Phase von ACA

Aufgrund der Ergebnisse der ersten (Präferenzdaten für die Ausprägungen) und zweiten Phase (Wichtigkeitsdaten für die Eigenschaften) berechnet die ACA die vorläufigen Teilnutzen („Prior Estimates") für jede Ausprägung.

– Das Kernstück von ACA bildet das kompositionelle Modell der **dritten Phase**. Mit den ermittelten Teilnutzen der vorangegangenen Phasen wird der Gesamtnutzen der Profile berechnet. In einer Auswahlroutine wird dasjenige Paar von Produktprofilen ermittelt, bei

---

[107] Vgl. Johnson (1987), S. 253-265; Green/Krieger/Agarwal (1991), S. 216.
[108] Green/Krieger/Agarwal bemängeln die Erhebung der Präferenz der Ausprägungsstufen und der Wichtigkeit der Eigenschaften. Sie schlagen einheitlich eine 10-stufige Ratingskala vor. Johnson bestätigt diesen Mangel, rechtfertigt ihn jedoch mit einer geringeren Erhebungsdauer. Vgl. Johnson (1991), S. 224; Green/Krieger/Agarwal (1991), S. 220.

dem der Unterschied der ermittelten Gesamtnutzen am geringsten ist. Dieses Profilpaar wird dem Probanden auf dem Bildschirm dargeboten; der Proband muß auf einer neunstufigen Ratingskala angeben, wie stark er das eine dem anderen Produkt vorzieht.[109] Nach jeder Bewertung werden die Teilnutzen neu berechnet. Die Auswahlroutine wird dann erneut durchlaufen. [110]

- Die Kalibrierung stellt die *vierte* und letzte *Phase* von ACA dar. In ihr wird überprüft, ob die ermittelten Gesamtnutzen die Wahlentscheidung richtig beschreiben.[111]

Im einzelnen lassen sich folgende Vorteile der adaptiven Conjointanalyse aufführen:

- Ein wesentlicher Vorteil der ACA liegt in der großen Zahl der erhebbaren Eigenschaften; es können bis zu 30 Eigenschaften verarbeitet werden.

- Die sukzessive Verbesserung der aus dem kompositionellen „Self-Explicated"-Modell resultierenden Teilnutzen durch Anwendung des dekompositionellen Modells mit Paarvergleichen steigert die Validität der Präferenzschätzung.[112]

Bei einer nur begrenzten Anzahl von Eigenschaften führt die ACA im Vergleich zur hybriden und zur traditionellen Conjointanalyse zu keinen signifikant besseren Ergebnissen.[113] Insgesamt stellt die ACA ein kompaktes Konzept für Präferenzanalysen mit vielen Eigenschaften dar, das große Verbreitung in der Praxis gefunden hat.

3.1.2.3 Conjointanalyse mit individuell wichtigsten Eigenschaften

Einen weiteren Ansatz zur Verarbeitung einer größeren Anzahl von Eigenschaften stellt die Conjointanalyse mit den individuell wichtigsten Merkmalen dar.[114]

In einer *ersten Phase* muß der Proband die *Wichtigkeit von relevanten Produkteigenschaften* festlegen. Diese werden dabei nicht durch direkte Einstufung („Wie wichtig ist Ihnen Eigenschaft x auf einer Ratingskala von 1-7?") erhoben, sondern über computergestützte Infor-

---

[109] Vgl. Carroll/Green (1995), S. 386. Bei den Paarvergleichen werden nicht alle Eigenschaften der Profile aufgeführt (kein Full-Profile-Ansatz). Der Literatur ist nicht zu entnehmen, nach welchen Kriterien die Eigenschaften ausgewählt werden. Green/Krieger/Agarwal bemängeln, daß geringe Nutzenunterschiede nur durch Vorstellen aller Eigenschaften näher bewertet werden können. Vgl. Green/Krieger/Agarwal (1991), S. 220.

[110] Vgl. Johnson (1991), S. 224.

[111] Dem Befragten werden hier Profilbeschreibungen präsentiert, deren Gesamtnutzen aufgrund der in Phase 3 ermittelten Teilnutzen berechnet wurde. Für jedes Produktprofil muß die Auskunftsperson angeben, mit welcher Wahrscheinlichkeit (zwischen 0-100 Prozent) sie das beschriebene Produkt kaufen bzw. nutzen würde. Mittels Regression wird im Anschluß ein Zusammenhang zwischen dem Gesamtnutzenwert (unabhängige Variable), der sich aus den Teilnutzen berechnet, und der Kaufbereitschaft (abhängige Variable) ermittelt. Die summierte quadrierte Abweichung dieses Regressionsmodells wird als Gütekriterium für die geschätzten Teilnutzen herangezogen.

[112] Vgl. Carroll/Green (1995), S. 386.

[113] Vgl. Agarwal/Green (1991), S. 143f.

[114] Vgl. Schweikl (1985), S. 102-105, S. 147f., S. 151-155; Böcker/Schweikl (1988), S. 15-22.

mationstafeln. Dem Befragten wird dabei eine Liste von Produkten mit den dazugehörigen Eigenschaften auf dem Bildschirm vorgestellt. Die Ausprägungen bleiben dabei verdeckt. Will der Proband die detaillierte Ausstattung eines bestimmten Produktes erfahren, so muß er in einem Auswahlfeld den entsprechenden Produktnamen und die gewünschte Eigenschaft eingeben. Gibt er z.B. „Telefunken Fernseher 900" und „Preis" ein, so antwortet das System mit „DM 950". Der Befragte kann so lange Ausprägungen abrufen, bis er glaubt, die Produkte in eine Präferenzrangfolge bringen zu können. Während der Informationssammlung wird aufgezeichnet, welche Eigenschaften der Proband abruft.

Die Wichtigkeit einer Eigenschaft ergibt sich aus dem Quotienten der Anzahl der bei einer Eigenschaft (z.B. Preis) abgerufenen Informationseinheiten und der insgesamt abgerufenen Informationseinheiten. So resultiert für jedes Individuum eine spezifische Reihenfolge der Wichtigkeit der Eigenschaften.

Aus der individuellen Reihenfolge der Wichtigkeit wählt das Programm in der *zweiten Phase* die sechs wichtigsten Eigenschaften aus. Unter Berücksichtigung von orthogonalen Haupteffekten konstruiert die Software gemäß dem *Full-Profile-Ansatz* verschiedene Stimuli. Diese werden der Versuchsperson auf dem Bildschirm paarweise zur Bewertung dargeboten. Aufgrund der Paarvergleichsdaten werden im Anschluß die Teilnutzen geschätzt.

Die Untersuchung von Schweikl kommt zu folgendem Ergebnis:[115] Die Conjointanalyse auf Basis der individuell wichtigsten Merkmale führt zu einer höheren Prognosegüte als diejenige, die auf der durchschnittlichen Wichtigkeit basiert.[116] Allerdings werden mit dieser Form der Conjointanalyse im Gegensatz zu ACA nur Teilnutzen für die Ausprägung der sechs individuell wichtigsten Eigenschaften berechnet.

In der Vergangenheit wurden weitere Conjointverfahren entwickelt, die im wesentlichen Modifikationen der hier angesprochenen Modelle darstellen.[117] In der Gesamtbetrachtung stellt das Verfahren von Schweikl (auf Basis der individuell wichtigsten Merkmale) neben der adaptiven Conjointanalyse den geeignetsten Ansatz zur Präferenzforschung bei Multi-Attribut-Produkten dar. Bei Profilen mit wenigen Eigenschaften kann auch auf die traditionellen, einstufigen Verfahren zurückgegriffen werden.

---

[115] Vgl. Schweikl (1985), S. 200f., S. 188-191.

[116] Die Berechnung der Prognosevalidität ist bei Schweikl sehr kritisch zu betrachten. Zu ihrer Berechnung werden die reproduzierten Präferenzwerte der Conjointanalyse mit den wichtigsten Eigenschaften (6 Eigenschaften) mit den Präferenzwerten einer Conjointanalyse mit 24 Eigenschaften als Außenkriterium korreliert. Zu bezweifeln ist, ob bei der Kärtchenpräsentation mit 24 Eigenschaften valide Präferenzwerte gemessen werden können. Vgl. Schweikl (1985), S. 163-165.

[117] Eine detaillierte Übersicht über die in den letzten Jahrzehnten entwickelten Verfahren findet sich bei Carroll/Green (1995), S. 385f.

3.2 Unterschiede bei der Reduktion der Anzahl der Stimuli

Unter einem *vollständigen faktoriellen Design* wird ein Design verstanden, bei dem alle theoretisch möglichen Stimuli in der Erhebung verwendet werden.[118] Zur Vermeidung von Ermüdung der Probanden sollten jedoch nicht mehr als 20-25 Kärtchen zur Rangordnung vorgegeben werden.[119] Abb. 3.19 verdeutlicht, welche Anzahl von Eigenschaften bzw. Eigenschaftsausprägungen mit 20-25 Kärtchen bei einem vollständigen Design realisiert werden können.

Anzahl der Eigenschaften	Anzahl der Eigenschaftsausprägungen			
	2	3	4	5
2	$2^2 = 4$	$3^2 = 9$	$4^2 = 16$	$5^2 = 25$
3	$2^3 = 8$	$3^3 = 27$	$4^3 = 64$	$5^3 = 125$
4	$2^4 = 16$	$3^4 = 81$	$4^4 = 256$	$5^4 = 625$
5	$2^5 = 32$	$3^5 = 243$	$4^5 = 1024$	$5^5 = 3125$

Abb. 3.19: Anzahl von Produktprofilen bei einem vollständigen faktoriellen Design

Die Abbildung zeigt deutlich, daß vollständige Designs nicht zu empirischen Erhebungen herangezogen werden können. Aus der Menge der möglichen Stimuli des (vollständigen) Designs ist eine zweckmäßige Teilmenge (reduziertes Design) auszuwählen.

Die bekanntesten *reduzierten (fraktionierten) Designs* sind das Lateinische und das Griechisch-lateinische Quadrat (vgl. Abb. 3.20). Im Gegensatz zu vollständigen Designs ist jede Stufe einer Eigenschaft nur genau einmal mit jeder Stufe der anderen Eigenschaften

---

[118] Experimentelle Designs werden zur besseren Übersicht allgemein in Formeln ausgedrückt. Werden z.B. drei Merkmale A (mit 2 Ausprägungen), B (mit 3 Ausprägungen) und C (mit 4 Ausprägungen) betrachtet, so wird von einem 2x3x4-Design gesprochen. Soll hingegen für ein Produkt mit Merkmal A (mit 3 Ausprägungen), B (mit 3 Ausprägungen) und C (mit 2 Ausprägungen) ein Erhebungsdesign entworfen werden, so liegt ein 3x3x2-Design (kurz 3^2x2) vor. Allgemein setzt sich ein $2^ix3^jx4^k$... Design aus i Merkmalen mit je 2 Ausprägungen, j Merkmalen mit je 3 Ausprägungen und k Merkmalen mit je 4 Ausprägungen zusammen. Vgl. Gierl (1995), S. 167. Wenn anstelle des x ein Multiplikationszeichen verwendet wird, kann die Anzahl der Stimuli des vollständigen Designs direkt berechnet werden. Für 3^2x2 ergeben sich $3^2 \cdot 2 = 18$ Stimuli.

[119] Vgl. Gierl (1995), S. 165; Green/Srinivasan (1978), S. 109.

verknüpft.[120]

Lateinisches Quadrat:				Griechisch-lateinisches Quadrat:			
(reduziertes Design für 3 Eigenschaften mit jeweils 3 Ausprägungen)				(reduziertes Design für 4 Eigenschaften mit jeweils 3 Ausprägungen)			
		B				B	
	b_1	b_2	b_3		b_1	b_2	b_3
a_1	c_1	c_2	c_3	a_1	$c_1 d_1$	$c_2 d_3$	$c_3 d_2$
A a_2	c_2	c_3	c_1	A a_2	$c_2 d_2$	$c_3 d_1$	$c_1 d_3$
a_3	c_3	c_1	c_2	a_3	$c_3 d_3$	$c_1 d_2$	$c_2 d_1$
Beispiel: Stimulus 5 = (a_2, b_2, c_3)				Beispiel: Stimulus 5 = (a_2, b_2, c_3, d_1)			

Abb. 3.20: Stimuli beim Lateinischen Quadrat (3^3-Design) und beim Griechisch-lateinischen Quadrat (3^4-Design)
Quelle: Thomas (1983), S. 322f.

Darüber hinaus sind der Praxis die von Addelman entwickelten reduzierten Designs sehr verbreitet. Mit den von Addelman vorgestellten Basisplänen können nahezu für alle *symmetrischen*[121] Ausgangsdesigns fraktionierte Designs ermittelt werden.[122]

Als wesentlich komplexer offenbart sich die Reduktion von *asymmetrischen* Designs. Addelman hat zu diesem Zweck Techniken entwickelt, wie aus reduzierten symmetrischen

---

[120] Reduzierte Designs sollten immer orthogonal sein. Ein orthogonales Haupteffekte-Design impliziert, daß zwischen den Eigenschaften keine Interaktionen vorliegen. Dies ist vor allem für die Schätzung der Parameter (Teilnutzen) von Bedeutung, da Korrelationen zwischen den Eigenschaften (unabhängige Variablen) bei der Regression zu Schätzverzerrungen führen. Geprüft wird Orthogonalität dadurch, daß alle Eigenschaftsausprägungen 0/1-dummy-codiert werden (Dichotomisierung) und anschließend paarweise die Korrelationswerte zwischen den Eigenschaftsvektoren berechnet werden. Sind alle Korrelationswerte gleich null, so ist das Design orthogonal. Liegen im Design mehrstufige Merkmale vor, die 0/1-dummy-codiert sind, so entstehen zwangsläufig innerhalb der Eigenschaften Korrelationen. Vgl. Gierl (1995), S. 169.

[121] Ein Design ist genau dann symmetrisch, wenn alle Eigenschaften die gleiche Anzahl von Eigenschaftsausprägungen besitzen. Bei asymmetrischen Designs kann die Anzahl der Eigenschaftsausprägungen zwischen den Eigenschaften variieren. Vgl. Addelman (1962b), S. 21.

[122] Vgl. Basispläne 1 bis 7 bei Addelman (1962b), S. 36-39; Gierl (1995), S. 169. Unter anderem werden dort folgende symmetrische Designs vorgestellt: 2^{15}- Design mit 16 Stimuli, 3^{13}-Design mit 27 Stimuli, 4^6-Design mit 25 Stimuli, 5^6-Design mit 25 Stimuli. Durch Streichen von Spalten kann die Anzahl der Eigenschaften reduziert werden. Vgl. Addelman (1962b), S. 22f.; Addelman (1962a), S. 52f. Bedingung für ein orthogonales symmetrisches (wie auch asymmetrisches) Haupteffekte-Design ist, daß die Ausprägung einer Eigenschaft mit proportionaler Häufigkeit zu jeder Ausprägung der anderen Eigenschaften vorkommt. Green/Srinivasan und Stallmeier weisen allerdings darauf hin, daß die Designs von Addelman zu stark fraktioniert sind. Zu viele Parameter müssen auf Basis von zu wenigen Beobachtungswerten geschätzt werden. Vgl. Green/Srinivasan (1990), S. 5; Stallmeier (1993), S. 142f.

Basisplänen reduzierte asymmetrische Designs abgeleitet werden können:[123]

- **Replacement (Ersetzungstechnik):** Mehrere Spalten im Basisplan werden zu einem Faktor mit einer bestimmten Anzahl von Ausprägungsstufen aggregiert (vgl. Abb. 3.21).

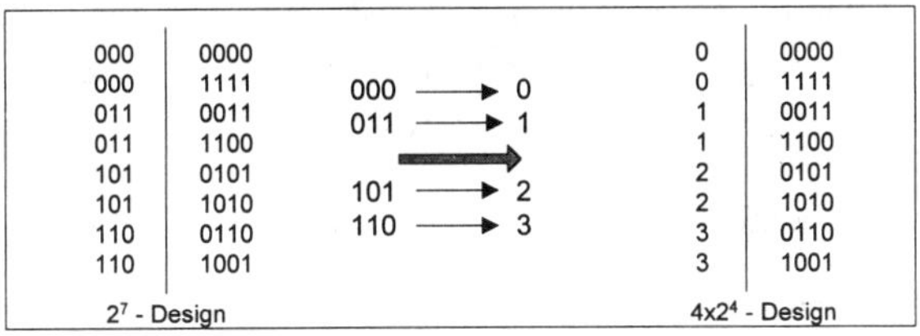

Abb. 3.21: Replacement im 2^7-Addelman-Design
Quelle: Gierl (1995), S. 170

- **Collapsing (Reduktionstechnik):** Die Anzahl der Ausprägungsstufen eines Merkmals wird mittels einer bestimmten Korrespondenzregel reduziert (vgl. Abb. 3.22).

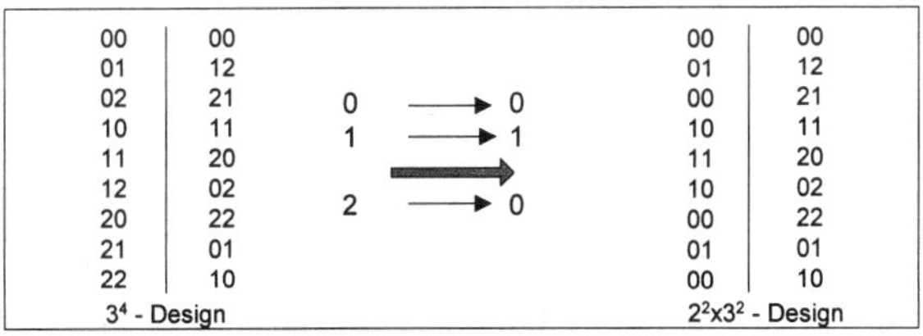

Abb. 3.22: Collapsing im 3^4-Addelman-Design
Quelle: Gierl (1995), S. 170

- **Streichen von Spalten:** In den Basisplänen können beliebige Spalten gestrichen werden. Die Eigenschaft der Orthogonalität bleibt trotzdem erhalten.[124]

---

[123] Vgl. Thomas (1983), S. 324-328.

[124] Am einfachsten können reduzierte asymmetrische Designs (z.B. 3x3x2x2) konstruiert werden, indem man zuerst vom entsprechenden symmetrischen Design (z.B. 3x3x3x3) ausgeht und bei denjenigen Eigenschaften, die eine zu große Anzahl an Ausprägungsstufen aufweisen, Collapsing anwendet. Vgl. Backhaus/Erichson/Plinke/Weiber (1996), S. 521f. Durch diese Vorgehensweise ergeben sich jedoch nicht immer Designs, die die geringste Anzahl von Stimuli besitzen. Durch simultanes Anwenden von Collapsing und Replacement können unter Umständen Designs mit einer noch geringeren Anzahl von Stimuli konstruiert werden. Es gibt keine allgemeingültige Regel für die Konstruktion von Designs. Im Einzelfall müssen verschiedene Vorgehensweisen getestet werden. Die gleichzeitige Anwendung aller drei Techniken kann allerdings zum Verlust der Orthogonalitätseigenschaft führen. Vgl. Gierl (1995), S. 171.

Bedingung für die Anwendung der vorgestellten Designs ist das Fehlen von Interaktionen zwischen den Eigenschaften. In manchen Fällen können Interaktionen nicht a-priori ausgeschlossen werden. Bei Automobilen beispielsweise korreliert die Größe des Innenraums mit dem Verbrauch. Probanden bevorzugen generell Autos mit einem großen Innenraum und ordnen einem geringen Verbrauch einen hohen Teilnutzen zu. Ein geräumiges Auto mit geringem Verbrauch wird von den Probanden jedoch wesentlich mehr präferiert, als die Summe der Teilnutzen der einzelnen Eigenschaften ergeben würde.[125]

3.3 Unterschiede bezüglich der Datenerhebung

In traditionellen Conjointanalysen mit wenigen Stimuli können den Probanden alle Testobjekte gleichzeitig vorgelegt werden *(simultane Erhebungsmethode)*. Hierbei stehen folgende Erhebungsverfahren zur Auswahl:

Ordinales Datenniveau:

Die am meisten verbreitete Erhebungsmethode bei der Conjointanalyse ist die vollständige Rangordnung der Objekte. Die Befragten müssen bei diesem Verfahren Kärtchen, auf denen die jeweiligen Produktprofile beschrieben sind, in eine Rangordnung bringen.

Intervallskaliertes Datenniveau:

Bei der intervallskalierten Datenerhebung werden die Produktprofile einzeln geordnet. Der Proband muß entweder auf einer Ratingskala oder direkt in Prozent angeben, mit welcher Wahrscheinlichkeit er das zum jeweiligen Produkt bzw. Online-Auftritt gehörige Stimulusprofil kaufen bzw. nutzen würde (Likelihood of Purchase).[126]

---

[125] Vgl. Green/Srinivasan (1978), S. 107. Grundsätzlich werden zwei Möglichkeiten unterschieden, um Interaktionen zwischen Faktoren bei der Conjointanlyse zu berücksichtigen: Die interagierenden Faktoren können zu „Hyperfaktoren" zusammengefaßt werden. Aus zwei zweistufigen Merkmalen wird dann z.B. ein vierstufiger Faktor konstruiert, der alle Kombinationen der Ausprägungsstufen berücksichtigt. Vgl. Thomas (1983), S. 313f. Das Design der Hauptfaktoren kann um Interaktionseffekte ergänzt werden. Mit dem vollständigen Design von drei Faktoren mit jeweils zwei Ausprägungen können alle Interaktionen berücksichtigt werden. Vgl. Green (1984), S. 163f.; Thomas (1983), S. 313f. Neben den Variablen für die Haupteffekte werden dem Design noch „Pseudovariablen" für die Interaktion hinzugefügt. Vgl. Sattler (1991), S. 151f.

[126] Die intervallskalierte Vorgehensweise besitzt den Vorteil, daß die Befragung im Gegensatz zur ordinalen Rangordnung auch schriftlich und ohne Hilfestellung des Interviewers durchgeführt werden kann. Die Beurteilungen werden dabei nicht simultan im Vergleich zu anderen Profilen durchgeführt. Generell wird allerdings bezweifelt, ob Versuchspersonen in der Lage sind, Profile intervallskaliert auf einer Ratingskala zu positionieren. Thomas schlägt deshalb ein Verfahren vor, bei dem die Stimuli als Kärtchenreiter auf einem Lineal (Präferenzskala) plaziert werden. Der Proband kann die Reiter so lange verschieben, bis die exakte Präferenzfolge gefunden ist. Vgl. Thomas (1983), S. 359-361.

In Untersuchungen mit einer größeren Anzahl an Stimuli ist der Proband mit einer simultanen Präsentation überfordert. In diesem Fall werden die ermittelten Stimuli den Probanden *paarweise* präsentiert. Aus jedem vorgelegten Paar muß der Befragte das von ihm bevorzugte Objekt auswählen (Richtung der Präferenz) und die Intensität der Bevorzugung angeben.[127]

Gegenüber der simultanen Präsentation ist der Bewertungsaufwand erheblich höherer. Bei n Stimuli ergeben sich $\binom{n}{2}$ Paarvergleiche.[128]

Im einzelnen lassen sich folgende Skalen zur Messung von Paarvergleichen heranziehen:

Graded-Paired-Comparison (GPC-Skala):

Der Proband muß bei diesem Ansatz angeben, welches Produkt er bevorzugt und wie stark er dieses den anderen vorzieht (vgl. Abb. 3.23).

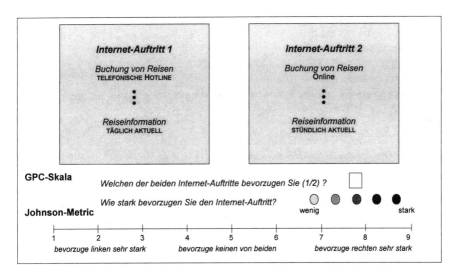

Abb. 3.23: Fragenbeispiel für GPC-Skala und Johnson-Metric

---

[127] Beim paarweisen Vergleich der Stimuli muß sich der Proband, im Gegensatz zur simultanen Präsentation, bei der alle Stimuli miteinander zu vergleichen sind, weniger konzentrieren. Die sukzessive Bewertung von Objektpaaren bildet die eigentliche Präferenzbildung allerdings nicht exakt ab, da sich diese auf alle zur Verfügung stehenden Alternativen erstreckt. Hierdurch kann es zu Intransitivitäten im Präferenzgefüge kommen, die sich negativ auf die Schätzergebnisse auswirken.

[128] Allein bei 9 Stimuli sind also 36 Paarvergleiche zu bewerten. Es wurden bereits Verfahren ermittelt, mit denen die Zahl der Paarvergleiche vermindert werden kann, ohne daß die Validität der Schätzergebnisse abnimmt. Auf diese wird in Teil 3, Kap. 3.6.2 näher eingegangen.

Johnson-Metric (vereinfachte GPC-Skala):

Der von Johnson verwendete Erhebungsansatz stellt eine Vereinfachung der GPC-Skala dar. Die Probanden müssen hier auf einer einzigen Skala angeben, welches der beiden angebotenen Objekte sie wie stark bevorzugen (vgl. Abb. 3.23).[129]

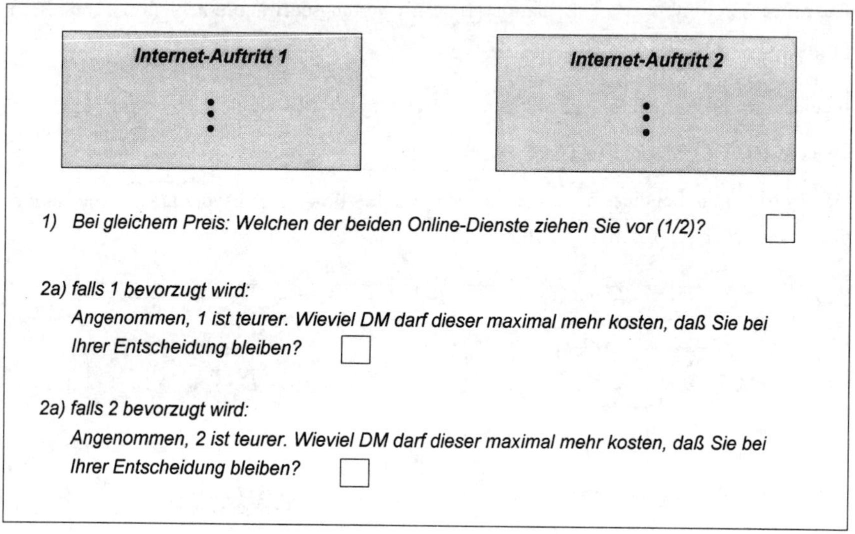

Abb. 3.24: Fragenbeispiel für Dollar-Metric

Dollar-Metric-Skala:

Bei der Dollar-Metric-Skala gibt der Proband zunächst die präferierte Alternative und anschließend den Geldbetrag an, um den der Preis der bevorzugten Alternative höher sein

---

[129] Vgl. Green/Krieger/Agarwal (1991), S. 216. Den Probanden ist es hierbei wegen des begrenzten Wertebereiches (1 bis 4) oftmals nicht möglich, den Nutzenunterschied intervallskaliert anzugeben. Möglicherweise werden zwei Stimuli mit vier bewertet, obwohl ein Objekt deutlich stärker bevorzugt wird als das andere. Die Versuchspersonen sind somit teilweise gezwungen, inkonsistente Urteile abzugeben. Vgl. Schweikl (1985), S. 118-120. Die guten Schätzergebnisse von ACA können möglicherweise dadurch begründet werden, daß dort nur Stimuli in Paarvergleichen präsentiert werden, bei denen der Nutzenunterschied sehr gering ist. Die vierstufige Skala reicht dann aus, den Nutzenunterschied korrekt anzugeben zu können. Vgl. Green/Krieger/Agarwal (1991), S. 216.

darf, damit die Bewertung in Indifferenz übergeht (vgl. Abb. 3.24).[130]

Constant-Sum-Paired-Comparisons:

Die Versuchspersonen werden hierbei gebeten, eine konstante Summe von Punkten (z.B. 100 Punkte) im Verhältnis der Präferenzen auf die beiden Alternativen zu verteilen. Wenn dem Probanden das Produktprofil A viermal lieber als das Produktprofil B ist, so vergibt er 80 Punkte an die Alternative A und 20 Punkte an die Alternative B.[131]

Ein wesentlicher Vorteil von Paarvergleichsbewertungen besteht darin, daß sie auch am Computer oder online durchgeführt werden können. Eine Rangordnung von Stimuluskarten auf dem Bildschirm ist hingegen nur begrenzt möglich.[132]

3.4 Unterschiede bezüglich der Präsentation der Stimuli

Die ermittelten Stimuli können den Probanden auf verschiedenste Weise präsentiert werden.[133] Im einzelnen stehen folgende Alternativen zur Wahl:

Verbale Beschreibung:

In der klassischen Form der Conjointanalyse werden den Befragten Karten vorgelegt, auf denen die unterschiedlichen Eigenschaftsausprägungen verbal beschrieben sind.[134]

---

[130] Vgl. Green/Srinivasan (1978), S. 112. Die nach oben offene Skala ermöglicht es den Befragten, im Vergleich zur GPC-Skala, konsistentere Urteile über Präferenzunterschiede abzugeben. Diese Erhebungsprozedur ist an Anwendungen gebunden, bei denen der Preis als Maßstab zur Beurteilung von Nutzenunterschieden herangezogen werden kann.[130] Für die in dieser Untersuchung durchgeführten Vergleiche von Internet-Auftritten erweist sich die Dollar-Metric als unpassend, da deren Abruf nichts kostet („Wieviel darf Internet-Auftritt A im Vergleich zu B mehr kosten?"). Der Nachteil: Bei Produkten, bei denen der Preis als Qualitätsindikator dient, wird das höherpreisige Produkt gewählt, obwohl beide Produkte die gleiche Ausstattung besitzen. Vgl. Schweikl (1985), S. 121.

[131] Der Nutzenunterschied zwischen den beiden Alternativen kann dann durch Subtraktion der beiden Werte ermittelt werden. Durch diese Methode wird zwar der mögliche Meßfehler, der bei GPC-Skalen auftritt, umgangen. Wie bei der Dollar-Metric dauert die Bewertung jedoch deutlich länger.

[132] Denkbar ist hierbei eine Anwendung, bei der dem Probanden alle Stimuluskarten auf dem Bildschirm vorgestellt werden. Er kann dann einzelne Karten mit der Maus anklicken und so verschieben, daß sie letztendlich eine Präferenzreihenfolge ergeben. Da alle Stimuli gleichzeitig auf einem Bildschirm präsentiert werden müssen, ist die Anzahl darstellbarer Stimuli allerdings sehr begrenzt.

[133] Die Variation der Präsentationsform bezieht sich allerdings nur auf den Full-Profile-Ansatz, da die Präsentation der Stimuli beim Trade-Off-Ansatz an die tabellarische Form gebunden ist.

[134] Untersuchungen zeigen jedoch, daß die errechneten Teilnutzen von der Anordnung der Produkteigenschaften auf den Kärtchen abhängig sind. Vgl. Weisenfeld (1989), S. 77; Acito (1977), S. 84f. Größter Kritikpunkt an der verbalen Präsentation ist, daß in die Nutzenermittlung Eigenschaften einbezogen werden, die bei einer realen Wahlentscheidung von Probanden möglicherweise gar nicht berücksichtigt würden. Vgl. Sattler (1991), S. 138f. Zudem neigen Versuchspersonen dazu, verbale Informationen eher sequentiell zu verarbeiten, wohingegen bildliche Informationen eher simultan aufgenommen werden. Dies schränkt die ganzheitliche Bewertung der Profile erheblich ein. Vgl. Holbrock/Moore (1981), S. 110-112. In der Literatur ist keine Einheitlichkeit darüber gegeben, ob die bildliche Präsentation der verbalen Präsentation überlegen ist. Vgl. Sattler (1991), S. 137f.

Bildhafte Beschreibung:

Die Produkte werden mit ihren Eigenschaften und Ausprägungen durch Bilder symbolisiert. Die simultane Informationsaufnahme bei Bildern ermöglicht es, Interaktionseffekte zwischen den Eigenschaften besser zu messen.[135]

Paragraphische Beschreibung:

Bei der paragraphischen Beschreibung werden die Stimuli in Form von Werbeanzeigen präsentiert, wobei die Ausprägungen der Eigenschaften in den Anzeigen variiert werden.[136]

Virtuelle, multimediale Präsentation:

Die virtuelle, multimediale Präsentation stellt eine Weiterentwicklung des paragraphischen Ansatzes dar. Digitalisierte Bilder beschreiben beispielsweise das Grobkonzept des Produktes; interaktiv kann der Proband Zusatzinformationen über Eigenschaften abrufen. Diese können aus Bewegt-Bild-Animationen, einfachen Bildern, verbalen Beschreibungen oder Tonaufnahmen bestehen. Darüber hinaus können Bedienungsabläufe simuliert werden.[137]

Physische Präsentation:

Dem Probanden werden hier reale Produkte mit unterschiedlichen Eigenschaftsausprägungen (z.B. Handys) zur Nutzung bereitgestellt. Einzelne Eigenschaften wie beispielsweise die Bedienungsfreundlichkeit können nur im realen Gebrauch beurteilt werden. Dem stehen allerdings zum Teil erhebliche Kosten für die Produktion der Prototypen gegenüber.

Für die Verwendung der verbalen Beschreibung sprechen die Erfahrungswerte, die stabilen Ergebnisse, die Übersichtlichkeit und die geringen Herstellungskosten. Darüber hinaus ist es dabei möglich, noch nicht existierende Produkte und Dienstleistungen einfach zu testen.

3.5 Unterschiede bezüglich der Verknüpfungsfunktion

Mit der Verknüpfungsfunktion werden die ermittelten Nutzenwerte jeder Produkteigenschaft bzw. Eigenschaftsausprägung zum Gesamtnutzenwert des Produktprofils zusammengefaßt.

---

[135] Vgl. Sattler (1991), S. 75; Holbrock/Moore (1981), S. 110-112. Einige Eigenschaften wie z.B. „Styling" können nur sehr schwer verbalisiert werden. Unausweichlich muß hier auf die bildliche Darstellung zurückgegriffen werden. Andererseits können bestimmte Eigenschaften wie z.B. die Lautsprecherleistung bei Autoradios nicht bildlich operationalisiert werden. Vgl. Loosschilder/Rosbergen/Vriens/Wittink (1995), S. 20-22.

[136] Diese Mischform zwischen verbaler und bildlicher Präsentation stellt geringe Anforderungen an die Aufnahmefähigkeit der Befragten, da Teile der Stimuli visualisiert sind. Überdies ist diese Form der Erhebung für die Versuchspersonen nicht so monoton wie die verbale Beschreibung. Der Proband zieht nur diejenigen Eigenschaften zur Präferenzbildung heran, die auch in der Realität letztendlich entscheidend sind. Vgl. Green/Srinivasan (1978), S. 111.

[137] Vgl. Meyer (1994), S. 313f.; Hildebrandt (1994), S. 17f. Untersuchungen mit virtuellen Prototypen führen trotz deutlich geringerer Kosten zu ähnlichen Ergebnissen wie Tests mit realen Prototypen. Vgl. Erdmann

Dabei werden kompensatorische, nicht-kompensatorische und lexikographische Modelle unterschieden.

Kompensatorische Verknüpfungsfunktionen:

Kompensatorische Funktionen zeichnen sich dadurch aus, daß geringe Nutzenwerte bei einzelnen Produkteigenschaften durch höhere Nutzenwerte bei anderen Produkteigenschaften ausgeglichen werden.

Das einfachste kompensatorische Modell ist das additive *Teilnutzenmodell*:

$$U_j = \sum_{l=1}^{L} \beta_{jm_l}$$

U_j *Gesamtnutzen des Online-Auftrittes j*
β_{jm_l} *Teilnutzen der Ausprägung m der Komponente l bei Online-Auftritt j*
$l=1,...,L$ *Komponenten des Online-Auftrittes j*

Der Gesamtnutzen eines Produktes mit bestimmten Eigenschaftsausprägungen ergibt sich aus der Addition der Teilnutzen der Eigenschaftsausprägungen.[138]

Nicht-kompensatorische Verknüpfungsfunktionen:

Nicht-kompensatorische Modelle basieren auf der Idee, daß Konsumenten zur Präferenzbildung nicht alle Eigenschaften heranziehen, sondern sich vielmehr auf einige Schlüsselattribute („Key-Attributes") konzentrieren, die alle ein bestimmtes Ausprägungsniveau haben müssen.[139] Im einzelnen werden dabei konjunktive und disjunktive Modelle unterschieden.

In einem *konjunktiven Modell* („Und-Modell") ordnen die Konsumenten einem Produktprofil nur dann einen Nutzen zu, wenn alle Schlüsselattribute einen bestimmten Mindestnutzen aufweisen. Wenn eines der Schlüsselattribute nicht den notwendigen Mindestnutzen besitzt, wird das Profil von der Präferenzbildung ausgeschlossen.[140]

(1996), S. 48f.

[138] Die bereits angesprochenen Modelle von Fishbein und Trommsdorff sind ebenfalls kompensatorisch. Sie gehen jedoch im Gegensatz zum Teilnutzenmodell davon aus, daß die Eigenschaftsausprägungen kontinuierlich (stetig) auf die Präferenz des Produktes wirken. Das Teilnutzenmodell kann für kontinuierliche Merkmale (z.B. Preis, Benzinverbrauch usw.) durch Extrapolation in eine stetige Präferenzfunktion umgewandelt werden. Daraus kann sich ein Idealpunkt- bzw. ein Idealvektormodell ergeben. Vgl. Mengen/Simon (1996), S. 233-235; Müller/Kesselmann (1994), S. 271.

[139] Vgl. Lilien/Kotler/Moorthy (1992), S. 93f.

[140] Ein Modell, das diese Bedingung annähert, ist die multiplikative Verknüpfungsfunktion. Vgl. Böcker (1986), S. 558f.; Tscheulin (1992), S. 14f.

Im Gegensatz zu konjunktiven Modellen müssen bei *disjunktiven* („Oder-Modell") nicht alle Schlüsseleigenschaften einen bestimmten Mindestnutzen aufweisen. Ein Produkt wird bereits dann positiv beurteilt, wenn ein Kriterium („Killer-Attribute") den nötigen Mindestnutzen aufweist, unabhängig davon, welche Ausprägung die übrigen Eigenschaften haben.[141]

Lexikographische Modelle:

Basis für das lexikographische Modell ist eine Rangreihung der Wichtigkeit der Eigenschaften. Der Nutzen des Produktes ergibt sich aufgrund des Vergleichs zwischen den Ausprägungsstufen der wichtigsten Eigenschaft. Können die Produkte aufgrund der wichtigsten Eigenschaft nicht in eine Rangordnung gebracht werden, so werden die Ausprägungen der zweitwichtigsten Eigenschaft zur Bewertung herangezogen. Dementsprechend werden so viele Eigenschaften zur Bewertung herangezogen, bis sich eine eindeutige Präferenzrangfolge für die Produkte ergibt.[142]

Das additive Teilnutzenmodell ist die am häufigsten verwendete Verknüpfungsfunktion. Zahlreiche Untersuchungen bescheinigen diesem Modell eine sehr hohe Validität. Dies läßt allerdings nicht den Schluß zu, daß der Informationsverarbeitungsprozeß während des Kaufs additiv abläuft.[143] Vielmehr ist das Modell sehr robust und approximiert den Präferenzbildungsprozeß in ausreichendem Maße.[144]

3.6 Unterschiede bezüglich der Schätzung

3.6.1. Bestimmung von Teilnutzen auf Basis von metrischen Präferenzdaten mit der Kleinst-Quadrat-Schätzung

In den letzten Jahrzehnten wurden sehr viele Programmpakete für die Conjointanalyse entwickelt. Größte empirische Bedeutung besitzt die Conjointanalyse in Verbindung mit der

---

[141] Eine Annäherung dieser Präferenzbildung ist durch eine reziproke Funktion möglich. Vgl. Böcker (1986), S. 558f.; Tscheulin (1992), S. 14f.

[142] Vgl. Bamberg/Coenenberg (1996), S. 51.

[143] Eine Auflistung von Untersuchungen, in denen Teilnutzenmodelle zu validen Ergebnissen führten, findet sich bei Carroll/Green (1995), S. 385.

[144] Vgl. Böcker (1986), S. 559.

Kleinst-Quadrat-Schätzung (OLS Ordinary Least Squares).[145] Mehr als 50 Prozent aller Conjointanalysen werden mit diesem Verfahren durchgeführt.[146] Die erhobenen Präferenzdaten müssen für die Anwendung dieser Methode metrisch sein. Verschiedene Untersuchungen bestätigen allerdings, daß die OLS-Schätzung auch bei ordinalen Präferenzdaten zu validen Ergebnissen führt.[147]

Basis für die Schätzung bildet das additive Teilnutzenmodell. Dieses wird zur Schätzung um einen Fehlerterm ε erweitert.[148]

Werden nicht nur zweistufige Merkmale in der Conjointanalyse[149] verwendet, so müssen mehrere 0/1-codierte Dummyvariablen zur Dichotomisierung einer Eigenschaft herangezogen

---

[145] Neben der Kleinst-Quadrat-Schätzung sind die Verfahren LINMAP und MONANOVA am weitesten verbreitet. Als Dateninput genügen bei LINMAP Daten mit ordinalem Niveau. Das Computerprogramm ermöglicht es, neben Rangreihungsdaten auch Daten aus Trade-Off-Matrizen und Paarvergleichen zu verarbeiten. Zum Auffinden der Teilnutzen wird die lineare Programmierung (LP) eingesetzt. Zielfunktion des LP-Modells ist die Minimierung der Unterschiede zwischen den erhobenen und den reproduzierten Präferenzdaten. Als Nebenbedingungen fungieren u.a. das gewünschte Präferenzmodell und die Standardisierung der Teilnutzen. Vgl. Srinivasan/Shocker (1973), S. 365-369. Das von Kruskal entwickelte Verfahren MONANOVA verlangt ebenso nur ordinalen Dateninput. Im Gegensatz zu LINMAP können hier allerdings nur Rangordnungsdaten berücksichtigt werden. Mittels metrischer Varianzanalyse werden in einem ersten Schritt Teilnutzen bestimmt, die die Ausgangswerte für das weitere Verfahren darstellen. Auf Basis dieser Ausgangswerte wird der metrische Gesamtnutzen reproduziert, der dann auf ordinales Niveau reduziert und mit den empirisch ermittelten Rangreihungsdaten verglichen wird. Zwischen den empirischen Werten und den reproduzierten Rangwerten muß die Monotoniebedingung erfüllt sein. Mittels monotoner Transformation werden neue reproduzierte Rangwerte errechnet, die der Montoniebedingung genügen. Diese stellen wiederum den Input für die metrische Varianzanalyse dar, die dazu dient, bessere Teilnutzen zu berechnen. Dieses wechselseitige Zusammenspiel von metrischer Varianzanalyse und monotoner Transformation wird iterativ so lange durchgeführt, bis sich keine Verbesserung der Monotonie mehr erreichen läßt. Vgl. Backhaus/Erichson/Weiber/Plinke (1996), S. 512-517; Aust (1996), S. 68f.; Stallmeier (1993), S. 99-101.

[146] Wittink/Cattin (1989) und Wittink/Vriens/ Burhenne (1994) zitiert nach Aust (1996), S. 64.

[147] Diese Schätzmethode hat den großen Vorteil, daß sie unabhängig von speziellen Programmpaketen auch mit der einfachen Regressionsanalyse, die in fast allen Statistik-Programmpaketen enthalten ist, durchgeführt werden kann. Darüber hinaus liefert die Regressionsanalyse nützliche Informationen über die Güte der Parameterschätzung (gesamte Regressionsfunktion: R^2, Sig F; Regressionskoeffizienten: Sig t). Vgl. Teil 3, Kap. 4.6.2.

[148] Die Zufallsvariable ε drückt aus, daß die ermittelten Gesamturteile nicht exakt durch eine Linearkombination der Teilnutzen reproduziert werden können. Als Ursache können das Fehlen von erklärenden Variablen, mangelnde Konzentration der Probanden und nicht korrekte Spezifikation des Modells angeführt werden. Vgl. Stallmeier (1993), S. 103f.

[149] Wenn jede Eigenschaft des Produktprofils nur zwei Ausprägungsstufen besitzt, so reicht jeweils eine 0/1-codierte Dummyvariable (0: Ausprägungsstufe 1; 1: Ausprägungsstufe 2) zur Dichotomisierung aus. Jede Eigenschaft stellt dann eine unabhängige Variable für die Regression dar. Die zu schätzenden Parameter w_l bilden die gesuchten Teilnutzen ab.

$$U_j = w_1 x_{j1} + w_2 x_{j2} + \cdots + w_l x_{jl} + \varepsilon$$

U_j Nutzen des Produktprofils j

w_l Teilnutzen der Ausprägungsstufe mit $x_{jl}=1$ der Eigenschaft l

x_{jl} 0/1-dummy-Codierung der beiden Ausprägungsstufen der Eigenschaft l bei Produktprofil j

werden.[150]

$$U_j = w_0 + \sum_{l=1}^{L} \sum_{m=2}^{M_l} w_{lm} x_{jlm} + \varepsilon$$

w_o *erwarteter Präferenzwert für das Referenzprodukt mit der Ausprägungsstufe 1*
           für die Merkmale 1,...,L
w_{lm} *Änderung des Präferenzwertes beim Übergang von Ausprägungsstufe 1 zu*
           Ausprägungsstufe m bei Merkmal l (Teilnutzen)
x_{jlm} *0/1-dummy-Codierung der Ausprägungsstufe m der Eigenschaft l bei Produkt-*
           profil j
$l = 1,...,L$ *Anzahl der Eigenschaften des Produktprofils*
$m = 1,...,M_l$ *Anzahl der Ausprägungsstufen der Eigenschaft l*

Ein Beispiel soll die Bestimmung der Teilnutzen mit Hilfe der Regressionsanalyse verdeutlichen. Ausgangspunkt bildet ein fiktiver Online-Auftritt mit 3 Eigenschaften mit jeweils 3
Ausprägungsstufen. Für das vollständige Design mit 27 Stimuli wird ein fraktioniertes orthogonales Design (die ersten 3 Spalten des 3^4-Plans von Addelman) mit 9 Stimuli konstruiert
(vgl. Abb. 3.25).[151]

Mit Hilfe der Regressionsanalyse werden die Koeffizienten w_{lm} geschätzt, die die Teilnutzen
der zweiten und dritten Ausprägungsstufe darstellen.[152]

3.6.2. Bestimmung der Teilnutzen auf Basis von metrischen Paarvergleichsdaten mit der Kleinst-Quadrat-Schätzung

Seit einigen Jahren werden Conjointanalysen verstärkt computergestützt durchgeführt. Die
Stimuli werden dabei dem Probanden paarweise offeriert. Auch aus Paarvergleichsdaten
können mit der Kleinst-Quadrat-Schätzung direkt Teilnutzen ermittelt werden.

Ausgangspunkt für die Bestimmung ist, daß sich der Gesamtnutzen jedes im Paarvergleich

---

[150] Grundsätzlich benötigt man für m Ausprägungen einer Eigenschaft m-1 0/1-codierte Dummyvariablen. Die
Anzahl der Dummyvariablen muß dabei niedriger als die Anzahl der Ausprägungen sein, da andernfalls die
Dummyvariablen linear abhängig werden und bei Multikollinearität die Anwendung der Regressionsanalyse
nicht möglich ist. Vgl. Schweikl (1985), S. 62. Deshalb muß zusätzlich ein Konstantterm w_0 in das Regres-
sionsmodell aufgenommen werden. Dieser gibt den Basisnutzen des Produktprofils wieder, bei dem alle
Eigenschaften die Ausprägungsstufe 1 besitzen.

[151] Vgl. Teil 3, Kap. 3.2.

[152] Für die erste Ausprägungsstufe wird ein Teilnutzen von 0 gesetzt. Der Basisnutzen w_0 müßte eigentlich auf
die ersten Ausprägungsstufen aller Eigenschaften verteilt werden. Darauf kann aber verzichtet werden, da sich
die Relation der Teilnutzen hierdurch nicht ändert. Durch die 0/1-dummy-Codierung der unabhängigen Variablen kann das Problem auch mit der Varianzanalyse gelöst werden (unabhängige Variablen nominal (0/1-
codiert) und abhängige Variable metrisch). Vgl. Backhaus/Erichson/Plinke/Weiber (1996), S.56f., S. 510f.

präsentierten Produktprofils durch ein additives Teilnutzenmodell beschreiben läßt.

Stimuli des reduzierten Design	erhobene Präferenz	fraktioniertes faktorielles Design					
		Eigenschaft 1		Eigenschaft 2		Eigenschaft 3	
A	1	0	0	0	0	0	0
B	2	0	0	1	0	1	0
C	3	0	0	0	1	0	1
D	4	1	0	0	0	1	0
E	5	1	0	1	0	0	1
F	6	1	0	0	1	0	0
G	9	0	1	0	0	0	1
H	7	0	1	1	0	0	0
I	8	0	1	0	1	1	0

Abb. 3.25: Beispiel für die Ermittlung der Teilnutzen mit OLS-Schätzung

$$U_{j_t} = w_0 + \sum_{l=1}^{L}\sum_{m=2}^{M_l} w_{lm} x_{j,lm} + \varepsilon_{j_t}$$

$$U_{k_t} = w_0 + \sum_{l=1}^{L}\sum_{m=2}^{M_l} w_{lm} x_{k,lm} + \varepsilon_{k_t}$$

t *Nummer des Paarvergleiches (t=1,...,T)*

j_t, k_t *bei Paarvergleich t gegenübergestellte Produktalternativen j und k*

Bei Paarvergleichen muß die Versuchsperson angeben, welches Produktprofil sie gegenüber einem anderen wie stark bevorzugt. Dabei wird der Präferenzunterschied ΔU_t zwischen den präsentierten Stimuli erhoben. Formal ergibt sich dieser als Differenz der Teilnutzenmodelle aus beiden Produktprofilen.

$$\Delta U_t = \sum_{l=1}^{L} \sum_{m=2}^{M_l} w_{lm}\left(x_{j_t lm} - x_{k_t lm}\right) + \left(\varepsilon_{j_t} - \varepsilon_{k_t}\right)$$

Durch die Subtraktion verschwindet das Absolutglied w_o. Die Differenzen der 0/1-dummy-codierten Eigenschaftsbeschreibungen der gegenübergestellten Alternativen j und k sowie der Störterme ε können zum Differenzenvektor bestehend aus den Variablen d_{lmt} und ε_t zusammengefaßt werden. Auf diese Weise erhält man wieder ein klassisches Regressionsmodell.[153]

$$\Delta U_t = \sum_{l=1}^{L} \sum_{m=2}^{M_l} w_{lm} d_{lmt} + \varepsilon_t$$

d_{lmt} *Differenz der Codierung der Eigenschaft l mit Ausprägungsstufe m der im Paarvergleich t gegenübergestellten Stimuli j und k (Wertebereich: -1,0,1)*

Die sich aus allen Paarvergleichen ergebenden Differenzenvektoren werden zum sogenannten **Differenzendesign**[154] zusammengefaßt, das die unabhängige Variable für die Regression darstellt. Das Differenzendesign muß ebenso über Orthogonalität verfügen.[155]

Ein Beispiel soll dies verdeutlichen. Ausgangspunkt bildet das 2^{12}-Design von Addelman (vgl.

---

[153] Konträr dazu kann aus den Paarvergleichsdaten auch die eigentliche Präferenzreihenfolge reproduziert werden. Zur Auswertung kann dann das im vorherigen Kapitel beschriebene Verfahren der Kleinst-Quadrat-Schätzung auf Basis von metrischen Präferenzdaten verwendet werden. Vgl. Sixtl (1982), S. 183-194. Durch die hier beschriebene Vorgehensweise kann dieser Schritt übersprungen werden. Dies hat den Vorteil, daß weniger Paarvergleiche zur Schätzung benötigt werden. Vgl. Hausruckinger/Herker (1992), S. 104f.

[154] Die Variablen d_{lmt} nehmen den Wert 0 an, wenn die im t-ten Paarvergleich einander gegenübergestellten Alternativen j_t und k_t bei Merkmal l identische Ausprägungsstufen (0,0; 1,1) annehmen, den Wert +1, wenn die Alternative j_t die Stufe 1 und k_t die Stufe 0 (1,0) besitzt; und den Wert -1 an, wenn Alternative j_t die Stufe 0 und k_t die Stufe 1 (0,1) aufweist.

[155] Bei der Schätzung dieses Regressionsmodells ist zu beachten, daß kein Konstantglied im Modell vorhanden sein darf. Bei vielen Programmpaketen, u.a. SPSS, kann dieses Glied nicht aus der Berechnung ausgeschlossen werden. Als Teilnutzen verwendet man deshalb nicht die eigentlich geschätzten Regressionskoeffizienten, sondern die standardisierten Regressionskoeffizienten (BETA). Diese Werte geben die eigentliche Einflußstärke der unabhängigen Variable für die Erklärung der abhängigen Variable wieder. Vgl. Backhaus/Erichson/Plinke/Weiber (1996), S. 19f., S.39.

Abb. 3.26).[156]

Dieses Design kann zur Conjointanalyse für einen Internet-Auftritt mit zwölf Komponenten (E1-E12) und jeweils zwei Ausprägungsstufen verwendet werden. Wie Abb. 5.1 im Anhang 1 zeigt, sind die Korrelationen zwischen den Spalten gleich null. Es liegt Orthogonalität vor.

Soll die Präsentation der Stimuli paarweise vorgenommen werden, so ergeben sich bei 16 Stimuli $\binom{16}{2}$ = 120 Paarvergleiche. Eine so hohe Anzahl von Vergleichen ist in der Praxis jedoch nicht durchführbar.[157]

Hausruckinger/Herker haben eine interessante Eigenschaft des 2^{12}-Designs entdeckt, die zur Reduktion von Paarvergleichen und zur Konstruktion von unkorrelierten Differenzendesigns herangezogen werden kann (vgl. Abb. 5.2 im Anhang 1).[158]

	E1	E2	E3	E4	E5	E6	E7	E8	E9	E10	E11	E12
Stimulus 1	0	0	0	0	0	0	0	0	0	0	0	0
Stimulus 2	0	1	1	0	1	1	1	0	1	1	1	0
Stimulus 3	1	0	1	1	0	1	1	1	0	0	1	1
Stimulus 4	1	1	0	1	1	0	0	1	1	1	0	1
Stimulus 5	0	0	0	0	1	1	0	1	1	0	1	1
Stimulus 6	0	1	1	0	0	0	1	1	0	1	0	1
Stimulus 7	1	0	1	1	1	0	1	0	1	0	0	0
Stimulus 8	1	1	0	1	0	1	0	0	0	1	1	0
Stimulus 9	0	0	0	1	0	1	1	0	1	1	0	1
Stimulus 10	0	1	1	1	1	0	0	0	0	0	1	1
Stimulus 11	1	0	1	0	0	0	0	1	1	1	1	0
Stimulus 12	1	1	0	0	1	1	1	1	0	0	0	0
Stimulus 13	0	0	0	1	1	0	1	1	0	1	1	0
Stimulus 14	0	1	1	1	0	1	0	1	1	0	0	0
Stimulus 15	1	0	1	0	1	1	0	0	0	1	0	1
Stimulus 16	1	1	0	0	0	0	1	0	1	0	1	1

Abb. 3.26: 2^{12}-Ausgangsdesign

Sie zeigen in ihren Ausführungen, daß sich in diesem Fall für das 2^{12}-Design ein weitgehend unkorreliertes Differenzendesign ergibt, wenn die Stimuli in den Viererblöcken vollständig miteinander verglichen werden.[159] Für den vollständigen Vergleich von vier Stimuli werden 6

---

[156] Vgl. Hausruckinger/Herker (1992), S. 107.

[157] Green reduzierte die Anzahl der Paarvergleiche auf 48. Aber auch diese Menge ist für Erhebungen noch zu groß. Vgl. Green (1974), S. 65; Hausruckinger/Herker (1992), S. 104.

[158] In einem ersten Schritt werden die Stimuli in Viererblöcke (B_i) von Stimuli (B1: S1-S4, B2: S5-S8, B3: S9-S12, B4: S13-S16) aufgeteilt. Innerhalb der Viererblöcke werden die verbleibenden 4x12-Matrizen in die einzelnen Eigenschaftsvektoren (E1-E12) aufgeteilt. Zwischen dem Vektor der Eigenschaft 1 (E1) (0 0 1 1) in Block 1 und dem Vektor der Eigenschaft 1 in Block 2 (0 0 1 1) ergibt sich eine Korrelation von 1. Abb. 5.2 im Anhang zeigt alle blockweisen Korrelationen der Eigenschaften auf. Werden diese Korrelationen zwischen einzelnen Blöcken aufaddiert, so ergibt sich immer der Wert 0. Vgl. Hausruckinger/Herker (1992), S. 102.

[159] Vgl. Hausruckinger/Herker (1992), S. 107, S. 105f.

Paarvergleiche benötigt. Insgesamt ergeben sich über alle Blöcke 4·6=24 Paarvergleiche. Abb. 3.27 zeigt ein mögliches Differenzendesign auf.[160]

	E1	E2	E3	E4	E5	E6	E7	E8	E9	E10	E11	E12
1. Paarvergleich 1-2	0	-1	-1	0	-1	-1	-1	0	-1	-1	-1	0
2. Paarvergleich 4-3	0	1	-1	0	1	-1	-1	0	1	1	-1	0
3. Paarvergleich 3-1	1	0	1	1	0	1	1	1	0	0	1	1
4. Paarvergleich 2-4	-1	0	1	-1	0	1	1	-1	0	0	1	-1
5. Paarvergleich 1-4	-1	-1	0	-1	-1	0	0	-1	-1	-1	0	-1
6. Paarvergleich 2-3	-1	1	0	-1	1	0	0	-1	1	1	0	-1
7. Paarvergleich 5-6	0	-1	-1	0	1	1	-1	0	1	-1	1	0
8. Paarvergleich 7-8	0	-1	1	0	1	-1	1	0	1	-1	-1	0
9. Paarvergleich 7-5	1	0	1	1	0	-1	1	-1	0	0	-1	-1
10. Paarvergleich 6-8	-1	0	1	-1	0	-1	1	1	0	0	-1	1
11. Paarvergleich 8-5	1	1	0	1	-1	0	0	-1	-1	1	0	-1
12. Paarvergleich 7-6	1	-1	0	1	1	0	0	-1	1	-1	0	-1
13. Paarvergleich 9-10	0	-1	-1	0	-1	1	1	0	1	1	-1	0
14. Paarvergleich 12-11	0	1	-1	0	1	1	1	0	-1	-1	-1	0
15. Paarvergleich 11-9	1	0	1	-1	0	-1	-1	1	0	0	1	-1
16. Paarvergleich 10-12	-1	0	1	1	0	-1	-1	-1	0	0	1	1
17. Paarvergleich 9-12	-1	-1	0	1	-1	0	0	-1	1	1	0	1
18. Paarvergleich 10-11	-1	1	0	1	1	0	0	-1	-1	-1	0	1
19. Paarvergleich 13-14	0	-1	-1	0	1	-1	1	0	-1	1	1	0
20. Paarvergleich 15-16	0	-1	1	0	1	1	-1	0	-1	1	-1	0
21. Paarvergleich 15-13	1	0	1	-1	0	1	-1	-1	0	0	-1	1
22. Paarvergleich 14-16	-1	0	1	1	0	1	-1	1	0	0	-1	-1
23. Paarvergleich 16-13	1	1	0	-1	-1	0	0	-1	1	-1	0	1
24. Paarvergleich 15-14	1	-1	0	-1	1	0	0	-1	-1	1	0	1

Abb. 3.27: 2^{12}-Differenzendesign

Anstelle dieser Vorgehensweise hätten auch willkürlich 24 Paarvergleiche aus der Menge der 120 möglichen Paarvergleiche gezogen werden können.[161] Dabei hätten sich allerdings im Durchschnitt Differenzendesigns ergeben, die deutlich stärker korreliert wären.[162] Verschiedene Pilotanwendungen zeigen, daß bereits mit einer geringen Zahl von Paarvergleichen in diesem Fall 24 valide Teilnutzen geschätzt werden können.[163]

Dieser Ansatz von Hausruckinger/Herker bildet die Grundlage, um von unkorrelierten Ausgangsdesigns zu unkorrelierten Differenzendesigns gelangen zu können. Es stellt die Basis für

---

[160] Die einzelnen Paarvergleiche müssen innerhalb der Blöcke zufällig angeordnet werden, um Lerneffekte bei den Probanden zu vermeiden. Die Werte für den Paarvergleich 1-2 ergeben sich z.B. durch Subtraktion des Eigenschaftsvektors von Stimulus 1 (000000000000) und Stimulus 2 (011011101110). In Abb. 5.3 im Anhang 1 werden die Korrelationen der Spalten innerhalb des Differenzendesigns dargestellt.
[161] Vgl. Schweikl (1985), S. 151f.
[162] Vgl. Green (1974), S. 65.
[163] Vgl. Schweikl (1985), S. 163-174; Hausruckinger/Herker (1992), S. 108f.

die in dieser Untersuchung durchgeführten Conjointanalysen dar. Das Verfahren wird jedoch dahingehend modifiziert, daß nicht nur zweistufige Komponenten verarbeitet werden können.

Im Ergebnis kann festgehalten werden, daß eine Conjointanalyse für Internet-Auftritte folgende Charakteristika aufweisen muß:

- Dem ganzheitlichen Ansatz der Conjointanalyse wird auch bei Internet-Auftritten nur der *Full-Profile-Ansatz* gerecht.
- Ein Internet-Auftritt setzt sich aus bis zu 30 Komponenten zusammen. Damit diese große Anzahl an Komponenten in einer Präferenzanalyse verarbeitet werden kann, muß auf die *modernen mehrstufigen Ansätze* zurückgegriffen werden.
- Zur Verminderung der Anzahl der zu bewertenden Stimuli werden *fraktionierte faktorielle Designs* verwendet.
- Da die Probanden in einer Online-Erhebung keine Stimuluskärtchen ordnen können, müssen die Stimuli in *Paarvergleichen* gegenübergestellt werden. Wenn die Präferenz-unterschiede auf metrischem Datenniveau erhoben werden, können im Abschluß alle Schätzverfahren verwendet werden. Für Internet-Auftritte eignen sich die *GPC-Skala* und die *Johnson-Metric*.
- Internet-Aufritte als Stimuli können prinzipiell in allen Variationen präsentiert werden. Solange die Validität von Conjointanalysen mit multimedialer Stimuluspräsentation noch nicht detailliert untersucht ist, sollte die etablierte *verbale Präsentation* verwendet werden.
- In Abhängigkeit des vorab bestimmbaren Einflusses der Komponenten des zu unter-suchenden Auftrittes auf den Gesamtnutzen muß eine Präferenzfunktion ausgewählt werden. Auch wenn die Bildung der Präferenz im Detail anders erfolgt, erweisen sich *Teil-nutzenmodelle* zur Präferenzanalyse als sehr robust.
- Da metrische Paarvergleichsdaten den Input für die Conjointanalyse darstellen, bietet sich *Kleinst-Quadrat-Schätzung* auf Basis von Differenzendesigns zur Bestimmung der Teil-nutzen an.

In der folgenden Betrachtung wird gezeigt, wie eine Conjointanalyse mit diesen Eigenschaften online durchgeführt werden kann. Hierzu wird ein neues zweistufiges Verfahren vorgestellt, das den kompositionellen mit dem dekompositionellen Ansatz verbindet.

4. NetSign: ein Ansatz zur Gestaltung von Internet-Auftritten

4.1 Konzeptioneller Aufbau von NetSign im Überblick

Im vorangegangenen Teil der Untersuchung wurden sowohl kompositionelle als auch dekompositionelle Modelle zur Präferenzforschung vorgestellt. Kompositionelle Einstellungsmodelle zeichnen sich durch ihre Einfachheit und Robustheit aus. Probanden neigen bei kompositionellen Modellen jedoch dazu, die Wichtigkeit von Eigenschaften zu hoch zu bewerten. Dies kann durch die Bewertung von Internet-Auftritten bei dekompositionellen Modellen vermieden werden. In dekompositionellen Modellen kann allerdings nur ein Teil der relevanten Eigenschaften verarbeitet werden.

Eine optimale Präferenzanalyse ergibt sich durch die Kombination von kompositionellen und dekompositionellen Verfahren. Mit dem kompositionellen Modell werden die wichtigsten Eigenschaften ermittelt. Diese werden im Anschluß mit der dekompositionellen Conjointanalyse näher untersucht. Bisher war eine derartige Doppelerhebung sehr aufwendig. Mit dem Medium Online wurde allerdings eine Möglichkeit geschaffen, die Befragten schnell und kostengünstig mit einem zweiten Fragebogen zu kontaktieren, ohne daß sie ein zweites Mal besucht werden bzw. postalisch angeschrieben werden müssen. Dieses Modell wurde bereits erfolgreich zur Präferenzanalyse von Internet-Auftritten aus zehn Branchen eingesetzt. Der Ablauf des kombinierten kompositionellen und dekompositionellen Modells NetSign[1] läßt sich wie folgt beschreiben (vgl. Abb. 3.28):

In der ersten Phase werden, wie bei jeder Präferenzanalyse, die relevanten Komponenten bzw. Eigenschaften des Untersuchungsgegenstandes ermittelt. Allerdings ist man bei Internet-Auftritten in der Regel mit einer größeren Anzahl von präferenzdeterminierenden Komponenten (mehr als 20) als bei üblichen Produkten konfrontiert.

Die selektierten Inhaltskomponenten werden auf einem Online-Fragebogen des kompositionellen Modells präsentiert. Die Probanden müssen dort die detailliert beschriebenen Komponenten bezüglich der Wichtigkeit auf einer Ratingskala beurteilen. Auf den Online-Fragebogen der ersten Welle wird im Internet durch Banner-Schaltung aufmerksam gemacht. Hierdurch werden nur Probanden angeworben, die am untersuchten Online-Auftritt interessiert sind und zu diesem Auskunft geben wollen. Zusätzlich werden einige soziodemographische Fragen für die spätere Segmentierung und eine offene Frage zur Ermittlung der E-mail-Adresse zwecks Bekanntmachung der zweiten Befragungswelle in den Fragebogen

---

[1]   NetSign ist eine Abkürzung für Inter*Net* De*Sign*.

aufgenommen.

Aus den eingehenden Daten kann die Wichtigkeit der angebotenen Komponenten und deren normierter Teilnutzen bestimmt werden. Zusätzlich wird der Datensatz nach verschiedenen soziodemographischen Daten ausgewertet. Für die gebildeten Segmente (verschiedene Altersgruppen, Geschlecht usw.) werden die Wichtigkeiten der einzelnen Komponenten ermittelt (A-priori-Segmentierung). Den Abschluß der Analyse des kompositionellen Modells bildet eine A-posteriori-Segmentierung bzw. Benefitsegmentierung, bei der die Probanden zu Gruppen zusammengefaßt werden, die ähnliche Präferenzprofile besitzen.

Mittels einer nachgeschalteten Faktorenanalyse wird die Anzahl der Komponenten so reduziert, daß wesentliche Erfolgsfaktoren bestimmt werden können. Die extrahierten Faktoren können auch die Merkmale für die Conjointanalyse darstellen. Ist deren Aggregationsniveau allerdings zu hoch, so werden die wichtigsten Eigenschaften des kompositionellen Modells zur Konstruktion der Stimuli herangezogen. Neben den Ausprägungsstufen „nicht vorhanden" und „vorhanden" können weitere Stufen, die z.B. den Grad der Interaktivität betreffen, in die Analyse aufgenommen werden.

Die im Rahmen der erste Erhebungsphase gewonnenen Probanden werden per E-mail über die URL-Adresse der zweiten Erhebung informiert und zur Online-Bewertung für die Conjointanalyse aufgefordert.

Die Ergebnisse der aggregierten Conjointanalyse können mit den Teilnutzen des kompositionellen Modells verglichen werden. Der ganzheitliche Ansatz des dekompositionellen Modells zeigt detaillierter auf, welche Komponenten letztendlich den stärksten Präferenzeinfluß besitzen. Für die mehrstufigen Komponenten können, je nach Wahl der Ausprägungen, Aussagen darüber gemacht werden, welcher Grad an Interaktivität unter Kostengesichtspunkten gewählt werden sollte.

Die A-priori- und A-posteriori-Segmentierung wird im folgenden auch mit den dekompositionellen Teilnutzen durchgeführt. Über die E-mail-Adresse als Schlüssel kann auf die soziodemographischen Daten der ersten Befragungswelle zurückgegriffen werden. Die so gewonnenen Erkenntnisse können mit denen der kompositionellen Phase verglichen werden. Kreuztests stellen sicher, daß keine Segmentierung zufällig postuliert wird.

Innerhalb des Verfahrensablaufs werden Tests für die Reliabilität und die Validität durchgeführt. Zusätzlich werden Probanden mit nicht-transitiven Präferenzurteilen aus der weiteren Untersuchung ausgeschlossen.

In den nachfolgenden Darstellungen werden die einzelnen Phasen der Präferenzanalyse mittels NetSign eingehender behandelt.

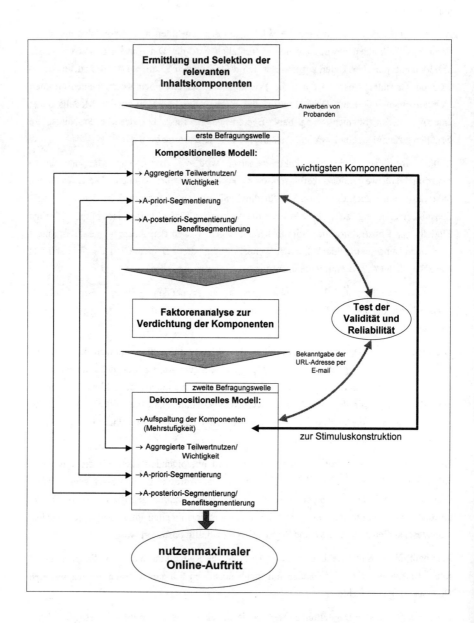

Abb. 3.28: Ablauf von NetSign

4.2 Ermittlung und Selektion von Komponenten für die Präferenzanalyse

4.2.1 Sammlung von bereits eingesetzten Komponenten

In einem ersten Schritt muß eine umfassende Liste der Komponenten von Internet-Auftritten der zu untersuchenden Branche zusammengestellt werden. Dazu werden zunächst die bereits im Internet vorzufindenden Komponenten gesammelt. Da diese keine Optimalkonfiguration darstellen, müssen darüber hinaus auch neue Komponenten bzw. Modifikationen von existierenden Komponenten generiert werden.

Für die Sammlung von bereits realisierten Komponenten müssen sowohl eine Sekundär- als auch eine Primäranalyse durchgeführt werden.

Sekundäranalyse:

Bei herkömmlichen Anwendungen der Conjointanalyse wird zum Auffinden von Eigenschaften auf Testberichte (z.b. Stiftung Warentest), Herstellerprospekte und Anzeigen zurückgegriffen, in denen die Produkte mit ihren Eigenschaften detailliert vorgestellt werden. Im Einzelfall können auch gesetzliche Vorschriften (z.b. Inhaltsstoffe von Getränken) und DIN-Normen (z.b. Flaschenformen) in die Betrachtung einbezogen werden.[2] Komponenten von Internet-Auftritten können aus Bewertungen in Fachzeitschriften (z.b. Computerbild), Online-Advertising-Wettbewerben (z.b. Cinechart Online-Award) und Presseberichten abgeleitet werden.

Primäranalyse:

Am erfolgversprechendsten ist im Rahmen der Primäranalyse die Untersuchung von Internet-Auftritten der *Konkurrenz*. Über die einschlägigen Suchhilfen werden die URL-Adressen der Online-Konkurrenten ausfindig gemacht. Nach dem Abruf werden mittels einer genauen Inhaltsanalyse die vorgefundenen Komponenten aufgezeichnet.

In einer *direkten Befragung* werden angeworbene Online-Nutzer gebeten, Gründe für den Besuch eines Internet-Auftrittes einer bestimmten Branche oder wichtige Eigenschaften bestimmter Internet-Auftritte anzugeben.[3]

Aber auch *indirekte Verfahren* können zum Einsatz kommen. Hierzu zählen die *Elicitation-Technik* und die *Repertory-Grid-Methode*. Bei ersterer werden die Assoziationen zu einem vorgestellten Stimulus gesammelt (z.B. „Was fällt Ihnen zum Online-Auftritt des Spiegel

---

[2]   Vgl. Böhler (1992), S. 120f.; Sattler (1991), S. 114-123.
[3]   Vgl. Stallmeier (1993), S. 40f. Das hier vorgestellte Modell kann in weiteren Anwendungen um diese Vorerhebung erweitert werden.

ein?").[4] Bei der Repertory-Grid-Methode werden dem Befragten drei ihm bekannte Internet-Auftritte (z.b. Online-Auftritt von BMW, Opel und Audi) präsentiert. Die Auskunftsperson muß nun angeben, welche zwei Auftritte einander am ähnlichsten sind und Merkmale nennen, die diese Ähnlichkeit begründen (z.b. „Bei BMW und Audi sind die Modelle bildlich dargestellt").[5] Beide indirekten Verfahren werden im Rahmen eines persönlichen Interviews bzw. im Rahmen eines Gruppeninterviews durchgeführt, da sich durch den verbalen Austausch positive Effekte ergeben.[6]

In Abhängigkeit von der zu untersuchenden Branche muß im Einzelfall entschieden werden, welche Verfahren angewendet werden. Durch zusätzliche Erhebungen in der Vorphase kann es allerdings zu einer übermäßigen Beanspruchung der Probanden kommen.

4.2.2 Gewinnung von neuen Komponenten

Eigenschaften	Ausprägungen ⟶ 1	2	3	4	5
Ver-siche-rungs-ange-bote — ohne Preis	textliche Darstellung	bildliche/ graphische Unterstützung	interaktive Abfrage		
Ver-siche-rungs-ange-bote — mit Preis	keine	Übersicht mit Preisangaben	interaktive Beratung		
Versicherungs-beratung	Vorstellen aller Versicherungs-leistungen	telefonische Unterstützung	interaktive Abfrage		
Schadens-meldung	Angabe von Hotline	Online-Eingabe			
Niederlassungs-verzeichnis	Übersicht	Ausgabe von Hotline	PLZ-Eingabe: Ausgabe einer Liste	PLZ- Eingabe: Stadtplan, Landkarte	PLZ- Eingabe: Route, Parkplatz
Terminierung von Gesprächen	Hotline	Online-Terminierung	Online-Durchführung		
Unternehmens-information	Online-Broschüre	Online-Zeitung	Online-Presseberichte		
Risikotest	Online-Anmeldung	Online-Durchführung	Online-Durchführung		
Risikotest	Online-Anmeldung	Preis für jeden Teilnehmer	Preis nur für die besten Teilnehmer		
⋮					

Abb. 3.29: Morphologischer Kasten für Internet-Auftritte von Versicherungsunternehmen

---

[4]   Vgl. Böhler (1992), S. 120f.
[5]   Vgl. Stallmeier (1993), S. 42f.; Schweikl (1985), S. 93f.
[6]   Online kann eine solche Untersuchung in einem Online-Forum durchgeführt werden.

Neue Komponenten können über die Verfahren zur Gewinnung von Produktideen ermittelt werden. Hierzu zählen unter anderem die *morphologische Methode* und die *Synektik*.[7]

Bei der morphologischen Methode wird zunächst das zu lösende Problem von einem Team sprachlich verallgemeinert („Aufbau einer Online-Präsenz" wird beispielsweise zu „Unternehmen und Marken im Internet" abstrahiert). Das Team sollte zur Steigerung der Kreativität aus Vertretern all jener Unternehmensbereiche (PR-, Marketing-, Vertriebs- und Produktionsbereich) bestehen, die vom Online-Marketing tangiert werden.

Nach der Abstraktion wird das Gesamtproblem in einzelne Elemente (Komponenten) wie etwa Angebotspräsentation, Beratung, Service etc. unterteilt. Sodann werden für die ermittelten Komponenten mögliche Ausprägungsstufen gesucht. Während dieses Teilprozesses soll Kritik an möglicherweise nicht realisierbaren Ausprägungen vorerst unterbleiben. Werden die Eigenschaften in einer Spalte untereinander angeordnet und die möglichen Ausprägungsstufen in daneben stehenden Spalten angeordnet, so ergibt sich eine Problemlösungsmatrix, die auch morphologischer Kasten genannt wird (vgl. Abb. 3.29).

Die ermittelten Komponenten und Ausprägungsstufen können direkt in die Präferenzanalyse integriert werden.

Die Synektik stellt eine Erweiterung der Verfahren dar, bei denen assoziierte Ideen zur Problemlösung unstrukturiert angesprochen bzw. niedergeschrieben werden (Brainstorming bzw. Brainwriting). Wie bei der morphologischen Methode versammelt sich auch bei der Synektik ein Team aus verschiedenen Fachbereichen zur Problemlösung. Nachdem das Problem grob definiert wurde (z.B. „Aufbau eines Online-Auftrittes"), fordert der Sitzungsleiter die Teilnehmer auf, spontan Lösungsideen abzugeben.

Aufgrund der gewonnenen Anregungen wird das Problem neu definiert bzw. in Teilprobleme zerlegt. Im Anschluß sollen die Teilnehmer direkte, persönliche oder symbolische Analogien zum Problem bilden. Unter *direkten Analogien* sind Beispiele aus anderen Lebensbereichen zu verstehen (z.B. „Auswahl der Ausstattung eines Autos - Zusammenbau eines Spielzeugautos"). Bei *persönlichen Analogien* sollen sich die Teilnehmer in die Lage des Lebewesens oder des Gegenstandes, mit dem das Problem verbunden ist, hineinversetzen und Gefühle dazu äußern (z.B. „Wie fühle ich mich als Spielzeugauto?"). Bei der Suche nach *symbolischen Analogien* soll das Team eine Beschreibung finden, die den Kern eines Sachverhalts als „Buchtitel" wiedergibt. Entscheidend ist, daß dieser Titel aus einem Gegensatzpaar besteht (z.B. „Anonyme Beratung" beim Zusammenstellen der Ausstattung von Automobilen per Mausklick).

---

[7] Vgl. Berndt (1996a), S. 54-66.

Abschließend werden die im Rahmen des Verfremdungsprozesses gefundenen Analogien in der *Force-fit-Phase* detaillierter beschrieben und es wird überlegt, welche Komponenten bzw. Ausprägungsstufen sich daraus ableiten lassen.

4.2.3 Anforderungen an die Komponenten

Nachdem eine Liste von Komponenten für den Internet-Auftritt erstellt ist, folgt die Überprüfung, ob diese in die Präferenzanalyse aufgenommen werden können. Die verwendeten Eigenschaften sollten folgende Kriterien erfüllen:

Objektivität:

Subjektive Merkmale wie z.B. die „Übersichtlichkeit des Auftrittes" sind für Präferenzanalysen nicht geeignet, da jeder Proband unterschiedliche Vorstellungen bezüglich dieser Merkmale besitzt. Um sie trotzdem in die Präferenzanalyse integrieren zu können, müssen sie objektiviert werden (z.B. „Auswahlmenü auf der Homepage" für das Merkmal „Übersichtlichkeit des Auftrittes").[8]

Relevanz (Wichtigkeit und Diskriminierungsfähigkeit):

Komponenten sind dann relevant, wenn sie sowohl wichtig als auch diskriminierend sind. Wichtige Komponenten besitzen einen großen Einfluß auf die Präferenzbildung.[9] Merkmale sind dann diskriminierend, wenn sie dazu beitragen, daß sich die zur Wahl stehenden Alternativen durch diese Merkmale unterscheiden.[10] Beispielsweise hat die Möglichkeit, online Reisen zu buchen, großen Einfluß auf den Abruf einer Reise-Site. Da diese Möglichkeit nicht von allen Anbietern präsentiert wird, führt diese Komponente zu einer unterschiedlichen Einschätzung von Online-Auftritten. Wird diese Applikation irgendwann von allen Reiseunternehmen angeboten, so fehlt dieser Komponente die Diskriminierungsfähigkeit. Das Merkmal besitzt dann keine Relevanz mehr für die Präferenzbildung.

Unabhängigkeit:

Aufgrund der Orthogonalität des Haupteffektedesigns müssen die Eigenschaften weitestgehend unabhängig sein. Unabhängigkeit der Eigenschaften bedeutet, daß der Teilnutzen einer Ausprägung nicht von der Ausprägung einer anderen Eigenschaft beeinflußt wird. In prak-

---

[8] Vgl. Schweikl (1985), S. 96; Stallmeier (1993), S. 38f. Werden nur objektive Eigenschaften in die Untersuchung aufgenommen, so ist es zwar möglich, eine hohe Prognosevalidität zu erzeugen. Die hohe Prognosevalidität impliziert dann aber nicht, daß die Präferenzbildung tatsächlich so stattfindet. Durch die Hinzunahme von objektivierten subjektiven Merkmalen kann die Erlebniswelt des Internet-Auftrittes ausreichend erfaßt werden.

[9] Vgl. Tscheulin (1992), S. 96f.; Schubert (1991), S. 179f.

[10] Vgl. Weisenfeld (1989) S. 30.

tischen Anwendungen kann dies nicht immer gewährleistet werden. Komponenten wie z.B. die „Präsentation der Produkte" und die „interaktive Produktberatung" sind immer miteinander verbunden.[11]

Kompensativität:

Das bei Präferenzanalysen am häufigsten eingesetzte additive Teilnutzenmodell ist kompensatorisch. Das Fehlen der Möglichkeit, online Reisen buchen zu können, muß beispielsweise durch andere, anspruchsvollere Angebote ausgeglichen werden können.[12] Keine der Komponenten eines Online-Auftrittes darf bei ihrem Wegfall zu einem Gesamtnutzen von Null führen.

Beeinflußbarkeit und Realisierbarkeit:

Damit das Verfahren einen Beitrag zur optimalen Gestaltung von Internet-Auftritten leisten kann, sollten nur Eigenschaften gewählt werden, die bei der Gestaltung Verwendung finden und letztendlich technisch realisiert werden können. Ein virtueller „Showroom" von Automobilen, bei dem Anwender in den Innenraum der Fahrzeuge einsteigen können, kann beispielsweise bei den geringen Übertragungsraten des Internet derzeit noch nicht realisiert werden.

4.3 Kompositioneller Teil des Modells

4.3.1 Konstruktion des Erhebungsdesigns

4.3.1.1 Erhebung der Wichtigkeit

Die erste Erhebungsphase der Untersuchung erfolgt unter doppelter Zielsetzung. Zum einen sollen aus der Menge der Komponenten die *wichtigsten Komponenten* ermittelt und zum anderen sollen für alle Komponenten die *Teilnutzen* bestimmt werden.

Die Wichtigkeit von Eigenschaften kann *direkt* über Erhebungen ausfindig gemacht werden. Wie Untersuchungen zeigen, unterscheiden sich die nachfolgenden Verfahren nicht bezüglich der Fähigkeit, die Rangordnung der Wichtigkeit von Eigenschaften festzustellen.[13] Folgende

---

[11] Vgl. Schweikl (1985), S. 99; Schubert (1991), S. 190f.
[12] Vgl. Backhaus/Erichson/Plinke/Weiber (1996), S. 501f.
[13] Vgl. Schendel/Wilkie/McCann (1971) zitiert nach Schweikl (1985), S. 103. Die in Präferenzanalysen verwendeten Eigenschaften müssen nicht nur wichtig, sondern auch diskriminierend sein. Neben der Wichtigkeit muß also auch die Diskriminierungsfähigkeit erhoben werden. Für jedes Merkmal muß zusätzlich folgende Frage in die Erhebung mit aufgenommen werden („dual questioning"): „Wie stark unterscheiden sich Internet-Auftritte bezüglich des Merkmales x?" Da sich die derzeit bei Internet-Auftritten für einzelne Branchen vorzufindenden Komponenten aber stark unterscheiden, ist jedes Merkmal auch diskriminierend. Vgl. Tscheulin (1992), S. 96f.; Sattler (1991), S. 114f.; Myers/Alpert (1968), S. 13f.

Möglichkeiten stehen zur Auswahl:[14]

- **Rangordnung der Merkmale:** Auf Kärtchen beschriebene Merkmale müssen in eine Rangfolge gebracht werden. Diese Methode scheidet bei einer Online-Befragung aus, da Kärtchen nicht auf dem Bildschirm geordnet werden können.[15]

- **Anwendung einer Constant-Sum-Scale:** Hier müssen 100 Punkte auf die einzelnen Merkmale so verteilt werden, daß sie deren Wichtigkeitsverhältnis wiedergeben. Bei Internet-Auftritten ergeben sich jedoch bis zu 30 verschiedene Eigenschaften. Probanden werden mit der Verteilung von 100 Punkten auf 30 Eigenschaften überfordert.

- **Paarvergleiche von Merkmalen:** Probanden müssen auf einer Ratingskala bzw. auf einer Konstant-Summen-Skala angeben, welches Merkmal jeweils wichtiger ist. Bei 30 Eigenschaften würden sich allerdings 435 Paarvergleiche ergeben. Diese Anzahl kann von Befragten nicht verarbeitet werden.

- **Duale Klassifikation der Merkmale** (1=wichtig; 0=unwichtig) nach deren Wichtigkeit: Über alle Probanden hinweg wird hier die Anzahl der wichtig=1-Nennungen für ein Merkmal bestimmt. Die ermittelte Häufigkeit stellt dann die Wichtigkeit eines Merkmals dar. Mit diesem Verfahren kann jedoch nicht auf die individuelle Wichtigkeit geschlossen werden.

- **Angabe der Wichtigkeit der Merkmale auf einer Ratingskala:** Als einzige Methode eignet sich hier die Erhebung der Wichtigkeit auf Ratingskalen. Diese Erhebungsmethode verleitet die Probanden allerdings sehr stark dazu, alle Eigenschaften als wichtiger einzustufen, als sie letztendlich sind.

Indirekt kann aufgrund von *Informationstafeln* auf die Wichtigkeit von Eigenschaften geschlossen werden.[16] Ein Vergleich der direkten Befragung mit der indirekten Erhebung mit Informationstafeln zeigt, daß bezüglich der Rangordnung der Merkmale kaum Unterschiede bestehen. Informationstafeln führen jedoch zu einer stärkeren Differenzierung der Wichtigkeit. Bei der direkten Befragung als sehr unwichtig ermittelte Komponenten werden mit Informationstafeln als noch unwichtiger klassifiziert. Auch werden sehr wichtige Merkmale als noch wichtiger eingestuft.[17] Sollen in der Untersuchung nur die wichtigsten Merkmale, egal ob aggregiert oder individuell, ermittelt werden, so sind beide Verfahren gleichwertig.

---

[14] Vgl. Wilkie/Pessemier (1973), S. 433-435. Die dargestellten Verfahren zur Messung der Wichtigkeit können auch für die Einstellungsmessung verwendet werden.

[15] In weiteren Anwendungen können Animationen programmiert werden, bei denen Kärtchen auf dem Bildschirm geordnet werden können.

[16] Eine Beschreibung der Funktionsweise von Informationstafeln findet sich in Teil 3, Kap. 3.1.2.3. Informationstafeln verleiten die Versuchspersonen jedoch zum „Spielen". Bei der Untersuchung von Schweikl wurden im Durchschnitt 71 Informationseinheiten abgerufen, dies sind 46,7% der maximal möglichen. Vgl. Schweikl (1985), S. 179.

Indirekte Erhebungen sind allerdings mit einem höheren Zeitaufwand bei der Erhebung verbunden.[18]

Die in dieser Untersuchung verwendete Ratingskala besitzt sechs Abstufungen (6=sehr wichtig, 1=unwichtig). Hiermit soll ein Zentralitätseffekt vermieden werden, bei dem die Probanden ständig die mittlere Position wählen.[19]

Da viele vorgestellte Komponenten für die Online-Nutzer noch unbekannt sind, muß den Probanden zur Erhöhung der Verständlichkeit neben der eigentlichen Komponente auch ein anschauliches Beispiel für die Anwendung gegeben werden (vgl. den Fragebogen zum kompositionellen Modell im Anhang).

Die Fragen werden zu thematisch ähnlichen Komplexen (z.B. Produkt, Service, Unternehmen, Benefitting, Entertainment) zusammengefaßt. Ausstrahlungseffekte sollen dazu führen, daß der Befragte innerhalb der Blöcke leichter Abstufungen vornehmen kann und nicht alle Komponenten als sehr wichtig einstuft. Der a-priori wichtigste Fragenkomplex wird an den Anfang des Fragebogens gestellt. Diese Komponenten sind bei den Probanden am bekanntesten und sollen ihnen die Bedeutung der Untersuchung nahebringen[20].

4.3.1.2 Bestimmung der Teilnutzen

Noch in der ersten Erhebungsstufe sollen nicht nur die Wichtigkeiten der Faktoren, sondern auch die Teilnutzen der Komponenten feststehen.

Der Teilnutzen einer Eigenschaftsausprägung ergibt sich durch die Multiplikation der Wichtigkeit (Attribute-Importance) und der Akzeptanz der Ausprägung des betreffenden Merkmals (Attribute-Level-Desirability).[21]

$$U_{i,m_1,m_2,...,m_l} = \sum_{l=1}^{L} W_{il} A_{im_l}$$

$U_{i,m_1,m_2,...,m_l}$:   *von Individuum i empfundener Gesamtnutzen gegenüber einem Online-Auftritt*

---

[17] Vgl. Schweikl (1985), S. 179.

[18] Liegt das vorrangige Ziel des dekompositionellen Verfahrens in der Bestimmung der Teilnutzen, so ist die Informationstafel vorzuziehen. Ihre Programmierung für den Online-Einsatz ist allerdings relativ komplex.

[19] Die Neigung der Probanden, Extrempositionen zu wählen, kann nicht ausgeschlossen werden. Vgl. Berekoven/Eckert/Ellenrieder (1993), S. 73; Hüttner (1989), S. 72-77.

[20] Eine Verbesserung könnte möglicherweise dadurch erreicht werden, daß die Anordnung der Blöcke während der Befragung variiert wird.

[21] Vgl. Green (1984), S. 156.

W_{il}:

mit den Ausprägungsstufen m bei den Eigenschaften l

die vom Individuum i im kompositionellen Modell festgelegte Wichtigkeit der Eigenschaft l

A_{im_l} :

die vom Individuum i im kompositionellen Modell festgelegte Akzeptanz der Ausprägungsstufe m bei der Eigenschaft l

Da in der kompositionellen Phase die Komponenten nur die Ausprägungsstufen „vorhanden" und „nicht vorhanden" aufweisen, kann auf eine Erhebung der Akzeptanz verzichtet werden. Die Akzeptanz wird gleich eins gesetzt, wenn die Komponente vorhanden ist und gleich null, wenn sie nicht vorhanden ist. Der Teilnutzen für die Ausprägungsstufe „vorhanden" stimmt dann bei jeder Eigenschaft mit der ermittelten Wichtigkeit überein. Der Gesamtnutzen eines Internet-Auftrittes ergibt sich durch Addition der Wichtigkeiten der vorhandenen Eigenschaften. Nicht vorhandene Eigenschaften erzeugen keinen Nutzen.

Um die Teilnutzen des kompositionellen Modells später mit denen der Conjointanalyse vergleichen zu können, müssen diese in gleicher Weise standardisiert werden. Die Summe der maximalen Teilnutzen jeder Eigenschaft ergibt bei Standardisierung im Rahmen der Conjointanalyse den Wert 1. Zum Vergleich muß für die Eigenschaften, die auch in der Conjointanalyse verwendet werden, der relative Anteil der kompositionellen Teilnutzen am Gesamtnutzen bestimmt werden.[22]

4.3.2 Klassifikation von Komponenten aufgrund der ermittelten Wichtigkeit

In einem ersten Schritt wird über alle Probanden hinweg die mittlere Wichtigkeit einzelner Komponenten bestimmt. Aufgrund der ermittelten Wichtigkeiten können die Komponenten wie folgt klassifiziert werden (vgl. Abb. 3.30):

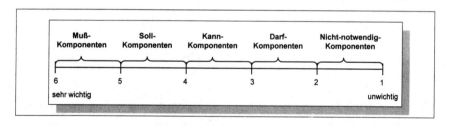

Abb. 3.30: Klassifizierung von Komponenten aufgrund der mittleren Wichtigkeit

---

[22] Der Gesamtnutzen ergibt sich durch Addition der Teilnutzen der Eigenschaften, die auch in der Conjointanalyse verwendet werden.

Muß-Komponenten (Wichtigkeit 5,0-6,0):

Komponenten, die eine mittlere Wichtigkeit von größer gleich 5,0 besitzen, werden als Muß-Komponenten klassifiziert. Muß-Komponenten sind *unerläßlich* für den Internet-Auftritt von Unternehmen. Sie haben sehr großen Einfluß auf den Erfolg der Web-Site und sind unabhängig von bestimmten Zielgruppen.

Soll-Komponenten (Wichtigkeit 4,0-4,9):

Liegt die mittlere Wichtigkeit zwischen 4,0 und 4,9, so werden diese Komponenten als Soll-Komponenten bezeichnet. Soll-Komponenten sind ebenso *entscheidend* für die Präferenz von Online-Auftritten. Bei der Realisation sind allerdings Unterschiede zwischen speziellen Segmenten zu berücksichtigen.

Kann-Komponenten (Wichtigkeit 3,0-3,9):

Ordnen Probanden Komponenten im Mittel zwischen 3,0 und 3,9 ein, so können diese Komponenten zwar realisiert werden, dies ist aber *nicht zwingend notwendig*. Für einzelne Zielgruppen wird die Attraktivität des Online-Auftrittes durch ihre Realisation jedoch gesteigert.

Darf-Komponenten (Wichtigkeit 2,0-2,9):

Werden einzelne Applikationen über alle Auskunftspersonen mit einer mittleren Wichtigkeit zwischen 2,0 und 2,9 bewertet, so zählen diese zu den Darf-Komponenten. Auf diese darf *im allgemeinen verzichtet* werden, da sie einen relativ geringen Nutzenbeitrag liefern. Im Einzelfall kann eine Verwirklichung für die Ansprache einer speziellen Zielgruppe allerdings sinnvoll sein.

Nicht-notwendig-Komponenten (Wichtigkeit 1,0-1,9):

Liegt der mittlere Wichtigkeitswert unter 2,0, so liefern diese Anwendungen einen Nutzenbeitrag, der vernachlässigt werden kann. Auf die Realisation kann *immer verzichtet* werden.[23]

Neben der mittleren Wichtigkeit ist auch die Varianz der Wichtigkeitseinstufung genauer zu untersuchen. Sie ist vor allem bei Soll-, Kann- und Darf-Komponenten zu berechnen, da sich die dort errechneten mittleren Wichtigkeiten aus höheren und niedrigeren Bewertungen ergeben können. Muß- und Nicht-notwendig-Komponenten können natürlich nicht von vielen Probanden als unwichtig bzw. sehr wichtig eingestuft worden sein, sonst ergäbe sich keine mittlere Wichtigkeit von größer als/gleich 5 bzw. kleiner als 2.

Die Varianz der Beurteilungen der Komponenten läßt sich wie folgt berechnen:

---

[23] In der Pilotuntersuchung war die mittlere Wichtigkeit aller untersuchten Komponenten immer größer als 2.

$$\overline{w}_l = \frac{1}{N} \sum_{n=1}^{N} w_{ln}$$

$$S_l^2 = \frac{1}{N} \sum_{n=1}^{N} \left(w_{ln} - \overline{w}_l \right)^2$$

w_{ln}:   *vom Probanden n empfundene Wichtigkeit (1,...,6) der Komponente l*

$\overline{w}_l$:   *mittlere Wichtigkeit der Komponente l*

S_l^2:   *Varianz bzw. mittlere quadratische Abweichung der Komponente l*

$n=1,...,N$:   *Anzahl der Probanden, die die Komponente bewertet haben[24]*

Eine hohe Varianz deutet auf eine Heterogenität der Beurteilungen hin. Homogenität der Bewertungen kann möglicherweise durch das Vorschalten von Filtern (z.B. Alter, Geschlecht usw.) erreicht werden. Das Filtern von Daten und deren getrennte Auswertung stellen die Basis für die Marktsegmentierung dar, die im folgenden genauer betrachtet wird.

4.3.3 Segmentierung im kompositionellen Modell

4.3.3.1 Ansätze zur Segmentierung

Unter Segmentierung wird die Aufteilung eines heterogenen Gesamtmarktes in homogene Gruppen nach bestimmten Kriterien verstanden. Die gebildeten Gruppen stellen dann die Marktsegmente dar.[25] Nach der Segmentierung können Teilstrategien für die Segmente entwickelt werden, wodurch die Wünsche und Bedürfnisse von Konsumenten besser berücksichtigt werden können.

Grundsätzlich kommen folgende Arten von Marktsegmentierungen in Betracht:

Sozio-ökonomische Marktsegmentierung:

Unter der sozio-ökonomischen Marktsegmentierung lassen sich Differenzierungen nach *Geschlecht, Alter, Einkommen, Bildung, Geographie* und *Stand im Familienlebenszyklus* zusammenfassen.[26] Eine Aufteilung nach männlichen und weiblichen Nutzern liefert Erkenntnisse darüber, ob sich der Anteil an Frauen immer grundsätzlich für andere Angebote interessiert als männliche User. Eine Unterscheidung nach Altersgruppen kann Divergenzen z.B. zwischen Internet-Teens und -Twens bei der Nutzung von Internet-Angeboten aufdecken. Die

---

[24] Da die Anzahl der Probanden N in der Regel nur eine Teilmenge der Anzahl aller Online-Nutzer (I) ist, wird im folgendem anstelle vom Index i der Index n für die Testpersonen verwendet.

[25] Vgl. Freter (1983), S. 17f.; Green/Krieger (1991), S. 21.

Nutzung von speziellen Angeboten kann auch vom Einkommen und Bildungsniveau abhängig sein. Geographische Faktoren sind für die Internet-Nutzung ebenso von Bedeutung. Ländliche Nutzer mit höheren Internet-Zugangskosten sind möglicherweise an anderen Informationen interessiert als städtische User. Zu den Variablen des Familienlebenszyklus zählen Familienstand, Zahl und Alter der Kinder. Verheiratete Internet-Nutzer rufen möglicherweise andere Anwendungen im WWW auf als Singles.

Psychographische Marktsegmentierung:

Zu den psychographischen Segmentierungskriterien zählen *Motive, Einstellungstypologien und Life-Styles*. In Abhängigkeit der Motive bzw. Beweggründe für die Online-Nutzung wie Unterhaltung, Informationssammlung, Einkaufen und Kommunikation kann die Präferenz für Applikationen auf Web-Sites variieren.[27] Über die Bewertung von Einstellungsdimensionen wie z.B. Innovativität, Qualitätsbewußtsein, Preisbewußtsein, Gesundheitsvorstellung etc. können Einstellungstypen (z.b. der Genügsame, der Selbstzufriedene usw.) konstruiert und deren spezifisches Nutzungsverhalten bestimmt werden.[28] Noch einen Schritt weiter geht die Segmentierung nach Life-Style-Typologien. Ausgehend vom AIO (Activities, Interests, Opinions)-Ansatz werden beispielsweise aus den Freizeitbeschäftigungen, Interessengebieten und Meinungen der Probanden Typologien von Konsumenten (z.B. Kleinbürgerliches Milieu, Postmodernes Milieu usw.) gebildet und als Segmentierungsvariablen verwendet.[29]

Behavioristische Marktsegmentierung:

Im Gegensatz zu soziographischen und psychographischen Merkmalen sind Kriterien der behavioristischen Segmentierung Ergebnisse des Kaufentscheidungsprozesses.[30] Diese Variablen können zur Segmentierung herangezogen werden und anschließend wiederum durch andere Kriterien (z.B. Alter, Einkommen etc.) erklärt werden. Nach den vier Instrumentalbereichen des Marketings lassen sich folgende Kriterien unterscheiden:

Zu Kriterien mit **Produktbezug** zählen Produktartwahl, Verbrauchsintensität, Markenwahl und Markentreue.[31] Für die Nutzung von Angeboten des WWW ist z.B. entscheidend, ob die Online-Nutzer einen direkten Internet-Zugang (Zugang über Provider) besitzen oder ob sie sich über proprietäre Online-Dienste (T-Online, AOL usw.) ins Web einwählen. Überdies entscheidet aber auch die wöchentliche Online-Nutzung (Verbrauchsintensität), welche Ange-

---

[26] Vgl. Aust (1996), S. 30f.
[27] Vgl. Fugmann/Hoffmann/Pfleiderer (1996), S. 19-20.
[28] Vgl. Freter (1983), S. 65f.
[29] Vgl. Wells (1974), S. 108f.; In einer Studie des Spiegel Verlages wurden Sinus Milieus auch auf PC-Nutzer übertragen. Vgl. Spiegel Verlag (1997), S. 46.
[30] Vgl. Böhler (1977), S. 115-120.
[31] Vgl. Freter (1983), S. 88-90.

bote genutzt werden. Online-Intensiv-Nutzer (mehr als zehn Stunden pro Woche) sind möglicherweise an Angeboten mit mehr Dialogfunktion interessiert als Gelegenheitsnutzer (weniger als zehn Stunden).

Einen **kommunikationsbezogenen Ansatzpunkt** zur Segmentierung der Internet-Nutzung bildet die Mediennutzung. Die Präferenz gegenüber einzelnen Site-Elementen kann nach den vorrangig neben dem Internet genutzten Medien segmentiert werden.[32] Intensive Zeitungsleser rufen möglicherweise vor allem Nachrichten im Internet auf, TV-Zuschauer hingegen Entertainment-Angebote.

Der Einfluß der Internet-Zugangskosten auf die Dauer der Internet-Nutzung kann zur **preisbezogenen Segmentierung** herangezogen werden. Preissensitive Online-Nutzer sind möglicherweise vor allem an kurzen, prägnanten Informationen interessiert.

Auch die Wahl der **Einkaufsstätte** und die Häufigkeit des Besuches kann als Segmentierungsvariable Verwendung finden. Für die Nutzung von Angeboten virtueller Banken kann entscheidend sein, ob Online-Nutzer Bankgeschäfte am Schalter, über Terminals oder Telefonbanking erledigen. Auch haben Kunden des Fachhandels möglicherweise andere Erwartungen an Online-Services als Kunden von Fachmärkten.

Wie obige Darstellungen zeigen, sind die Möglichkeiten, die Wichtigkeitsbewertungen von Online-Nutzern zu segmentieren, sehr vielfältig. Die ausgewählten Segmentierungskriterien sollten folgenden Anforderungen genügen:[33]

Meßbarkeit:

Die Kriterien sollten korrekt operationalisiert werden können. Bei der psychographischen Segmentierung können bereits bei der Bestimmung von Einstellungs- und Life-Style-Typologien Meßprobleme entstehen. Die ermittelten Segmente sollten darüber hinaus ausreichend groß sein, um valide Aussagen über die Besonderheiten des Segments zu ermöglichen. Das Segment der über 50jährigen Frauen wird innerhalb einer Online-Stichprobe zu klein sein, um ein spezifisches Präferenzprofil ermitteln zu können.

Substanzialität:

Die gebildeten Segmente sollten so groß sein, daß sich ein spezielles Online-Marketing-Konzept für diese Segmente unter wirtschaftlichen Aspekten lohnt.

---

[32] Vgl. Fugmann/Hoffmann/Pfleiderer (1996), S. 14-16.
[33] Vgl. Kotler/Bliemel (1992), S. 435.

Handlungsfähigkeit:

Die für die Segmente ermittelten Bedürfnisse sollten auch verwirklicht werden können. Im Rahmen des Internet-Marketings müssen für die einzelnen Segmente unterschiedliche Internet-Auftritte konstruiert werden oder favorisierte Komponenten innerhalb eines Auftrittes besonders hervorgehoben werden.

Zeitliche Stabilität:

Das größte Problem für die Segmentierung der Präferenz von Internet-Auftritten stellt die zeitliche Stabilität dar. Mit Zunahme der Angebote im WWW werden sich die Anforderungen an Internet-Auftritte in den nächsten Jahren ständig erhöhen.

4.3.3.2 A-priori-Segmentierung

Bei der A-priori-Segmentierung wird unterstellt, daß die nach bestimmten Kriterien gebildeten Gruppen ähnliche Präferenzprofile besitzen. Hypothetisch wird konstatiert, daß z.b. Online-Intensiv-Nutzer an interaktiveren Angeboten interessiert sind als Online-Gelegenheitsnutzer. Bereits vor Durchführung der ersten Befragungswelle muß festgelegt werden, welche Kriterien für die Segmentierung herangezogen werden. Zu viele Kriterien verlängern den Fragebogen unnötig und führen zu einer Ermüdung der Probanden. Durch die Hinzunahme von Sekundärdaten kann bereits im Vorfeld geklärt werden, welche Segmentierungskriterien zu homogenen Segmenten führen.

Nachdem die mittleren Wichtigkeiten (Präferenzprofile) für einzelne a-priori festgelegte Segmente (z.B. Geschlechtstypologien, Altersgruppen) berechnet sind, muß überprüft werden, ob die ermittelten Unterschiede signifikant sind und zur Planung von segmentspezifisch optimalen Auftritten herangezogen werden können.

Die Unterschiede zwischen den segmentspezifisch ermittelten mittleren Wichtigkeiten können mit Hilfe eines t-Tests für die Mittelwerte μ_y (z.B. männlich) und μ_z (z.B. weiblich) geprüft werden. Entscheidende Voraussetzung für diesen Test ist die Unabhängigkeit der ermittelten Wichtigkeiten.[34] Durch die Aufteilung der Gesamtstichproben in z.B. männliche und weibliche Nutzer wird dies erfüllt, da dies gleichbedeutend mit einer Erhebung in zwei verschiedenen Grundgesamtheiten (z.B. Internet-Männer, Internet-Frauen) ist.[35]

---

[34] Vgl. Bleymüller/Gehlert/Gülicher (1996), S. 109.
[35] Unabhängigkeit wäre dagegen nicht gegeben, wenn die Mittelwerte der männlichen Internet-Nutzer mit denen aller Online-Nutzer verglichen werden würden.

Der Testablauf kann folgendermaßen skizziert werden:[36]

Formulierung der Hypothesen:

In der H_0-Hypothese wird festgelegt, daß sich die mittleren Wichtigkeiten der Grundgesamtheiten μ_y (z.B. mittlere Wichtigkeit der männlichen Internet-Nutzer) und μ_z (z.B. mittlere Wichtigkeit der weiblichen Internet-Nutzer) nicht unterscheiden. Der Differenzbetrag zwischen den Mittelwerten δ_0 wird daher auf 0 festgesetzt. Wird diese Hypothese H_0 abgelehnt, so gilt die Alternativhypothese H_1: Die Unterschiede zwischen den Mittelwerten sind in der Grundgesamtheit ungleich 0. Ist ein signifikanter Unterschied zwischen männlichen und weiblichen Online-Nutzern gegeben, so muß H_0 abgelehnt und H_1 angenommen werden.[37]

$$H_0: \qquad \mu_y - \mu_z = \delta_0 \qquad \delta_0 = 0$$

$$H_1: \qquad \mu_y - \mu_z = \delta_0 \qquad \delta_0 \neq 0$$

Berechnung der Teststatistik:

Da die Varianzen der Wichtigkeiten für die Grundgesamtheiten nicht bekannt sind, müssen zuerst Stichprobenvarianzen als Schätzgrößen berechnet werden.[38]

$$s_{ly}^{\,2} = \frac{1}{N_y - 1} \sum_{n_y=1}^{N_y} \left(w_{ln_y} - \overline{w}_{ly} \right)^2$$

$$s_{lz}^{\,2} = \frac{1}{N_z - 1} \sum_{n_z=1}^{N_z} \left(w_{ln_z} - \overline{w}_{lz} \right)^2$$

w_{ln_y}, w_{ln_z}	*vom Probanden n des Segmentes y bzw. z empfundene Wichtigkeit (1,...,6) der Komponente l*
$\overline{w}_{ly}, \overline{w}_{lz}$	*mittlere Wichtigkeit der Komponente l im Segment y bzw. z*
$s_{ly}^{\,2}, s_{lz}^{\,2}$	*Stichprobenvarianz der Komponente l im Segment y bzw. z*
$n_y=1,...,N_y$	
$n_z=1,...,N_z:$	*Anzahl der Probanden des Segmentes y bzw. z, die die Komponente l bewertet haben*

---

[36] Vgl. Bleymüller/Gehlert/Gülicher (1996), S. 109f.

[37] Soll nicht nur getestet werden, ob ein signifikanter Unterschied zwischen den ermittelten Wichtigkeiten besteht, sondern auch, wie groß der Unterschied ist, so kann für δ_0 auch ein anderer Wert angesetzt werden. Dann handelt es sich nicht mehr um einen zweiseitigen, sondern um einen einseitigen Test.

[38] Vgl. Bleymüller/Gehlert/Gülicher (1996), S. 73f.

Die Teststatistik T_l für die Komponente l berechnet sich dann wie folgt:

$$T_l = \frac{\overline{w}_{ly} - \overline{w}_{lz} - \delta_0}{\sqrt{\frac{s_{ly}^2}{N_y} + \frac{s_{lz}^2}{N_z}}}$$

Festlegung des Ablehnungsbereich:

Als Ablehnungsbereich für die H_0-Hypothese ergibt sich dann für diesen zweiseitigen Test:

$$|T| > t\left(1 - \frac{\alpha}{2} ; N_y + N_z - 2 \right)$$

Wenn der Betragswert der ermittelten Teststatistik T über dem tabellarischen t-Wert liegt, muß die H_0-Hypothese abgelehnt werden. Ein Beispiel soll dies verdeutlichen (vgl. Abb. 3.31):

Für die Komponente „Beratung für das optimale Sounderlebnis" ergibt sich für männliche Internet-Nutzer eine mittlere Wichtigkeit von 4,31 ($\overline{w}_{ly}$ = 4,31); für weibliche User ein Wert von 3,41 ($\overline{w}_{lz}$ = 3,41). Insgesamt bewerteten 494 Männer (N_y=494) und 17 Frauen (N_z=17) diese Komponente.[39]

Als Stichprobenvarianz läßt sich für Männer mit obiger Formel ein Wert von 1,963 und für Frauen ein Wert von 2,882 berechnen. Frauen scheinen demnach bezüglich ihrer Urteile heterogener als Männer zu sein. Will man lediglich prüfen, ob ein signifikanter Unterschied zwischen den Bewertungen von Männern und Frauen vorliegt, so wird geprüft, ob der Unterschied der Mittelwerte gleich 0 (δ_0=0) oder von 0 verschieden ist ($\delta_0 \neq 0$).

Als Teststatistik T ergibt sich dann ein Wert von 2,14. In der Tabelle der t-Verteilung kann bei einem Signifikanzniveau von α=0,05 für t(0,975; 509) ein Wert von 1,965 bestimmt werden. Der Wert der Teststatistik liegt über den tabellarischen t-Wert. Die H_0-Hypothese („Es besteht bezüglich der Wichtigkeit der Komponente „Beratung für das optimale Sounderlebnis" kein Unterschied zwischen Männern und Frauen") kann mit 95-prozentiger Wahrscheinlichkeit abgelehnt werden. Es gilt die H_1-Hypothese („es besteht ein Unterschied zwischen Männern und Frauen"). Abb. 3.31 zeigt, daß zwischen 20-29jährigen (Internet-Twens) und 30-39jährigen (Middle-Ages) kein signifikanter Unterschied bei dieser Komponente besteht.

---

[39] Diese Komponente wurde bei der Präferenzanalyse von Internet-Auftritten der Unterhaltungselektronik-branche berücksichtigt. Die Probanden mußten auf Ratingskala angeben, wie wichtig ihnen „Beratung für das optimale Sounderlebnis ist".

Komponente: Beratung für das optimale Sounderlebnis	
Unterschied zwischen Männern und Frauen	Unterschied zwischen Twens und Middle Ages
Inputdaten	**Inputdaten**
$\overline{w}_{ly} = 4,31$ $\overline{w}_{lz} = 3,41$ $\overline{w}_{ly}\text{-}\overline{w}_{lz} = 0,9$ $N_y = 494$ $N_z = 17$	$\overline{w}_{ly} = 4,36$ $\overline{w}_{lz} = 4,10$ $\overline{w}_{ly}\text{-}\overline{w}_{lz} = 0,23$ $N_y = 268$ $N_z = 155$
Stichprobenvarianz	**Stichprobenvarianz**
$s_{ly}^{\;2} = 1,963$ $s_{lz}^{\;2} = 2,882$	$s_{ly}^{\;2} = 1,707$ $s_{lz}^{\;2} = 2,257$
Zweiseitiger Test $\alpha = 0,05$	*Zweiseitiger Test* $\alpha = 0,05$
$H_0 = \mu_y - \mu_z = 0$ $H_1 = \mu_y - \mu_z \neq 0$ T = 2,14 $t\,(1\text{-}^{\alpha}/2;N_y+N_z\text{-}2)=t\,(0,975;\,509)= 1,965$ $|T| > 1,965 \quad \Rightarrow H_0$ ablehnen $\qquad\qquad\qquad \Rightarrow$ Unterschied signifikant	$H_0 = \mu_y - \mu_z = 0$ $H_1 = \mu_y - \mu_z \neq 0$ T = 1,83 $t\,(1\text{-}^{\alpha}/2;N_y+N_z\text{-}2)=t\,(0,975;\,421)= 1,965$ $|T| < 1,965 \quad \Rightarrow H_0$ beibehalten $\qquad\qquad\qquad \Rightarrow$ kein signifikanter Unterschied
Einseitiger Test	*Einseitiger Test*
1. Test $\alpha = 0,05$	1. Test $\alpha = 0,05$
$H_0 = \mu_y - \mu_z \leq 0,1$ $H_1 = \mu_y - \mu_z > 0,1$ T= 1,90 $t\,(1\text{-}\alpha;N_y+N_z\text{-}2)=t(0,95;509) =1,64$ $|T| > 1,64 \quad \Rightarrow H_0$ ablehnen $\qquad\qquad\qquad \Rightarrow$ Unterschied größer als 0,1	$H_0 = \mu_y - \mu_z \leq 0,1$ $H_1 = \mu_y - \mu_z > 0,1$ T= 1,14 $t\,(1\text{-}\alpha;N_y+N_z\text{-}2)=t(0,95;421) =1,64$ $|T| > 1,64 \quad \Rightarrow H_0$ beibehalten $\qquad\qquad\qquad \Rightarrow$ Unterschied kleiner als 0,1
2. Test $\alpha = 0,05$	2. Test $\alpha = 0,05$
$H_0 = \mu_y - \mu_z \leq 0,2$ $H_1 = \mu_y - \mu_z > 0,2$ T= 1,66 $t\,(0,95,509) =1,64$ $|T| > 1,64 \Rightarrow H_0$ ablehnen $\qquad\qquad \Rightarrow$ Unterschied größer als 0,2	$H_0 = \mu_y - \mu_z \leq 0,2$ $H_1 = \mu_y - \mu_z > 0,2$ T= 1,66 $t\,(0,95,421) =1,64$ $|T| > 1,64 \Rightarrow H_0$ beibehalten $\qquad\qquad \Rightarrow$ Unterschied kleiner als 0,2
3. Test $\alpha = 0,05$	3. Test $\alpha = 0,05$
$H_0 = \mu_y - \mu_z \leq 0,3$ $H_1 = \mu_y - \mu_z > 0,3$ T= 1,42 $t\,(0,95;509) =1,64$ $|T| <1,64 \quad \Rightarrow H_0$ beibehalten $\qquad\qquad\qquad \Rightarrow$ Unterschied kleiner gleich 0,3	$H_0 = \mu_y - \mu_z \leq 0,3$ $H_1 = \mu_y - \mu_z > 0,3$ T= 1,42 $t\,(0,95;421) =1,64$ $|T| <1,64 \quad \Rightarrow H_0$ beibehalten $\qquad\qquad\qquad \Rightarrow$ Unterschied kleiner gleich 0,3
Konfidenzintervalle $\alpha = 0,05$	*Konfidenzintervalle* $\alpha = 0,05$
K= 0,684 KI = [0,210;1,578] $\overline{w}_{ly} - \overline{w}_{lz} - K = 0,210 > 0$	K= 0,27 KI = [-0,001; 0,539] $\overline{w}_{ly} - \overline{w}_{lz} - K = -0,01 \leq 0$

Abb. 3.31: Beispiel eines t-Tests für signifikante Unterschiede zwischen Zielgruppen

Wenn sich ein Unterschied zeigt, will man auch feststellen, bis zu welcher Grenze der ermittelte Unterschied signifikant ist. Hierzu können stufenweise einseitige Tests (H_0: μ_y - μ_z $\leq$ δ_0; H_1: μ_y - μ_z > δ_0) mit wachsenden Unterschieden δ_0 durchgeführt werden, bis die H_0-Hypothesen (der Unterschied zwischen den Mittelwerten ist kleiner gleich δ_0) nicht mehr abgelehnt wird (vgl. Abb. 3.31).

Einfacher ist es jedoch, das Konfidenzintervall [d_u;d_o] für den Unterschied der Mittelwerte zu berechnen:

$$d_u := \overline{w}_{ly} - \overline{w}_{lz} - K$$

$$d_o := \overline{w}_{ly} - \overline{w}_{lz} + K$$

$$K = t\left(1 - \frac{\alpha}{2}; N_y - N_z - 2\right)\sqrt{\left(\frac{1}{N_y} + \frac{1}{N_z}\right)\frac{\left(N_y - 1\right)s_{ly}^2 + \left(N_z - 1\right)s_{lz}^2}{N_y + N_z - 2}}$$

Bei einem Signifikanzniveau von 0,05 liegt der Unterschied der Mittelwerte mit 95-prozentiger Wahrscheinlichkeit im Intervall [d_u;d_o].

Mit dem Wert von K kann sofort bestimmt werden, ob überhaupt ein Unterschied zwischen den Segmenten besteht oder nicht. Ist der ermittelte Wert von K kleiner als der Unterschied der ermittelten Wichtigkeiten $\overline{w}_{ly} - \overline{w}_{lz}$ (Untergrenze des Konfidenzintervalls ist negativ), so besteht kein signifikanter Unterschied zwischen den gebildeten Segmenten.

signifikanter Unterschied: $\left|\ \overline{w}_{ly} - \overline{w}_{lz}\ \right| - K > 0$

kein signifikanter Unterschied: $\left|\ \overline{w}_{ly} - \overline{w}_{lz}\ \right| - K \leq 0$

Abb. 3.31 zeigt, daß zwischen weiblichen Internet-Nutzern und männlichen Internet-Nutzern ein signifikanter Unterschied bezüglich der Komponente „Beratung für das optimale Sounderlebnis" besteht. Der Unterschied der Wichtigkeiten beträgt mit 95-prozentiger Wahrscheinlichkeit mindestes 0,21. Der Unterschied zwischen Internet-Twens und Middle-Ages ist hingegen nicht signifikant ($\left|\ \overline{w}_{ly} - \overline{w}_{lz}\ \right| - K \leq 0$).

4.3.3.3 A-posteriori-Segmentierung

Ausgangspunkte für die A-posteriori-Segmentierung (Benefitsegmentierung) stellen die individuellen Präferenzprofile dar. Abb. 3.32 zeigt die Präferenzprofile von vier Probanden auf. Individuum 1 und 2 sowie 3 und 4 sind in ihrer Präferenzstruktur jeweils sehr ähnlich. Sie ordnen den jeweiligen Komponenten in etwa die gleichen Nutzenwerte zu.

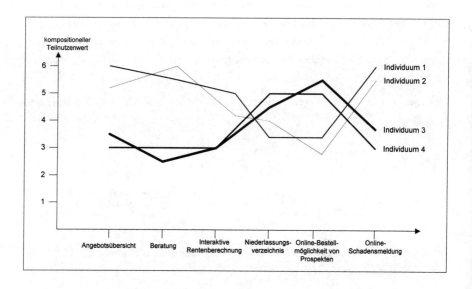

Abb. 3.32: Präferenzprofile im kompositionellen Modell am Beispiel von Versicherungs-unternehmen

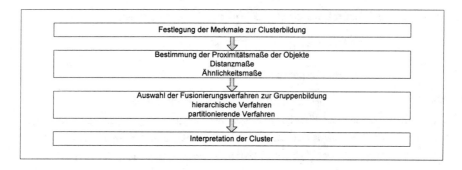

Abb. 3.33: Ablauf der Clusteranalyse

Ziel der A-posteriori-Segmentierung ist es, mit Hilfe der Clusteranalyse Segmente (sogenannte Benefitcluster) zu finden, bei denen die Präferenzstrukturen der Individuen sehr ähnlich sind. Erst nachdem die Präferenzsegmente ausfindig gemacht sind, werden die Segmentierungskriterien der A-priori-Segmentierung (z.B. soziodemographische Merkmale) zur Beschreibung den Cluster zugeordnet. Am Ergebnis kann z.B. abgelesen werden, daß

Online-Nutzer, die vor allem an Services und weniger an Entertainment interessiert sind, männlich sind, ein hohes Einkommen haben und zwischen 20 und 30 Jahre alt sind. Die A-priori-Segmentierung geht genau umgekehrt vor: Für einzelne Altersgruppen wird z.B. untersucht, ob Präferenzunterschiede bestehen.

Im ersten Schritt der Clusteranalyse wird die Ähnlichkeit bzw. die Distanz der individuellen Präferenzprofile bestimmt (vgl. Abb. 3.33). Da es sich bei den Teilnutzen um metrische Variablen handelt, kommen alle Formen der Minkowski-Metrik als *Distanzmaß* in Betracht. In praktischen Anwendungen haben sich allerdings nur die Euklid-Distanz und die City-Block-Metrik durchgesetzt.[40]

Neben den Distanzmaßen werden aber auch *Ähnlichkeitsmaße* als Basis für die Cluster-bildung herangezogen. Als Ähnlichkeitsmaß kann z.B. die Korrelation zwischen zwei Präferenzprofilen berechnet werden. Auch wenn zwei Profile weit voneinander entfernt sind, ergibt sich eine große Ähnlichkeit, wenn sie den gleichen Verlauf haben.[41] Für die Benefit-segmentierung ist aber in erster Linie der Abstand der Präferenzprofile entscheidend, da Probanden mit niedrigeren Präferenzprofilen dem Online-Auftritt generell einen geringeren Nutzen beimessen und deshalb einem anderen Segment angehören.

Zur *Fusionierung* der Präferenzprofile stehen verschiedene Verfahren zur Auswahl. Grundsätzlich ist zwischen partitionierenden und hierarchischen Verfahren zu unterscheiden.[42] Partitionierende Verfahren gehen von einer Anfangskonfiguration aus. Mittels eines Austauschverfahrens werden die Objekte so lange umgeordnet, bis sehr homogene Cluster gefunden sind. Im Gegensatz dazu bleiben die während des hierarchischen Verfahrens einem Cluster zugeordneten Objekte in diesem erhalten. Partitionierende Verfahren besitzen zwar eine höhere Variabilität, haben sich aber in der Praxis nicht durchgesetzt.[43]

Am häufigsten finden die hierarchischen Fusionierungsverfahren „Single-Linkage", „Complete-Linkage" und „Ward" Anwendung.[44] Diese Verfahren unterscheiden sich bezüglich der Eigenschaften der Fusionierung: Dilatierende Verfahren fassen die Objekte in etwa gleich großen Gruppen zusammen. Kontrahierende Verfahren bilden zunächst wenige große

---

[40] Ausführliche Übersichten über mögliche Distanzmaße finden sich bei Norusis/SPSS Inc. (1993b), S. 132-136; Kols (1986), S. 149f.; Böhler (1977), S. 278.

[41] Vgl. Backhaus/Erichson/Weiber/Plinke (1996), S. 276f.

[42] Vgl. Freter (1983), S. 107; Böhler (1977), S. 293f.; Backhaus/Erichson/Weiber/Plinke (1996), S. 281-284.

[43] Die Lösung eines hierarchischen Verfahrens kann als Startlösung für partitionierende Verfahren dienen. Die Lösung eines partitionierenden Verfahrens stellt nicht immer ein globales Optimum dar, denn dieses könnte nur durch die rechnerisch sehr aufwendige vollständige Enumeration gefunden werden. Die Anwendung von Lösungsheuristiken führt oftmals nur zu unwesentlich besseren Konfigurationen als mit hierarchischen Verfahren.

[44] Vgl. Hair/Anderson/Tatham/Black (1995), S. 438-440.

Gruppen, denen viele kleine Gruppen gegenüberstehen. Mit ihnen können Ausreißer ermittelt werden. Ist ein Verfahren weder dilatierend noch kontrahierend, so kann es als konservativ eingestuft werden.

Das **Single-Linkage-Verfahren** („Nearest-Neighbour-Verfahren") faßt zuerst diejenigen Objekte zu einem Cluster zusammen, die die geringste Distanz besitzen. Als neue Distanz des Clusters zu den übrigen Objekten wird die geringste Einzeldistanz festgesetzt. Im Anschluß werden wieder die Objekte vereint, die die geringste Distanz besitzen. Oftmals werden deshalb Objekte aneinandergereiht (Kettenbildung), wodurch nur wenige große Gruppen entstehen. Mit diesem kontrahierenden Verfahren können allerdings nach Abschluß des Verfahrens Ausreißer erkannt werden.

Beim **Complete-Linkage-Verfahren** („Furtherst-Neighbour-Verfahren") werden ebenfalls die Objekte mit der geringsten Distanz vereint. Nach dem Zusammenschluß der Objekte wird allerdings die größte Einzeldistanz als Maß für den Abstand des gebildeten Clusters zu den übrigen verbleibenden Objekten gesetzt. Dies führt dazu, daß viele gleich große Gruppen entstehen (dilatierendes Verfahren).

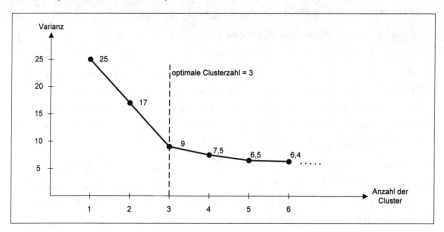

Abb. 3.34: Ermittlung der optimalen Clusterzahl mit Hilfe des Elbow-Kriteriums

Beim **Ward-Verfahren** werden die Objekte zusammengeschlossen, bei denen die interne Varianz der Gruppe am geringsten ansteigt. Basiert die Fusionierung auf der euklidischen Distanz, so stellt die Hälfte des zur Fusionierung herangezogenen Distanzwertes den jeweiligen Varianzzuwachs dar.[45] Sofern Ausreißer beseitigt sind und die Annahme korrekt ist, daß

---

[45] Eine Herleitung dieser Aussage findet sich bei Backhaus/Erichson/Weiber/Plinke (1996), S. 293f.

die Gruppen gleich groß sind und gleiche Ausdehnung besitzen, liefert das Ward-Verfahren sehr gute Partitionen. Es ist weder dilatierend noch kontrahierend, sondern konservativ.

In einem ersten Schritt wird bei der in dieser Untersuchung durchgeführten Benefitsegmentierung das Single-Linkage-Verfahren eingesetzt. Hiermit werden die Ausreißer identifiziert und aus der weiteren Analyse eliminiert.[46] Auf den verbleibenden Datensatz wird das Ward-Verfahren angewendet.

		Angebot einer speziellen Versicherung		Online-Schadensmeldung		Online-Bestellmöglichkeit von Prospekten	Anzahl (Anteil)
Cluster	Proband						
1	3	0,353	•••	0,744	•••	0,337	
1	6	0,447		0,677		0,330	
.	.	.		.		.	121 (0,53)
.	.	.		.		.	
1	101	0,267		0,22		0,131	
Segmentspezifische Teilnutzen Unterschied zum Gesamtmittelwert		0,410 +0,071↑	•••	0,308 +0,043↑	•••	0,173 +0,095↑	
Cluster	Proband						
2	27	0,591			•••	0,117	
2	39	0,232				-0,039	
.	.	.				.	78 (0,34)
.	.	.				.	
2	202	0,441				0,012	
Segmentspezifische Teilnutzen Unterschied zum Gesamtmittelwert		0,333 -0,006↓	•••	0,36 +0,095↑	•••	-0,085 -0,163↓↓	
Cluster	Proband						
3	34	0,474			•••	0,015	
3	101	0,04				0,014	
.	.	.				.	30 (0,13)
.	.	.				.	
3	249	0,279				0,19	
Segmentspezifische Teilnutzen Unterschied zum Gesamtmittelwert		0,196 0,143↓↓	•••	-0,135 -0,290↓↓↓	•••	0,021 -0,057↓	
Aggregierte Teilnutzen über alle Probanden (Gesamtmittelwert)		0,339		0,266		0,078	228 (1)
Veranschaulichung der Abweichungen							

	d ≤ -0,2	↓↓↓
-0,2 < d ≤ -0,1		↓↓
-0,1 < d ≤ 0		↓
0 < d ≤ 0,1		↑
0,1 < d ≤ 0,2		↑↑
0,2 < d ≤		↑↑↑

Abb. 3.35: Interpretation der Benefitcluster

Bei den hier vorgestellten hierarchischen Fusionierungsverfahren werden Objekte so lange zusammengefaßt, bis nur noch ein Cluster besteht, in dem alle enthalten sind. Die optimale

---

[46] Die Ausreißer können im Dendrogramm aufgespürt werden, da sie als letzte in die Clusterbildung miteinbezogen werden und einen starken Heterogenitätszuwachs verursachen.

Clusterzahl kann über das Elbow-Kriterium bestimmt werden. Zu diesem Zweck wird die Varianz der jeweiligen Lösung als Maß für die Heterogenität der Clusterzahl gegenübergestellt (vgl. Abb. 3.34). Diejenige Clusterlösung ist optimal, nach der die Varianz sprunghaft ansteigt, also die Verbindungslinie einen Knick (Elbow) aufweist.[47]

Auf die Clusterbildung folgt die Clusterinterpretation. Zu diesem Zweck werden die segment-spezifischen Präferenzprofile ermittelt. Hierzu wird für jede Eigenschaft der Mittelwert über die Teilnutzen der Probanden des Segmentes berechnet.[48] Der segmentspezifische Teilnutzen wird mit dem Gesamtmittelwert über alle Befragten (aggregierter Teilnutzen) verglichen (vgl. Abb. 3.35). Aus den Abweichungen ist zu ersehen, welche Komponenten von den Probanden überdurchschnittlich erwünscht bzw. unerwünscht sind. Der Grad der positiven bzw. nega-tiven Abweichung wird in Abb. 3.35 mit Pfeilen symbolisiert, um in der Folge die Namens-gebung zu erleichtern.

Zusätzlich sind die Unterschiede der clusterspezifischen Teilnutzen auf Signifikanz zu prüfen. Hierzu werden paarweise die Unterschiede zwischen den segmentspezifischen Teilnutzen berechnet und mit dem bereits vorgestellten t-Test für Mittelwertunterschiede auf Signifikanz getestet. Nur diejenigen Ausprägungen werden zur Namensgebung eines Clusters herange-zogen, deren Teilnutzen sich von den Teilnutzen der übrigen Cluster signifikant unter-scheiden.

Zum Abschluß werden den Individuen der jeweiligen Segmente deren soziodemographische Daten (Segmentierungskriterien) zugeordnet. Wenn die Segmentierungskriterien metrisch skaliert sind, wird für jeden Cluster der Mittelwert über die Segmentierungskriterien gebildet und der Unterschied zwischen den Clustern auf Signifikanz getestet. Ergeben sich signifikante Unterschiede, so können diese Merkmale zur Beschreibung der Benefitcluster herangezogen werden.

4.4. Reduktion der Anzahl der Komponenten durch Faktorenanalyse

Im dekompositionellen Modell der Conjointanalyse können deutlich weniger Eigenschaften als mit dem kompositionellen Modell verarbeitet werden.[49] Es müssen Möglichkeiten geprüft werden, mit denen die Anzahl der im kompositionellen Modell verwendeten Eigenschaften

---

[47] Bei der Bestimmung der optimalen Clusterlösung mit dem Elbow-Kriterium ist zu berücksichtigen, daß beim Übergang von einer 2-Clusterlösung zu einer 1-Clusterlösung immer ein großer Heterogenitätssprung zu ver-zeichnen ist. Vgl. Backhaus/Erichson/Weiber/Plinke (1996), S. 307.

[48] Bei der Clusteranalyse werden nur Präferenzprofile zu Segmenten zusammengefaßt, bei denen der Präferenz-unterschied sehr gering ist. Durch die Bildung des Mittelwertes ergibt sich ein deutlich geringerer Informa-tionsverlust als bei der Mittelwertbildung über alle Probanden.

[49] Vgl. Teil 3, Kap. 2.2.3.

reduziert werden kann. Einen Ansatzpunkt stellt die bereits vorgestellte Faktorenanalyse dar.[50] Als Dateninput für die Faktorenanalyse werden die Beurteilungen der Wichtigkeiten der Komponenten aus dem kompositionellen Modell verwendet. Die Komponenten werden im Verlauf des Verfahrens so lange verdichtet, bis nur noch ein Faktor verbleibt. Von der ersten bis zur letzten Stufe nimmt dabei der Anteil der im ursprünglichen Datensatz enthaltenen Aussagen deutlich ab. Anhand der Eigenwerte kann geprüft werden, wie gut die jeweilige Zusammenfassung der Komponenten zu Faktoren die ursprüngliche Varianz der Beobachtungswerte repräsentiert. Mit Hilfe des Scree-Tests bzw. des Kaiser-Kriteriums kann daraus die optimale Anzahl von Faktoren bestimmt werden: Beim Scree-Test werden den jeweiligen Faktorenlösungen deren Eigenwerte in einem Koordinatensystem gegenübergestellt. Eigenwerte, die sich asymptotisch dem Nullwert annähern, werden mit einer Geraden verbunden. Die Faktorenlösung links von dieser Geraden stellt die optimale Lösung dar (vgl. Teil 4, Abb. 4.9). Beim Kaiser-Kriterium wird diejenige Lösung gewählt, bei der der Eigenwert erstmals größer als 1 ist.[51]

Die Verwendung der Faktoren als Merkmale für Stimuli bei der Conjointanalyse ist durch das hohe Abstraktionsniveau i.d.R. nicht möglich. In der Pilotuntersuchung werden im Durchschnitt jeweils fünf Komponenten zu einem Faktor zusammengefaßt.[52] Die Verwendung von Kombinationen der verdichteten Komponenten als zu bewertende Ausprägungsstufen des Merkmals würde das Aufnahmevermögen der Probanden überfordern.

Die Faktorenanalyse besitzt die Aufgabe, die unüberschaubare Anzahl der Komponenten zu wesentlichen Erfolgsfaktoren zu verdichten. Darüber hinaus kann die Wichtigkeit der einzelnen Faktoren berechnet werden, wodurch zu ersehen ist, wie groß der Einfluß jedes Faktors auf den Nutzen ist. Hierfür wird der Mittelwert über die Wichtigkeiten der zu Faktoren zusammengefaßten Komponenten berechnet.

---

[50] Vgl. Stallmeier (1993), S. 39; Schweikl (1985), S. 99. Mit der Faktorenanalyse wird darüber hinaus sichergestellt, daß die in den Stimuli verwendeten Eigenschaften orthogonal sind.

[51] Eine detaillierte Beschreibung der Vorgehensweise bei einer Faktorenanalyse findet sich bei Backhaus/Erichson/Plinke/Weiber (1996), S. 190-260.

[52] Die Anwendung der Faktorenanalyse auf die Wichtigkeitsbeurteilungen des kompositionellen Modells führt bei 20-25 Komponenten zu vier bzw. fünf Faktoren. Die Faktorinterpretation zeigt bei den 10 von Fantapié Altobelli/Hoffmann untersuchten Branchen einen sachlogischen Zusammenhang innerhalb der zusammengefaßten Komponenten auf. Vgl. Fantapié Altobelli/Hoffmann (1996b), S. 241.

4.5 Dekompositioneller Teil des Modells

4.5.1 Festlegung der Eigenschaften und Eigenschaftsausprägungen

Praktikabler als die Faktorenanalyse ist die Beschränkung der Conjointanalyse auf die wichtigsten Komponenten.[53] Dabei fließen jedoch nur einige präferenzbestimmende Komponenten in die Untersuchung ein.[54]

Da mit dem für diese Untersuchung entwickelten Erhebungsdesign maximal zwölf zweistufige Komponenten verarbeitet werden können, muß nur für die zwölf wichtigsten Eigenschaften überlegt werden, ob neben den beiden im kompositionellen Modell festgelegten Ausprägungen „vorhanden" und „nicht vorhanden" weitere Merkmalsstufen berücksichtigt werden müssen.[55]

Im kompositionellen Modell wurden die Ausprägungsstufen „vorhanden" bereits näher beschrieben (anstelle von „Rentenberechnung" beispielsweise „interaktive Rentenberechnung"), damit daneben weitere Stufen (z.b. „tabellarische Übersicht über Renten") getestet werden können. Die im kompositionellen Modell beschriebene Ausprägungsstufe muß auch hier verwendet werden, damit der kompositionelle mit dem dekompositionellen Teilnutzen verglichen werden kann.

Die Aufspaltung in weitere Ausprägungsstufen sollte sich vor allem auf Komponenten beziehen, bei denen die Kostendifferenzen zwischen den Stufen sehr hoch sind. Interaktive individualisierte Anwendungen (z.B. „interaktive Beratung" im Vergleich zu „Produktübersicht") bzw. Online-Transaktionen (z.B. „Online-Reisebuchung" anstelle von „Angabe einer telefonischen Hotline zum Buchen") sind sehr kostenintensiv.

Komponenten mit mehr als drei Ausprägungsstufen können mit den ermittelten Designs nicht verarbeitet werden. Durch jede zusätzliche Aufspaltung einer Komponente würde sich die Zahl der Komponenten, die in der Conjointanalyse berücksichtigt werden können, vermindern.[56]

---

[53] Vgl. Tscheulin (1992), S. 95-104; Schweikl (1985), S. 102-111.

[54] Die Reduktion der Anzahl der relevanten Eigenschaften auf wesentliche präferenzdeterminierende Eigenschaften ist allerdings der Regelfall bei conjointanalytischen Untersuchungen.

[55] Im Einzelfall kann es sinnvoll sein, daß man sich bei der Auswahl der Komponenten nicht ausschließlich an deren Wichtigkeit orientiert. Die präsentierten Stimuli sollen auch ein Bild des Internet-Auftrittes in seiner Gesamtheit vermitteln. Zählen die wichtigsten Komponenten nur zu einem Faktor, so ist es empfehlenswert, eine dieser Eigenschaften nach subjektivem Ermessen gegen eine Komponente aus einem anderen Bereich auszutauschen. Vgl. Tscheulin (1992), S. 98.

[56] In dieser Untersuchung können nur $3^1 2^8$-, $3^2 2^6$- oder $3^3 2^3$-Profile in der Conjointanalyse berücksichtigt werden.

4.5.2 Konstruktion des Erhebungsdesigns

4.5.2.1 Designs zur Ermittlung der Teilnutzen aufgrund von Paarvergleichen

4.5.2.1.1 Design für ein dreistufiges und acht zweistufige Merkmale ($3^1 2^8$-Design)

Für die ermittelten Komponenten und deren Ausprägungsstufen wird im folgenden das Erhebungsdesign entwickelt. Hieraus lassen sich die einzelnen Paarvergleiche für den Online-Fragebogen des dekompositionellen Modells ableiten.

Die Konstruktion des Erhebungsdesigns beruht auf dem in Kap. 3.6.2 hergeleiteten Konzept für das 2^{12}-Design. Wird keine der zwölf wichtigsten Komponenten des kompositionellen Modells in weitere Ausprägungsstufen aufgespalten, so kann das 2^{12}-Design direkt verwendet werden. Werden hingegen weniger als zwölf zweistufige Merkmale verwendet, so kann das Design durch Streichen von Eigenschaftsspalten angepaßt werden.[57]

Im folgenden wird das 2^{12}-Design dahingehend modifiziert, daß es auch für eine Eigenschaft mit drei Ausprägungen und acht Eigenschaften mit zwei Ausprägungen ($3^1 2^8$-Design), zwei Eigenschaften mit drei Ausprägungen und sechs Eigenschaften mit zwei Ausprägungen ($3^2 2^6$-Design) sowie drei Eigenschaften mit drei Ausprägungen und drei Eigenschaften mit jeweils zwei Ausprägungen ($3^3 2^3$-Design) eingesetzt werden kann.

Um vom 2^{12}-Design zu einem $3^1 2^8$-Design zu gelangen, werden drei zweistufige Merkmale mittels Replacement, Collapsing und Dichotomisierung zu einem dreistufigen Merkmal umgewandelt.[58] Zunächst wird hierfür Replacement nach folgender Vorschrift durchgeführt:

$$0\ 0\ 0 \rightarrow 1$$
$$0\ 1\ 1 \rightarrow 2$$
$$1\ 0\ 1 \rightarrow 3$$
$$1\ 1\ 0 \rightarrow 4$$

Mittels Collpasing wird die Anzahl der Ausprägungen um eins reduziert, indem Stufe 2 in Stufe 1, Stufe 3 in Stufe 2 und Stufe 4 in Stufe 3 umgewandelt wird.

$$1 \rightarrow 1$$
$$2 \rightarrow 1$$
$$3 \rightarrow 2$$
$$4 \rightarrow 3$$

---

[57] Vgl. Hausruckinger/Herker (1992), S. 101.
[58] Durch diese Vorgehensweise wird sichergestellt, daß wieder ein unkorreliertes Design entsteht.

Die verbleibenden Ausprägungen werden wie folgt in dichotome, 0/1-dummy-codierte Variablen transformiert:

$$1 \rightarrow 0\ 0$$
$$2 \rightarrow 0\ 1$$
$$3 \rightarrow 1\ 0$$

Für das $3^1 2^8$-Design werden die ersten drei Spalten des 2^{12}-Designs (1-3) durch obige Vorschriften in ein dreistufiges Merkmal umgewandelt. Die übrigen Spalten (4-11) werden direkt aus dem 2^{12}-Design übernommen.[59] Abb. 3.36 zeigt die Stimuli des $3^1 2^8$-Designs auf.

	E11	E12	E2	E3	E4	E5	E6	E7	E8	E9
Stimulus 1	0	0	0	0	0	0	0	0	0	0
Stimulus 2	0	0	0	1	1	1	0	1	1	1
Stimulus 3	0	1	1	0	1	1	1	0	0	1
Stimulus 4	1	0	1	1	0	0	1	1	1	0
Stimulus 5	0	0	0	1	1	0	1	1	0	1
Stimulus 6	0	0	0	0	0	1	1	0	1	0
Stimulus 7	0	1	1	1	0	1	0	1	0	0
Stimulus 8	1	0	1	0	1	0	0	0	1	1
Stimulus 9	0	0	1	0	1	1	0	1	1	0
Stimulus 10	0	0	1	1	0	0	0	0	0	1
Stimulus 11	0	1	0	0	0	0	1	1	1	1
Stimulus 12	1	0	0	1	1	1	1	0	0	0
Stimulus 13	0	0	1	1	0	1	1	0	1	1
Stimulus 14	0	0	1	0	1	0	1	1	0	0
Stimulus 15	0	1	0	1	1	0	0	0	1	0
Stimulus 16	1	0	0	0	0	1	0	1	0	1
	S1-3		S4	S5	S6	S7	S8	S9	S10	S11

Abb. 3.36: Stimuli des $3^1 2^8$-Designs

Zwischen den beiden Spalten, die die Ausprägungsstufen der dreistufigen Eigenschaften repräsentieren (E11 und E12), bestehen im Gegensatz zum 2^{12}-Design Korrelationen (vgl. Abb. 5.4 im Anhang 1). Die Korrelation der Ausprägungsstufen findet sich auch im Differenzendesign wieder.[60]

Wie beim 2^{12}-Design werden auch hier die Korrelationen zwischen den Viererblöcken der Stimuli berechnet (vgl. Abb. 5.5 im Anhang 1). Im Gegensatz zum 2^{12}-Design heben sich dabei die Korrelationen über die Spalten hinweg nicht ganz auf. Das Differenzendesign ist

---

[59] Werden nicht nur 8 zweistufige, sondern 9 zweistufige Merkmale gefordert, so wird auch die 12. Spalte in das Design aufgenommen.

[60] Die Verwendung von mehrstufigen Merkmalen führt zwangsläufig zu einer Verletzung der Orthogonalitätseigenschaft. Vgl. Gierl (1995), S. 169.

stärker korreliert als im 2^{12}-Design (vgl. Abb. 5.6 im Anhang 1).[61]

Die Reihenfolge der vollständigen Paarvergleiche innerhalb der Viererblöcke wird rein zufällig festgelegt. Zwischen den Viererblöcken variiert die Anordnung, um Lerneffekte bei den Probanden zu vermeiden (vgl. Abb. 3.37).

Aus dem Differenzendesign ist zu entnehmen, welche Stimuli im jeweiligen Paarvergleich gegenüberzustellen sind. Die Stimulibeschreibungen können dem Ausgangsdesign entnommen werden.

	E11	E12	E2	E3	E4	E5	E6	E7	E8	E9
1. Paarvergleich 1-2	0	0	0	-1	-1	-1	0	-1	-1	-1
2. Paarvergleich 4-3	1	-1	0	1	-1	-1	0	1	1	-1
3. Paarvergleich 3-1	0	1	1	0	1	1	1	0	0	1
4. Paarvergleich 2-4	-1	0	-1	0	1	1	-1	0	0	1
5. Paarvergleich 1-4	-1	0	-1	-1	0	0	-1	-1	-1	0
6. Paarvergleich 2-3	0	-1	-1	1	0	0	-1	1	1	0
7. Paarvergleich 5-6	0	0	0	1	1	-1	0	1	-1	1
8. Paarvergleich 7-8	-1	1	0	1	-1	1	0	1	-1	-1
9. Paarvergleich 7-5	0	1	1	0	-1	1	-1	0	0	-1
10. Paarvergleich 6-8	-1	0	-1	0	-1	1	1	0	0	-1
11. Paarvergleich 8-5	1	0	1	-1	0	0	-1	-1	1	0
12. Paarvergleich 7-6	0	1	1	1	0	0	-1	1	-1	0
13. Paarvergleich 9-10	0	0	0	-1	1	1	0	1	1	-1
14. Paarvergleich 12-11	1	-1	0	1	1	1	0	-1	-1	-1
15. Paarvergleich 11-9	0	1	-1	0	-1	-1	1	0	0	1
16. Paarvergleich 10-12	-1	0	1	0	-1	-1	-1	0	0	1
17. Paarvergleich 9-12	-1	0	1	-1	0	0	-1	1	1	0
18. Paarvergleich 10-11	0	-1	1	1	0	0	-1	-1	-1	0
19. Paarvergleich 13-14	0	0	0	1	-1	1	0	-1	1	1
20. Paarvergleich 15-16	-1	1	0	1	1	-1	0	-1	1	-1
21. Paarvergleich 15-13	0	1	-1	0	1	-1	-1	0	0	-1
22. Paarvergleich 14-16	-1	0	1	0	1	-1	1	0	0	-1
23. Paarvergleich 16-13	1	0	-1	-1	0	0	-1	1	-1	0
24. Paarvergleich 15-14	0	1	-1	1	0	0	-1	-1	1	0

Abb. 3.37: $3^1 2^8$-Differenzendesign

4.5.2.1.2 Design für zwei dreistufige und sechs zweistufige Merkmale ($3^2 2^6$-Design)

Die Vorgehensweise bei der Konstruktion des $3^2 2^6$-Designs entspricht der Methode beim $3^1 2^8$-Designs. Es werden allerdings die ersten sechs Spalten des 2^{12}-Design benötigt, um mit obigen Transformationsvorschriften die zwei dreistufigen Merkmale abzubilden. Es ver-

---

[61] Vollständige Paarvergleiche innerhalb der Viererblöcke führen zu weniger korrelierten Differenzendesigns als Paarvergleiche zwischen einer willkürlichen Auswahl von Stimuli.

bleiben dann noch sechs Spalten, um sechs zweistufige Merkmale zu codieren (vgl. Abb. 3.38).

Auch hier treten im Ausgangsdesign zwischen den dreistufigen Merkmalen Korrelationen auf (vgl. Abb. 5.7 im Anhang 1).

Die Korrelationen der Viererblöcke heben sich analog zum $3^1 2^8$-Design auch hier über die Spalten hinweg nicht auf (vgl. Abb. 5.8 im Anhang 1). Im Differenzendesign sind leichte Korrelationen vorzufinden (vgl. Abb. 5.9 im Anhang 1).

	E11	E12	E21	E22	E3	E4	E5	E6	E7	E8
Stimulus 1	0	0	0	0	0	0	0	0	0	0
Stimulus 2	0	0	0	0	1	0	1	1	1	0
Stimulus 3	0	1	0	1	1	1	0	0	1	1
Stimulus 4	1	0	1	0	0	1	1	1	0	1
Stimulus 5	0	0	0	0	0	1	1	0	1	1
Stimulus 6	0	0	0	0	1	1	0	1	0	1
Stimulus 7	0	1	1	0	1	0	1	0	0	0
Stimulus 8	1	0	0	1	0	0	0	1	1	0
Stimulus 9	0	0	0	1	1	0	1	1	0	1
Stimulus 10	0	0	1	0	0	0	0	0	1	1
Stimulus 11	0	1	0	0	0	1	1	1	1	0
Stimulus 12	1	0	0	0	1	1	0	0	0	0
Stimulus 13	0	0	1	0	1	1	0	1	1	0
Stimulus 14	0	0	0	1	0	1	1	0	0	0
Stimulus 15	0	1	0	0	0	0	0	1	0	1
Stimulus 16	1	0	0	0	1	0	1	0	1	1
	S1-3		S4-6		S7	S8	S9	S10	S11	S12

Abb. 3.38: Stimuli des $3^2 2^6$-Designs

4.5.2.1.3 Design für drei dreistufige und drei zweistufige Merkmale ($3^3 2^3$-Design)

Zur Codierung der dreistufigen Merkmale des $3^3 2^3$-Designs werden 9 Spalten des 2^{12}-Designs benötigt (vgl. Abb. 3.40). Demzufolge können nur drei zweistufige Merkmale berücksichtigt werden.

Wie in den bereits beschriebenen mehrstufigen Designs sind auch hier die Ausprägungen der dreistufigen Merkmale korreliert (E11 und E12, E21 und E22 sowie E31 und E32) (vgl. Abb. 5.10 im Anhang 1).

Da sich die Korrelationen zwischen den Viererblöcken nicht ganz aufheben, ergeben sich im Differenzendesign leichte Korrelationen (vgl. Abb. 5.11 und 5.12 im Anhang 1).

	E11	E12	E21	E22	E3	E4	E5	E6	E7	E8
1. Paarvergleich 1-2	0	0	0	0	-1	0	-1	-1	-1	0
2. Paarvergleich 4-3	1	-1	1	-1	-1	0	1	1	-1	0
3. Paarvergleich 3-1	0	1	0	1	1	1	0	0	1	1
4. Paarvergleich 2-4	-1	0	-1	0	1	-1	0	0	1	-1
5. Paarvergleich 1-4	-1	0	-1	0	0	-1	-1	-1	0	-1
6. Paarvergleich 2-3	0	-1	0	-1	0	-1	1	1	0	-1
7. Paarvergleich 5-6	0	0	0	0	-1	0	1	-1	1	0
8. Paarvergleich 7-8	-1	1	1	-1	1	0	1	-1	-1	0
9. Paarvergleich 7-5	0	1	1	0	1	-1	0	0	-1	-1
10. Paarvergleich 6-8	-1	0	0	-1	1	1	0	0	-1	1
11. Paarvergleich 8-5	1	0	0	1	0	-1	-1	1	0	-1
12. Paarvergleich 7-6	0	1	1	0	0	-1	1	-1	0	-1
13. Paarvergleich 9-10	0	0	-1	1	1	0	1	1	-1	0
14. Paarvergleich 12-11	1	-1	0	0	1	0	-1	-1	-1	0
15. Paarvergleich 11-9	0	1	0	-1	-1	1	0	0	1	-1
16. Paarvergleich 10-12	-1	0	1	0	-1	-1	0	0	1	1
17. Paarvergleich 9-12	-1	0	0	1	0	-1	1	1	0	1
18. Paarvergleich 10-11	0	-1	1	0	0	-1	-1	-1	0	1
19. Paarvergleich 13-14	0	0	1	-1	1	0	-1	1	1	0
20. Paarvergleich 15-16	-1	1	0	0	-1	0	-1	1	-1	0
21. Paarvergleich 15-13	0	1	-1	0	-1	-1	0	0	-1	1
22. Paarvergleich 14-16	-1	0	0	1	-1	1	0	0	-1	-1
23. Paarvergleich 16-13	1	0	-1	0	0	-1	1	-1	0	1
24. Paarvergleich 15-14	0	1	0	-1	0	-1	-1	1	0	1

Abb. 3.39: $3^2 2^6$-Differenzendesign

	E11	E12	E21	E22	E31	E32	E4	E5	E6
Stimulus 1	0	0	0	0	0	0	0	0	0
Stimulus 2	0	0	0	0	0	1	1	1	0
Stimulus 3	0	1	0	1	1	0	0	1	1
Stimulus 4	1	0	1	0	0	0	1	0	1
Stimulus 5	0	0	0	0	0	0	0	1	1
Stimulus 6	0	0	0	0	1	0	1	0	1
Stimulus 7	0	1	1	0	0	1	0	0	0
Stimulus 8	1	0	0	1	0	0	1	1	0
Stimulus 9	0	0	0	1	0	1	1	0	1
Stimulus 10	0	0	1	0	0	0	0	1	1
Stimulus 11	0	1	0	0	0	0	1	1	0
Stimulus 12	1	0	0	0	1	0	0	0	0
Stimulus 13	0	0	1	0	1	0	1	1	0
Stimulus 14	0	0	0	1	0	0	0	0	0
Stimulus 15	0	1	0	0	0	0	1	0	1
Stimulus 16	1	0	0	0	0	1	0	1	1
	S1-3		S4-6		S7-9		S10	S11	S12

Abb. 3.40: Stimuli des $3^3 2^3$-Designs

Mit den hier vorgestellten Erhebungsdesigns können nahezu alle Gestaltungsprobleme bei Online-Auftritten gelöst werden. Eine praktikable Anzahl von Komponenten (9, 8, 6) wird mit einer anschaulichen Menge von Ausprägungsstufen (2 bzw. 3) kombiniert.

	E11	E12	E21	E22	E31	E32	E4	E5	E6
1. Paarvergleich 1-2	0	0	0	0	0	-1	-1	-1	0
2. Paarvergleich 4-3	1	-1	1	-1	-1	0	1	-1	0
3. Paarvergleich 3-1	0	1	0	1	1	0	0	1	1
4. Paarvergleich 2-4	-1	0	-1	0	0	1	0	1	-1
5. Paarvergleich 1-4	-1	0	-1	0	0	0	-1	0	-1
6. Paarvergleich 2-3	0	-1	0	-1	-1	1	1	0	-1
7. Paarvergleich 5-6	0	0	0	0	-1	0	-1	1	0
8. Paarvergleich 7-8	-1	1	1	-1	0	1	-1	-1	0
9. Paarvergleich 7-5	0	1	1	0	0	1	0	-1	-1
10. Paarvergleich 6-8	-1	0	0	-1	1	0	0	-1	1
11. Paarvergleich 8-5	1	0	0	1	0	0	1	0	-1
12. Paarvergleich 7-6	0	1	1	0	-1	1	-1	0	-1
13. Paarvergleich 9-10	0	0	-1	1	0	1	1	-1	0
14. Paarvergleich 12-11	1	-1	0	0	1	0	-1	-1	0
15. Paarvergleich 11-9	0	1	0	-1	0	-1	0	1	-1
16. Paarvergleich 10-12	-1	0	1	0	-1	0	0	1	1
17. Paarvergleich 9-12	-1	0	0	1	-1	1	1	0	1
18. Paarvergleich 10-11	0	-1	1	0	0	0	-1	0	1
19. Paarvergleich 13-14	0	0	1	-1	1	0	1	1	0
20. Paarvergleich 15-16	-1	1	0	0	0	-1	1	-1	0
21. Paarvergleich 15-13	0	1	-1	0	-1	0	0	-1	1
22. Paarvergleich 14-16	-1	0	0	1	0	-1	0	-1	-1
23. Paarvergleich 16-13	1	0	-1	0	-1	1	-1	0	1
24. Paarvergleich 15-14	0	1	0	-1	0	0	1	0	1

Abb. 3.41: $3^3 2^3$-Differenzendesign

4.5.2.2 Schätzung der Teilnutzen und Ermittlung der Wichtigkeit

4.5.2.2.1 Aggregierte versus individuelle Auswertung

Auf einem Online-Fragebogen werden den Probanden die oben ermittelten Paarvergleiche präsentiert. Die Nutzenunterschiede zwischen den bei den Paarvergleichen präsentierten Stimuli werden über eine Johnson-Metric ermittelt. Für jedes Individuum erhält man 24 Paarvergleichswerte, die die abhängigen Variablen für die Kleinst-Quadrat-Schätzung darstellen. Als unabhängige Variable fungiert das jeweils verwendete Differenzendesign. Die Schätzung der Teilnutzen kann individuell oder aggregiert erfolgen.

Bei der individuellen Auswertung müssen bei n Probanden n Regressionsanalysen durchgeführt werden.[62] Die Ermittlung der individuellen Nutzenprofile ist dann notwendig, wenn im Anschluß eine A-priori- oder A-posteriori-Segmentierung durchgeführt werden soll. Mit den 24 Beobachtungswerten aus den Paarvergleichen werden jeweils zwölf Koeffizienten (Teilnutzen) plus das Konstantglied geschätzt. Die Schätzung führt zwar zu einer hohen Signifikanz des additiven Teilnutzenmodells (hohes R^2 und hohes Signifikanzniveau des F-Tests), aber auch zu unscharfen Teilnutzen (geringes Signifikanzniveau der t-Tests der Parameter). Die aggregierten Teilnutzen für die gesamte Stichprobe bzw. für bestimmte Segmente können über Mittelwertbildung oder aggregierte Regressionsanalysen ermittelt werden. Input für die aggregierte Regressionsanalyse sind die Präferenzurteile aller Probanden und das jeweilige Differenzendesign. Die aggregierte Schätzung führt im Vergleich zur individuellen Schätzung zu signifikanteren Teilnutzen. Wie die Korrelationskoeffizienten in Abb. 3.42 zeigen, ergeben sich zwischen der Mittelwertbildung und der aggregierten Schätzung im Ergebnis kaum Unterschiede. Beide Ansätze können zur Bestimmung von aggregierten Teilnutzen verwendet werden.

	Teilnutzenwerte der aggregierten OLS-Schätzungen	Ränge	Mittelwert über individuelle OLS-Schätzungen	Ränge
Interaktives Angebot einer speziellen Versicherung	0,215	1	0,216	1
Online-Schadensmeldung	0,169	2	0,156	3
Interaktives Angebot eines kompletten Versicherungpaketes	0,149	3	0,158	2
Übersicht über Versicherungsangebote	0,140	4	0,140	4
Interaktive Rentenberechnung	0,126	5	0,136	5
Interaktives Kundenberaterverzeichnis	0,076	6	0,076	6
Interaktives Niederlassungsverzeichnis	0,076	7	0,076	7
Online-Bestellmöglichkeit von Prospekten	0,050	8	0,042	8
Korrelationskoeffizient (Pearson)		0,991		
Korrelationskoeffizient (Spearman)		0,952		

Abb. 3.42: Vergleich der Teilnutzen aus aggregierter OLS-Schätzung und Mittelwert über individuelle OLS-Schätzung

4.5.2.2.2 Normierung der Teilnutzen und Bestimmung der Wichtigkeit

Die aus der Regressionsanalyse gewonnenen Teilnutzen (BETA-Werte) werden zur Interpretation der Conjointanalyse normiert. Normierte Teilnutzen zeigen den prozentualen Ein-

---

[62] Vgl. Backhaus/Erichson/Plinke/Weiber (1996), S. 528; Schweikl (1985), S. 74f.; Tscheulin (1992), S. 59f.

fluß jeder Ausprägungsstufe auf den Gesamtnutzen (100 Prozent) auf.[63]

$$\hat{\beta}_{lm} = \frac{\beta_{lm}}{\sum_{l=1}^{L} \max_{m}(\beta_{lm})}$$

$\hat{\beta}_{lm}$:   *normierter Teilnutzen der Ausprägungsstufe m der Eigenschaft l*

β_{lm}:   *Teilnutzen der Ausprägungsstufe m der Eigenschaft l (BETA-Werte)*

Zur Berechnung der normierten Teilnutzen werden die nutzenmaximalen Ausprägungen der Komponenten zum maximalen Gesamtnutzen aufsummiert. Die einzelnen Ausprägungen werden dann ins Verhältnis zum Maximalnutzen gesetzt. Aus diesen Werten ist der prozentuale Einfluß einzelner Ausprägungen auf den Gesamtnutzen (100 Prozent) zu ersehen.

Aus der Höhe der normierten Teilnutzen kann zwar auf den Einfluß einzelner Eigenschaftsausprägungen auf den Gesamtnutzen geschlossen werden, nicht jedoch auf die Wichtigkeit der gesamten Eigenschaft für die Präferenzbildung. Entscheidend für den Einfluß einer bestimmten Eigenschaft auf die Präferenzveränderung ist die Spannweite der Teilnutzen. Unter der Spannweite wird die Differenz zwischen höchstem und niedrigstem Teilnutzen der einzelnen Eigenschaften verstanden. Zur Berechnung der Wichtigkeit der Eigenschaften wird daher die Spannweite einer einzelnen Eigenschaft ins Verhältnis zur Summe der Spannweiten aller Eigenschaften gesetzt:[64]

$$w_l = \frac{\max_{m}(\beta_{lm}) - \min_{m}(\beta_{lm})}{\sum_{l=1}^{L}\left(\max_{m}(\beta_{lm}) - \min_{m}(\beta_{lm})\right)}$$

w_l: *Wichtigkeit der Eigenschaft l zur Präferenzbildung*

Bei der in dieser Untersuchung durchgeführten Conjointanalyse besitzt jede Eigenschaft die Ausprägungsstufe „nicht vorhanden". Da dieser immer der Teilnutzen Null zugeordnet wird, entspricht der Wert der Spannweite immer dem maximalen Teilnutzen. Dieser ist identisch mit der Wichtigkeit der Eigenschaft.

---

[63] Vgl. Thomas (1979), S. 208; Backhaus/Erichson/Plinke/Weiber (1996), S. 518f.
[64] Vgl. Müller/Kesselmann (1994), S. 268f.

4.5.3 Segmentierung im dekompositionellen Modell

4.5.3.1 A-priori-Segmentierung

Wie bei der A-priori-Segmentierung im kompositionellen Modell werden auch hier die individuellen Präferenzprofile der Probanden nach Segmentierungskriterien sortiert. Da an der zweiten Befragungswelle die gleichen Befragten teilnehmen wie an der ersten, müssen die Segmentierungskriterien nicht nochmals erhoben werden. Sie können über die in beiden Befragungswellen erhobene E-mail-Adresse zugeordnet werden.

Für die bereits in der ersten Welle untersuchten Teilsegmente können auch hier segmentspezifische Teilnutzen gebildet und deren Unterschiede auf Signifikanz getestet werden. Die Segmentierungsergebnisse des dekompositionellen Modells können mit denen des kompositionellen Modells verglichen werden und umgekehrt. Der Vergleich ist allerdings auf die wichtigsten Komponenten begrenzt, da nur diese in beiden Modellen untersucht werden.

Zeigen sich in beiden Modellen die gleichen signifikanten Unterschiede, so können diese in die Planung des Online-Auftrittes einfließen. Sind manche Unterschiede nur bei einem der beiden Modelle signifikant, so können diese Komponenten nicht zum Aufbau von segmentspezifischen Auftritten verwendet werden.

4.5.3.2 A-posteriori-Segmentierung

Mit den individuellen Präferenzprofilen wird bei der dekompositionellen Benefitsegmentierung exakt so verfahren wie im kompositionellen Modell. Mittels Clusteranalyse werden auch hier Benefitsegmente gebildet und im Anschluß interpretiert. Gefolgt wird auch diese Analyse von der Zuordnung von Segmentierungskriterien als Deskriptorvariablen zu den Benefitcluster. Die Ergebnisse können mit denen der kompositionellen Segmentierung verglichen werden. Der Vergleich ist wie bei der A-priori-Segmentierung auf die in beiden Modellen untersuchten Komponenten begrenzt.

4.6 Güteprüfung der Teilergebnisse

4.6.1 Transitivität der Urteile der Paarvergleiche

Entscheidend für die Güte einer Conjointanalyse, die aufgrund von Paarvergleichsdaten durchgeführt wird, ist die Transitivität der Urteile: Wenn ein Proband dem Stimulus x mehr Nutzen als dem Stimulus y und dem Stimulus y mehr Nutzen als dem Stimulus z zuordnet, dann muß er auch dem Stimulus x einen höheren Nutzen zuordnen als dem Stimulus z:[65]

$$x \geq y \; und \; y \geq z \Rightarrow x \geq z$$

Probanden, die intransitive Präferenzurteile abgeben, müssen aus der Conjointanalyse ausgeschlossen werden.[66] Die Gefahr von intransitiven Präferenzurteilen ist bei Erhebungen mit Paarvergleichen sehr groß, da die Auskunftspersonen im Vergleich zu Präferenzanalysen mit Stimulikarten keinen Überblick über alle Produktprofile besitzen.

Bei Transitivität müssen sich die Werte der Präferenzunterschiede der Paarvergleiche, die sich auf ein Tripel von Produkten beziehen, zu Null ergänzen (vgl. Abb. 3.43).[67]

$$\Delta U_{xy} + \Delta U_{yz} + \Delta U_{xz} = 0$$

ΔU: *gemessener Paarvergleichswert*
x,y,z: *Indizes für die in den Paarvergleichen gegenübergestellten Online-Auftritte*

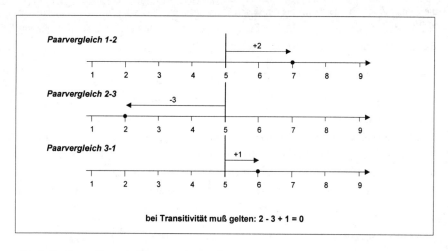

Abb. 3.43: Darstellung der Transitivitätseigenschaft

---

[65] Vgl. Bamberg/Coenenberg (1996), S. 32f.
[66] Bei der hier durchgeführten Untersuchung wurde nach Eintreffen der Daten sofort die Transitivität geprüft. Beim Überschreiten eines Grenzwertes (durchschnittliche Abweichung größer als 1) wurde der Proband per E-mail aufgefordert, den Fragebogen noch einmal auszufüllen.
[67] Vgl. Schweikl (1985), S. 122; Hausruckinger/Herker (1992), S. 103f.

Ein Beispiel soll dies verdeutlichen: Für den Transitivitätstest wird hier das Tripel bestehend aus den Stimuli 1, 2 und 3 ausgewählt. In die Betrachtung müssen daher die Paarvergleiche 1-2, 2-3 und 3-1 herangezogen werden. Gibt der Proband beim Paarvergleich 1-2 den Wert 7 an, so beträgt der Präferenzunterschied zwischen Produkt 2 und Produkt 1 2. Ordnet die Auskunftsperson dem Paarvergleich 2-3 den Wert 2 zu, so liegt der Präferenzunterschied zwischen Stimulus 3 und Stimulus 2 bei -3. Wenn die Präferenzurteile des Befragten transitiv sind, muß er im Paarvergleich 3-1 dem Produkt 1 genau eine Einheit mehr Nutzen zuordnen als dem Produkt 3.

Wegen der Begrenztheit der verwendeten Ratingskala (1 bis 9) wird der Proband dazu gezwungen, teilweise intransitive Urteile abzugeben. Auch wenn er weitgehend transitive Urteile fällt, wird die Summe nicht immer Null ergeben. Es wird daher ein subjektiver Grenzwert für die Abweichung (maximal 1) festgelegt, bei dem noch Transitivität angenommen wird.[68]

Die in der vorliegenden Untersuchung konstruierten Differenzendesigns unterteilen die gesamte Erhebung in vier Teilerhebungen mit jeweils vier Stimuli. Für jede dieser vier Untergruppen mit vier Stimuli ergeben sich $\binom{4}{3} = 4$ Tripel, also insgesamt 4·4=16 Tripel für das gesamte Design.

Da die Anordnung der Paarvergleiche in den drei verwendeten Designs ($3^1 2^8$, $3^2 2^6$, $3^3 2^3$) identisch ist, können die im folgenden hergeleiteten Tripel unabhängig vom verwendeten Erhebungsdesign im Transitivitätstest verwendet werden (vgl. Abb. 3.44).

Für Block 1 (Stimulus 1 bis 4) sind folgende vier Stimulitripel möglich: (1,2,3), (1,3,4), (2,3,4) und (1,2,4). Um die Transitivität für das Tripel (2,3,4) prüfen zu können, benötigt man die Paarvergleiche 2-3, 3-4, 4-2.[69] Wie in Abb. 3.44 zu sehen ist, wird nur der Paarvergleich 2-3 in der passenden Reihenfolge erhoben. Um die Werte für die Paarvergleiche 3-4 und 4-2 zu erhalten, müssen die erhobenen Paarvergleichswerte 4-3 und 2-4 mit -1 multipliziert werden.

---

[68] Hausruckinger/Herker und Schweikl stellen in ihren Untersuchungen den Hauser/Shugan-Test vor, der neben der Transitivität auch die Intervalleigenschaft (metrische Präferenzdaten) der Urteile prüft. In diesen Untersuchungen wurde aber die Dollar-Metric zur Messung von Präferenzunterschieden verwendet, bei der eher von einer Bestätigung der Intervalleigenschaft auszugehen ist als bei der hier verwendeten Johnson-Metric. Vgl. Hausruckinger/Herker (1992), S. 102-104; Schweikl (1985), S. 122-127; Hauser/Shugan (1980), S. 278-320.

[69] Entscheidend für die Durchführung des Transitivitätstest ist der Ringschluß 2,3,4,2 der Paarvergleiche.

Block 1 mögliche Tripel	**Stimuli:** 1, 2 ,3 ,4 **Paarvergleiche:** 1-2, 4-3, 3-1, 2-4, 1-4, 2-3		
1, 2 ,3	1-1　　　　2-3　　　　3-1 1-2　　　　2-3　　　　3-1		notwendige Paarvergleiche für Test in der Erhebung durchgeführte Paarvergleiche
1, 3, 4	1-3　　　　3-4　　　　4-1 ↑(-1)　　↑(-1)　　↑ (-1) 3-1　　　　4-3　　　　1-4		
2, 3, 4	2-3　　　　3-4　　　　4-2 　　　　　↑ (-1)　↑ (-1) 2-3　　　　4-3　　　　2-4		
1, 2, 4	1-2　　　　2-4　　　　4-1 　　　　　　　　　　↑ (-1) 1-2　　　　2-4　　　　1-4		
Block 2 mögliche Tripel	**Stimuli:** 5, 6, 7, 8 **Paarvergleiche:** 5-6, 7-8, 7-5, 6-8, 8-5, 7-6		
5, 6, 7	5-6　　　　6-7　　　　7-5 　　　　　↑ (-1) 5-6　　　　7-6　　　　7-5		notwendige Paarvergleiche für Test in der Erhebung durchgeführte Paarvergleiche
6, 7, 8	6-7　　　　7-8　　　　8-6 ↑(-1)　　　　　　　↑ (-1) 7-6　　　　7-8　　　　6-8		
5, 6, 8	5-6　　　　6-8　　　　8-5 5-6　　　　6-8　　　　8-5		
5, 7, 8	5-7　　　　7-8　　　　8-5 ↑(-1) 7-5　　　　7-8　　　　8-5		
Block 3 mögliche Tripel	**Stimuli:** 9, 10, 11, 12 **Paarvergleiche:** 9-10, 12-11, 11-9, 10-12, 9-12, 10-11		
9, 10, 11	9-10　　　10-11　　　11-9 9-10　　　10-11　　　11-9		notwendige Paarvergleiche für Test in der Erhebung durchgeführte Paarvergleiche
10, 11, 12	10-11　　11-12　　12-10 　　　　　↓ (-1)　↑(-1) 10-11　　12-11　　10-12		
9, 10, 12	9-10　　　10-12　　12-9 　　　　　　　　　　↑ (-1) 9-10　　　10-12　　9-12		
9, 11, 12	9-11　　　11-12　　12-9 ↑ (-1)　↑ (-1)　↑ (-1) 11-9　　　12-11　　9-12		
Block 4 mögliche Tripel	**Stimuli:** 13, 14, 15, 16 **Paarvergleiche:** 13-14, 15-16, 15-13, 14-16, 16-13, 15-14		
13, 14, 15	13-14　　14-15　　15-13 　　　　　↑ (-1) 13-14　　15-14　　15-13		notwendige Paarvergleiche für Test in der Erhebung durchgeführte Paarvergleiche
14, 15, 16	14-15　　15-16　　16-14 ↑ (-1)　　　　　　↑ (-1) 15-14　　15-16　　14-16		
13, 14, 16	13-14　　14-16　　16-13 13-14　　14-16　　16-13		
13, 15, 16	13-15　　15-16　　16-13 ↑ (-1) 15-13　　15-16　　16-13		

Abb. 3.44: Mögliche Tripel für die Durchführung des Transitivitätstests

Nachdem die Werte der einzelnen Tripel bei allen Blöcken feststehen, wird deren Absolutbetrag aufsummiert und durch die Gesamtanzahl von Tripeln für das gesamte Design geteilt (vgl. Abb. 3.45). Dieser Wert dient als Index für die Transitivität. Probanden werden nicht in die Schätzung miteinbezogen, wenn die Abweichung im Durchschnitt über 1 liegt.

	in der Erhebung durchgeführte Paarvergleiche	erhobene Präferenzdaten -5	Tripel 1	Tripel 2	Tripel 3	Tripel 4	
Block 1	1 - 2	4	4			4	
	4 - 3	3		-3	-3		
	3 - 1	-4	-4	4			
	2 - 4	-2			2	-2	
	1 - 4	3		-3		-3	
	2 - 3	1	1		1		
	Summe:		1	-2	0	-1	→ 4
Block 2	5 - 6	-1	-1		-1		
	7 - 8	1		1		1	
	7 - 5	1	1			-1	
	6 - 8	2		-2	2		
	8 - 5	-2				-2	
	7 - 6	1	-1	-1			
	Summe:		-1	-2	-1	-2	→ 6
Block 3	9 - 10	-2	-2		-2		
	12 - 11	-1		1		-1	
	11 - 9	1	1			-1	
	10 - 12	1		-1	1		
	9 - 12	-1			1	1	
	10 - 11	1	1	1			
	Summe:		0	1	0	1	→ 2
Block 4	13 - 14	2	2		2		
	15 - 16	-2		-2		-2	
	15 - 13	-1	-1			1	
	14 - 16	-1		1	-1		
	16 - 13	0			0	0	
	15 - 14	1	-1	-1			
	Summe:		0	-2	1	-1	→ 4

kleiner gleich 1 ⇒ kein Ausschluß   durchschnittliche Abweichung: $\frac{16}{16} = 1$

Abb. 3.45: Durchführung eines Transitivitätstests

4.6.2 Validität der Untersuchung

Neben der Transitivität der Urteile sind auch die Reliabilität und die Validität der Untersuchung zu prüfen. Grundsätzlich können Messungen einem Zufallsfehler und einem systematischen Fehler unterliegen.

Der Zufallsfehler kann dadurch erfaßt werden, daß eine Untersuchung wiederholt durchgeführt wird. Ergeben sich dabei die gleichen Ergebnisse, so kann Reliabilität (Zuverläßlichkeit) konstatiert werden.

Ein systematischer Fehler ist darauf zurückzuführen, daß mit der angewandten Methode nicht das bestimmt werden kann, was eigentlich beabsichtigt ist. Ist dieser Fehler nicht vorhanden, so ist die Untersuchung valide (gültig).[70]

Validität und Reliabilität müssen nicht gleichzeitig gegeben sein. Bei Validität ist jedoch grundsätzlich ebenso Reliabilität gewährleistet. Fehlende Reliabilität führt immer zu einem Verlust der Validität. Eine reliable Messung muß jedoch nicht valide sein.[71]

Innerhalb des Konzeptes der Validität werden folgende Formen unterschieden:

Face-Validität:

Face-Validität ist dann gegeben, wenn die Ergebnisse der Conjointanalyse plausibel sind und nicht gegen den *„gesunden Menschenverstand"* verstoßen. Ein objektiver Test der Face-Validität gestaltet sich als schwierig, da man sich nur auf Annahmen des Forschers oder auf Äußerungen der Probanden während der Befragung beziehen kann. Face-Validität ist z.B. nicht gegeben, wenn das Vorhandensein einer Eigenschaft bei allen Versuchspersonen zu einem negativen Teilnutzen führt.[72]

Interne Validität:

Werden die unterstellten kausalen Beziehungen durch die Untersuchung bestätigt, so liegt interne Validität vor.[73] Eine Conjointanalyse besitzt dann eine hohe interne Validität, wenn mit Hilfe der geschätzten Parameter die Inputdaten (erhobenen Präferenzwerte) gut reproduziert werden können. Bei der Verwendung der Regressionsanalyse (OLS-Schätzung) wird das *Bestimmtheitsmaß* R^2 in Verbindung mit einem F-Test als Gütekriterium herangezogen.[74] Für die Entscheidung, ob die Höhe des ermittelten Bestimmtheitsmaßes ausreichend für die Annahme der internen Validität ist, werden per Zufallsgenerator die Teilnutzen der Eigenschaftsausprägungen ermittelt.[75] Mit diesen wird der Gesamtnutzen jedes Profiles bestimmt, der dann wiederum als Input für die Conjointanalyse herangezogen wird. Das dabei ermittelte Bestimmtheimaß R^2 dient als Referenz für das empirisch ermittelte R^2.

Prognosevalidität (externe Validität):

Unter externer Validität wird die Möglichkeit der Verallgemeinerung der Meßergebnisse auf die Grundgesamtheit verstanden.[76] Eine Übertragung auf die Grundgesamtheit ist dann möglich, wenn die durch die Parameterschätzung bestimmten Präferenzwerte mit denjenigen

---

[70] Vgl. Böhler (1992), S. 102.
[71] Vgl. Böhler (1992), S. 102.
[72] Vgl. Stallmeier (1993), S. 132f.
[73] Vgl. Weisenfeld (1989), S. 52.
[74] Bei ordinalen Daten wird z.B. das Stressmaß als Kriterium verwendet. Vgl. Schweikl (1985), S. 70.
[75] Vgl. Tscheulin (1992), S. 77f.
[76] Vgl. Weisenfeld (1989), S. 52.

erhobenen Präferenzwerten stark korrelieren, die nicht zur Schätzung herangezogen wurden (Holdout Sample, Validation Sample).[77]

Konvergenzvalidität:

Ähnlich wie bei der Prognosevalidität wird auch bei der Konvergenzvalidität ein Außenkriterium in die Betrachtung miteinbezogen. Als Außenkriterium fungiert hier allerdings nicht ein Teil der Conjointanalyse, sondern eine weitere Methode, die ebenso den Nutzen bzw. die Teilnutzen mißt. Konvergenzvalidität kann in dieser Untersuchung angenommen werden, wenn die Eigenschaften im dekompositionellen Verfahren ähnlich wichtig bewertet werden wie bei der Conjointanalyse. Als Meßgröße kann der *Rangkorrelationskoeffizient* herangezogen werden.[78]

4.6.3 Reliabilität der Untersuchung

Reliabilität bzw. fehlerfreie Messung liegt dann vor, wenn man die gleiche Messung wiederholt (Test-Retest-Verfahren) bzw. das Verfahren leicht modifiziert (Parallel-Test-Verfahren) durchführt und zu gleichen Ergebnissen gelangt.

Test-Retest-Reliabilität:

Nach einer gewissen Zeitspanne wird dem Probanden die gleiche Aufgabenstellung erneut präsentiert. Aus den Korrelationen der dann ermittelten Rangordnungen mit den Werten der ersten Befragung kann auf die Reliabilität geschlossen werden.[79]

Parallel-Test-Reliabilität:

Beim Parallel-Test-Verfahren wird die Stabilität der Meßergebnisse bei der Veränderung des Erhebungsdesigns untersucht.[80] Auch hier wird wie beim Test-Retest-Verfahren eine zweite

---

[77] Die Ermittlung der Prognosevalidität scheitert oft daran, daß man alle Präferenzwerte zur Berechnung der Teilnutzen heranziehen muß, um eine hohe interne Validität zu erzielen. Man will den Probanden nicht vor eine zu große Bewertungsaufgabe stellen und noch mehr Stimuli präsentieren. Ist das Holdout Sample jedoch groß genug, so können auch für dieses die Teilnutzen geschätzt und mit denen des eigentlichen Samples verglichen werden (Kreuzvalidierung).

[78] Vgl. Schweikl (1985), S. 72. Hier ist allerdings darauf hinzuweisen, daß die Conjointanalyse durchaus zu anderen Eigenschaftsbewertungen führen kann, denn speziell die hier angewandte kompositionelle Methode verleitet dazu, alle Merkmale als besonders wichtig zu klassifizieren. Darüber hinaus ist zu berücksichtigen, daß die eingesetzten Methoden zeitlich versetzt durchgeführt werden, wodurch es zu möglichen Präferenzverschiebungen kommen kann. Ebenso können Lerneffekte aus der ersten Erhebung nicht ausgeschlossen werden.

[79] Vgl. Schweikl (1985), S. 69. Unterschiede bei den Ergebnissen können jedoch auch hier auf Veränderungen der Präferenz im Zeitablauf zurückgeführt werden. Des weiteren müssen Ermüdungserscheinungen und Lerneffekte in den Vergleich der Ergebnisse einbezogen werden.

[80] Vgl. Tscheulin (1992), S. 86. Die Verfahrensmodifikation beim Parallel-Test-Verfahren sollte nicht zu weitreichend sein. Bei einem Vergleich von dekompositionellen mit kompositionellen Verfahren wird nicht die Reliabilität, sondern die Konvergenzvalidität überprüft.

Datenerhebung durchgeführt. In der zweiten Erhebung kann z.B. die Anzahl der Eigenschaften der Stimuli variiert oder die Anordnung der Eigenschaften auf den Kärtchen verändert werden.[81] Der Parallel-Test wird in der Regel wie der Test-Retest zeitlich versetzt durchgeführt.

Einen Sonderfall stellt der Split-Half-Test dar, da hier lediglich eine einzige Erhebung stattfindet. Nach der Erhebung werden die Daten zufällig halbiert. Die Auswertung wird für jede Erhebung separat durchgeführt. Die getrennt ermittelten Ergebnisse können über Korrelationskoeffizienten miteinander verglichen werden, was Aufschluß über die Konsistenz bzw. Reliabilität der Ergebnisse gibt.[82]

4.7 Konstruktion des optimalen Online-Auftrittes aufgrund der Ergebnisse

Ausgangspunkt für die Entwicklung eines Konzeptes für einen Online-Auftritt sind die Ergebnisse der Faktorenanalyse. Sie zeigen, welche Erfolgsfaktoren sich hinter den abgefragten Komponenten verbergen. Die Wichtigkeit der Faktoren deutet an, auf welche Komponenten bei der Konstruktion besonders geachtet werden muß.

Die Aufstellung der Wichtigkeiten einzelner Komponenten liefert im Anschluß detailliertere Informationen darüber, welche Anwendungen segmentübergreifend realisiert werden müssen, sollen, können oder dürfen bzw. nicht notwendig sind (vgl. Abb. 3.30).

Die Ergebnisse der Conjointanalyse helfen dann, die Ausprägungsstufe einzelner Komponenten festzulegen. In diese Betrachtung können auch die Kosten für die Ausprägungen aufgenommen werden. Steigt der Nutzen von einer zur nächsten Ausprägungsstufe nur unwesentlich an, obwohl sich die Kosten deutlich erhöhen, so kann auch die niedrigere Stufe in den Auftritt integriert werden.

Aus den innerhalb des Modells durchgeführten A-priori- und A-posteriori-Segmentierungen können in der Folge unterschiedliche Marktbearbeitungsstrategien abgeleitet werden:

Unterscheiden sich die potentiellen Nutzer der untersuchten Internet-Site bezüglich der gewählten Segmentierungskriterien der A-priori-Segmentierung (z.B. Alter, Geschlecht) nicht und sind ihre Präferenzen sehr homogen (A-posteriori-Segmentierung), so empfiehlt sich eine *undifferenzierte bzw. standardisierte Marktstrategie*, die alle Nutzer in gleicher Weise anspricht.[83] Zu ihrer Konstruktion kann auf die aggregierten Ergebnisse des kompositionellen und dekompositionellen Modells zurückgegriffen werden.

---

[81] Wird anstelle eines Full-Profile-Ansatzes ein Trade-Off-Ansatz gewählt, so ergeben sich schon aus methodischen Gründen unterschiedliche Ergebnisse. Vgl. Müller-Hagedorn/Sewing/Toporowski (1993), S. 146.
[82] Vgl. Weisenfeld (1989), S. 43-45, S. 47f.

Können über die Segmentierungsverfahren homogene Teilgruppen gefunden werden, so lassen sich folgende drei Marktbearbeitungsstrategien unterscheiden:[84]

- Bei einer *konzentrierten Marktstrategie* konzipiert ein Unternehmen eine Web-Site für dasjenige Segment, dessen Bearbeitung den höchsten Zielerreichungsbeitrag liefert. Dies kann z.b. das gleiche Segment sein, das auch mit dem klassischen Marketing angesprochen wird.

- Bei der *differenzierten Marktstrategie* versucht ein Unternehmen mit seiner Web-Site alle Nutzersegmente zu erreichen. Zum einen können unterschiedliche Web-Sites für einzelne Zielgruppen realisiert werden. Einige Unternehmen stellen beispielsweise für Geschäftskunden unter „.com" andere Informationen bereit als unter „.de" für Privatkunden.[85] Zum anderen können die Wünsche aller Segmente auf einer einzigen Web-Site optimal erfüllt werden. Neben sehr ausführlichen Entertainment-Angeboten für die jüngeren Online-Nutzer finden sich dort beispielsweise auch alle möglichen Börseninformationen für ältere Online-Nutzer.

- Die *selektive Strategie* ist im wesentlichen mit der differenzierten Strategie gleichzusetzen. Im Gegensatz zu dieser werden hier jedoch nicht alle Segmente berücksichtigt, sondern nur diejenigen, die der Zielerreichung am nächsten kommen.

Die Auswahl einer geeigneten Strategie stellt dann kein Problem dar, wenn nur die A-priorioder *nur* die A-posteriori-Segmentierung zu signifikanten Clustern führt.

Als unproblematisch erweist sich eine Konstellation, bei der sich die Ergebnisse der *beiden* Segmentierungsarten *decken*. Mit der A-priori-Segmentierung kann beispielsweise bei Entertainment-Komponenten ein signifikanter Unterschied zwischen jüngeren und älteren Usern ausgemacht werden. Die Benefitsegmentierung zeigt einen Nutzertypus auf, der vor allem an Entertainment-Komponenten interessiert ist. Die Zuordnung der Deskriptorvariablen legt offen, daß sich in diesem Segment vor allem jüngere Online-Nutzer finden lassen.

Die Entscheidung zwischen einzelnen Marktstrategien wird dann kompliziert, wenn die Ergebnisse der Segmentierungen konträr sind. Angenommen, die A-priori-Segmentierung führt zu den eben beschriebenen Ergebnissen: In der Benefitsegmentierung wird der entertainmentbegeisterte Nutzertypus als Online-Nutzer im mittleren Alter identifiziert. In diesem Fall wird zur Segmentbildung auf dasjenige Verfahren zurückgegriffen, das mehr Trennschärfe bzw. höhere Signifikanz besitzt.

---

[83] Vgl. Freter (1983), S. 111.
[84] Vgl. Kotler/Bliemel (1992), S. 414f.; Freter (1983), S. 110-115.
[85] Die Endung „.com" des Domain-Names steht für company (kommerzieller Anbieter) und „.de" für Deutschland. Dort können aber auch kommerzielle Informationen angeboten werden.

Zum Abschluß der Vorstellung des Modells wird darauf hingewiesen, daß Komponenten, die einen hohen Einfluß auf die Gesamtpräferenz eines Produktes haben, nicht notwendigerweise auch eine hohe Nutzung bei den Probanden herbeiführen. Die Online-Schadensmeldung leistet z.B. einen hohen Beitrag für den Nutzen von Versicherungs-Sites, wird aber sicherlich insgesamt weniger genutzt als die Versicherungsberatung. Als Extrembeispiel aus dem Produktbereich läßt sich der Airbag bei Autos anführen. Das Vorhandensein eines Airbags steigert die Präferenz eines Modells sehr stark, die Konsumenten hoffen aber, daß er nie zum Einsatz kommen wird.

4.8 Ansätze zur Verbesserung von NetSign

Die verschiedenen Pilotanwendungen des hier vorgestellten Modells zur optimalen Gestaltung von Online-Auftritten zeigen, daß aus den Ergebnissen sehr gute Ansatzpunkte zur Konzeptionierung von Internet-Sites gewonnen werden können.[86] Die schrittweise Ermittlung der Ergebnisse ist leicht nachzuvollziehen sowie kontrollierbar. Ferner erweist sich das Verfahren gegenüber Störungen bei der Datenerhebung als sehr robust. Dennoch kann diese Methode an einigen Stellen optimiert werden. Die Realisation dieser Ideen scheiterte bisher an den damit verbundenen Kosten. Für jede Veränderung muß in weiteren Untersuchungen geprüft werden, ob der Mehraufwand zu wirklich besseren Ergebnissen bzw. zusätzlichen Erkenntnissen führt. Im einzelnen sind folgende Verbesserungen zu erwägen:

Conjointanalyse mit den individuell wichtigsten Merkmalen:

In den bisherigen Anwendungen wurden zur Konstruktion der Stimuli die aggregierten Wichtigkeiten zugrunde gelegt. Die Conjointanalyse könnte allerdings auch auf Basis der individuellen Wichtigkeiten durchgeführt werden. Ein Computerprogramm müßte dabei aus den online eingehenden Wichtigkeiten die für das Design notwendigen Eigenschaften ermitteln und automatisch die Stimuli für die Paarvergleiche konstruieren. Vorab müßte für alle Komponenten festgelegt werden, welche zusätzlichen Ausprägungsstufen für sie in Frage kommen. Der Prozeß der dekompositionellen Erhebung könnte direkt und ohne Verzögerung online nach der ersten Welle durchgeführt werden; etwaige Lerneffekte könnten dabei besser genutzt werden. Schweikl zeigte bereits, daß Conjointanalysen aufgrund der individuellen Wichtigkeit zu einer höheren Prognosevalidität führen.[87]

Ein Problem würde sich bei dieser Modifikation allerdings im Rahmen der dekompositionellen Benefitclusterbildung ergeben: Bei der Präferenzanalyse auf Basis der individuellen Wichtigkeit werden Teilnutzen von unterschiedlichen Eigenschaften ermittelt. Zur Cluster-

---

[86] Vgl. Fantapié Altobelli/Hoffmann (1996b), S. 229-243.

bildung müßten die Lücken in den dekompositionellen Präferenzprofilen durch kompositionelle Teilnutzen gefüllt werden.

Zusätzliche Erhebungsphase zur Ermittlung von Inhaltskomponenten:

Die Ermittlung von Eigenschaften könnte dadurch verbessert werden, daß Probanden in einer Vorerhebung in offenen Fragen angeben, welche Komponenten sie auf einer Internet-Site einer bestimmten Branche erwarten.[88] Die in die erste Befragungswelle der Pilotuntersuchung integrierten offenen Fragen führten indes zu keinen sinnvollen zusätzlichen Komponenten. Meistens bestanden sie aus sehr individuellen Wünschen der Befragten.

Interaktivere und multimedialere Aufbereitung der Fragebögen:

Ein weiterer Ansatzpunkt wäre die Verbesserung der Fragebögen. Die in den Piloterhebungen verwendeten Fragebögen hätten in gleicher Weise auch in einem Paper-and-Pencil-Interview eingesetzt werden können. Die Beschreibung der Eigenschaftsausprägungen sowohl im kompositionellen Modell als auch im dekompositionellen Modell könnte z.b. anschaulicher in Form einer programmierten Prototypanwendung erfolgen, die per Hyperlink mit den Eigenschaften auf den eigentlichen Fragebögen verbunden ist.[89]

Eine Anfangsform der multimedialen Aufbereitung nutzt Schweikl bereits bei der Ermittlung der Wichtigkeit von Komponenten über Informationstafeln.[90] Diese Untersuchung deutet bereits an, daß diese Form der Erhebung die Probanden zum „Spielen" verleitet. Zukünftige Untersuchungen mit multimedial aufbereiteten Fragebögen werden aufdecken, ob diese Art der Datenerhebung wirklich zu valideren Ergebnissen führt.

Integration der Kosten:

In der Vergangenheit wurden die Teilnutzen der Conjointanalyse bereits in einigen Modellen den Kosten für einzelne Eigenschaftsausprägungen gegenübergestellt.[91] Durch Optimierung kann so nicht nur das nutzenmaximale Produkt bzw. das Produkt mit dem größten Marktanteil bestimmt werden, sondern auch das gewinnmaximale Produkt. Bei diesen Anwendungen werden in einer ersten Phase ebenso die Teilnutzen aller Eigenschaftsausprägungen bestimmt. Für einzelne Produkte mit konkreten Ausprägungen kann unter der Berücksichtigung der Konkurrenzprodukte über das Axiom von Luce oder andere Choice Simulatoren der Marktanteil bestimmt werden. Zur Optimierung wird eine Gewinnfunktion aufgestellt, in der dem Umsatz, der sich aus dem Marktanteil berechnet, die variablen Kosten des Produktes gegen-

[87] Vgl. Schweikl (1985), S. 201.
[88] Vgl. Stallmeier (1993), S. 42f.
[89] Vgl. Dréze/Zufryden (1997), S. 83.
[90] Vgl. Schweikl (1985), S. 177-181.

übergestellt werden. Green/Krieger verwenden eine Divide-et-Impera-Heuristik, um aus der Menge der möglichen Profile mit der Gewinnfunktion als Zielkriterium das gewinnmaximale Produkt herauszufiltern.

Bereits bei der Bestimmung der Kosten für einzelne Site-Komponenten ergeben sich Schwierigkeiten. Die Kosten einer Komponente der Internet-Site setzt sich aus mehreren Bestandteilen zusammen:

– **Kosten für die Konzeptionierung und Programmierung der Komponenten:** Für die alternativen Ausformungen einzelner Komponenten (z.B. Online-Kochbuch auf einer Site eines Nahrungsmittelherstellers) müssen detaillierte Angebote bei Spezialagenturen eingeholt werden. In der Regel wird mit den Agenturen allerdings nicht über die Realisation einzelner Komponenten, sondern über den kompletten Auftritt verhandelt.

– **Kosten für die Aktualisierung und Betreuung:** Die Online-Angebote (z.B. Online-Wetterberichte auf einer Reise-Site) müssen entweder durch eine unternehmenseigene Online-Redaktion oder durch eine externe Agentur ständig aktualisiert werden. Alleine für die Betreuung von E-mail-Anfragen wird bei großen Unternehmen schon eine ganze Personalstelle benötigt.

– **Kosten für externe Daten:** Einige Daten, die online präsentiert werden (z.B. spezieller Wetterbericht für ein Reiseland bzw. Daten über Diebstähle von Autos in einem Reiseland), müssen von externen Quellen zugekauft werden.

– **Kosten für die Positionierung auf einem Server:** Die letztendlich realisierte Komponente benötigt Speicherplatz. Viele Provider rechnen nach dem Umfang des Online-Angebotes und darüber hinaus nach Anzahl der Zugriffe ab.

Die Ausführungen belegen, daß die Bestimmung der Kosten einzelner Site-Komponenten im Vergleich zu Produkten, für die in der innerbetrieblichen Kosten- und Leistungsrechnung die Kosten bestimmt werden, ungleich komplexer ist.

Darüber hinaus kann der Marktanteil eines Internet-Auftrittes nicht wie bei Produkten bestimmt werden. Anhand der Präferenz von Internet-Auftritten den Marktanteil von möglicherweise 100 Sites einer Branche zu schätzen, wäre sehr aufwendig und letztendlich wenig aussagefähig. Einen Ausweg stellt die Bestimmung eines Zusammenhanges zwischen der Präferenz von bereits online verfügbaren Auftritten der Branche und den Visits der jeweiligen Auftritte dar. Die für realisierbare Internet-Auftritte prognostizierten Visits müßten dann mit einem monetären Kontaktwert versehen werden. Diese Werte könnten den anfallenden Kosten in der Zielfunktion der Optimierung gegenübergestellt werden.

---

[91] Vgl. Green/Krieger (1992), S. 117-124; Aust (1996), S. 83-96; Hruschka (1996), S. 102-108.

Kompositionelle Teilnutzen als Input für die Schätzung der dekompositionellen Teilnutzen:

Verbesserungen des gesamten Ansatzes können auch dadurch erreicht werden, daß die Ergebnisse der ersten Befragungswelle als Startlösung für die Schätzung der Teilnutzen in der zweiten Befragungswelle dienen. In der Schätzprozedur der Conjointanalyse werden die Ergebnisse der ersten Welle gesetzt und anschließend iterativ an den Ergebnissen der Paarvergleiche ausgerichtet und angepaßt.[92]

Durchführung einer simultanen Conjointanalyse und Benefitsegmentierung:

Einen Schritt weiter geht die simultane Conjointanalyse und Benefitsegmentierung. Die Benefitsegmentierung wird in dieser Untersuchung innerhalb eines sogenannten sequentiellen Verfahrens durchgeführt. In verschiedenen Schritten werden zuerst die Teilnutzen auf individuellem Niveau geschätzt. Mittels Clusteranalyse werden die Segmente so gebildet, daß im Anschluß eine Präferenzfunktion pro Segment bestimmt werden kann. Dabei wird bemängelt, daß die geringe Anzahl von Beobachtungswerten pro Individuum nicht ausreicht (z.B. 24 Paarvergleiche), um valide Teilnutzen mit einer OLS-Schätzung zu ermitteln, die im Anschluß für die Clusteranalyse verwendet werden können.[93] In den vergangenen Jahren wurden sogenannte simultane Ansätze entwickelt, bei denen bei der Kalibrierung nicht nur Teilnutzen geschätzt werden, sondern auch die Segmentzugehörigkeit der Individuen. Dabei werden auch sogenannte unscharfe Klassifikationen möglich, die ein Überschneiden der gebildeten Segmente erlauben.[94] Simultane Ansätze können in weiteren Anwendungen eingesetzt werden, um möglicherweise bessere Segmentierungen erzielen zu können.

---

[92] Vgl. Backhaus/Erichson/Weiber/Plinke (1996), S. 514f.
[93] Vgl. Aust (1996), S. 70-73.
[94] Vgl. Vriens/Wedel/Wilms (1996), S. 75f.; Lenk/DeSarbo/Green/Young (1996), S. 174-176; Aust (1996), S. 74-83.

Teil 4: Ergebnisse der Pilotuntersuchung am Beispiel des Online-Auftrittes von Versicherungen

1. Aufbau der Untersuchung

Das in Teil 3 entwickelte Modell zum Entwurf optimaler Online-Auftritte wurde im Auftrag der MGM MediaGruppe München und des Spiegel Verlags Hamburg für zehn Branchen empirisch getestet. Im einzelnen wurden Konzepte für Internet-Sites der Branchen Automobile, Hausgeräte, Unterhaltungselektronik, Mode und Kosmetik, Getränke, Nahrungsmittel, Pharma, Banken, Versicherungen sowie Reisedienstleister ermittelt.

Im folgenden werden exemplarisch die Untersuchungsergebnisse für Versicherungsunternehmen im Detail vorgestellt. Die erste Erhebungswelle für das kompositionelle Modell wurde vom 16. bis 19. August 1996 (von Freitag bis Montag) durchgeführt. Insgesamt konnten über eine Banner-Schaltung bei der deutschen Suchmaschine web.de 815 Teilnehmer für die gesamte Befragung angeworben werden. Nicht alle Probanden bewerteten allerdings die Komponenten des Internet-Auftrittes von Versicherungsunternehmen, da sie aus den oben angeführten zehn Branchen insgesamt nur mindestens fünf auswählen mußten, zu denen ihnen jeweils ein Fragebogen online präsentiert wurde. Der Online-Fragebogen für Versicherungs-Sites wurde von insgesamt 204 Online-Usern gewählt. In Abb. 4.1 wird die soziodemographische Struktur der Probanden der Versicherungs-Site mit der der allgemeinen Online-Nutzer verglichen.

Altersgruppen	versicherungsaffine Online-Nutzer	Online-Nutzer*
< 20 Jahre	3,4 %	4,5 %
20-30 Jahre	44,6%	46,1 %
31-40 Jahre	37,7%	38,5 %
41-50 Jahre	11,3%	8,2 %
>50 Jahre	2%	2,8 %
Geschlechtstypen		
männlich	94,6%	91,0 %
weiblich	3,4%	9,0 %

* Daten für Online-Nutzer: W3B Fittkau/Maaß (1996a), o.S.

Abb. 4.1: Soziodemographische Struktur der Teilnehmer der ersten Erhebungswelle für Versicherungsunternehmen im Vergleich zur allgemeinen Online-Nutzerstruktur

Als Incentive für die Teilnahme wurde den Befragten die CD-ROM „Bewegende Werbung" der MGM MediaGruppe München versprochen. Als Gegenleistung mußten die Probanden allerdings an beiden Befragungswellen (kompositionelles und dekompositionelles Modell) teilnehmen.

Im Rahmen der zweiten Befragungswelle (dekompositionelles Modell) mußten die Versuchspersonen nur noch einen Fragebogen zu einer der in der ersten Welle gewählten Branche beantworten. Aus den 204 Teilnehmern der ersten Befragungswelle für Versicherungsunternehmen wurden 60 für die zweite Welle ausgewählt und per E-mail über die URL des dekompositionellen Fragebogens informiert.[1] Von den 60 angeschriebenen Online-Nutzern beantworteten zwischen dem 12. September und dem 12. Oktober 1996 48 den zweiten Fragebogen.

2. Ermittlung und Selektion der relevanten Inhaltskomponenten

Zur Ermittlung der relevanten Inhaltskomponenten wurden zunächst 45 deutschsprachige Internet-Auftritte von Versicherungen inhaltlich analysiert. Dabei wurden jeweils alle vorzufindenden Komponenten mit ihren Ausprägungen notiert. Zusätzlich wurden über die internationalen Suchhilfen Lycos, Webcrawler und Yahoo weitere 55 internationale Auftritte ausfindig gemacht und der gleichen inhaltlichen Analyse unterzogen.

Es wurden insgesamt 50 Komponenten ermittelt, miteinander verglichen und zu 19 Kernkomponenten zusammengefaßt. Beispielsweise wurde aus den Komponenten „Unternehmensphilosophie", „Bilanzdaten", „Umsatzprognose", „Marktanteile", „Geschäftsberichte" die Kernkomponente „Unternehmensinformationen".

Diese Phase der Untersuchung erwies sich als sehr komplex und zeitaufwendig, da durch die Aggregation wesentliche Informationsverluste vermieden werden sollten. Diese hätten sich andernfalls direkt auf die Qualität der noch folgenden Analyse auswirken können. Doch war eine Reduktion der relevanten Elemente unumgänglich: Mehr als 25 Komponenten führen zu einer Ermüdung der Probanden und letztendlich zu weniger validen Ergebnissen.

Im Vergleich zu den anderen in der Pilotuntersuchung analysierten Branchen befindet sich der Online-Versicherungsmarkt in Deutschland in einem fortgeschrittenen Entwicklungsstadium. Auf Kreativtechniken zur Ermittlung von neuen Komponenten und Services konnte daher verzichtet werden.

Die ermittelten Kernkomponenten mit den gewählten Ausprägungsstufen können dem Fragebogen der ersten Welle im Anhang 3 entnommen werden.

---

[1] Da die Probanden bei der ersten Befragungswelle unterschiedliche Fragebogenkombinationen gewählt hatten, variierte die Anzahl der Befragten der zweite Welle zwischen den einzelnen Branchen sehr stark.

Die Reihenfolge der Komponenten auf dem Fragebogen wurde so festgelegt, daß zuerst Anwendungen mit Produkt- bzw. Servicebezug (Angebotsübersicht, Beratung, Transaktionsmöglichkeiten, Verzeichnisse) zur Bewertung präsentiert wurden. Gefolgt wurden diese vermeintlich wichtigsten Site-Elemente von den Benefitting- (Versicherungsstatistiken, Versicherungstips) sowie Entertainment-Anwendungen (Risikotest, Fahrverhaltenstest, Erste-Hilfe-Gewinnspiel). Interaktive Kommunikationsmöglichkeiten (Foren, Bestellmöglichkeiten) wurden vor den am Ende des Fragebogens plazierten Informationen mit Unternehmensbezug (Unternehmensinformationen, Sponsoringinformationen, Jobangebote) eingereiht.

3. Ergebnisse des kompositionellen Modells

3.1 Aggregierte Teilnutzen des kompositionellen Modells

Die Ermittlung der Wichtigkeiten der abgefragten Komponenten bzw. die Teilnutzen liefern bereits wesentliche Ansatzpunkte für die Konstruktion von Online-Auftritten für Versicherungs-Interessenten im WWW (vgl. Abb. 4.2).

		Mittlere Wichtigkeit	Normierter Teilwertnutzen (8 wichtigste Merkmale)
Muß-Komponenten ≥ 5	Übersicht über Versicherungsangebote	5,5050	→ 0,1406 *
	Interaktives Angebot einer speziellen Versicherung	5,4700	→ 0,1397
	Online-Schadensmeldung	5,1320	→ 0,1311
	Interaktives Angebot eines kompletten Versicherungspaketes	4,9900	→ 0,1274
Soll-Komponenten ≥ 4–5	Interaktive Rentenberechnung	4,6820	→ 0,1196
	Interaktives Niederlassungsverzeichnis	4,5740	→ 0,1168
	Online-Bestellmöglichkeit von Prospekten	4,4290	→ 0,1131
	Interaktives Kundenberaterverzeichnis	4,3770	→ 0,1118
Kann-Komponenten ≥ 3–4	Versicherungstips	3,9850	Summe: 1
	Unternehmensinformationen	3,8860	
	Jobangebote	3,8770	
	Versicherungsstatistiken	3,7230	* Werte ergeben sich als Anteil an der Summe der mittleren Wichtigkeiten der acht wichtigsten Komponenten
	Versicherungsforum	3,6350	
	Online-Abschluß einer Versicherung	3,6140	
	Test der Risikobereitschaft	3,5050	
	Erste-Hilfe-Gewinnspiel	3,3510	
	Test des Fahrverhaltens	3,3300	
	Meinungsforum	3,1670	
Darf-Komponenten ≥ 2–3	Sponsoringinformationen	2,5980	
Nicht-notwendig-Komponenten < 2	keine Komponente zugeordnet		

Abb. 4.2: Aggregierte Ergebnisse des kompositionellen Modells

– **Muß-Komponenten**

Der Online-Nutzer erwartet auf der Site einer Versicherung vor allem Informationen zu einzelnen Dienstleistungen. Entscheidend ist dabei *eine Übersicht über Versicherungsangebote* und eine *interaktive Angebotsabfrage einer speziellen Versicherung*. Erstere zeigt dem Nutzer auf einen Blick, welche Versicherungen angeboten werden (z.B. Kfz-Versicherung, Lebensversicherung, Hausratsversicherung etc.). Per Hyperlink kann der Anwender dabei zu Detailinformationen über Versicherungsumfang, Konditionen und Laufzeit gelangen. Mit der interaktiven Angebotsabfrage kann er bei komplexeren Versicherungsgattungen wie beispielsweise der Kfz-Versicherung Kfz-Typ, Baujahr, Kilometerleistung usw. eingeben und erfährt online, wie hoch seine individuelle Prämie ausfallen würde.

Viele User möchten darüber hinaus *Schadensfälle online melden*. Hierin sehen sie ähnliche Vorteile wie beim Homebanking: permanente Durchführbarkeit ohne Rücksicht auf Geschäftszeiten und Erreichbarkeit.

Nicht nur spezifische Versicherungsangebote sind für den Internet-Nutzer von Interesse, sondern auch *die Beratung für komplette Versicherungspakete*. Diese Anwendung ermöglicht es, nach der Eingabe von relevanten Daten und den eigenen Anforderungen ein individuell zugeschnittenes Angebot über mehrere Versicherungsprodukte einzuholen.

- **Soll-Komponenten**

Eine *interaktive Rentenberechnung* sollte ebenso auf keiner Versicherungs-Web-Site fehlen. Der User gibt sein Alter und sein Einkommen ein, woraufhin ihm die Summe, die er voraussichtlich beim Eintritt ins Rentenalter monatlich erhalten wird, angezeigt wird. Begleitend kann hierbei auf eine private Zusatzversicherung verwiesen werden. Dieser Service stellt ein Zusatzangebot auf Versicherungs-Sites dar und besitzt daher Benefitting-Charakter.

Nicht minder wichtig für den Erfolg einer Versicherungs-Site ist ein *interaktives Niederlassungsverzeichnis*. Mittels Eingabe der eigenen Postleitzahl kann hiermit die nächste Niederlassung ausfindig gemacht werden.

Des weiteren sind die Site-Visitors auch an einer *Online-Bestellmöglichkeit von Prospekten* interessiert. Diese leicht zu realisierende Anwendung liefert dem Unternehmen wichtige Daten für das Direct-Marketing.

Etwas unwichtiger als ein Niederlassungsverzeichnis ist ein *Kundenberaterverzeichnis*. Diese Applikation ermöglicht es, Ansprechpartner für spezielle Versicherungsgeschäfte ausfindig zu machen.[2]

---

[2] Ein Mitarbeiterverzeichnis kann aus datenschutzrechtlichen Gründen nicht im Internet präsentiert werden. Viele Unternehmen stellen diese Komponente für einen geschlossenen Benutzerkreis im Intranet zur Verfügung.

Die bisher dargestellten Site-Elemente werden mit dem dekompositionellen Modell der Conjointanalyse detaillierter untersucht. Die mit diesem Verfahren ermittelte Komponentenwichtigkeit kann dem Kap. 5.4 entnommen werden.

– Kann-Komponenten

Tips zur Vermeidung des Versicherungsfalls werden als Kann-Komponente von den Usern gefordert. Hier soll aufgeführt werden, welche Maßnahmen ergriffen werden können, um einen Autodiebstahl oder einen Wohnungsbrand zu vermeiden.

Unternehmensinformationen sind für Web-Sites von Versicherungen nur von mäßiger Relevanz. Auch *Jobangebote* im Versicherungsbereich werden von den Befragten als Kann-Komponente klassifiziert.

Etwas weniger relevant sind *Versicherungsstatistiken* und ein *Versicherungsforum*. Versicherungsstatistiken sollen z.b. zeigen, welche Automodelle in Deutschland besonders diebstahlgefährdet sind oder was die häufigsten Brandursachen in Privathaushalten sind. In einem Versicherungsforum können Teilnehmer z.b. ihre Erfahrungen über Diebstähle im Ausland oder Tips zum Verhalten im Schadensfall austauschen.

Deutlich abgeschlagen im Vergleich zu den Muß-Komponenten ist die Möglichkeit, *online Versicherungen abzuschließen*. Das subjektive Risikoempfinden scheint hier noch zu groß zu sein. Aber auch langfristig werden vermutlich nur kleinere Versicherungen, wie beispielsweise Reisegepäckversicherungen der Auslandskrankenversicherungen, online abgeschlossen werden.

Die Entertainment-Komponenten *Test für die persönliche Risikobereitschaft, Erste-Hilfe-Gewinnspiel* und interaktiver *Test des Fahrverhaltens* stehen auf der Beliebtheitsskala der Internet-Nutzer ebenfalls relativ weit unten. Anhand der Antworten der User wird in diesen Online-Spielen bestimmt, ob der User risikofreudig ist, ob er Erste-Hilfe-Maßnahmen richtig durchführt und ob er sich in extremen Verkehrssituationen korrekt verhält.

Auch ein *Meinungsforum*, in dem sich die Konsumenten zu Themen, die das Versicherungsgeschäft betreffen, äußern können (z.B. „Was halten Sie von einer Senkung der Promillegrenze?" „Was halten Sie von einem Tempolimit auf Autobahnen?" usw.), stößt bei Interessenten auf geringes Interesse.

– Darf-Komponente

Obwohl sich Versicherungen gerade im Kulturbereich als Sponsoren engagieren, steigert eine Darstellung der *aktuellen Sponsoringaktivitäten* des Unternehmens die Akzeptanz des Internet-Auftrittes nicht.

Keine der abgefragten Komponenten wurde als *Nicht-notwendig-Komponente* klassifiziert. Insgesamt zeigt sich, daß die Unterschiede zwischen den Bedeutungsgewichten der einzelnen Angebote nur sehr gering ausfallen. Bei der direkten Abfrage der Wichtigkeit werden Komponenten als wichtiger eingestuft, als sie es bei der Vorlage eines kompletten Auftrittes tatsächlich sind (vgl. Kap. 5.3). Die Beurteilungen ermöglichen jedoch Tendenzaussagen über die Wichtigkeit einzelner Komponenten.

3.2 Ergebnisse des Split-Half-Tests für die Reliabilität

Die Reliabilität der kompositionellen Untersuchung wurde mit dem Split-Half-Test überprüft. Die Stichprobe der ersten Befragungswelle wurde dabei zufällig in zwei gleich große Gruppen unterteilt. Für jede Teilstichprobe wurden separat die durchschnittlichen Wichtigkeiten für die 19 abgefragten Komponenten berechnet. Diese Werte wurden miteinander und mit den Ergebnissen der Gesamtstichprobe korreliert (vgl. Abb. 4.3).

	Gesamte Stichprobe n= 204	zufällige Teilgruppe 1 n = 102	zufällige Teilgruppe 2 n = 102
Gesamte Stichprobe n= 204	1		
zufällige Teilgruppe 1 n = 102	0,9862	1	
zufällige Teilgruppe 2 n = 102	0,9843	0,9416	1

Abb. 4.3: Ergebnisse des Split-Half-Tests beim kompositionellen Modell

Der Korrelationskoeffizient von 0,94 deutet an, daß zwischen den Teilstichproben ein sehr starker Zusammenhang besteht, der auf die Konsistenz der Erhebung hindeutet. Der Zusammenhang zwischen den Teilstichproben und der Gesamtstichprobe ist mit 0,99 noch höher. Folglich hätten mit nur einer der beiden Teilstichproben (jeweils 102 Probanden) die gleichen Ergebnisse ermittelt werden können. Eine Wiederholung der Untersuchung mit weiteren Befragten würde zu keiner Verbesserung der Ergebnisse führen, d.h. die zugrunde gelegte Stichprobe führt zu stabilen Ergebnissen.

3.3 Ergebnisse der A-priori-Segmentierung der kompositionellen Teilnutzen

3.3.1 Unterschiede zwischen den einzelnen Altersgruppen

Für jede Komponente der ersten Befragungswelle wurde die mittlere Wichtigkeit für folgende

fünf Altersgruppen ermittelt:
- Internet-Teens (<20 Jahre)
- Internet-Twens (21-30 Jahre)
- jüngere Middle-Ages (31-40 Jahre)
- ältere Middle-Ages (41-50 Jahre)
- Master-Consumers (>50 Jahre)

Im Anschluß wurden die Unterschiede der ermittelten Wichtigkeiten zwischen den einzelnen Altersgruppen berechnet (zehn Paarvergleiche) und auf Signifikanz getestet. Die Irrtumswahrscheinlichkeit des t-Tests wurde - wie in allen Untersuchungen - auf 0,05 festgesetzt.[3] Abb. 4.4 zeigt die Ergebnisse für alle 19 untersuchten Komponenten auf. In der ersten Zeile der jeweiligen Zelle ist der Unterschied der Mittelwerte eingetragen, in der zweiten Zeile die Über- bzw. Unterschreitung der Signifikanzgrenze.[4] Signifikante Unterschiede sind mit grauen Rechtecken hinterlegt (vgl. Abb. 4.4).

Die einzelnen Vergleiche zeigen, daß nur wenige Unterschiede zwischen den Altersgruppen signifikant sind. Im einzelnen lassen sich aus dieser Segmentierung folgende Ergebnisse ableiten (vgl. Abb. 4.4):
- Die Übersicht über Versicherungsangebote ist bei 21-30jährigen beliebter als bei 41-50jährigen.
- Junge Internet-Nutzer sind weniger an einer Online-Schadensmeldung interessiert als ältere Online-Nutzer.
- Die Möglichkeit, sich interaktiv über ein komplettes Versicherungspaket beraten zu lassen, ist bei bis zu 50jährigen Online-Nutzern mehr gefragt als bei über 50jährigen.
- Versicherungsstatistiken werden von 31-40jährigen weniger geschätzt als von 21-30jährigen.
- Der Online-Versicherungsabschluß wird von den jüngeren Middle-Ages stärker gewünscht als von den Internet-Twens.
- Ein Test der Risikobereitschaft ist bei den ganz Jungen beliebter als bei den Internet-Twens und den jüngeren Middle-Ages.
- Ein außergewöhnliches Bild ergibt sich beim Test des Fahrverhaltens: Internet-Teens fragen diese Entertainment-Komponente mehr nach als Internet-Twens. Ältere Middle-Ages testen hingegen ihr Fahrverhalten lieber als jüngere Middle-Ages.

---

[3] Diese sehr geringe Irrtumswahrscheinlichkeit (0,05) führt erwartungsgemäß dazu, daß fast alle Unterschiede nicht signifikant sind. Will man aber aus der geringen Stichprobe zuverlässige Erkenntnisse über ein segmentspezifisches Vorgehen ableiten, so erscheint dieses Niveau notwendig.
[4] Zur Berechnung siehe Teil 3, Kap. 4.3.3.1.

A₁: ≤ 20 Jahre:7   A₂: 21-30 Jahre:91   A₃: 31-40 Jahre:77   A₄: 41-50 Jahre:23   A₅: > 50 Jahre:4

	Vergleich A_1-A_2	Vergleich A_1-A_3	Vergleich A_1-A_4	Vergleich A_1-A_5	Vergleich A_2-A_3	Vergleich A_2-A_4	Vergleich A_2-A_5	Vergleich A_3-A_4	Vergleich A_3-A_5	Vergleich A_4-A_5
Übersicht über Versicherungsangebote	-0,472 -0,136 n.s.	-0,376 -0,257 n.s.	-0,031 0,665 n.s.	0,143 -1,019 n.s.	0,096 -0,150 n.s.	0,441 0,070 s.	0,615 -0,216 n.s.	0,261 -0,151 n.s.	0,519 -0,372 n.s.	0,174 -0,781 n.s.
Interaktives Angebot einer speziellen Versicherung	-0,015 -0,593 n.s.	-0,077 -0,642 n.s.	-0,026 -0,615 n.s.	-0,071 -0,754 n.s.	-0,062 -0,220 n.s.	-0,011 -0,398 n.s.	-0,056 -0,863 n.s.	0,051 -0,411 n.s.	0,006 -1,043 n.s.	-0,045 -0,946 n.s.
Online-Schadensmeldung	-0,494 -0,505 n.s.	-0,857 0,017 s.	-1,093 0,596 s.	-1,321 0,283 s.	-0,363 -0,061 n.s.	-0,599 -0,075 n.s.	-0,827 -0,77 n.s.	-0,223 -0,282 n.s.	0,250 -1,026 n.s.	-0,228 -0,415 n.s.
Interaktives Angebot eines kompletten Versicherungspaketes	0,407 -0,365 n.s.	0,427 -0,387 n.s.	0,516 -0,255 n.s.	1,929 0,723 n.s.	0,022 -0,329 n.s.	0,109 -0,433 n.s.	1,522 0,275 s.	0,087 -0,480 n.s.	1,500 0,197 s.	1,312 0,101 s.
Interaktive Rentenberechnung	-0,370 -0,487 n.s.	-0,545 -0,382 n.s.	-0,333 -0,655 n.s.	0,786 -1,155 n.s.	-0,175 -0,218 n.s.	0,037 -0,575 n.s.	1,156 -0,265 n.s.	0,212 -0,424 n.s.	1,331 -0,145 n.s.	1,119 -0,451 n.s.
Interaktives Niederlassungsverzeichnis	0,348 -0,539 n.s.	0,252 -0,705 n.s.	0,223 -0,976 n.s.	1,375 -0,461 n.s.	-0,096 -0,302 n.s.	-0,125 -0,511 n.s.	1,027 -0,381 n.s.	-0,029 -0,652 n.s.	1,123 -0,386 n.s.	1,152 -0,576 n.s.
Online-Bestellmöglichkeit von Prospekten	-0,131 -0,768 n.s.	0,166 -0,799 n.s.	-0,223 -0,659 n.s.	0,929 -0,766 n.s.	0,297 -0,104 n.s.	-0,092 -0,512 n.s.	1,060 -0,348 n.s.	-0,389 -0,244 n.s.	0,763 -0,715 n.s.	1,152 -0,075 n.s.
Interaktives Kundenberaterverzeichnis	-0,252 -0,637 n.s.	0,013 -0,952 n.s.	0,069 -0,980 n.s.	0,036 -1,957 n.s.	0,265 -0,124 n.s.	0,321 -0,274 n.s.	0,288 -1,076 n.s.	0,056 -0,603 n.s.	0,023 -1,496 n.s.	-0,033 -1,631 n.s.
Versicherungstips	0,352 -0,546 n.s.	0,377 -0,610 n.s.	0,059 -1,221 n.s.	0,286 -1,885 n.s.	0,025 -0,325 n.s.	-0,293 -0,336 n.s.	-0,066 -1,327 n.s.	-0,318 -0,365 n.s.	-0,091 -1,425 n.s.	0,227 -1,612 n.s.
Unternehmensinformationen	-0,199 -0,805 n.s.	0,028 -0,907 n.s.	0,335 -0,919 n.s.	-0,143 -1,343 n.s.	0,227 -0,201 n.s.	0,534 -0,180 n.s.	0,056 -1,513 n.s.	0,307 -0,364 n.s.	-0,171 -1,257 n.s.	-0,478 -1,247 n.s.
Jobangebote	0,066 -0,991 n.s.	0,182 -0,944 n.s.	0,087 -1,190 n.s.	0,750 -1,565 n.s.	0,116 -0,365 n.s.	0,021 -0,739 n.s.	0,684 -1,058 n.s.	-0,095 -0,705 n.s.	0,568 -1,264 n.s.	0,663 -1,218 n.s.
Versicherungsstatistiken	0,275 -0,633 n.s.	0,997 -0,031 n.s.	0,677 -0,421 n.s.	0,036 -1,631 n.s.	0,722 0,331 s.	0,402 -0,176 n.s.	-0,239 -1,038 n.s.	-0,320 -0,349 n.s.	-0,961 -0,538 n.s.	-0,641 -0,665 n.s.
Versicherungsforum	0,429 -0,635 n.s.	0,500 -0,586 n.s.	0,0043 -1,013 n.s.	-0,750 -0,609 n.s.	0,071 -0,392 n.s.	-0,472 -0,239 n.s.	-1,179 -0,432 n.s.	-0,543 -0,165 n.s.	-1,250 -0,340 n.s.	-0,707 -0,929 n.s.
Online-Versicherungsabschluß	-0,205 -0,856 n.s.	-0,701 -0,420 n.s.	-0,683 -0,559 n.s.	-1,107 -0,524 n.s.	-0,496 0,002 s.	-0,478 -0,261 n.s.	-0,902 -0,884 n.s.	0,018 -0,810 n.s.	-0,460 -1,455 n.s.	-0,424 -1,469 n.s.
Test der Risikobereitschaft	1,155 0,080 s.	1,155 0,112 s.	0,919 -0,297 n.s.	1,071 -0,722 n.s.	0,000 -0,443 n.s.	-0,236 -0,456 n.s.	-0,084 -1,563 n.s.	-0,236 -0,842 n.s.	-0,084 -2,427 n.s.	0,152 -1,461 n.s.
Erste-Hilfe-Gewinnspiel	-0,473 0,659 n.s.	-0,354 -0,704 n.s.	-0,961 -0,387 n.s.	-0,893 -0,892 n.s.	0,119 -0,375 n.s.	-0,488 -0,331 n.s.	-0,420 -1,412 n.s.	-0,607 -0,159 n.s.	-0,539 -1,134 n.s.	0,068 -1,809 n.s.
Test des Fahrverhaltens	1,197 0,052 s.	0,935 -0,252 n.s.	0,460 -0,854 n.s.	1,036 -1,164 n.s.	-0,262 -0,217 n.s.	-0,737 0,003 s.	-0,161 -1,494 n.s.	-0,475 -0,272 n.s.	0,101 -1,572 n.s.	0,576 -1,242 n.s.
Meinungsforum	1,637 0,587 s.	1,609 0,499 s.	1,497 0,251 s.	0,714 -0,687 n.s.	-0,028 -0,431 n.s.	-0,140 -0,574 n.s.	-0,423 -0,654 n.s.	-0,112 -0,649 n.s.	-0,895 -0,773 n.s.	-0,783 -0,945 n.s.
Sponsoringinformationen	-0,022 -1,009 n.s.	0,103 -0,949 n.s.	-0,255 -1,091 n.s.	-0,929 -0,958 n.s.	0,125 -0,296 n.s.	-0,233 0,435 n.s.	0,907 -0,538 n.s.	-0,358 -0,344 n.s.	-1,032 -0,518 n.s.	0,674 -1,351 n.s.

erhobener Unterschied
Überschreitung der Signifikanzgrenze   [☐] signifikant im kompositionellen Modell
n.s. = nicht signifikant; s. = signifikant   [◯] signifikant im dekompositionellen Modell

Abb. 4.4: Segmentierung der kompositionellen Teilnutzen nach Altersgruppen

– Die Chat-Möglichkeit in einem Meinungsforum wird von Internet-Teens mehr bevorzugt als von Twens und Middle-Ages.

Die ersten drei Erkenntnisse können bei der dekompositionellen Segmentierung überprüft werden. Von den übrigen Ergebnissen erscheinen vor allem die Unterschiede bei den Versicherungsstatistiken, dem Test der Risikobereitschaft und dem Meinungsforum für die zielgruppenorientierte Planung von Bedeutung, da dort die Signifikanzgrenze deutlich überschritten wird.

M: männliche Nutzer: 193   W: weibliche Nutzer: 7
WI: wenig intensive Nutzer (≤ 10 Online-Stunden/Woche): 121   I: intensive Nutzer (> 10 Online-Stunden/Woche): 83

	Vergleich M - W	Vergleich WI - I		Vergleich M - W	Vergleich WI - I
Übersicht über Versicherungsangebote	-0,370 -0,292 n.s.	-0,063 -0,172 n.s.	Jobangebote	0,346 -0,944 n.s.	0,260 -0,185 n.s.
Interaktives Angebot einer speziellen Versicherung	0,037 -0,678 n.s.	-0,122 -0,133 n.s.	Versicherungsstatistiken	0,320 -0,736 n.s.	-0,179 -0,196 n.s.
Online-Schadensmeldung	-0,162 -0,870 n.s.	0,122 -0,239 n.s.	Versicherungsforum	-0,079 -1,133 n.s.	0,097 -0,316 n.s.
Interaktives Angebot eines kompletten Versicherungspaketes	-0,766 -0,172 n.s.	0,148 -0,176 n.s.	Online-Versicherungsabschluß	0,205 -1,136 n.s.	0,200 -0,251 n.s.
Interaktive Rentenberechnung	-0,475 -0,587 n.s.	0,080 -0,290 n.s.	Test der Risikobereitschaft	0,646 -0,499 n.s.	-0,043 -0,368 n.s.
Interaktives Niederlassungsverzeichnis	-0,006 -1,093 n.s.	-0,048 -0,326 n.s.	Erste-Hilfe-Gewinnspiel	0,039 -1,455 n.s.	0,351 -0,100 n.s.
Online-Bestellmöglichkeit von Prospekten	0,003 -1,038 n.s.	-0,356 -0,005 n.s.	Test des Fahrverhaltens	-0,274 -0,974 n.s.	0,334 -0,107 n.s.
Interaktives Kundenberaterverzeichnis	-0,188 -0,857 n.s.	-0,136 -0,230 n.s.	Meinungsforum	0,182 -1,034 n.s.	-0,165 -0,260 n.s.
Versicherungstips	-0,200 -0,878 n.s.	0,077 -0,297 n.s.	Sponsoringinformationen	0,474 -0,660 n.s.	0,013 -0,403 n.s.
Unternehmensinformationen	-0,697 -0,422 n.s.	-0,150 -0,241 n.s.	erhobener Unterschied der Mittelwerte Überschreitung der Signifikanzgrenze n.s. = nicht signifikant; s. = signifikant		

☐ signifikant im kompositionellen Modell   ◯ signifikant im dekompositionellen Modell

Abb. 4.5: Segmentierung der kompositionellen Teilnutzen nach Geschlecht und Intensität der Nutzung

Die geringe Signifikanz der Unterschiede kann auf die Dominanz der Internet-Twens und jüngeren Middle-Ages in der Stichprobe zurückgeführt werden. Bestehende Unterschiede zwischen den Altersgruppen in der Grundgesamtheit lassen sich statistisch erst dann nachweisen, wenn die Struktur der Online-Nutzer heterogener wird. Eine Vergrößerung der Stichprobe würde zu keinen Veränderungen führen, da sich dadurch die für den t-Test entscheidenden Relationen zwischen den Altersgruppen nicht ändern würden.

3.3.2 Unterschiede zwischen männlichen/weiblichen und wenig intensiven/intensiven Online-Nutzern

Wie zwischen den einzelnen Altersgruppen wurde auch zwischen männlichen und weiblichen sowie wenig intensiven (weniger als zehn Stunden wöchentlich online) und intensiven (mehr als zehn Stunden wöchentlich online) Internet-Nutzern differenziert und das Ergebnis auf Signifikanz geprüft (vgl. Abb. 4.5).

Hier konnten allerdings keine signifikanten Unterschiede ermittelt werden.

3.4 Ergebnisse der A-posteriori-Segmentierung der kompositionellen Teilnutzen

3.4.1 Bildung der Benefitcluster

Für die Clusterbildung der individuellen, kompositionell ermittelten Präferenzprofile wurden nur die acht wichtigsten Komponenten von Versicherungs-Sites herangezogen, da diese auch im dekompositionellen Verfahren überprüft wurden. Dies ermöglicht einen direkten Vergleich der Ergebnisse der beiden A-posteriori-Segmentierungen.

Zunächst wurden die Euklidischen Distanzen zwischen den individuellen Präferenzprofilen ermittelt. Das im Anschluß auf die 204 Datensätze angewandte Single-Linkage-Verfahren zur Fusionierung offenbarte 15 Ausreißer. Diese wurden aus der Fusionierung mit dem Ward-Verfahren ausgeschlossen. Mit Hilfe des Elbow-Kriteriums konnte eine optimale 3-Cluster-Lösung bestimmt werden (vgl. Abb. 4.6).

Der größte Cluster mit 115 Probanden zeichnet sich dadurch aus, daß die ihm zugehörigen Probanden gerne interaktive Verzeichnisse (Niederlassungsverzeichnis, Kundenberaterverzeichnis) nutzen und online Informationsmaterial bestellen. Aber auch das interaktive Angebot einer speziellen Versicherung, eine interaktive Rentenberechnung und eine Online-Schadensmeldung besitzen hier überdurchschnittliche Teilnutzen. Unerwünscht sind in diesem Segment hingegen das interaktive Angebot einer kompletten Versicherung und eine Übersicht über Versicherungsangebote. Da dieser Konsumententyp sehr an interaktiv abrufbaren und individuell selektierbaren Informationen interessiert ist und er das Medium Online zielstrebig zur Gewinnung von produktspezifischen Informationen nutzt, wird er als *„Interactive Consumer"* bezeichnet.

	Übersicht über Versicherungs-angebote	Interaktives Angebot einer speziellen Versicherung	Online-Schadens-meldung	Interaktives Angebot eines kompletten Versicherungs-paketes	Interaktive Rentenbe-rechnung	Interaktives Niederlassungs-verzeichnis	Online-Bestellmög-lichkeit von Prospekten	Interaktives Kunden-berater-verzeichnis
Cluster 1 n = 115 segmentspezifischer Teilnutzenwert Abweichung vom Mittelwert 0,57	5,502 -0,003↓	5,574 +0,104↑↑	5,151 +0,019↑	4,968 -0,022↓	4,704 +0,022↑	4,678 +0,104↑↑	4,562 +0,135↑↑	4,530 +0,153↑↑

Interaktives Kundenberaterverzeichnis ↑↑ (s. 1-3)
Online-Bestellmöglichkeit von Prospekten ↑↑ n.s.
Interaktives Angebot einer speziellen Versicherung ↑↑ (s. 1-3)
Interaktives Niederlassungsverzeichnis ↑↑ n.s.
Interaktive Rentenberatung ↑ n.s.
Online-Schadensmeldung ↑ n.s.

Interactive Consumer

Cluster 2 n = 44 segmentspezifischer Teilnutzenwert Abweichung vom Mittelwert 0,28	5,568 +0,066↑	5,410 -0,060↓	5,236 +0,104↑↑	4,932 -0,058↓	4,441 -0,241↓↓↓	4,448 -0,126↓↓	4,301 -0,128↓↓	4,226 -0,151↓↓

Online-Schadensmeldung ↑↑ (s. 2-3)
Übersicht über Versicherungsangebote ↑ n.s.

Interaktive Rentenberatung ↓↓↓ (s. 2-3)
Interaktives Kundenberaterverzeichnis ↓↓ n.s.
Online-Bestellmöglichkeit von Prospekten ↓↓ n.s.
Interaktives Niederlassungsverzeichnis ↓↓ n.s.
Interaktives Angebot einer speziellen Versicherung ↓↓ n.s.
Interaktives Angebot eines kompletten Versicherungspaketes ↓ n.s.

Online-Transactors

Cluster 3 n = 44 segmentspezifischer Teilnutzenwert Abweichung vom Mittelwert 0,15	5,533 +0,028↑	5,189 -0,281↓↓↓	4,900 -0,232↓↓↓	5,213 +0,223↑↑	5,044 +0,362↑↑↑	4,410 -0,164↓↓	4,133 -0,296↓↓↓	4,080 -0,297↓↓↓

Interaktive Rentenberatung ↑↑↑↑ (s. 3-2)
Interaktives Angebot eines kompletten Versicherungspaketes ↑↑↑ n.s.
Übersicht über Versicherungsangebote ↑ n.s.

Interaktives Kundenberaterverzeichnis ↓↓↓ (s. 3-1)
Online-Bestellmöglichkeit von Prospekten ↓↓↓ n.s.
Interaktives Angebot einer speziellen Versicherung ↓↓↓ (s. 3-1)
Online-Schadensmeldung ↓↓↓ (s. 3-2)
Interaktives Niederlassungsverzeichnis ↓↓ n.s.

Benefitters

n.s. = keine signifikanten Unterschiede zwischen Cluster
(s. A-B) = signifikanter Unterschied zwischen Cluster A und B

aggregierte Teilnutzenwerte n = 189	5,505	5,47	5,132	4,99	4,682	4,574	4,429	4,377

Abb. 4.6: Ermittlung und Interpretation der kompositionellen Benefitcluster

Die Konsumenten im zweitgrößten Präferenzsegment wollen vor allem schnell und bequem Transaktionen online abwickeln. Am Produkt Versicherung sind sie zwar auch interessiert, Detailinformationen wie interaktive Verzeichnisse, Angebotsabfragen oder Prospekt-Bestellmöglichkeiten sind für sie allerdings kaum relevant. User dieses Segments wollen das Medium Internet zur Erleichterung von Routinetransaktionen einsetzen. Nach dem Motto „Zeit ist Geld" legen sie Wert auf eine rasche und unkomplizierte Online-Abwicklung einfacher Geschäfte. Sie können daher als *„Online-Transactors"* bezeichnet werden.

Die Individuen des kleinsten ermittelten Clusters sind nur geringfügig am Produktangebot von speziellen Versicherungsunternehmen interessiert. Dieser Konsumententyp legt mehr Wert auf Komponenten mit Zusatznutzencharakter und kann daher der Kategorie der *„Benefitters"* zugeordnet werden. Er will sich über Renten informieren und nebenbei sehen, welche Versicherungen generell für ihn interessant wären. Unerwünscht sind hier detaillierte Produktinformationen, Online-Services und Online-Transaktionen.

	Übersicht über Versicherungsangebote	Interaktives Angebot einer speziellen Versicherung	Online-Schadensmeldung	Interaktives Angebot eines kompletten Versicherungspaketes	Interaktive Rentenberechnung	Interaktives Niederlassungsverzeichnis	Online-Bestellmöglichkeit von Prospekten	Interaktives Kundenberaterverzeichnis
Vergleich Cluster 1 mit Cluster 2	-0,066 -0,184 n.s.	0,164 -0,108 n.s.	-0,085 -0,385 n.s.	0,037 -0,0375 n.s.	0,263 -0,179 n.s.	0,231 -0,258 n.s.	0,261 -0,197 n.s.	0,304 -0,123 n.s.
Vergleich Cluster 1 mit Cluster 3	-0,031 -0,245 n.s.	0,385 0,048 s	0,251 -0,282 n.s.	-0,245 -0,210 n.s.	0,340 -0,208 n.s.	0,268 -0,296 n.s.	0,428 -0,136 n.s.	0,450 0,011 s
Vergleich Cluster 2 mit Cluster 3	0,035 -0,335 n.s.	0,221 -0,189 n.s.	0,336 0,015 s	-0,281 -0,206 n.s.	0,603 0,022 s	0,038 -0,608 n.s.	0,168 -0,511 n.s.	0,146 -0,459 n.s.

erhobener Unterschied
Überschreitung der Signifikanzgrenze
n.s. = nicht signifikant; s. = signifikant

☐ signifikant im kompositionellen Modell

Abb. 4.7: Signifikanz der kompositionellen Benefitcluster

Die Mittelwerte der Teilnutzen für obige Benefitcluster wurden paarweise miteinander verglichen. Die daraus resultierenden Unterschiede wurden auf Signifikanz geprüft (vgl. Abb. 4.7).

Das interaktive Kundenberaterverzeichnis und das interaktive Angebot einer speziellen Versicherung sind die einzigen Komponenten des Clusters „Interactive Consumers", die sich signifikant vom Cluster der „Benefitters" unterscheiden. Zwischen den „Online-Transactors" und den „Benefitters" sind die Unterschiede der Teilnutzen nur bei der Online-Schadensmeldung und bei der interaktiven Rentenberechnung signifikant. Die höchste Eindeutigkeit zeigen die „Benefitters". Sie unterscheiden sich bei der interaktiven Rentenberechnung und bei der Online-Schadensmeldung von den „Online-Transactors" sowie beim interaktiven Kundenberaterverzeichnis und dem interaktiven Angebot einer speziellen Versicherung von den „Interactive Consumers".[5]

3.4.2 Zuordnung von Deskriptorvariablen

Nachdem die Benefitcluster interpretiert und auf Signifikanz untersucht sind, werden den darin enthaltenen Befragten ihre individuellen Deskriptorvariablen Alter, Geschlecht und Intensität der Nutzung zugeordnet. Für jedes Cluster werden die Mittelwerte dieser Kriterien gebildet und der Unterschied zwischen den Segmenten auf Signifikanz getestet (vgl. Abb. 4.8).

	Alter	*Geschlecht*	*Intensität*
Cluster 1 Cluster 2 Cluster 3	2,498 2,879 2,691	1,014 1,049 1,089	1,504 1,349 1,149
Mittelwert über alle Probanden	2,634	1,035	1,407
Vergleich Cluster 1 mit Cluster 2	-0,381 -0,149 n.s.	-0,035 0,033 n.s.	0,155 -0,021 n.s.
Vergleich Cluster 1 mit Cluster 3	-0,193 -0,320 n.s.	-0,75 -0,025 n.s.	0,355 0,147 s.
Vergleich Cluster 2 mit Cluster 3	0,188 -0,253 n.s.	-0,040 -0,081 n.s.	0,200 -0,048 n.s.

erhobener Unterschied
Überschreitung der Signifikanzgrenze   [ ] signifikant im
n.s. = nicht signifikant; s. = signifikant   kompositionellen Modell

Abb. 4.8: Zuordnung von Segmentierungskriterien zur Beschreibung der kompositionellen Benefitcluster

Zwischen den Clustern konnte weder ein signifikanter altersspezifischer noch ein geschlechtsspezifischer Unterschied nachgewiesen werden. „Interactive Consumers", „Online-Transactors" und „Benefitters" sind sowohl männlich als auch weiblich und kommen in allen Altersgruppen vor. Lediglich bezüglich der Intensität der Online-Nutzung ergab sich ein Unterschied zwischen den „Interactive Consumers" und den „Benefitters": Die „Interactive Consumers" nutzen das Internet häufiger als die „Benefitters".

---

[5] An der vorgenommenen Interpretation der Cluster wird festgehalten, da sich die namensgebenden Komponenten jeweils signifikant von den anderen Clustern unterscheiden.

4. Reduktion der Anzahl der Komponenten durch Faktorenanalyse

Für die Durchführung der dekompositionellen Analyse muß die Anzahl der Komponenten (bisher noch 19) reduziert werden. Eine Reduktion ergibt sich durch eine Verdichtung der Komponenten mittels Faktorenanalyse. Im Anschluß muß allerdings geprüft werden, ob die ermittelten Faktoren nicht zu stark aggregiert sind und deshalb für die Conjointanalyse als Eigenschaften ungeeignet sind.

Als Input für die Faktorenanalyse wurden die Wichtigkeitsbewertungen der 204 Probanden verwendet. Die optimale Anzahl der Faktoren wurde mittels des Kaiser-Kriteriums (Eigenwert > 1) festgelegt.[6] In Abb. 4.9 sind die Eigenwerte in Abhängigkeit der Faktorenzahl dargestellt. Als optimale Konfiguration zeigt sich hier eine 5-Faktorenlösung.

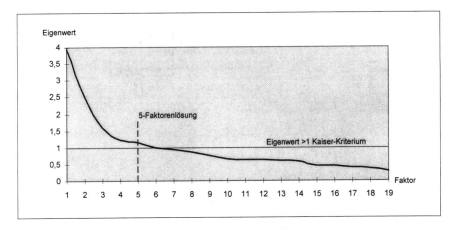

Abb. 4.9: Scree-Test und Kaiser-Kriterium zur Ermittlung der optimalen Faktorenzahl

Folgende rotierte Faktorladungsmatrix zeigt, durch welchen Faktor die einzelnen Komponenten repräsentiert werden (Abb. 4.10):

Faktor 1 lädt auf die Komponenten Test des Fahrverhaltens, Test der Risikobereitschaft, Versicherungstips, Erste-Hilfe-Gewinnspiel und Versicherungsstatistiken hoch. Da dies vor allem unterhaltungsorientierte Anwendungen und Informationselemente sind, wird der Faktor als *„Entertainment"* interpretiert.

Mit Faktor 2 werden vor allem produkt- oder branchenspezifische Zusatzinformationen und

---

[6] Mit dem Scree-Test (asymptotische Annäherung der Eigenwerte an 0) gelangt man in diesem Fall zu keiner sinnvollen Lösung.

Anwendungen wie Sponsoringinformationen, Unternehmensinformationen, Foren und Jobangebote zu *„Specific Benefits"* zusammengefaßt.

	Faktor 1	Faktor 2	Faktor 3	Faktor 4	Faktor 5	Faktorinterpretation + Wichtigkeit	Varianzerklärung
Test des Fahrverhaltens	0,83099	0,8012	0,00005	-0,0486	0,00238		
Test der Risikobereitschaft	0,74354	-0,0387	-0,1201	-0,0192	0,11051	Enter-	
Versicherungstips	0,72953	0,18373	0,02155	0,06694	-0,1072	tainment	20,8%
Erste-Hilfe-Gewinnspiel	0,59695	0,28143	0,10441	0,07267	-0,0814	3,5788 ≙ 17%	
Versicherungsstatistiken	0,36556	0,32484	0,8355	0,18435	0,00385		
Sponsoringinformationen	0,11391	0,68238	0,18972	-0,1069	0,02049		
Meinungsforum	0,34317	0,66420	-0,1167	-0,0680	0,10719	Specific	
Unternehmensinformationen	-0,1452	0,62235	0,34236	0,17499	-0,1609	Benefits	13,3%
Versicherungsforum	0,42024	0,53567	-0,0545	0.00243	0,24992	3,4326 ≙ 16%	
Jobangebote	0,08847	0,53439	0,09528	-0,0080	0,02140		
Interaktives Kundenberaterverzeichnis	0,13307	0,18760	0,81589	0,00938	0,03290	Interactive	
Interaktives Niederlassungsverzeichnis	0,21691	-0,03487	0,75873	0,11779	0,15767	Services	8,4%
Online-Bestellmöglichkeit von Prospekten	-0,1340	0,21090	0,63875	0,24841	0,08151	4,46 ≙ 21%	
Interaktives Angebot einer speziellen Versicherung	0,01088	-0,0922	-0,0303	0,80230	0,07201	Product	
Übersicht über Versicherungsangebote	-0,0547	-0,0304	0,05354	0,71864	0,08092	Advice	6,4%
Interaktives Angebot eines kompletten Versicherungspaketes	0,11430	0,02993	0,23381	0,67496	-0,0026	5,1618 ≙ 25%	
Interaktive Rentenberechnung	0,11833	0,16572	0,37177	0,47176	0,17221		
Online-Versicherungsabschluß	-0,0869	0,00514	0,16057	0,07875	0,79941	Transactions	6,0%
Online-Schadensmeldung	0,04012	0,07420	0,05983	0,11679	0,72957	4,373 ≙ 21%	
						insgesamt 54,9%	

Abb. 4.10: Interpretation der 5-Faktorenlösung

Das interaktive Kundenberaterverzeichnis, das interaktive Niederlassungsverzeichnis und die Online-Bestellmöglichkeit von Prospekten stellen *„Interactive Services"* (Faktor 3) dar. Hierbei handelt es sich um interaktive Anwendungen, die die Nutzung bzw. Inanspruchnahme einer Dienstleistung ermöglichen und erleichtern.

Faktor 4 nennt sich *„Product Advice"* und bildet ausschließlich produktbezogene Informationen und Produktberatungselemente ab. Dieser Faktor steht in einem engen Zusammenhang mit dem interaktiven Angebot einer speziellen Versicherung und eines kompletten Versicherungspaketes, einer Übersicht über Versicherungen und der interaktiven Rentenberechnung.

Der Online-Versicherungsabschluß und die Online-Schadensmeldung bilden als *„Online-Transactions"* einen eigenen Faktor.

Auch die Wichtigkeit der ermittelten Faktoren für den Gesamtnutzen des Online-Auftrittes kann berechnet werden.[7] Für den Faktor „Product Advice" ergibt sich eine mittlere Wichtigkeit von 5,16. Mit 25 Prozent besitzt dieser Faktor den größten Einfluß auf die Präferenz des Online-Auftrittes. „Online-Transactions" und „Interactive Services" erweisen sich mit jeweils 21 Prozent als gleich wichtig. „Entertainment" und „Specific Benefits" haben mit 17 und 16 Prozent deutlich weniger Einfluß auf den Gesamtnutzen einer Versicherungs-Site.

Für die Konstruktion von Stimuli für die Conjointanalyse sind die ermittelten Faktoren ungeeignet. Die Aufnahme der Komponente Online-Transaktionen mit den Ausprägungen „vorhanden" und „nicht vorhanden" in das Design ist zu unpräzise, da es für die Probanden unklar ist, ob sich hinter der Stufe „vorhanden" die Möglichkeit der Online-Schadensmeldung oder die Möglichkeit des Online-Abschlusses einer Versicherung verbirgt. Würde man alle möglichen Kombinationen der hinter dem Faktor stehenden Komponenten als Ausprägungsstufen verwenden, so würden sich für diesen aus zwei Komponenten bestehenden Faktor bereits vier Ausprägungsstufen ergeben: keine Online-Transaktionen, nur Online-Schadensmeldung, nur Online-Versicherungsabschluß, Online-Versicherungsabschluß und Online-Schadensmeldung.

5. Ergebnisse des dekompositionellen Modells

5.1 Ermittlung der Eigenschaften und Eigenschaftsausprägungen

Da sich die Faktorenanalyse für die Reduktion der Anzahl der Komponenten als ungeeignet erweist, werden die im kompositionellen Modell als am wichtigsten klassifizierten Komponenten zur Stimuli-Konstruktion herangezogen. In einem ersten Schritt wird geprüft, ob eine Aufspaltung in weitere Ausprägungsstufen neben „vorhanden" oder „nicht vorhanden" für die Ermittlung des optimalen Online-Auftrittes zweckmäßig ist.

Für die im kompositionellen Modell am wichtigsten eingestufte Komponente *Übersicht über Versicherungsangebote* kommt neben den Stufen „vorhanden" und „nicht vorhanden" auch eine interaktive Auswahlmöglichkeit einer individuell gewünschten Versicherungsform in Betracht. Diese Stufe wäre allerdings mit dem interaktiven Angebot einer speziellen Versicherung identisch *(verwendete Ausprägungsstufen: „nein", „ja")*.

---

[7]   Zur Berechnung der Wichtigkeit einzelner Faktoren wird der Mittelwert über die ermittelten Wichtigkeiten der zu Faktoren zusammengefaßten Komponenten gebildet. Der Varianzerklärungsanteil gibt an, welcher Anteil der Varianz aller Beobachtungswerte durch einen einzelnen Faktor erklärt wird. Im Idealfall kann ein Faktor einen Varianzerklärungsanteil von 100 Prozent besitzen. Vgl. Backhaus/Erichson/Plinke/Weiber (1996), S. 226f.; S. 242f.

Das Einholen von *Angeboten für eine spezielle Versicherung* wie auch das Angebot von *kompletten Versicherungspaketen* kann hybrid erfolgen. Zuerst füllt der User ein Online-Formular aus, auf dem er ein bestimmtes Angebot anfordert. Per E-mail wird ihm dieses zeitlich versetzt unterbreitet. Da die Mehrheit der Online-Nutzer gesuchte Informationen sofort abrufen möchte und nicht einige Stunden und Tage später, wird auf diese Stufe jedoch verzichtet *(bei beiden Komponenten verwendete Ausprägungsstufen: „nein", „interaktiv").*

Die Möglichkeit, *Schadensfälle online melden* zu können, erfordert erhebliche Investitionen für Hard- und Software und birgt hohe Sicherheitsrisiken in sich. Entscheidungsfördernd ist hierbei ein Test, der zeigt, ob die Bedürfnisse der Online-Nutzer auch dadurch befriedigt werden können, daß im Internet nur eine telefonische Hotline zur Schadensmeldung vorgestellt wird *(verwendete Ausprägungsstufen: „nein", „Telefon", „online").*

Die Ermittlung der zukünftigen *Rentenansprüche* kann nicht nur interaktiv individualisiert, sondern auch anhand anschaulicher Übersichtstabellen erfolgen. Auf diesen sieht der Anwender auf einen Blick, wie sich eine Veränderung der Einzahlungsperioden auf die zu erwartenden Auszahlungen auswirkt. Diese Ausprägungsstufe ist im Vergleich zur interaktiven Variante kostengünstiger, da keine aufwendigen Dialogelemente programmiert werden müssen *(verwendete Ausprägungsstufen: „nein", „Tabelle", „interaktiv").*

Adressen von *Niederlassungen* und Namen bzw. Telefonnummern von *Kundenberatern* können auch in tabellarischen Übersichten präsentiert werden. Wegen der Fülle der Daten ist die Suche aber genauso aufwendig wie in einem Telefonbuch. Nur ein interaktives Suchverzeichnis ist daher deutlich überlegen *(verwendete Ausprägungsstufen: „nein", „interaktiv").*

Zur *Bestellung von Prospekten* lediglich eine Telefonnummer auf der Web-Site abzubilden, nutzt die Möglichkeit des interaktiven Dialoges mit potentiellen Kunden nicht ausreichend und scheidet als Abstufung aus *(verwendete Ausprägungsstufen: „nein", „online").*

Auf die Betrachtung von weiteren Eigenschaften mußte verzichtet werden, da mit den für diese Untersuchung entwickelten Designs maximal sechs Eigenschaften mit jeweils zwei Ausprägungen und zwei Eigenschaften mit jeweils drei Ausprägungsstufen berücksichtigt werden können.[8]

Aus dem $3^2 2^6$-Design konnten die Ausprägungsstufen der im Paarvergleich gegenübergestellten Stimuli für den Online-Fragebogen abgeleitet werden. Die Komponenten mit Produktbezug wurden wie in der ersten Befragungswelle bei der Stimulusbeschreibung vor den Service- und Benefitting-Komponenten angeordnet. Hierdurch sollten bei den Befragten

---

[8]   Die Anzahl von Eigenschaften, die mit den in dieser Untersuchung entwickelten Designs verarbeitet werden kann, wird in Teil 3, Kap. 4.5.2 erörtert.

Assoziationen zur ersten Welle hervorgerufen werden (vgl. Fragebogen der zweiten Welle im Anhang 4).

5.2 Ergebnisse des Transitivitätstests der Paarvergleichsurteile

Die online eingehenden Bewertungen der Paarvergleiche wurden auf Transitivität untersucht. Abb. 4.11 zeigt die Ergebnisse der bei allen 48 Versuchspersonen durchgeführten Transitivitätstests. Aufgrund einer durchschnittlichen Abweichung der 16 möglichen Tripel von mehr als 1 wurden einige Probanden per E-mail zu einer Revision ihrer Urteile aufgefordert. Diese Möglichkeit wurde allerdings von keiner Auskunftsperson wahrgenommen. Von 48 Befragten konnten deshalb nur 43 zur Schätzung der Teilnutzen herangezogen werden.

Indivi-duum	durchschnittliche Abweichung	Indivi-duum	durchschnittliche Abweichung	Indivi-duum	durchschnittliche Abweichung	Indivi-duum	durchschnittliche Abweichung
1	0,75	13	0,625	25	0,625	37	0,75
2	0,5	14	0,5	26	1,25 Ausschluß	38	0,625
3	0,625	15	0,6875	27	1,25 Ausschluß	39	0,6875
4	1	16	0,75	28	0,625	40	0,75
5	0,6875	17	0,75	29	0,75	41	0,625
6	0,75	18	6,5 Ausschluß	30	0,6875	42	6,5 Ausschluß
7	0,625	19	0,5	31	0,5	43	0,75
8	0,75	20	0,75	32	0,5	44	0,625
9	1,5 Ausschluß	21	0,75	33	1	45	0,5
10	1	22	0,625	34	0,75	46	0,75
11	0,75	23	0,6875	35	0,625	47	0,625
12	0,75	24	0,5	36	1	48	0,5

Abb. 4.11: Ergebnisse der Transitivitätstests

5.3 Aggregierte Teilnutzen des dekompositionellen Modells

Die erhobenen Paarvergleichswerte der Probanden wurden zur individuellen OLS-Schätzung der Teilnutzen verwendet. Diese wurden im Anschluß durch Mittelwertbildung aggregiert und so normiert, daß die Summe der jeweils nutzenmaximalen Ausprägungen der einzelnen Komponenten den Wert 1 ergab (vgl. Abb. 4.12).[9]

Die Conjointanalyse führt zwar zu einer Veränderung der Rangfolge der Erfolgskomponenten, vergleicht man aber die mit beiden Modellen berechneten Teilnutzen miteinander, so zeigen sich bei den meisten Komponenten nur marginale Unterschiede (vgl. Abb. 4.13 und Abb. 4.17).

---

[9] Der Mittelwert wurde nur über 39 Probanden gebildet, da bei der Schätzung bei drei Probanden keine interne Validität gegeben war. Vgl. Teil 4, Kap. 5.5.

Die im kompositionellen Modell als am wichtigsten klassifizierte Komponente Übersicht über Versicherungsangebote belegt im dekompositionellen Modell nur den vierten Platz. Als wichtigste Anwendung zeigt sich hier das interaktive Angebot einer speziellen Versicherung. 22 Prozent des Gesamtnutzens einer Versicherungs-Site werden von dieser Komponente generiert. Ein großer Bedarf besteht mit 17 Prozent nach der Möglichkeit, Schadensfälle online zu melden (im kompositionellen Modell auf Platz 3). Dabei wird Interaktivität gefordert: Die Angabe einer Telefonnummer, die im Schadensfall zu wählen ist, führt nur zu einem halb so großen Nutzenbeitrag (acht Prozent). Mit einem 15-prozentigen Nutzeneinfluß folgt das interaktive Angebot eines kompletten Versicherungspaketes. Die Übersicht über Versicherungsangebote hat hingegen nur einen Einfluß von 14 Prozent. Wie im kompositionellen Modell rangiert die interaktive Rentenberechnung auf Platz 5. Die interaktive Variante erreicht im Vergleich zur tabellarischen Form allerdings den dreifachen Nutzenwert. Etwas abgeschlagen sind interaktive Verzeichnisse von Kundenberatern und Niederlassungen sowie die Online-Bestellmöglichkeit von Prospekten. Im kompositionellen Modell wurde diesen Komponenten ein deutlich höherer Teilnutzen zugeordnet.

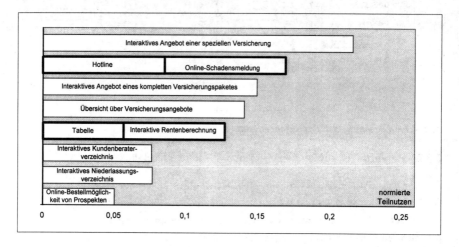

Abb. 4.12: Aggregierte Ergebnisse des dekompositionellen Modells

Insgesamt gelingt es mit der Conjointanalyse, die relativ geringen Unterschiede der kompositionellen Teilnutzen detaillierter aufzuspalten. Die Spannweite der dekompositionellen Teilnutzen ist mit 0,165 im Vergleich zu 0,027 im kompositionellen Modell sechsmal größer. Der individuellen Beratung und den Transaktionen wird eine noch stärkere Bedeutung beigemessen, als dies das kompositionelle Modell vermuten läßt. Darüber hinaus sollte bei diesen

Komponenten immer die interaktive Variante als Ausprägungsstufe gewählt werden.

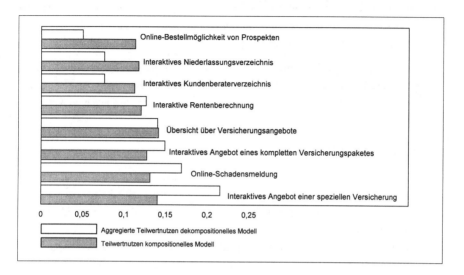

Abb. 4.13: Vergleich der normierten kompositionellen und dekompositionellen Teilnutzen

5.4 Ergebnisse des Split-Half-Tests für die Reliabilität

	Gesamte Stichprobe n= 39	zufällige Teilgruppe 1 n = 19	zufällige Teilgruppe 2 n = 20
Gesamte Stichprobe n= 39	1		
zufällige Teilgruppe 1 n = 19	0,9010	1	
zufällige Teilgruppe 2 n = 20	0,8956	0,6140	1

Abb. 4.14: Ergebnisse des Split-Half-Tests beim dekompositionellen Modell

Wie die Stichprobe der ersten Befragungswelle wurden auch die der zweiten Welle willkürlich in zwei gleich große Gruppen unterteilt. Auch hier wurden für jede Teilstichprobe die durchschnittlichen Teilnutzen ermittelt. Diese Werte wurden zum einen miteinander und zum anderen mit den Ergebnissen der Gesamtstichprobe korreliert (vgl. Abb. 4.14).[10]

---

[10] Für den Split-Half-Test wurden ebenso nur 39 Probanden herangezogen, da bei drei Befragten keine interne

Der Korrelationskoeffizient von 0,61 zeigt, daß sich die Ergebnisse der dekompositionellen Teilstichproben stärker unterscheiden als jene beim kompositionellen Modell (0,94). Der Zusammenhang zwischen den Teilstichproben und der Gesamtstichprobe ist mit jeweils 0,90 ebenfalls geringer als der der ersten Welle (0,99).

Für die relativ geringe Stichprobengröße von 39 sind die Ergebnisse trotzdem befriedigend.[11] Konsistenz und Reliabilität kann allerdings hier nur beschränkt konstatiert werden. Für zukünftige Untersuchungen sollte der Umfang der zweiten Analysewelle ähnlich groß sein wie in der ersten Welle.

5.5 Ergebnisse des Tests der internen Validität

Die interne Validität kann bei der Conjointanalyse auf Basis einer OLS-Schätzung über das Bestimmtheitsmaß R^2 bzw. über das korrigierte Bestimmtheitsmaß adjusted R^2 bestimmt werden. Das Bestimmtheitsmaß R^2 wird in seiner Höhe von der Zahl der Regressoren und der Größe der Stichprobe beeinflußt. Mit der Hinzunahme von Regressoren und der Verringerung der Zahl der Beobachtungswerte nimmt sein Wert zu.[12] Bei individuellen Regressionsanalysen mit 24 Beobachtungswerten und zwölf Regressoren weist R^2 daher einen zu starken Zusammenhang aus. Das korrigierte Bestimmtheitsmaß adjusted R^2 bereinigt diese Einflüsse und stellt deshalb ein besseres Maß zur Überprüfung der internen Validität dar.

Der Wert des Bestimmtheitsmaßes kann sich im Extremfall aufgrund von zufälligen Einflüssen ergeben, so daß sich die ermittelten Präferenzunterschiede nicht auf die Veränderungen der Komponenten zurückführen lassen. Mit dem F-Test kann die unterstellte Regressionsbeziehung auf Signifikanz überprüft werden. Liegt der Sig F Wert über 0,10 (Irrtumswahrscheinlichkeit von 10%), so wird das unterstellte additive Teilnutzenmodell abgelehnt.[13]

Abb. 4.15 zeigt, daß vier Probanden das gesetzte Signifikanzniveau überschreiten. Diese wurden aus den folgenden Analysen ausgeschlossen.[14]

Validität gegeben war. Vgl. Teil 4, Kap. 5.5.

[11] Der Aufbau der Pilotuntersuchung machte es wegen der Beschränkung der Interviews nur möglich, 48 Probanden für die zweite Welle zu gewinnen.

[12] Vgl. Backhaus/Erichson/Plinke/Weiber (1996), S. 24f.

[13] Eine Irrtumswahrscheinlichkeit von 10 statt bisher 5 Prozent wird deswegen zugrunde gelegt, weil andernfalls noch mehr Probanden aus dem Sample fallen würden. Eine Clusterbildung führt in diesem Fall zu unscharfen Ergebnissen.

[14] Bereits die Bestimmung der aggregierten Teilnutzen sowie der Split-Half-Test wurden ohne diese Werte durchgeführt.

Proband	R^2	Adjusted R^2	Sig F	Sigt Prospekt	Sigt Renttab	Sigt Spezver	Sigt Komver	Sigt Niederlas	Sigt Rentenint	Sigt Kundenbev	Sigt Schadonl	Sigt Schadtel	Sigt Übersicht
1	0,88127	0,78994	0,0002	0,0341	0,9068	0,003	0,5559	0,8913	0,0561	0,0022	0	0,683	0,4745
2	0,77157	0,59585	0,0075	0,5648	0,1994	0,0007	0,4351	0,269	0,3464	0,3247	0,0386	0,5488	0,3059
3	0,89003	0,80543	0,0001	0,0312	0,9325	0,0004	0,237	0,0956	0,0881	0,8336	0,0001	0,2846	0,8946
4	0,64379	0,43824	0,03455	0,9312	0,6735	0,6583	0,6733	0,1523	0,2817	0,7349	0,4098	0,1209	0,553
5	0,817	0,67623	0,0021	0,634	0,904	0,0049	0,1919	0,0023	0,0411	0,1218	0,5916	0,2278	0,4044
6	0,70769	0,48284	0,0281	0,0931	0,009	0,1527	0,6722	0,7356	05184	0,8541	0,0527	0,1578	0,6429
7	0,74888	0,55572	0,0126	0,2129	0,3044	0,1251	0,4957	0,1108	0,9683	0,198	0,001	0,3607	0,3322
8	0,82164	0,684	0,0018	0,827	0,4818	0,0735	0,0052	0,8056	0,8104	0,9934	0,0077	0,0434	0,113
9	0,81297	0,6691	0,0024	0,3163	0,9701	0,1269	0,5733	0,2351	0,0655	0,1493	0	0,7689	0,3161
10	0,59051	0,27551	0,14	0,9442	0,4895	0,0327	0,5461	0,3214	0,4158	0,2934	0,8431	0,7093	0,1722
11	0,86558	0,76219	0,0003	0,0873	0,4122	0,0308	0,0229	0,387	0,6075	0,5078	0,0119	0,0411	0,002
12	0,86554	0,76212	0,0004	0,5079	0,1248	0	0,1308	0,918	0,0141	0,0247	0,0342	0,6631	0,7139
13	0,79773	0,64214	0,0038	0,6257	0,2507	0,0005	0,0832	0,4382	0,1114	0,2857	0,1053	0,1103	0,6227
14	0,71769	0,48384	0,0241	0,0921	0,008	0,1427	0,7822	0,7456	0,6184	0,8341	0,0527	0,1278	0,5329
15	0,9124	0,84502	0	0,0081	0,156	0,0137	0,0003	0,1189	0,0466	0,0182	0,0035	0,725	0,2681
16	0,69379	0,45824	0,0357	0,9212	0,6835	0,6883	0,6783	0,4235	0,1728	0,3497	0,7098	0,091	0,0653
17	0,87391	0,77692	0,002	0,2158	0,15	0,0007	0,0119	0,0249	0,1219	0,3565	0,1401	0,0518	0,0037
18	0,87518	0,77916	0,0002	0,2248	0,9504	0	0,561	0,4623	0,4997	0,8687	0,0077	0,2724	0,0119
19	0,77234	0,59722	0,0074	0,2845	0,013	0,0626	0,015	0,5597	0,6061	0,0493	0,3112	0,0045	0,0995
20	0,8712	0,77212	0,0003	0,0952	0,1676	0,0009	0,002	0,0015	0,0059	0,0094	0,4818	0,1409	0,922
21	0,45352	0,03316	0,4399	0,5072	0,9016	0,2279	0,9752	0,3685	0,4652	0,3312	0,3333	0,3014	0,5385
22	0,81266	0,66854	0,0025	0,0156	0,0274	0,038	0,3254	0,4604	0,5244	0,0005	0,0302	0,9614	0,8522
23	0,88309	0,79315	0,0002	0,91163	0,7334	0,2306	0,1102	0,0984	0	0,2729	0,6639	0,2705	0,4776
24	0,82742	0,54567	0,0629	0,5445	0,2535	0,3131	0,72346	0,6422	0,6433	0,073	0,3262	0,7463	0,5243
25	0,80535	0,65561	0,0031	0,1714	0,3687	0,0001	0,0167	0,6369	0,0643	0,9773	0,1685	0,00823	0,489
26	0,8694	0,76894	0,0003	0,1008	0,4778	0,2385	0,855	0,6874	0,9209	0,3928	0	0,1417	0,0142
27	0,66464	0,40667	0,0563	0,5945	0,3868	0,2536	0,2206	0,9189	0,9823	0,9144	0,0124	0,257	0,2519
28	0,79345	0,63457	0,0043	0,8279	0,4072	0,0001	0,3696	0,9098	0,4556	0,6529	0,1549	0,504	0,8206
29	0,55028	0,20435	0,2136	0,3449	0,0529	0,1669	0,443	0,1666	0,1446	0,7118	0,8608	0,8182	0,1876
30	0,80276	0,65104	0,0033	0,9349	0,4834	0,5132	0,1618	0,0717	0,3319	0,6003	0,837	0,488	0,0035
31	0,79703	0,6409	0,0039	0,4293	0,0157	0,4932	0,0284	0,1148	0,6798	0,0474	0,7471	0,0323	0,0023
32	0,7	0,046922	0,0322	0,0314	0,571	0,1061	0,3269	0,0178	0,4135	0,0024	0,6159	0,3557	0,889
33	0,82036	0,6822	0,0019	0,6363	0,0923	0,003	0,5492	0,3291	0,064	0,0535	0,0599	0,5196	0,083
34	0,76684	0,58749	0,0084	0,5516	0,8361	0,0015	0,0697	0,782	0,0883	0,0652	0,0669	0,0222	0,3483
35	0,77391	0,67692	0,002	0,2248	0,011	0,0008	0,0129	0,0347	0,1217	0,3465	0,1402	0,0413	0,0036
36	0,90827	0,83771	0	0,6464	0,4542	0,0003	0,0085	0,0001	0,8195	0,0017	0,119	0,749	0,0497
37	0,70247	0,4736	0,308	0,3089	0,0037	0,0132	0,7966	0,9525	0,3512	0,7675	0,2	0,6327	0,145
38	0,86996	0,76994	0,0003	0,9617	0,1361	0,0248	0,3557		0,0573	0,0176	0,0176	0,101	0,4732
39	0,65842	0,39567	0,0616	0,5845	0,5235	0,0133	0,3627	0,6412	0,3364	0,099	0,2962	0,7463	0,5141
40	0,91891	0,85653	0	0,252	0,0411	0,0088	0,0001	0,2369	0	0,9808	0,0777	0,1067	0,2096
41	0,65842	0,39567	0,0616	0,5845	0,5235	0,0133	0,3627	0,6412	0,3364	0,099	0,2962	0,7463	0,5141
42	0,91891	0,85653	0	0,252	0,0411	0,0088	0,0001	0,2369	0	0,9808	0,0777	0,1067	0,2096
43	0,85301	0,73994	0,0006	0,9393	0,9473	0,0005	0,0188	0,1703	0,7731	0,6164	0,014	0,0963	0,0225

Abb. 4.15: Ergebnisse des Tests der internen Validität

In Abb. 4.15 werden darüber hinaus die Sig t-Werte für alle Ausprägungsstufen der Komponenten dargestellt. Mit einem t-Test kann für jeden ermittelten Teilnutzen geprüft werden, ob dieser in der Grundgesamtheit den errechneten Wert annimmt oder ob er sich nur zufällig ergeben hat.

Da die Anzahl der Beobachtungswerte mit 24 Paarvergleichswerten je Regression sehr klein ist, sind die meisten der ermittelten Koeffizienten nicht signifikant. Dieses Problem ergibt sich bei jeder individuell mit OLS-Schätzung ausgewerteten Conjointanalyse.

5.6 Ergebnisse des Tests für die Prognosevalidität

Paarvergleiche	gemessene Präferenzwerte			prognostizierte Präferenzwerte mit aggregierter Präferenzfunktion
	HS 1	HS 2	HS 3	
1-2	8	9	9	7,5717
4-3	8	7	3	7,3144
3-1	2	1	1	1,7296
2-4	2	3	4	4,2477
1-4	6	6	9	6,6036
2-3	6	7	4	6,3462
5-6	4	4	6	5,8361
7-8	5	3	1	4,3371
7-5	4	3	3	3,8192
6-8	5	5	5	5,1136
8-5	6	3	3	4,6979
7-6	5	4	4	4,4394
9-10	4	3	6	3,9331
12-11	6	4	6	4,9655
11-9	5	6	5	5,8386
10-12	5	7	5	6,1262
9-12	4	3	8	4,8435
10-11	6	6	6	5,8754
13-14	4	5	7	5,9600
15-16	5	6	2	4,6985
15-13	5	5	4	4,9727
14-16	5	6	2	4,1975
16-13	4	4	5	5,4900
15-14	7	5	6	5,7169
	0,7375	0,8349	0,5924	
	Korrelation mit prognostizierten Werten			

Abb. 4.16: Ergebnisse des Tests der Prognosevalidität

Entscheidend für die Güte der Conjointanalyse ist die Prognosevalidität. Drei zufällig ausgewählte Probanden wurden aus der Aggregation der Teilnutzen ausgeschlossen und zum Holdout-Sample zusammengefügt. Für die verbleibenden 36 Probanden wurde eine aggregierte Präferenzfunktion bestimmt, indem eine Regressionsanalyse über ihre Beobachtungswerte durchgeführt wurde.[15] Abb. 4.16 zeigt die reproduzierten Präferenzunterschiede, die durch Einsetzen des Differenzendesigns in die aggregierte Regressionsfunktion ermittelt wurden.

Die aggregierten Präferenzunterschiede wurden mit der Daten der drei Probanden im Holdout-Sample korreliert. Dabei ergaben sich Korrelationswerte von 0,59, 0,83 und 0,77. Im Mittel bildet die aggregierte Präferenzfunktion somit den Nutzen aller Online-Nutzer gut ab. Die Untersuchung besitzt eine ausreichende Prognosevalidität.

5.7 Ergebnisse des Tests für die Konvergenzvalidität

Von besonderem Interesse ist in dieser Untersuchung, ob die dekompositionellen mit den kompositionellen Teilnutzen so weit übereinstimmen, daß Konvergenzvalidität gefolgert werden kann. In Abb. 4.17 sind die kompositionellen und dekompositionellen Teilnutzen gegenübergestellt.

Der Korrelationskoeffizient nach Pearson von 0,87 deutet auf eine starke Ähnlichkeit der Teilnutzen hin. Etwas geringer ist die Korrelation der Ränge nach Spearman. Beide deuten jedoch auf eine hohe Konvergenzvalidität hin.

	aggregierte Teilnutzen dekompositionelles Modell	Ränge	Teilnutzen kompositionelles Modell	Ränge
Interaktives Angebot einer speziellen Versicherung	0,215	1	0,140	2
Online-Schadensmeldung	0,169	2	0,131	3
Interaktives Angebot eines kompletten Versicherungspaketes	0,149	3	0,127	4
Übersicht über Versicherungsangebote	0,140	4	0,141	1
Interaktive Rentenberechnung	0,126	5	0,120	5
Interaktives Kundenberaterverzeichnis	0,076	6	0,112	8
Interaktives Niederlassungsverzeichnis	0,076	7	0,117	6
Online-Bestellmöglichkeit von Prospekten	0,050	8	0,113	7
Korrelationskoeffizient (Pearson)			0,865	
Korrelationskoeffizient (Spearman)			0,786	

Abb. 4.17: Ergebnisse des Tests der Konvergenzvalidität

---

[15] Eine Aggregation durch Mittelwertbildung über die individuellen Teilnutzen führt zu den gleichen Ergebnissen.

5.8 Ergebnisse der A-priori-Segmentierung der dekompositionellen Teilnutzen

5.8.1 Unterschiede zwischen den einzelnen Altersgruppen

Für die fünf bereits im kompositionellen Modell unterschiedenen Altersgruppen wurden auch hier die aggregierten Teilnutzen der einzelnen Komponenten bestimmt. Dazu wurden die individuellen Präferenzprofile nach Altersgruppen geordnet. Im Anschluß wurde für jede Ausprägung der Mittelwert der Befragten jeder Altersgruppe errechnet. Die Unterschiede der segmentspezifischen Teilnutzen wurden anschließend auf Signifikanz geprüft (vgl. Abb. 4.18).

A₁: ≤ 20 Jahre :2   A₂: 21-30 Jahre: 17   A₃: 31-40 Jahre:15   A₄: 41-50 Jahre: 4   A₅: > 50 Jahre: 1

	Vergleich A1-A2	Vergleich A1-A3	Vergleich A1-A4	Vergleich A1-A5	Vergleich A2-A3	Vergleich A2-A4	Vergleich A2-A5	Vergleich A3-A4	Vergleich A3-A5	Vergleich Aa-A5
Interaktives Angebot einer speziellen Versicherung	0,079 -0,226 n.s.	-0,083 -0,226 n.s	-0,142 -0,236 n.s	0,209 -1,534 n.s	-0,162 0,021 s	-0,221 -0,006 n.s	0,130 -0,301 n.s	-0,059 -0,440 n.s.	0,292 -0,144 n.s	0,350 -0,138 n.s
Interaktives Angebot eines kompletten Versicherungspaketes	0,116 -0,251 n.s.	0,069 -0,302 n.s	0,034 -0,630 n.s	0,075 -1,545 n.s	0,047 -0,123 n.s	-0,082 -0,213 n.s	-0,041 -0,479 n.s	-0,035 -0,617 n.s.	0,005 -0,521 n.s	0,040 -0,861 n.s
Online-Schadensmeldung	-0,004 -0,385 n.s	-0,069 -0,417 n.s	0,054 -0,594 n.s	0,286 -2,979 n.s	-0,024 -0,184 n.s	0,098 -0,227 n.s	0,330 -0,271 n.s	0,123 -0,667 n.s.	0,354 -0,328 n.s	0,232 -0,593 n.s
Schadensmeldung Hotline	0,171 -0,129 n.s	0,118 -0,259 n.s	0,108 -0,238 n.s	0,114 -1,128 n.s	-0,052 -0,104 n.s	-0,063 -0,160 n.s	-0,057 -0,369 n.s	-0,010 -0,587 n.s.	-0,004 -0,532 n.s	0,006 -0,453 n.s
Übersicht über Versicherungsangebote	0,116 -0,237 n.s	0,226 -0,179 n.s	0,236 -0,423 n.s	0,281 -4,763 n.s	0,110 -0,055 n.s	0,120 -0,141 n.s	0,165 -0,306 n.s	0,010 -0,634 n.s.	0,055 -0,492 n.s	0,045 -0,687 n.s
Rentenberechnung interaktiv	0,048 -0,357 n.s	0,001 -0,305 n.s	0,167 -0,314 n.s	-0,674 -2,541 n.s	-0,047 -0,116 n.s	-0,119 -0,175 n.s	-0,695 0,129 s	0,166 -0,328 n.s.	-0,648 0,228 s.	-0,814 0,247 s.
Rentenberechnung Tabelle	-0,040 -0,319 n.s	-0,047 -0,331 n.s	0,102 -0,383 n.s	0,022 -0,961 n.s	-0,007 -0,163 n.s	-0,142 -0,131 n.s	0,062 -0,449 n.s	0,150 -0,475 n.s.	0,069 -0,470 n.s	-0,081 0,581 n.s
Interaktives Kundenberaterverzeichnis	-0,016 -0,296 n.s	-0,132 -0,162 n.s	0,151 -0,761 n.s	-0,052 -3,324 n.s	-0,116 -0,018 n.s	0,167 -0,121 n.s	-0,036 -0,392 n.s	0,283 -0,332 n.s.	0,080 -0,321 n.s	-0,203 -0,1003 n.s
Interaktives Niederlassungsverzeichnis	0,129 -0,177 n.s	0,192 -0,039 n.s	0,161 -0,463 n.s	0,453 -3,615 n.s	0,064 -0,053 n.s	0,033 -0,204 n.s	0,325 -0,087 n.s	-0,031 -0,386 n.s.	0,261 -0,034 n.s	0,292 -0,451 n.s
Online-Bestellmöglichkeit von Prospekten	-0,309 -0,059 n.s	-0,320 0,040 s	0,025 -0,465 n.s	-0,198 -1,937 n.s	-0,011 -0,139 n.s	0,304 0,058 s	0,111 -0,408 n.s	0,345 -0,134 n.s.	0,121 -0,270 n.s	-0,223 -0,414 n.s

erhobener Unterschied
Überschreitung der Signifikanzgrenze
n.s. = nicht signifikant;   s. = signifikant

☐ signifikant im kompositionellen Modell

◯ signifikant im dekompositionellen Modell

Abb. 4.18: Segmentierung der dekompositionellen Teilnutzen nach Altersgruppen

Nur wenige Unterschiede erweisen sich als signifikant und können mit den Ergebnissen der kompositionellen Segmentierung verglichen werden:

– Internet-Teens sind deutlich weniger stark an einer Online-Bestellmöglichkeit von Prospekten interessiert als 31-40jährige. Bei 41-50jährigen ist diese Anwendung ebenso weniger gefragt als bei 21-30jährigen. Im kompositionellen Modell wurde ein nicht signifikanter Zusammenhang in genau gegensätzlicher Richtung ermittelt (vgl. Teil 4, Abb. 4.4).

– Bei über 50jährigen besitzt die interaktive Rentenberechnung einen signifikant höheren Teilnutzen als bei 20-50jährigen. Auch hier sind die Präferenzen im kompositionellen Modell genau umgekehrt gegeben.

– Bei Online-Nutzern im Alter zwischen 31 und 40 Jahren stößt das interaktive Angebot einer speziellen Versicherung auf mehr Resonanz als bei Internet-Twens. Dieser Zusammenhang findet in den Ergebnissen der ersten Welle keine Bestätigung: das Signifikanzniveau wird dort leicht unterschritten.

Im Gegenzug können die signifikanten Unterschiede des kompositionellen Modells hier überprüft werden (vgl. Teil 4, Abb. 4.4):

– Im kompositionellen Modell war die Übersicht über Versicherungsangebote bei 21-30jährigen beliebter als bei 41-50jährigen. Dieser Unterschied findet im dekompositionellen Modell keine Bestätigung. Das Signifikanzniveau wird hier deutlich unterschritten.

– Die Online-Schadensmeldung wurde von älteren Usern mehr bevorzugt als von den jungen Nutzern. Auch diese Hypothese muß hier verworfen werden.

– Auch die Annahme, daß über 50jährige Online-Nutzer weniger am Abruf eines kompletten Versicherungspaketes interessiert sind als jüngere, konnte nicht bestätigt werden.

Im Ergebnis sind keine Unterschiede zwischen den einzelnen Altersgruppen bezüglich der Präferenz gegenüber Internet-Auftritten von Versicherungen festzustellen. Eine altersspezifische Konzeptionierung von Internet-Auftritten entbehrt somit der analytischen Grundlage.

5.8.2 Unterschiede zwischen männlichen/weiblichen und wenig intensiven/intensiven Online-Nutzern

Wie bei der kompositionellen Segmentierung konnten auch hier keine signifikanten Präferenzunterschiede zwischen männlichen und weiblichen Internet-Nutzern nachgewiesen werden (vgl. Abb. 4.19).

Bei der dekompositionellen Segmentierung nach Intensität der Online-Nutzung ergab sich lediglich beim interaktiven Niederlassungsverzeichnis ein Unterschied. Intensivere Online-Nutzer sind mehr an dieser Service-Komponente interessiert. Das Signifikanzniveau wird hier allerdings nur leicht überschritten und findet ebenfalls keine Bestätigung in den Ergebnissen des kompositionellen Modells.

Wie bei der Alterssegmentierung gilt: Für die Konzeption der optimalen Versicherungs-Site müssen keine Unterschiede zwischen männlichen und weiblichen sowie zwischen wenig intensiven und intensiven Nutzern berücksichtigt werden. Differenzierte Ergebnisse lassen sich erst dann erwarten, wenn die Struktur der Internet-Nutzer heterogener wird. In dieser Untersuchung dominierten männliche und relativ junge Probanden. Die Fallzahlen für die übrigen Segmente (weibliche Nutzer, ältere Nutzer) waren zu gering, um signifikante Unterschiede ableiten zu können.

M: männliche Nutzer: 36		W: weibliche Nutzer: 2				
WI: wenig intensive Nutzer (< 10 Online-Stunden/Woche): 21			I: intensive Nutzer (> 10 Online-Stunden/Woche): 11			
	Vergleich von M und W	Vergleich von WI und I			Vergleich von M und W	Vergleich von WI und I
Interaktives Angebot einer speziellen Versicherung	-0,004 -0,371 n.s.	0,021 -0,142 n.s	Rentenberechnung interaktiv		0,108 0,385 n.s.	0,079 -0,119 n.s.
Online-Schadensmeldung	0,116 -0,237 n.s.	-0,010 -0,213 n.s.	Rentenberechnung Tabelle		0,006 -0,259 n.s.	0,057 -0,127 n.s.
Schadensmeldung Hotline	0,129 -0,177 n.s.	-0,091 -0,074 n.s.	Interaktives Kundenberater-verzeichnis		-0,069 -0,417 n.s.	0,002 -0,139 n.s.
Interaktives Angebot eines kompletten Versicherungspaketes	0,048 -0,384 n.s.	-0,038 -0,147 n.s.	Interaktives Nieder-lassungsverzeichnis		0,054 -0,544 n.s.	-0,133 0,009 s.
Übersicht über Ver-sicherungsangebote	0,171 -0,129 n.s.	0,007 -0,175 n.s.	Online-Bestellmöglichkeit von Prospekten		-0,016 -0,296 n.s.	-0,035 -0,111 n.s..
erhobener Unterschied Überschreitung der Signifikanzgrenze n.s. = nicht signifikant; s. = signifikant			□ signifikant im kompositionellen Modell		○ signifikant im dekompositionellen Modell	

Abb. 4.19: Segmentierung der dekompositionellen Teilnutzen nach Geschlecht und Intensität der Nutzung

5.9 Ergebnisse der A-posteriori-Segmentierung der kompositionellen Teilnutzen

5.9.1 Bildung der Benefitcluster

Die Clusteranalyse auf Basis der individuellen dekompositionellen Präferenzprofile führte wie die kompositionelle Benefitclusterbildung anhand des Elbow-Kriteriums zu einer stabilen 3-Clusterlösung. Auch hier wurde die Distanz zwischen den individuellen Profilen mit der euklidischen Distanzformel berechnet. Das Single-Linkage-Verfahren identifizierte zwei Ausreißer, die aus der Fusionierung mit dem Ward-Verfahren ausgeschlossen wurden.

	Interaktives Angebot einer speziellen Versicherung	Schadensmeldung Online	Schadensmeldung Hotline	Interaktives Angebot eines kompletten Versicherungspaketes	Übersicht über Versicherungsangebote	Rentenberechnung interaktiv	Rentenberechnung Tabelle	Interaktives Kundenberaterverzeichnis	Interaktives Niederlassungsverzeichnis	Online-Bestellmöglichkeit von Prospekten
Cluster 1 n = 19 segmentspezifischer Teilnutzenwert Abweichung vom Mittelwert **0,51**	0,410 +0,071↑	0,308 +0,043↑	0,060 -0,074↓	0,227 -0,007↓	0,082 -0,139↓↓	0,261 +0,062↑	0,049 -0,039↓	0,247 +0,128↑↑	0,176 +0,056↑	0,173 +0,095↑
Interactive Consumers Interaktives Kundenberaterverzeichnis ↑↑ (s. 1-2) Online-Bestellmöglichkeit von Prospekten ↑ (s. 1-2) Interaktives Angebot einer speziellen Versicherung ↑ (s. 1-3) Interaktive Rentenberatung ↑ (s. 1-3) Interaktives Niederlassungsverzeichnis ↑ n.s. Online-Schadensmeldung ↑ (s. 1-3)										
Cluster 2 n = 13 segmentspezifischer Teilnutzenwert Abweichung vom Mittelwert **0,35**	0,333 -0,006↓	0,360 0,095↑	0,177 +0,043↑	0,203 -0,031↓	0,410 +0,190↑↑	0,074 -0,126↓↓	0,095 +0,007↑	-0,077 -0,197↓↓	0,087 -0,033↓	-0,085 -0,163↓↓
Online-Transactors Übersicht über Versicherungsangebote ↑↑ (s. 2-3) Online-Schadensmeldung ↑ (s. 2-3) Hotline zur Schadensmeldung ↑ n.s. Tabellarische Rentenberechnung ↑ (s. 2-1) Interaktives Kundenberaterverzeichnis ↓↓ (s. 2-1;s. 2-3) Online-Bestellmöglichkeit von Prospekten ↓↓ (s. 2-1) Interaktive Rentenberechnung ↓↓ (s. 2-3) Interaktives Niederlassungsverzeichnis ↓↓ (s. 2-3) Interaktives Angebot einer speziellen Versicherung ↓ n.s.										
Cluster 3 n = 5 segmentspezifischer Teilnutzenwert Abweichung vom Mittelwert **0,14**	0,196 -0,143↓↓	-0,135 -0,400↓↓↓	0,319 +0,185↑↑	0,500 +0,266↑↑	0,311 +0,91↑	0,463 +0,264↑↑↑	0,279 +0,191↑↑	0,155 +0,036↑	-0,015 -0,135↓↓	0,021 -0,057↓
Benefitters Interaktives Angebot eines kompletten Versicherungspaketes ↑↑↑ (s. 3-1; s. 3-2) Tabellarische Rentenberechnung ↑↑ (s. 3-1; s. 3-2) Hotline zur Schadensmeldung ↑↑ (s. 3-1) Übersicht über Versicherungsangebote ↑↑ (s. 3-1) Interaktives Kundenberaterverzeichnis ↑ (s. 3-2) Online-Schadensmeldung ↑↑↑ (s. 3-1;s. 3-2) Interaktives Angebot einer speziellen Versicherung ↑ (s. 3-1) Interaktives Niederlassungsverzeichnis ↓↓ n.s. Online-Bestellmöglichkeit von Prospekten ↓↓ (s. 3-1)										
aggregierte Teilnutzenwerte n= 37 (nicht normiert)	0,339	0,266	0,134	0,234	0,220	0,199	0,088	0,119	0,120	0,078

n.s. = keine signifikanten Unterschiede zwischen Cluster
(s. A-B) = signifikanter Unterschied zwischen Cluster A und B

Abb. 4.20: Ermittlung und Interpretation der dekompositionellen Benefitcluster

Die Betrachtung des ersten Präferenzclusters zeigt (vgl. Abb. 4.20), daß diese Probanden vor allem an den Komponenten interaktives Kundenberaterverzeichnis, Online-Bestellmöglichkeit von Prospekten, interaktives Angebot einer speziellen Versicherung, interaktive Rentenberechnung, interaktives Niederlassungsverzeichnis und Online-Schadensmeldung interessiert sind. Diese Anwendungen wurden bereits vom Segment der *„Interactive Consumers"* bei der kompositionellen Präferenzsegmentierung gewünscht. Zu den unerwünschten Applikationen zählen hier - wie auch bei der kompositionellen Segmentierung - eine Übersicht über die Versicherungsangebote und ein interaktives Angebot einer kompletten Versicherung. Die mittleren Ausprägungsstufen der Elemente Online-Schadensmeldung, Hotline für die Schadensmeldung, interaktive Rentenberechnung und tabellarische Rentenberechnung sind bei den „Interactive Consumers" ebenfalls weniger beliebt; ihnen fehlt der von den „Interactive Consumers" gewünschte interaktive Charakter.

Vom Segment der *„Online-Transactors"* werden ebenso wie im kompositionellen Modell die Anwendungen Online-Schadensmeldung und Übersicht über Versicherungsangebote favorisiert. Ergänzt werden diese Komponenten hier von der zusätzlich untersuchten Hotline für Schadensmeldungen und der tabellarischen Rentenberechnung. Deren Präferenzwerte sind allerdings im Vergleich zu den beiden übrigen Clustern nicht signifikant. Auf Ablehnung stoßen auch bei der dekompositionellen Klassifikation die Anwendungen mit Produktbezug: interaktives Kunden- und Niederlassungsverzeichnis, Angebot eines kompletten Versicherungspaketes sowie Angebot einer speziellen Versicherung.

Wie in der dritten Konsumentengruppe der kompositionellen Segmentierung ist auch hier „Product Advice" weniger gefragt. Zur Clusterinterpretation als *„Benefitters"* werden vor allem die gewünschten Komponenten mit versicherungsaffinem Zusatznutzen interaktive Rentenberechnung und interaktives Angebot einer kompletten Versicherung herangezogen.

Im Vergleich zur kompositionellen Segmentierung sind deutlich mehr Unterschiede zwischen den Segmenten signifikant (vgl. Abb. 4.21). Die Trennschärfe der Klassifikation hat im Vergleich zur kompositionellen Benefitsegmentierung deutlich zugenommen.

Auch die Größen der mit beiden Modellen ermittelten Segmente unterscheiden sich kaum. Bei der kompositionellen Clusterbildung konnten 57 Prozent der Online-Nutzer (im dekompositionellen Modell 51 Prozent) als „Interactive Consumers" identifiziert werden. Ähnlich gering ist der Unterschied bei den „Online-Transactors": 28 Prozent im kompositionellen Modell im Vergleich zu 35 Prozent mit dekompositionellen Teilnutzen. Am geringsten ist die Differenz bei den „Benefitters": Gerade zwei Prozentpunkte liegen zwischen den kompositionellen (15 Prozent) und den dekompositionellen „Benefitters" (14 Prozent).

	Interaktives Angebot einer speziellen Versicherung	Schadensmeldung Online	Schadensmeldung Hotline	Interaktives Angebot eines kompletten Versicherungspaketes	Übersicht über Versicherungsangebote	Rentenberechnung interaktiv	Rentenberechnung Tabelle	Interaktives Kundenberaterverzeichnis	Interaktives Niederlassungsverzeichnis	Online-Bestellmöglichkeit von Prospekten
Vergleich Cluster 1 mit Cluster 2	0,077 -0,057 n.s.	-0,052 -0,132 n.s.	-0,117 -0,017 n.s.	0,024 -0,124 n.s.	0,328 0,210 s.	0,188 0,101 s.	-0,046 -0,087 n.s.	0,325 0,196 s.	0,088 -0,037 n.s.	0,258 0,111 s.
Vergleich Cluster 1 mit Cluster 3	0,213 0,044 s.	0,443 0,179 s.	-0,239 0,056 s.	-0,273 0,080 s.	-0,229 0,044 s.	-0,202 -0,008 n.s.	-0,231 0,087 s.	0,092 -0,078 n.s.	0,161 -0,008 n.s.	0,152 -0,054 n.s.
Vergleich Cluster 2 mit Cluster 3	0,137 -0,053 n.s.	0,495 0,297 s.	-0,142 0,050 n.s.	-0,297 0,073 s.	0,099 -0,113 n.s.	-0,390 0,49 s.	-0,184 -0,065 n.s.	-0,233 0,629 s.	0,103 -0,035 n.s.	-0,106 -0,097 n.s.

erhobener Unterschied
Überschreitung der Signifikanzgrenze
n.s. = nicht signifikant; s. = signifikant

⬤ signifikant im dekompositionellen Modell

Abb. 4.21: Signifikanz der dekompositionellen Benefitcluster

Insgesamt finden die Ergebnisse der kompositionellen Benefitclusterbildung im dekompositionellen Modell ihre Bestätigung.

5.9.2 Zuordnung der Deskriptorvariablen

Den Befragten der gebildeten Cluster wurden anschließend die Angaben bezüglich Altersgruppe, Geschlecht und Intensität zugeordnet. Die Mittelwerte der Deskriptorvariablen für jedes Cluster sind in Abb. 4.22 dargestellt.

	Alter	Geschlecht	Intensität
Cluster 1	2,570	1,033	1,413
Cluster 2	2,970	1,036	1,392
Cluster 3	2,690	1,041	1,422
Mittelwert über alle Probanden	2,620	1,035	1,407
Vergleich Cluster 1 mit Cluster 2	-0,400 -0,421 n.s.	-0,003 -0,177 n.s.	0,021 -0,387 n.s.
Vergleich Cluster 1 mit Cluster 3	-0,120 -0,363 n.s.	-0,008 -0,204 n.s.	-0,009 -0,520 n.s.
Vergleich Cluster 2 mit Cluster 3	0,028 -0,019 n.s.	-0,005 -0,267 n.s.	-0,030 -0,547 n.s.

erhobener Unterschied
Überschreitung der Signifikanzgrenze
n.s. = nicht signifikant; s. = signifikant

▢ signifikant im kompositionellen Modell

⬤ signifikant im dekompositionellen Modell

Abb. 4.22: Zuordnung von Segmentierungskriterien zur Beschreibung der dekompositionellen Benefitcluster

Die Anwendung des t-Tests für Mittelwertunterschiede zwischen unabhängigen Stichproben belegt, daß die Probanden der gebildeten Segmente keiner speziellen Altersgruppe angehören. Sie sind nicht vorrangig männlich oder weiblich. Auch die Intensität der Online-Nutzung beschreibt die „Interactive Consumers", „Online-Transactors" und „Benefitters" nicht näher. Die bei der kompositionellen Segmentierung aufgestellte Hypothese, daß „Interactive Consumers" pro Woche länger online sind, kann hier nicht bestätigt werden.

6. Optimales Konzept für den Aufbau einer Versicherungs-Site

Aus Teilergebnissen kann ein Konzept für den nutzenmaximalen Internet-Auftritt für Versicherungsunternehmen abgeleitet werden.

Ergebnisse der Faktorenanalyse

Aus den Ergebnissen der Faktorenanalyse ist bereits zu ersehen, daß vor allem dem Faktor „Product Advice" eine sehr große Bedeutung beigemessen werden muß. Nicht minder wichtig sind Transaktionsmöglichkeiten und „Interactive Services". Diese drei Faktoren machen zusammen fast 70 Prozent des Nutzens einer Versicherungs-Site aus. In naher Zukunft ist davon auszugehen, daß diese Inhalte von allen führenden Versicherungen in gleicher Weise bereitgestellt werden. Durch anspruchsvolle Entertainment-Angebote und gut aufbereitete „Specific Benefits" wird es jedoch möglich sein, sich von der Konkurrenz abzuheben. Diese beiden Faktoren generieren zwar nur etwa 30 Prozent des Nutzens, doch kann dieser Wert durchaus ausreichen, um sich gegenüber der Konkurrenz online zu positionieren und zu profilieren.

Ergebnisse der aggregierten Auswertung des kompositionellen Modells

Die aggregierte Auswertung des kompositionellen Modells zeigt, welche Wichtigkeit jede der 19 für Versicherungs-Sites untersuchten Komponenten besitzt. Überrascht hat vor allem, daß den Unternehmensinformationen eine relativ geringe Bedeutung zukommt und daß die Bereitschaft zum Online-Abschluß von Versicherungen minimal ist. Die bei einigen Versicherungen vorherrschende Zielsetzung des Online-Marketings im PR- und Vertriebs-Bereich scheint daher verfehlt zu sein. Auch den intelligenten Entertainment-Angeboten (etwa Test der persönlichen Risikobereitschaft) konnte nur ein geringes Interesse zugeordnet werden. Ausbaufähig sind hingegen die Benefitting-Angebote wie Versicherungstips und Versicherungsstatistiken.

Ergebnisse der aggregierten Auswertung des dekompositionellen Modells

Durch die Hinzunahme von Ausprägungsstufen, die den Nutzen weniger interaktiver Anwendungen messen, konnte eindeutig der Wunsch nach Interaktivität auf Versicherungs-Sites belegt werden. Die Ergebnisse der Conjointanalyse ermöglichen es ferner, den Nutzeneinfluß von Muß- und Soll-Komponenten noch detaillierter zu evaluieren. Für interaktive Produktberatungskomponenten und Möglichkeiten der Online-Schadensmeldung wurden mit der ganzheitlichen Betrachtung des dekompositionellen Modells deutlich höhere Präferenzeinflüsse ermittelt als mit dem kompositionellen Modell.

Ergebnisse der A-priori-Segmentierungen

Der Vergleich der kompositionellen und dekompositionellen Segmentierung nach Alter, Geschlecht und Intensität zeigt eindeutig, daß die Präferenzen von jüngeren und älteren Online-Nutzern bei den acht wichtigsten Komponenten genauso homogen sind wie die von männlichen und weiblichen sowie von wenig intensiven und intensiven Nutzern. Diese These kann durch den kreuzweisen Vergleich der kompositionellen mit den dekompositionellen Ergebnissen der Segmentierungen eindeutig konstatiert werden.

Die unwichtigeren Entertainment- und Chatangebote, die nicht im dekompositionellen Modell untersucht wurden, sind bei den jüngeren Usern signifikant wichtiger als bei älteren Online-Nutzern.

Ergebnisse der A-posteriori-Segmentierungen

Die Benefitsegmentierungen offenbaren drei neue Konsumententypen, die sich soziodemographisch allerdings nicht unterscheiden.

Die Mehrheit der Probanden wählt eine Versicherungs-Site an, um sich dort detailliert über Produkte beraten zu lassen („Interactive Consumers"). Dieses Segment wird in naher Zukunft von allen Versicherungen gleich stark bearbeitet werden, da es für die *Neukundengewinnung* von großer Bedeutung ist. Durch qualitativ hochwertige Ausformung der hier präferierten Komponenten kann immerhin über die Hälfte der Interessenten zufriedengestellt werden.

Durch die Möglichkeit der Online-Schadensmeldung kann ein weiteres Drittel des Online-Marktes, die „Online-Transactors", an das Angebot gebunden werden. Hierdurch wird insbesondere die Beziehung zu Langzeitkunden gefestigt (*Kundenbindung*).

Den verbleibenden Rest des Marktes (ca. 15 Prozent) machen die „Benefitters" aus. Mit der gezielten Ansprache dieses Segments können langfristig neue *Kunden gewonnen* werden und bereits bestehende *gebunden* werden.

Aufgrund dieser Ergebnisse können Unternehmen unter Berücksichtigung der Zielsetzung und der Kosten- entscheiden, ob sie exklusiv ein Segment betreuen (konzentrierte Online-Strategie), oder ob sie sukzessive alle potentiellen Besucher ansprechen wollen (differenzierte Online-Strategie).

Insgesamt belegen die Untersuchungen dieser und der neun weiteren Branchen, daß bei der Planung von Internet-Auftritten wie bei der Produktplanung auf eine fundierte Analyse der Präferenz zurückgegriffen werden muß. Vielfach wurden die Wichtigkeiten von Komponenten (z.B. Unternehmensinformationen) deutlich anders bewertet, als a-priori erwartet wurde. Nur durch diese Voruntersuchung können Planungsfehler umgangen werden und letztendlich Kosten gesenkt werden. Die leichte Durchführbarkeit von Online-Befragungen ermöglicht es, kompositionelle mit dekompositionellen Präferenzanalysen zu kombinieren. Hierdurch können validere Ergebnisse erreicht werden, die den Planungsfehler noch einmal reduzieren.

Teil 5: Zusammenfassung und Ausblick

Ziel dieser Arbeit war es, ein integratives Management-Konzept für Online-Marketing zu entwickeln. Neben der Planung des Online-Marketing-Mix wurde dabei vor allem die inhaltliche Gestaltung von unternehmenseigenen Online-Präsenzen näher betrachtet.

Das vorgestellte Planungskonzept verdeutlicht, daß nur durch Integration der Online-Maßnahmen in den klassischen Marketing-Mix ein langfristiger Online-Erfolg gewährleistet wird. Eine effiziente Erweiterung des klassischen Marketings setzt eine detaillierte Interaktionsanalyse voraus, in der die Beziehungen zwischen den Online-Aktivitäten und den klassischen Marketingpolitiken näher geprüft werden.

In Zukunft werden sich noch weitere Online-Marketingformen entwickeln, über deren Inhalte zu diesem Zeitpunkt noch keine detaillierten Aussagen getroffen werden können. Im Rahmen des Online-Marketing besteht sogar Potential dafür, daß Produkte und Dienstleistungen nicht wie bisher für spezielle Segmente erstellt werden, sondern individuell für jeden Konsumenten. Auch die Entwicklung von werblichen Möglichkeiten im Medium Online ist keineswegs abgeschlossen. Medienunternehmen müssen gemeinsam mit potentiellen Werbekunden neue Konzepte entwickeln, denn die bisher geschaffenen Möglichkeiten sind zu stark an den klassischen Medien ausgerichtet, als daß sie dazu geeignet sind, Online-Auftritte von TV- und Print-Unternehmen in die Ertragszone zu bringen. Auch zukünftige gerichtliche Entscheidungen, neue Gesetze und Sicherheitsstandards werden den Rahmen für Online-Marketing neu definieren. In weiteren Untersuchungen müssen aktuelle Rahmenbedingungen und neue Marketingformen in den hier vorgestellten Planungsprozeß integriert werden.

Die Ergebnisse der Pilotuntersuchung mit dem Verfahren NetSign zeigen, daß die Methoden der Präferenzforschung, die bisher vor allem für die Gestaltung von Produkten und Dienstleistungen eingesetzt wurden, auch zur Bestimmung von optimalen Konzepten für Online-Auftritte verwendet werden können. Für eine Rahmenanalyse erweisen sich einfache kompositionelle Verfahren als ausreichend. Zur Detailanalyse mit mehrstufigen Komponenten muß die Conjointanalyse herangezogen werden. Obwohl diese bei der Erhebung hohe Anforderungen an die Probanden stellt, führt sie auch online und ohne Interviewer durchgeführt zu validen Aussagen. Bereits eine relativ kleine Stichprobe liefert hier entscheidende Hinweise auf nutzendeterminierende Komponenten. Die vorgestellten Erhebungsdesigns für Online-Conjointanalysen (3^12^8-Design, 3^22^6-Design, 3^32^3-Design) können direkt oder modifiziert in weiteren Anwendungen übernommen werden. Mit den an die Präferenzanalysen angeschlossenen Benefitsegmentierungen ist es möglich, neue Konsumententypologien (z.B. Benefitters, Interactive-Consumers und Online-Transactors) zu identifizieren, die als Zielgruppe für das klassische Marketing bisher nicht von Bedeutung waren. Mit NetSign können auch Präferenz-unterschiede zwischen a-priori über Geschlecht, Alter, Einkommen usw. gebildete Segmente aufgedeckt werden. Dies ist vor allem für die optimale Online-Ansprache der im klassischen Marketing verwendeten Zielgruppen von Bedeutung. Signifikante Unterschiede zwischen Altersgruppen und Geschlechtstypen können allerdings erst nachgewiesen werden, wenn das Medium Online von breiten Bevölkerungsschichten etwa gleich häufig genutzt wird.

Die in dieser Untersuchung ermittelten Präferenzen und Segmente sind in zeitlicher Hinsicht keineswegs als stabil anzusehen. In regelmäßigen Online-Erhebungen müssen Unternehmen prüfen, ob die angewandten Konzepte noch den aktuellen Anforderungen der User genügen.

Durch Online-Marketing gewinnt der direkte Kontakt zwischen Leistungserstellern und Konsumenten an Bedeutung. Leistungsvermittler wie z.B. Reisebüros werden immer mehr ins Abseits gedrängt. Vom Leistungsanbieter wird ein umfassendes Informations- und Service-angebot in den Online-Medien mittelfristig als selbstverständlich erachtet. So belegt die Pilot-untersuchung, daß die Mitte der neunziger Jahre für Online-Angebote als wichtig erachteten Unternehmensinformationen auf Seite der User kaum noch Interesse wecken. Online-Nutzer fordern verstärkt Product Advice, Services und Transactions.

Online-User werden das WWW immer mehr dazu nutzen, verschiedene Angebote einzuholen und deren Preis-Leistungsverhältnis detailliert zu prüfen. Intelligente Agenten, die diese Aufgaben für den Konsumenten im Internet selbständig übernehmen, werden für noch mehr Markttransparenz sorgen.

Die derzeit beobachtbare starke Verbreitung des Online-Marketings im Business-to-Business-Bereich führt dazu, daß noch mehr User ihre Vorbehalte gegenüber dieser Technologie ab-bauen und die neuen Möglichkeiten zu schätzen lernen. Hiervon wird ein zusätzlicher Schub bei der Diffusion der Online-Medien unter Letztverbrauchern ausgehen.

Insgesamt zeigt die Untersuchung, daß fundierte wissenschaftliche Methoden durch leichte Modifikationen die Planung des Online-Marketings unterstützen können. Diese Verfahren müssen, um auch zukünftige Entwicklungen im Online-Marketing berücksichtigen zu können, weiter angepaßt werden. Erste Ansätze zur Verbesserung wurden im Teil 3, Kap. 4.8 vorge-stellt. Nur so wird sichergestellt, daß Planungsfehler langfristig vermieden werden und die Möglichkeiten, die diese Technologie für das Marketing bietet, in optimaler Weise ausge-schöpft werden.

	E1	E2	E3	E4	E5	E6	E7	E8	E9	E10	E11	E12
E1	1	0	0	0	0	0	0	0	0	0	0	0
E2	0	1	0	0	0	1	0	0	0	0	0	0
E3	0	0	1	0	0	0	0	0	0	0	0	0
E4	0	0	0	1	0	0	0	0	0	0	0	0
E5	0	0	0	0	1	0	0	0	0	0	0	0
E6	0	0	0	0	0	1	0	0	0	0	0	0
E7	0	0	0	0	0	0	1	0	0	0	0	0
E8	0	0	0	0	0	0	0	1	0	0	0	0
E9	0	0	0	0	0	0	0	0	1	0	0	0
E10	0	0	0	0	0	0	0	0	0	1	0	0
E11	0	0	0	0	0	0	0	0	0	0	1	0
E12	0	0	0	0	0	0	0	0	0	0	0	1

Abb. 5.1: Korrelation zwischen den Spalten im 2^{12}-Design

		B2	B3	B4
E1	B1	1	1	1
	B2		1	1
	B3			1
E2	B1	1	1	1
	B2		1	1
	B3			1
E3	B1	1	1	1
	B2		1	1
	B3			1
E4	B1	1	-1	-1
	B2		-1	-1
	B3			1
E5	B1	-1	1	-1
	B2		-1	1
	B3			-1
E6	B1	-1	-1	1
	B2		1	-1
	B3			-1
E7	B1	1	-1	-1
	B2		-1	-1
	B3			1
E8	B1	-1	1	-1
	B2		-1	1
	B3			-1
E9	B1	-1	-1	1
	B2		1	-1
	B3			-1
E10	B1	1	-1	-1
	B2		-1	-1
	B3			1
E11	B1	-1	1	-1
	B2		-1	1
	B3			-1
E12	B1	-1	-1	1
	B2		1	-1
	B3			-1
Summe		0	0	0
E1-E12			0	0
				0

Abb. 5.2: Korrelation der Viererblöcke der Stimuli im 2^{12}-Design

	A	B	C	D	E	F	G	H	I	J	K	L
A	1	0	0	0	0	0	0	0	0	0	0	0
B	0	1	0,0435	0	0,0435	0	0	-0,0933	0	0	-0,0435	0
C	0	0,0435	1	0	-0,0435	0	0	0,0933	0	0	0,0435	0
D	0	0	0	1	0	0	0	0	0	0	0	0
E	0	0,0435	-0,0435	0	1	0	0	0,0933	0	0	0,0435	0
F	0	0	0	0	0	1	0	0	0	0	0	0
G	0	0	0	0	0	0	1	0	0	0	0	0
H	0	-0,0933	0,0933	0	0,0933	0	0	1	0	0	-0,0933	0
I	0	0	0	0	0	0	0	0	1	0	0	0
J	0	0	0	0	0	0	0	0	0	1	0	0
K	0	-0,0435	0,0435	0	0,0435	0	0	-0,0933	0	0	1	0
L	0	0	0	0	0	0	0	0	0	0	0	1

Abb. 5.3: Korrelation der Spalten im 2^{12}-Differenzendesign

	E11	E12	E2	E3	E4	E5	E6	E7	E8	E9
E11	1	-0,3333	0	0	0	0	0	0	0	0
E12	-0,3333	1	0	0	0	0	0	0	0	0
E2	0	0	1	0	0	0	0	0	0	0
E3	0	0	0	1	0	0	0	0	0	0
E4	0	0	0	0	1	0	0	0	0	0
E5	0	0	0	0	0	1	0	0	0	0
E6	0	0	0	0	0	0	1	0	0	0
E7	0	0	0	0	0	0	0	1	0	0
E8	0	0	0	0	0	0	0	0	1	0
E9	0	0	0	0	0	0	0	0	0	1

Abb. 5.4: Korrelation zwischen den Spalten im $3^1 2^8$-Design

		B2	B3	B4
E11	B1	1	1	1
	B2		1	1
	B3			1
E12	B1	1	1	1
	B2		1	1
	B3			1
E2	B1	1	-1	-1
	B2		-1	-1
	B3			1
E3	B1	-1	1	-1
	B2		-1	1
	B3			-1
E4	B1	-1	-1	1
	B2		1	-1
	B3			-1
E5	B1	1	-1	-1
	B2		-1	-1
	B3			1
E6	B1	-1	1	-1
	B2		-1	1
	B3			-1
E7	B1	-1	-1	1
	B2		1	-1
	B3			-1
E8	B1	1	-1	-1
	B2		-1	-1
	B3			1
E9	B1	-1	1	-1
	B2		-1	1
	B3			-1
Summe		0	0	-2
E11-E9			-2	0
				0

Abb. 5.5: Korrelation der Viererblöcke der Stimuli im $3^1 2^8$-Design

	E11	E12	E2	E3	E4	E5	E6	E7	E8	E9
E11	1	-0,2941	0	0,0506	0	0	-0,1085	0	0	-0,0506
E12	-0,2941	1	0	-0,0506	0	0	0,1085	0	0	0,0506
E2	0	0	1	0	0	0	0	0	0	0
E3	0,0506	-0,0506	0	1	0	0	0,0933	0	0	0,0435
E4	0	0	0	0	1	0	0	0	0	0
E5	0	0	0	0	0	1	0	0	0	0
E6	-0,1085	0,1085	0	0,0933	0	0	1	0	0	-0,0933
E7	0	0	0	0	0	0	0	1	0	0
E8	0	0	0	0	0	0	0	0	1	0
E9	-0,0506	0,0506	0	0,0435	0	0	-0,0933	0	0	1

Abb. 5.6:Korrelation der Spalten im $3^1 2^8$-Differenzendesign

	E11	E12	E21	E22	E3	E4	E5	E6	E7	E8
E11	1	-0,3333	0	0	0	0	0	0	0	0
E12	-0,3333	1	0	0	0	0	0	0	0	0
E21	0	0	1	-0,3333	0	0	0	0	0	0
E22	0	0	-0,3333	1	0	0	0	0	0	0
E3	0	0	0	0	1	0	0	0	0	0
E4	0	0	0	0	0	1	0	0	0	0
E5	0	0	0	0	0	0	1	0	0	0
E6	0	0	0	0	0	0	0	1	0	0
E7	0	0	0	0	0	0	0	0	1	
E8	0	0	0	0	0	0	0	0	0	1

Abb. 5.7: Korrelation zwischen den Spalten im $3^2 2^6$-Design

		B2	B3	B4
E11	B1	1,0000	1,0000	1,0000
	B2		1,0000	1,0000
	B3			1,0000
E12	B1	1,0000	1,0000	1,0000
	B2		1,0000	1,0000
	B3			1,0000
E21	B1	-0,3333	-0,3333	-0,3333
	B2		-0,3333	-0,3333
	B3			-0,3333
E22	B1	-0,3333	-0,3333	-0,3333
	B2		-0,3333	-0,3333
	B3			-0,3333
E3	B1	1,0000	-1,0000	-1,0000
	B2		-1,0000	-1,0000
	B3			1,0000
E4	B1	-1,0000	1,0000	-1,0000
	B2		-1,0000	1,0000
	B3			-1,0000
E5	B1	-1,0000	-1,0000	1,0000
	B2		1,0000	-1,0000
	B3			-1,0000
E6	B1	1,0000	-1,0000	-1,0000
	B2		-1,0000	-1,0000
	B3			1,0000
E7	B1	-1,0000	1,0000	-1,0000
	B2		-1,0000	1,0000
	B3			-1,0000
E8	B1	-1,0000	-1,0000	1,0000
	B2		1,0000	-1,0000
	B3			-1,0000
Summe		-0,6667	-0,6667	-0,6667
E11-E8			-0,6667	-0,6667
				-0,6667

Abb. 5.8: Korrelation der Viererblöcke der Stimuli im $3^2 2^6$-Design

	E11	E12	E21	E22	E3	E4	E5	E6	E7	E8
E11	1	-0,2941	0,0288	-0,0288	0	-0,1085	0	0	-0,0506	0
E12	-0,2941	1	-0,0288	0,0288	0	0,1085	0	0	0,0506	0
E21	0,0288	-0,0288	1	-0,3239	0	0,0531	0	0	0,0247	0
E22	-0,0288	0,0288	-0,3239	1	0	-0,0531	0	0	-0,0247	0
E3	0	0	0	0	1	0	0	0	0	0
E4	-0,1085	0,1085	0,0531	-0,0531	0	1	0	0	-0,0933	0
E5	0	0	0	0	0	0	1	0	0	0
E6	0	0	0	0	0	0	0	1	0	0
E7	-0,0506	0,0506	0,0247	-0,0247	0	-0,0933	0	0	1	0
E8	0	0	0	0	0	0	0	0	0	1

Abb. 5.9: Korrelation der Spalten im $3^2 2^6$-Differenzendesign

	E11	E12	E21	E22	E31	E32	E4	E5	E6
E11	1	-0,3333	0	0	0	0	0	0	0
E12	-0,3333	1	0	0	0	0	0	0	0
E21	0	0	1	-0,3333	0	0	0	0	0
E22	0	0	-0,3333	1	0	0	0	0	0
E31	0	0	0	0	1	-0,3333	0	0	0
E32	0	0	0	0	-0,3333	1	0	0	0
E4	0	0	0	0	0	0	1	0	0
E5	0	0	0	0	0	0	0	1	0
E6	0	0	0	0	0	0	0	0	1

Abb. 5.10: Korrelation zwischen den Spalten im $3^3 2^3$-Design

		B2	B3	B4
E11	B1	1,0000	1,0000	1,0000
	B2		1,0000	1,0000
	B3			1,0000
E12	B1	1,0000	1,0000	1,0000
	B2		1,0000	1,0000
	B3			1,0000
E21	B1	-0,3333	-0,3333	-0,3333
	B2		-0,3333	-0,3333
	B3			-0,3333
E22	B1	-0,3333	-0,3333	-0,3333
	B2		-0,3333	-0,3333
	B3			-0,3333
E31	B1	-0,3333	-0,3333	-0,3333
	B2		-0,3333	-0,3333
	B3			-0,3333
E32	B1	-0,3333	-0,3333	-0,3333
	B2		-0,3333	-0,3333
	B3			-0,3333
E4	B1	1,0000	-1,0000	-1,0000
	B2		-1,0000	-1,0000
	B3			1,0000
E5	B1	-1,0000	1,0000	-1,0000
	B2		-1,0000	1,0000
	B3			-1,0000
E6	B1	-1,0000	-1,0000	1,0000
	B2		1,0000	-1,0000
	B3			-1,0000
Summe		-0,3333	-0,3333	-0,3333
E11-E6			-0,3333	-0,3333
				-0,3333

Abb. 5.11: Korrelation der Viererblöcke der Stimuli im $3^3 2^3$-Design

	E11	E12	E21	E22	E31	E32	E4	E5	E6
E11	1	-0,2941	0,0288	-0,0288	-0,0588	0,0588	0	-0,0506	0
E12	-0,2941	1	-0,0288	0,0288	0,0588	-0,0588	0	0,0506	0
E21	0,0288	-0,0288	1	-0,3239	0,0288	-0,0288	0	0,0247	0
E22	-0,0288	0,0288	-0,3239	1	-0,0288	0,0288	0	-0,0247	0
E31	-0,0588	0,0588	0,0288	-0,0288	1	-0,2941	0	-0,0506	0
E32	0,0588	-0,0588	-0,0288	0,0288	-0,2941	1	0	0,0506	0
E4	0	0	0	0	0	0	1	0	0
E5	-0,0506	0,0506	0,0247	-0,0247	-0,0506	0,0506	0	1	0
E6	0	0	0	0	0	0	0	0	1

Abb. 5.12:Korrelation der Spalten im $3^3 2^3$-Differenzendesign

Glossar

ACA	Adaptive Conjointanalyse: computergestützte, mehrstufige Conjointanalyse.
AdClick	Anzahl der Klicks auf eine werbetragende Fläche im WWW.
Adframe	Frame, das die Online-Werbung beinhaltet.
AdImpressions	Anzahl der Zugriffe auf eine werbetragende Fläche im WWW.
AGBG	Gesetz der allgemeinen Geschäftsbedingungen.
AHP	Analytic Hierarchy Process: kompositionelles Verfahren zur Präferenzanalyse.
AMG	Arzneimittelgesetz.
AOL	proprietärer Online-Dienst, an dem auch Bertelsmann in Deutschland beteiligt ist.
ARPANET	Advanced Research Projects Administration Network: Ursprungsnetz des Internet.
Backbone	zusammengeschaltete, weltumspannende Hochgeschwindigkeitsleitungen innerhalb des Internet.
BDSG	Datenschutzgesetz des Bundes.
BGB	Bürgerliches Gesetzbuch.
bps	bits per second: Geschwindigkeit, mit der Daten über eine Leitung übertragen werden.
Browser	Navigationsprogramm zur Benutzung des WWW.
Btx	Bildschirmtext: rein textlich orientierter Vorgänger von T-Online.
Caching	Verfahren, bei dem Daten in Zwischenspeichern gehalten werden, damit sie nicht bei jeden Zugriff neu vom Ursprungsserver geladen werden müssen.
Carrier	Dienstleister, der für die Übertragung von Daten zuständig ist.
CATI	Computer Assisted Telephone Interviewing.
CBS	Computergestützte Befragungssysteme.
CD-ROM	Compact Disc-Read Only Memory: Platte zum Abrufen von Daten.
CEPT	Conférence Européenne des Administrations des Postes et des Télécommunications: Standard für rein textlich orientierte Online-Inhalte von Btx bzw. T-Online.
Clickstream	Abfolge von Seitenabrufen während eines Visits.
Client	Computer bzw. Programm, der bzw. das mit dem Server kommuniziert und Informationen austauscht.
CompuServe	in den USA gegründeter proprietärer Online-Dienst, der mittlerweile im Besitz von AOL ist.
Contentframe	Frame, das das eigentliche redaktionelle Angebot beinhaltet.
Cookies	kleine Datensätze, die während des Abrufes eines Online-Angebotes auf den Rechner des Nutzers geschrieben werden.
Digicash	digitale Münzen bzw. Scheine als Online-Zahlungsmittel.
Domain-Name	Name für die eindeutige Zuordnung eines Netzwerkes bzw. eines Teils (z.B. Server) davon; Bestandteil der Internet-Adresse

	(URL).
E-mail	Electronic Mail: Dienst des Internet, der das Versenden von Botschaften über das Internet ermöglicht.
Firewall	Software-Programm, das den Datenzu- und -abfluß des privaten Netzwerkes kontrolliert.
Forum	Diskussionsgruppe, die sich online über ein spezielles Thema unterhält.
Frame-Technik	Technik, mit der auf dem Bildschirm des Nutzers simultan mehrere Fenster (Web Pages) dargestellt werden können.
FTP	File Transfer Protocol: System des Internet zum Austausch von Dateien.
Gopher	„Go-For": Menügesteuertes Informationssystem des Internet, das das Auffinden und Abrufen von Dateien ermöglicht.
Hit	Zugriff auf einen Server.
Homepage	Eingangsseite zu einer Web- bzw. Internet-Site.
Host	Rechner innerhalb eines Netzwerkes.
HTML	Hypertext Markup Language: Programmiersprache, in der die Dokumente des WWW verfaßt sind.
Hyperlink	hervorgehobene bzw. unterstrichene Text- oder Bildstelle im WWW, die beim Anklicken ein weiteres Dokument aufruft.
Internet-Site	Angebot im WWW, das aus verschiedenen Seiten und Anwendungen besteht.
IP-Adresse	Internet Protocol Adresse: eindeutige Adressierung im Internet (z.B. URL).
IPR	Internationales Privatrecht.
IuKDG	Informations- und Kommunikationsdienste Gesetz.
Keyword Advertising	individualisierte Online-Werbeform, bei der die Online-Werbung nur bei der Eingabe eines speziellen Suchbegriffes in eine Suchhilfe erscheint.
KIT	Kernsoftware mit intelligenten Terminals: Standard von T-Online, mit dem auch multimediale Informationen angeboten werden können.
LMBG	Lebensmittel- und Bedarfsgegenständegesetz.
Logfiles	Datenfile, in dem auf dem Server die Zugriffe protokolliert werden.
Modem	Modulator-Demodulator: Computerzusatz, der den Rechner über Telefonleitung mit Netzwerken verbindet.
MSN	Microsoft Network: proprietärer Online-Dienst von Microsoft.
Navigationsframe	Frame, das das Inhaltsverzeichnis der Web-Site beinhaltet.
NIC	Network Information Center: Organisation, die für die Reservierung und Vergabe von Domain-Names zuständig ist.
Online-Banner	Anzeigenfläche auf einer Online-Seite.
Online-Shopping-Mall	Online-Handelsform, bei der Einzelhändler virtuelle Ladenfläche mieten können.
PageViews	(PageImpressions): Anzahl der qualifizierten (technisch einwandfreien und vollständigen) Zugriffe auf eineWeb-Page, unabhängig von den eingebundenen Ressourcen (z.B.

	Graphiken).
Pixel	kleinster Bestandteil einer Computergraphik.
Provider	(Internet-Service-Provider): Dienstleister, der eine Verbindung ins Internet anbietet.
Proxy-Server	Rechner von Internet-Providern, Online-Diensten und Universitäten, auf denen der Datenverkehr im Internet zwischengespeichert wird.
Server	Computer bzw. Programm zur Bereitstellung von Informationen an alle anderen angeschlossenen Computer.
SET	Secure Electronic Transaction-Standard: kryptographisches Verfahren, um die Sicherheit bei der Online-Bezahlung zu steigern.
S-O-R	Stimulus-Organism-Response: Ansatz zur Abbildung des Käuferverhaltens.
Subscription Service	nur für autorisierte Online-Nutzer zugänglicher virtueller Marktplatz.
TCP/IP	Transmission Control Protocol/Internet Protocol: Sammlung von Protokollen zur Regelung des Datenverkehrs und Austausches innerhalb des Internet.
Telnet	Internet-Dienst, der das Arbeiten auf entfernten Rechnern ermöglicht.
TKP	Tausender-Kontakt-Preis.
T-Online	proprietärer Online-Dienst der Deutschen Telekom.
UrhG	Urheberrechtsgesetz.
URL	Uniform Resource Locator: Standard zur Definition der Internet-Adresse im WWW; die URL ist eine spezielle Adresse eines Servers bzw. seiner Inhalte.
Usenet	User network: Netzwerk, in dem News-Artikel ausgetauscht werden.
UWG	Gesetz gegen den unlauteren Wettbewerb.
Viewtime	Dauer eines Visits.
Visits	aufeinanderfolgende Seitenabrufe von einer Web-Site.
WAIS	Wide Area Information Server: Datenbanksuchsystem im Internet mit Zugang zu einigen Hundert Ressourcen.
Webcasting	Verfahren, bei dem individualisierte Informationen automatisch aus dem Internet auf den Rechner des Online-Nutzers übertragen werden.
WWW	World Wide Web: Anwendung des Internet, das basierend auf dem Hypertext-Prinzip eine Vernetzung von Informationen ermöglicht. Informationen können graphisch aufbereitet angeboten werden.

Fragebogen Welle 1:

Versicherungen

Sie wollen im WWW die Internet Auftritte von einigen namhaften Versicherungen (Allianz, Hamburg Mannheimer usw.) aufrufen.

Wie wichtig wären Ihnen dann folgende Angebote:

Übersicht über alle Versicherungsangebote mit Beschreibung der Versicherungsleistung und Preisangabe

Bsp.: KFZ-Versicherung, Lebensversicherung, Hausratversicherung usw.

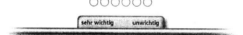

Interaktives Angebot eines kompletten Versicherungspaketes

Bsp.: Eingabe von Alter, Einkommen, Familienstand, Wohnung, Auto usw. - Ausgabe der benötigten Versicherungen

Interaktives Angebot einer speziellen Versicherung

Bsp.: Eingabe von KFZ-Typ, Alter des KFZ usw. - Ausgabe der Kosten und Leistungen

Interaktive Rentenberechnung

Bsp.: Eingabe von Alter, Einkommen - Ausgabe des Rentenbetrages - Vergleich mit privater Altersversorgung

Möglichkeit des Online-Abschlußes einer Versicherung

Bsp.: Online-Abschluß einer Standardversicherung wie etwa Reisekrankenversicherung, private Haftpflichtversicherung usw.

Möglichkeit Schadensfälle online zu melden

Interaktives Niederlassungsverzeichnis
Bsp.: Eingabe von Ort/ PLZ - Ausgabe der Adresse

○○○○○○

Darstellen von Statistiken und Zahlen, die das Versicherungsgeschäft betreffen
Bsp.: Wahrscheinlichkeit für Autounfälle, Autodiebstähle, Umfälle im Haushalt usw.

○○○○○○

Darstellen von Tips, um den Versicherungsfall zu vermeiden
Bsp.: Vermeidung von Autodiebstählen, Vermeidung von Reisediebstählen, aktueller Pollenflugkalender, aktuelle Ozonwerte usw.

○○○○○○

Möglichkeit Ihr persönliches Risikoempfinden zu bestimmen
Bsp.: Sind Sie ein risikofreudiger oder ein risikoaverser Typ

○○○○○○

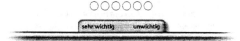

Interaktiver Test des Fahrverhaltens und der Reaktionen
Bsp.: Um wieviel ist der Bremsweg bei Regen länger? Sind Sie ein sicherer Autofahrer?

○○○○○○

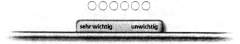

Erste-Hilfe-Gewinnspiel
Bsp.: Sie gewinnen, wenn Sie am Umfallort die richtigen Maßnahmen ergreifen

○○○○○○

Versicherungsforum
Bsp.: Sie können Erfahrungen über Versicherungsfälle (Autodiebstahl) mit anderen Nutzern austauschen

○○○○○○

Meinungsforum zu aktuellen politischen und wirtschaftlichen Themen
Bsp.: Was halten Sie von einer Veränderung der Promillegrenze? Was halten Sie von einem Tempolimit?

○○○○○○

Online-Bestellmöglichkeit von Prospekten bzw. Terminierung eines Beratungsgespräch

○○○○○○

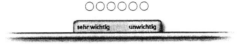

Unternehmensinformationen
Bsp.: Unternehmensdaten, Unternehmensveröffentlichungen, Unternehmensorganisation, Unternehmensgeschichte

○○○○○○

Aktuelle Informationen zu gesponsorten Ereignissen
Bsp.: Blick in gesponsorte Ausstellungen, Programm zu gesponsorten Veranstaltungen

○○○○○○

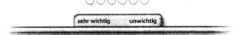

Ausschreiben von Jobangeboten mit erwarteten Anforderungsprofil

○○○○○○

Interaktives Kundenberaterverzeichnis
Eingabe von Namen bzw. Bereich - Ausgabe der Telefonnummer

○○○○○○

Welche Inhalte hätten Sie noch gerne auf einem Internet-Auftritt einer Versicherung

Außerdem hätten wir von Ihnen gerne noch einige zusätzliche Angaben:

Welches Geschlecht haben Sie?

○○

männlich weiblich

Zu welcher Altergruppe gehören Sie?

○○○○○

<20 21-30 31-40 41-50 >51

Wie intensiv nutzen Sie das Internet?
Stunden pro Woche

○○

bis zu 10   mehr als 10

Um Ihnen den zweiten Fragebogens zuzusenden (in den Sie auch ihre Postadresse für den Versand Ihrer
CD-ROM "Bewegende Werbung" eintragen), benötigen wir noch Ihre E-Mail Adresse.

E-mail Adresse

OK   Abbrechen

Vielen Dank für die Mitarbeit!

**Aus Erhebungsgründen müssen die letzten vier Fragen für jeden Fragebogen
erneut ausgefüllt werden.**

Wenn Sie Fragen haben, senden Sie ein E-Mail an Stefan Hoffmann

Fragebogen Welle 2:

Versicherungen

Es ist soweit !

In wenigen Tagen bekommen Sie die CD-ROM 'Bewegende Werbung' zugeschickt!

Beantworten Sie nur noch diesen Fragebogen und geben Sie auch Ihre Adresse an!

Dieser Fragebogen wurde aufgrund Ihrer Angaben in der ersten Erhebung konstruiert!

Viel Spaß beim Ausfüllen!

Im Folgenden werden paarweise Internetauftritte (Internetauftritt A, Interauftritt B) mit
unterschiedlichen Eigenschaften gegenübergestellt.

Betrachten Sie alle Eigenschaften der beiden Internetauftritte und entscheiden Sie
sorgfällig, welchen der beiden Gesamtauftritte Sie wie stark bevorzugen würden!

1

Internetauftritt A		Internetauftritt B	
Übersicht über Versicherungsangebote	nein	Übersicht über Versicherungsangebote	ja
Abruf eines kompletten Versicherungsangebotes	nein	Abruf eines kompletten Versicherungsangebotes	interaktiv
Abruf eines speziellen Versicherungsangebotes	nein	Abruf eines speziellen Versicherungsangebotes	interaktiv
Schadensmeldung	nein	Schadensmeldung	nein
Niederlassungsverzeichnis	nein	Niederlassungsverzeichnis	nein
Kundenberaterverzeichnis	nein	Kundenberaterverzeichnis	interaktiv
Rentenberechnung	nein	Rentenberechnung	nein
Prospektbestellung	nein	Prospektbestellung	online

bevorzuge A gleich bevorzuge B

2

Internetauftritt A		Internetauftritt B	
Übersicht über Versicherungsangebote	nein	Übersicht über Versicherungsangebote	ja
Abruf eines kompletten Versicherungsangebotes	nein	Abruf eines kompletten Versicherungsangebotes	interaktiv
Abruf eines speziellen Versicherungsangebotes	nein	Abruf eines speziellen Versicherungsangebotes	interaktiv
Schadensmeldung	Telefon	Schadensmeldung	online
Niederlassungsverzeichnis	interaktiv	Niederlassungsverzeichnis	interaktiv
Kundenberaterverzeichnis	interaktiv	Kundenberaterverzeichnis	nein
Rentenberechnung	Tabelle	Rentenberechnung	interaktiv
Prospektbestellung	online	Prospektbestellung	nein

bevorzuge A   gleich   bevorzuge B

3

Internetauftritt A		Internetauftritt B	
Übersicht über Versicherungsangebote	ja	Übersicht über Versicherungsangebote	nein
Abruf eines kompletten Versicherungsangebotes	interaktiv	Abruf eines kompletten Versicherungsangebotes	nein
Abruf eines speziellen Versicherungsangebotes	interaktiv	Abruf eines speziellen Versicherungsangebotes	nein
Schadensmeldung	online	Schadensmeldung	nein
Niederlassungsverzeichnis	interaktiv	Niederlassungsverzeichnis	nein
Kundenberaterverzeichnis	nein	Kundenberaterverzeichnis	nein
Rentenberechnung	interaktiv	Rentenberechnung	nein
Prospektbestellung	nein	Prospektbestellung	nein

bevorzuge A   gleich   bevorzuge B

4

Internetauftritt A		Internetauftritt B	
Übersicht über Versicherungsangebote	ja	Übersicht über Versicherungsangebote	nein
Abruf eines kompletten Versicherungsangebotes	interaktiv	Abruf eines kompletten Versicherungsangebotes	nein
Abruf eines speziellen Versicherungsangebotes	interaktiv	Abruf eines speziellen Versicherungsangebotes	nein
Schadensmeldung	nein	Schadensmeldung	Telefon
Niederlassungsverzeichnis	nein	Niederlassungsverzeichnis	interaktiv
Kundenberaterverzeichnis	interaktiv	Kundenberaterverzeichnis	interaktiv
Rentenberechnung	nein	Rentenberechnung	Tabelle
Prospektbestellung	online	Prospektbestellung	online

bevorzuge A   gleich   bevorzuge B

5

Internetauftritt A		Internetauftritt B	
Übersicht über Versicherungsangebote	nein	Übersicht über Versicherungsangebote	nein
Abruf eines kompletten Versicherungsangebotes	nein	Abruf eines kompletten Versicherungsangebotes	nein
Abruf eines speziellen Versicherungsangebotes	nein	Abruf eines speziellen Versicherungsangebotes	nein
Schadensmeldung	nein	Schadensmeldung	Telefon
Niederlassungsverzeichnis	nein	Niederlassungsverzeichnis	interaktiv
Kundenberaterverzeichnis	nein	Kundenberaterverzeichnis	interaktiv
Rentenberechnung	nein	Rentenberechnung	Tabelle
Prospektbestellung	nein	Prospektbestellung	online

bevorzuge A   gleich   bevorzuge B

6

Internetauftritt A		Internetauftritt B	
Übersicht über Versicherungsangebote	ja	Übersicht über Versicherungsangebote	ja
Abruf eines kompletten Versicherungsangebotes	interaktiv	Abruf eines kompletten Versicherungsangebotes	interaktiv
Abruf eines speziellen Versicherungsangebotes	interaktiv	Abruf eines speziellen Versicherungsangebotes	interaktiv
Schadensmeldung	nein	Schadensmeldung	online
Niederlassungsverzeichnis	nein	Niederlassungsverzeichnis	interaktiv
Kundenberaterverzeichnis	interaktiv	Kundenberaterverzeichnis	nein
Rentenberechnung	nein	Rentenberechnung	interaktiv
Prospektbestellung	online	Prospektbestellung	nein

7

Internetauftritt A		Internetauftritt B	
Übersicht über Versicherungsangebote	nein	Übersicht über Versicherungsangebote	ja
Abruf eines kompletten Versicherungsangebotes	interaktiv	Abruf eines kompletten Versicherungsangebotes	nein
Abruf eines speziellen Versicherungsangebotes	nein	Abruf eines speziellen Versicherungsangebotes	interaktiv
Schadensmeldung	nein	Schadensmeldung	nein
Niederlassungsverzeichnis	interaktiv	Niederlassungsverzeichnis	interaktiv
Kundenberaterverzeichnis	interaktiv	Kundenberaterverzeichnis	nein
Rentenberechnung	nein	Rentenberechnung	nein
Prospektbestellung	nein	Prospektbestellung	online

8

Internetauftritt A		Internetauftritt B	
Übersicht über Versicherungsangebote	ja	Übersicht über Versicherungsangebote	nein
Abruf eines kompletten Versicherungsangebotes	nein	Abruf eines kompletten Versicherungsangebotes	interaktiv
Abruf eines speziellen Versicherungsangebotes	interaktiv	Abruf eines speziellen Versicherungsangebotes	nein
Schadensmeldung	Telefon	Schadensmeldung	online
Niederlassungsverzeichnis	nein	Niederlassungsverzeichnis	nein
Kundenberaterverzeichnis	interaktiv	Kundenberaterverzeichnis	nein
Rentenberechnung	interaktiv	Rentenberechnung	Tabelle
Prospektbestellung	nein	Prospektbestellung	online

bevorzuge A   gleich   bevorzuge B

9

Internetauftritt A		Internetauftritt B	
Übersicht über Versicherungsangebote	ja	Übersicht über Versicherungsangebote	nein
Abruf eines kompletten Versicherungsangebotes	nein	Abruf eines kompletten Versicherungsangebotes	interaktiv
Abruf eines speziellen Versicherungsangebotes	interaktiv	Abruf eines speziellen Versicherungsangebotes	nein
Schadensmeldung	Telefon	Schadensmeldung	nein
Niederlassungsverzeichnis	nein	Niederlassungsverzeichnis	interaktiv
Kundenberaterverzeichnis	interaktiv	Kundenberaterverzeichnis	interaktiv
Rentenberechnung	interaktiv	Rentenberechnung	nein
Prospektbestellung	nein	Prospektbestellung	nein

bevorzuge A   gleich   bevorzuge B

10

Internetauftritt A		Internetauftritt B	
Übersicht über Versicherungsangebote	ja	Übersicht über Versicherungsangebote	nein
Abruf eines kompletten Versicherungsangebotes	nein	Abruf eines kompletten Versicherungsangebotes	interaktiv
Abruf eines speziellen Versicherungsangebotes	interaktiv	Abruf eines speziellen Versicherungsangebotes	nein
Schadensmeldung	nein	Schadensmeldung	online
Niederlassungsverzeichnis	interaktiv	Niederlassungsverzeichnis	nein
Kundenberaterverzeichnis	nein	Kundenberaterverzeichnis	nein
Rentenberechnung	nein	Rentenberechnung	Tabelle
Prospektbestellung	online	Prospektbestellung	online

bevorzuge A   gleich   bevorzuge B

11

Internetauftritt A		Internetauftritt B	
Übersicht über Versicherungsangebote	nein	Übersicht über Versicherungsangebote	nein
Abruf eines kompletten Versicherungsangebotes	interaktiv	Abruf eines kompletten Versicherungsangebotes	interaktiv
Abruf eines speziellen Versicherungsangebotes	nein	Abruf eines speziellen Versicherungsangebotes	nein
Schadensmeldung	online	Schadensmeldung	nein
Niederlassungsverzeichnis	nein	Niederlassungsverzeichnis	interaktiv
Kundenberaterverzeichnis	nein	Kundenberaterverzeichnis	interaktiv
Rentenberechnung	Tabelle	Rentenberechnung	nein
Prospektbestellung	online	Prospektbestellung	nein

bevorzuge A   gleich   bevorzuge B

12

Internetauftritt A		Internetauftritt B	
Übersicht über Versicherungsangebote	ja	Übersicht über Versicherungsangebote	ja
Abruf eines kompletten Versicherungsangebotes	nein	Abruf eines kompletten Versicherungsangebotes	nein
Abruf eines speziellen Versicherungsangebotes	interaktiv	Abruf eines speziellen Versicherungsangebotes	interaktiv
Schadensmeldung	Telefon	Schadensmeldung	nein
Niederlassungsverzeichnis	nein	Niederlassungsverzeichnis	interaktiv
Kundenberaterverzeichnis	interaktiv	Kundenberaterverzeichnis	nein
Rentenberechnung	interaktiv	Rentenberechnung	nein
Prospektbestellung	nein	Prospektbestellung	online

13

Internetauftritt A		Internetauftritt B	
Übersicht über Versicherungsangebote	nein	Übersicht über Versicherungsangebote	ja
Abruf eines kompletten Versicherungsangebotes	interaktiv	Abruf eines kompletten Versicherungsangebotes	nein
Abruf eines speziellen Versicherungsangebotes	interaktiv	Abruf eines speziellen Versicherungsangebotes	nein
Schadensmeldung	online	Schadensmeldung	Telefon
Niederlassungsverzeichnis	nein	Niederlassungsverzeichnis	nein
Kundenberaterverzeichnis	interaktiv	Kundenberaterverzeichnis	nein
Rentenberechnung	nein	Rentenberechnung	nein
Prospektbestellung	nein	Prospektbestellung	online

bevorzuge A   gleich   bevorzuge B

14

Internetauftritt A		Internetauftritt B	
Übersicht über Versicherungsangebote	nein	Übersicht über Versicherungsangebote	ja
Abruf eines kompletten Versicherungsangebotes	interaktiv	Abruf eines kompletten Versicherungsangebotes	nein
Abruf eines speziellen Versicherungsangebotes	interaktiv	Abruf eines speziellen Versicherungsangebotes	nein
Schadensmeldung	nein	Schadensmeldung	nein
Niederlassungsverzeichnis	interaktiv	Niederlassungsverzeichnis	interaktiv
Kundenberaterverzeichnis	nein	Kundenberaterverzeichnis	interaktiv
Rentenberechnung	Tabelle	Rentenberechnung	interaktiv
Prospektbestellung	nein	Prospektbestellung	nein

bevorzuge A   gleich   bevorzuge B

15

Internetauftritt A		Internetauftritt B	
Übersicht über Versicherungsangebote	ja	Übersicht über Versicherungsangebote	nein
Abruf eines kompletten Versicherungsangebotes	nein	Abruf eines kompletten Versicherungsangebotes	interaktiv
Abruf eines speziellen Versicherungsangebotes	nein	Abruf eines speziellen Versicherungsangebotes	interaktiv
Schadensmeldung	nein	Schadensmeldung	online
Niederlassungsverzeichnis	interaktiv	Niederlassungsverzeichnis	nein
Kundenberaterverzeichnis	interaktiv	Kundenberaterverzeichnis	interaktiv
Rentenberechnung	interaktiv	Rentenberechnung	nein
Prospektbestellung	nein	Prospektbestellung	nein

bevorzuge A   gleich   bevorzuge B

16

Internetauftritt A		Internetauftritt B	
Übersicht über Versicherungsangebote	ja	Übersicht über Versicherungsangebote	nein
Abruf eines kompletten Versicherungsangebotes	nein	Abruf eines kompletten Versicherungsangebotes	interaktiv
Abruf eines speziellen Versicherungsangebotes	nein	Abruf eines speziellen Versicherungsangebotes	interaktiv
Schadensmeldung	Telefon	Schadensmeldung	nein
Niederlassungsverzeichnis	nein	Niederlassungsverzeichnis	interaktiv
Kundenberaterverzeichnis	nein	Kundenberaterverzeichnis	nein
Rentenberechnung	nein	Rentenberechnung	Tabellle
Prospektbestellung	online	Prospektbestellung	nein

17

Internetauftritt A		Internetauftritt B	
Übersicht über Versicherungsangebote	nein	Übersicht über Versicherungsangebote	nein
Abruf eines kompletten Versicherungsangebotes	interaktiv	Abruf eines kompletten Versicherungsangebotes	interaktiv
Abruf eines speziellen Versicherungsangebotes	interaktiv	Abruf eines speziellen Versicherungsangebotes	interaktiv
Schadensmeldung	online	Schadensmeldung	nein
Niederlassungsverzeichnis	nein	Niederlassungsverzeichnis	interaktiv
Kundenberaterverzeichnis	interaktiv	Kundenberaterverzeichnis	nein
Rentenberechnung	nein	Rentenberechnung	Tabelle
Prospektbestellung	nein	Prospektbestellung	nein

bevorzuge A   gleich   bevorzuge B

18

Internetauftritt A		Internetauftritt B	
Übersicht über Versicherungsangebote	ja	Übersicht über Versicherungsangebote	ja
Abruf eines kompletten Versicherungsangebotes	nein	Abruf eines kompletten Versicherungsangebotes	nein
Abruf eines speziellen Versicherungsangebotes	nein	Abruf eines speziellen Versicherungsangebotes	nein
Schadensmeldung	Telefon	Schadensmeldung	nein
Niederlassungsverzeichnis	nein	Niederlassungsverzeichnis	interaktiv
Kundenberaterverzeichnis	nein	Kundenberaterverzeichnis	interaktiv
Rentenberechnung	nein	Rentenberechnung	interaktiv
Prospektbestellung	online	Prospektbestellung	nein

bevorzuge A   gleich   bevorzuge B

19

Internetauftritt A		Internetauftritt B	
Übersicht über Versicherungsangebote	nein	Übersicht über Versicherungsangebote	ja
Abruf eines kompletten Versicherungsangebotes	nein	Abruf eines kompletten Versicherungsangebotes	interaktiv
Abruf eines speziellen Versicherungsangebotes	interaktiv	Abruf eines speziellen Versicherungsangebotes	nein
Schadensmeldung	Telefon	Schadensmeldung	online
Niederlassungsverzeichnis	interaktiv	Niederlassungsverzeichnis	interaktiv
Kundenberaterverzeichnis	nein	Kundenberaterverzeichnis	interaktiv
Rentenberechnung	nein	Rentenberechnung	nein
Prospektbestellung	online	Prospektbestellung	nein

bevorzuge A   gleich   bevorzuge B

20

Internetauftritt A		Internetauftritt B	
Übersicht über Versicherungsangebote	ja	Übersicht über Versicherungsangebote	nein
Abruf eines kompletten Versicherungsangebotes	interaktiv	Abruf eines kompletten Versicherungsangebotes	nein
Abruf eines speziellen Versicherungsangebotes	nein	Abruf eines speziellen Versicherungsangebotes	interaktiv
Schadensmeldung	nein	Schadensmeldung	nein
Niederlassungsverzeichnis	nein	Niederlassungsverzeichnis	nein
Kundenberaterverzeichnis	nein	Kundenberaterverzeichnis	interaktiv
Rentenberechnung	interaktiv	Rentenberechnung	Tabelle
Prospektbestellung	online	Prospektbestellung	nein

bevorzuge A   gleich   bevorzuge B

21

Internetauftritt A		Internetauftritt B	
Übersicht über Versicherungsangebote	ja	Übersicht über Versicherungsangebote	nein
Abruf eines kompletten Versicherungsangebotes	interaktiv	Abruf eines kompletten Versicherungsangebotes	nein
Abruf eines speziellen Versicherungsangebotes	nein	Abruf eines speziellen Versicherungsangebotes	interaktiv
Schadensmeldung	nein	Schadensmeldung	Telefon
Niederlassungsverzeichnis	nein	Niederlassungsverzeichnis	interaktiv
Kundenberaterverzeichnis	nein	Kundenberaterverzeichnis	nein
Rentenberechnung	interaktiv	Rentenberechnung	nein
Prospektbestellung	online	Prospektbestellung	online

bevorzuge A   gleich   bevorzuge B

22

Internetauftritt A		Internetauftritt B	
Übersicht über Versicherungsangebote	ja	Übersicht über Versicherungsangebote	nein
Abruf eines kompletten Versicherungsangebotes	interaktiv	Abruf eines kompletten Versicherungsangebotes	nein
Abruf eines speziellen Versicherungsangebotes	nein	Abruf eines speziellen Versicherungsangebotes	interaktiv
Schadensmeldung	online	Schadensmeldung	nein
Niederlassungsverzeichnis	interaktiv	Niederlassungsverzeichnis	nein
Kundenberaterverzeichnis	interaktiv	Kundenberaterverzeichnis	interaktiv
Rentenberechnung	nein	Rentenberechnung	Tabelle
Prospektbestellung	nein	Prospektbestellung	nein

bevorzuge A   gleich   bevorzuge B

23

Internetauftritt A		Internetauftritt B	
Übersicht über Versicherungsangebote	nein	Übersicht über Versicherungsangebote	nein
Abruf eines kompletten Versicherungsangebotes	nein	Abruf eines kompletten Versicherungsangebotes	nein
Abruf eines speziellen Versicherungsangebotes	interaktiv	Abruf eines speziellen Versicherungsangebotes	interaktiv
Schadensmeldung	nein	Schadensmeldung	Telefon
Niederlassungsverzeichnis	nein	Niederlassungsverzeichnis	interaktiv
Kundenberaterverzeichnis	interaktiv	Kundenberaterverzeichnis	nein
Rentenberechnung	Tabelle	Rentenberechnung	nein
Prospektbestellung	nein	Prospektbestellung	online

bevorzuge A   gleich   bevorzuge B

24

Internetauftritt A		Internetauftritt B	
Übersicht über Versicherungsangebote	ja	Übersicht über Versicherungsangebote	ja
Abruf eines kompletten Versicherungsangebotes	interaktiv	Abruf eines kompletten Versicherungsangebotes	interaktiv
Abruf eines speziellen Versicherungsangebotes	nein	Abruf eines speziellen Versicherungsangebotes	nein
Schadensmeldung	nein	Schadensmeldung	online
Niederlassungsverzeichnis	nein	Niederlassungsverzeichnis	interaktiv
Kundenberaterverzeichnis	nein	Kundenberaterverzeichnis	interaktiv
Rentenberechnung	interaktiv	Rentenberechnung	nein
Prospektbestellung	online	Prospektbestellung	nein

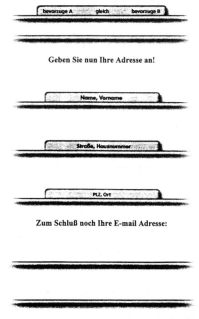

bevorzuge A   gleich   bevorzuge B

Geben Sie nun Ihre Adresse an!

Name, Vorname

Straße, Hausnummer

PLZ, Ort

Zum Schluß noch Ihre E-mail Adresse:

Vielen Dank für die Mitarbeit!

Viel Spaß mit der CD-ROM 'Bewegende Werbung'!

Wenn Sie Fragen haben, senden Sie ein E-Mail an Stefan Hoffmann

Literaturverzeichnis

Acito, F. (1977): An Investigation of Some Data Collection Issues in Conjoint Measurement, in: Greenberg/Bellenger (Hrsg.): Educator's Proceedings, o.O. 1977, S. 82-85.

Addelman, S. (1962a): Symmetrical and Asymmetrical Fractional Plans, in: Technometrics, 1962, Nr. 1, S. 47-57.

Addelman, S. (1962b): Orthogonal Main-Effects for Asymmetrical Factorial Experiments, in: Technometrics, 1962, Nr. 1, S. 21-46.

Agarwal, M.K.; Green, P.E. (1991): Adaptive Conjoint Analysis versus Selfexplicated Models, in: International Journal of Research in Marketing, Nr. 8, 1991, S. 141-146.

Ahlert, D.; Schröder, H. (1996): Rechtliche Grundlagen des Marketing, 2. Auflage, Stuttgart u.a. 1996.

Albers, S.; Brockhoff, K. (1985): Die Gültigkeit der Ergebnisse eines Testmarktsimulators bei unterschiedlichen Daten und Auswertungsmethoden, in: Zeitschrift für betriebswirtschaftliche Forschung, 1985, Nr. 3, S. 191-217.

Albers, S.; Peters, K. (1997): Die Wertschöpfungskette des Handels im Zeitalter des Electronic Commerce, Manuskripte aus den Instituten für Betriebswirtschaftslehre der Universität Kiel, Nr. 429, Kiel 1997.

Alpar, P. (1996): Kommerzielle Nutzung des Internet, Berlin u.a. 1996.

Ambros, H. (1996): Virtual Reality - eine Herausforderung für Sparkassen, in: Sparkassen, 1996, Nr. 3, S.101-106.

Anderer, B. (1995): Sicherheit im Internet-Banking, in: Geldinstitute, 1995, Nr. 11-12, S. 22-29.

Angell, D.; Heslop, B. (1995): The Internet Business Companion: Growing Your Business in the Electronic Age, Reading u.a. 1995.

Apel, P. (1996): Potentiale im Cybermarkt, in: Planung und Analyse, 1996, Nr. 3, S. 22-25.

Armstrong, A.; Hagel, J (1996): The Real Value of On-Line Communities, in: Harvard Business Review, May/June 1996, S. 134-135.

Aust, E. (1996): Simultane Conjointanalyse, Benefitsegmentierung, Produktlinien- und Preisgestaltung, Frankfurt/Main 1996.

Bachem, C. (1997): Webtracking - Werbeerfolgskontrolle im Netz, in: Wamser, C.; Fink, H.D. (Hrsg.): Marketing-Management mit Multimedia, Wiesbaden 1997, S. 189-198.

Bachem, C. (1996a): Effizienzmessung bei Online-Werbeträgern, unveröffentlichter Vortrag im Rahmen der Konferenz Werbung und Medien online, Hamburg 2./3.09.1996.

Bachem, C. (1996b): Planen mit Online-Zielgruppen, in: Markenartikel, Nr. 8, 1996, S.340-346.

Bachmann, B. (1997): Internet und Internationales Privatrecht - Vertragsabschluß und Haftung im Internet, in: Lehmann, M. (Hrsg.): Internet- und Multimediarecht (Cyberlaw), Stuttgart 1997, S. 169-184.

Backhaus, K. (1984): Die Bedeutung der Besonderheiten industrieller Einkaufsentscheidungen für das Investitionsgütermarketing, in: o.V.: Protokoll des 23. Würzbuger Werbefachgespräches, Würzburg 1984, S. 7-18.

Backhaus, K. (1995): Investitionsgütermarketing, 4. Auflage, München 1995.

Backhaus, K.; Erichson, B.; Plinke, W.; Weiber, R. (1996): Multivariate Analysemethoden, 8. Auflage, Berlin u.a. 1996.

Balderjahn, I. (1991): Ein Verfahren zur empirischen Bestimmung von Preisresponsefunktionen, in: Marketing ZFP, 1991, Nr. 1, S. 33-42.

Balderjahn, I. (1994): Der Einsatz der Conjoint-Analyse zur empirischen Bestimmung von Preisresponsefunktionen, in: Marketing ZFP, 1994, Nr. 1, S. 12-20.

Balzer, S.; Glomb, H.J. (1996): Chancen und Risiken für Marken in Online-Diensten, in: Markenartikel, 1996, Nr. 3, S. 117-120.

Bamberg, G.; Coenenberg, A. (1996): Betriebswirtschaftliche Entscheidungstheorie, 9. Auflage, München 1996.

Bänsch, A. (1996): Käuferverhalten, 7. Auflage, München u.a. 1996.

Bauer, C.; Ilchmann, W.; Kohl, A. (1996): Klax - Grundig per Klick, Ein elektronischer Produktkatalog für junge Zielgruppen, unveröffentlichter Vortrag beim 3. Workshop von FORWISS, Erlangen 1.02.1996.

Bauer, H.H.; Herrmann, A.; Mengen, A. (1994): Eine Methode zur gewinnmaximalen Produktgestaltung auf der Basis des Conjoint Measurement, in: Zeitschrift für Betriebswirtschaft, 1994, Nr. 1, S 81-94.

Bea, F.X.; Haas, J. (1997): Strategisches Management, 2. Auflage, Stuttgart 1997.

Becker, H. (1996): Multimedia: Königsweg für den Verkauf, in: Absatzwirtschaft, Sonderheft Oktober 1996, S. 204-206.

Becker, J. (1993): Marketing-Konzeption: Grundlage des strategischen Marketing-Management, 5. Auflage, München 1993.

Becker, L.; Ehrhardt J. (Hrsg.) (1996): Business Netzwerke: Wie die globale Informations-Infrastruktur neue Märkte erschließt, Stuttgart 1996.

Becker, U; Bachem, C. (1996): Online-Markenkommunikation am Beispiel der Langnese-Iglo GmbH, in: Markenartikel, 1996, Nr. 11, S. 548-555.

Behrens, G. (1996): Werbung, München 1996.

Behrens, K.C. (1963): Absatzwerbung, Wiesbaden 1963.

Berekoven, L.; Eckert, W.; Ellenrieder, P. (1993): Marktforschung, 6. Auflage, Wiesbaden 1993.

Berndt, R. (1993): Kommunikationspolitik im Rahmen des Marketing, in: Berndt, R.; Hermanns, A. (Hrsg.): Handbuch Marketing Kommunikation, Wiesbaden 1993, S. 3-18.

Berndt, R. (1996a): Marketing 2: Marketing-Politik, 3. Auflage, Berlin u.a. 1996.

Berndt, R. (1996b): Marketing 1: Käuferverhalten, Marktforschung und Marketing-Prognose, 3. Auflage, Berlin u.a. 1996.

Berndt, R.; Hermanns, A. (Hrsg.) (1993): Handbuch Marketing Kommunikation, Wiesbaden 1993.

Berthon, P.; Pitt, L.F.; Watson, R.T. (1996): The World Wide Web as an Advertising Medium, in: Journal of Adervertising Research, January/February 1996, S. 43-54.

Besig, H.M. (1995): Integrierte Kommunikation in der Bank: wie ein großes Puzzle, in: Bank und Markt, 1995, Nr. 8, S. 8- 15.

Bettman, J.R. (1979): An Information Processing Theory of Consumer Choice, Reading u.a. 1979.

Bhatia, M. (1996): Internet-Research - The U.S. Marketplace, in: Medientage München - Werbegipfel München, Dokumentation 96, Band 1, München 1996, S. 56-60.

Birkelbach, J. (1995a): Bankgeschäfte im virtuellen Bankhaus, in: Geldinstitute, 1995, Nr. 1/2, S. 46-51.

Birkelbach, J. (1995b): Geschäfte mit der virtuellen Bank, in: Bank Magazin, 1995, Nr. 3, S. 52-61.

Birkelbach, J. (1996a): Börseninformationen im Internet, in: ORGA-Spezial, 1996, Nr. 2, S. 6 -13.

Birkelbach, J. (1996b): Internet: Der neue Handelsplatz für Banken, in: Bank Magazin, 1996, Nr. 3, S. 53-57.

Bitz, M. (1995): Finanzdienstleistungen, 2. Auflage, München, Wien 1995.

Bleymüller, J.; Gehlert, G.; Gülicher, H. (1996): Statistik für Wirtschaftswissenschaftler, 10. Auflage, München 1996.

Böcker, F. (1986): Präferenzforschung als Mittel marktorientierter Unternehmensführung, in: Zeitschrift für betriebswirtschaftliche Forschung, 1986, Nr. 8, S. 543-574.

Böcker, F. (1996): Marketing, 6. Auflage, Stuttgart, New York 1996.

Böcker, F.; Sckweikl, H. (1988): Better Preference Prediction with Individualised Sets of Relevant Attributes, in: International Journal of Research in Marketing, 1988, S. 15-24.

Boesebeck/Droste (1997): MGM Infobrief: Online-Recht, München 1997.

Böhler, H. (1977): Methoden und Modelle der Marktsegmentierung, Stuttgart 1977.

Böhler, H. (1992): Marktforschung, 2. Auflage, Stuttgert u.a. 1992.

Booz Allen & Hamilton (Hrsg.) (1995): Zukunft Multimedia: Grundlagen, Märkte und Perspektiven in Deutschland, Frankfurt/Main 1995.

Briggs, R.; Hollis, N. (1997): Advertising on the Web: Is there Response before Click-Through? in: Journal of Advertising Research, March/April 1997, S. 33-46.

Brisoux, J.E.; Laroche, M. (1980): A Proposed Consumer Strategy of Simplification for Categorizing Brands, in: Summey, J.D.; Tayler, R.D. (Hrsg.): Evolving Marketing Thoughts for 1980: Proceedings of the Annual Meeting of the Southern Marketing Association, Carbandale 1980, S. 112-114.

Brosche, O.; Wißmeier, U.K. (1993): Kommunikationspolitik bei kurzlebigen Konsumgütern, in: Berndt, R.; Hermanns, A. (Hrsg.); Handbuch Marketing Kommunikation, Wiesbaden 1993, S. 811-830.

Brucksch, M; Grabowski, H. (1996): Auf dem Weg zur Hochleistungsklinik - Von der Planwirtschaft zur wettbewerbsfähigen Patientenversorgung, in: Little, A.D. (Hrsg.): Management im vernetzten Unternehmen, Wiesbaden 1996, S. 259-284.

Bruhn, M. (1992): Integrierte Unternehmenskommunikation: Ansatzpunkte für eine strategische und operative Umsetzung integrierter Kommunikationsarbeit, Stuttgart 1992.

Bruhn, M. (1995a): Erfolgsfaktor Kommunikation, in: Gablers Magazin, 1995, Nr. 10, S. 25-29.

Bruhn, M. (1995b): Internes Marketing als Forschungsgegenstand der Marketingwissenschaft - Eine Einführung in die theoretischen und praktischen Probleme, in: Bruhn, M. (Hrsg.): Internes Marketing, Wiesbaden 1995, S. 13-62.

Bruhn, M. (Hrsg.) (1995c): Internes Marketing: Integration der Kunden- und Mitarbeiterorientierung: Grundlagen - Implementierung - Praxisbeispiele, Wiesbaden 1995.

Bruhn, M. (1997a): Kommunikationspolitik: Grundlagen der Unternehmenskommunikation, München 1997.

Bruhn, M. (1997b): Multimedia-Kommunikation, München 1997.

Bruhn, M.; Zimmermann A. (1993): Integrierte Kommunikation in deutschen Unternehmen - Ergebnisse einer Unternehmensbefragung, in: Werbeforschung & Praxis, 1993, Nr. 5, S. 182-186.

Bruhn, M.; Stauss, B. (Hrsg.) (1995): Dienstleistungsqualität: Konzepte - Methoden - Erfahrungen, 2. Auflage, Wiesbaden 1995.

Bullinger, H.J.; Broßmann, M. (Hrsg.) (1997): Business Television: Beginn einer neuen Informationskultur in den Unternehmen, Stuttgart 1997.

Burger, C.; Entenmann, M.; Neputé, S. (1996): Konsumgüterindustrie und Handel im Jahr 2005: Handel endgültig entmachtet, in: Little, A.D. (Hrsg.) (1996): Management im vernetzen Unternehmen, Wiesbaden 1996, S. 124-157.

Burke, R.R. (1996): Virtual Shopping: Breakthrough in Marketing Research, in: Harvard Business Review, March/April 1996, S. 120-131.

Busch, P. (1996): Marketing ohne Produkte? in: Absatzwirtschaft, 1996, Nr. 3, S. 40-43.

Büschken, J. (1994): Multipersonelle Kaufentscheidung, Wiesbaden 1994.

Canter, L.A.; Siegel, M.S: (1995): Profit im Internet, Düsseldorf, München 1995.

Carroll, J.D.; Green, P.E. (1995): Psychometric Methods in Marketing Research: Part I, Conjoint Analysis, in: Journal of Marketing Research, November 1995, S. 385-390.

Christener, P. (1996): On-Line Shopping via Internet, in: Marketing Journal, 1996, Nr. 5, S. 314-316.

Cole, T. (Hrsg.) (1996): Internet Praxis: Der Wegweiser für das größte Datennetz der Welt (Loseblattsammlung), München 1996.

Conrady, R. (1996): Das virtuelle Reisebüro, unveröffentlichter Vortrag im Rahmen der Konferenz Werbung und Medien online, Hamburg 2./3.09.1996.

Corstens, H. (1990): Betriebswirtschaftlehre der Dienstleistungsunternehmen, München, Wien 1990.

Cortese, A. (1997): Webcasting, in: Business Week, February 24 1997, S. 40-45.

Decker, R.; Klein, T.; Wartenberg, F. (1995): Marketing und Internet-Markenkommunikation im Umbruch? in: Markenartikel, 1995, Nr. 10, S. 468-473.

Dellaert, B.; Borgers, A.; Timmermans, H. (1996): Conjoint Choice Models of Joint Participation and Activity Choice, in: International Journal of Research in Marketing, 1996, Nr. 3, S. 251-264.

Dichtl, E.; Thomas, U. (1986): Der Einsatz des Conjoint Measurement im Rahmen der Verpackungsmarktforschung, in: Marketing ZFP, 1986, Nr. 1, S. 27-33.

Diller, H. (1989): Key-Account-Management als vertikales Marketing-Konzept, in: Marketing ZFP, Jg. 11 (1989), S. 213-223.

Diller, H. (1995): Beziehungsmanagement, in: Wirtschaftwissenschaftliches Studium, 1995, Nr. 9, S. 442-447.

Diller, H.; Gaitanides, M. (1988): Das Key-Account-Management in der deutschen Lebensmittelindustrie - Eine empirische Studie zur Ausgestaltung und Effizienz, Abschlußbericht zum Forschungsprojekt "Kundenorientierte Marketing-Organisation - Zur Effizienzbeurteilung des Kundengruppenmanagements", gefördert von der Deutschen Forschungsgemeinschaft (DFG), Hamburg 1988.

Diller, H.; Gömann, S. (1996): Akzeptanzstudien zum elektronischen Homeshopping, unveröffentlichter Vortrag beim 3. Workshop von FORWISS, Erlangen

1.02.1996.

Diller, H.; Kusterer, M. (1988): Beziehungsmanagement. Theoretische Grundlage und empirische Befunde, in: Marketing ZFP, 1988, Nr. 3, S. 211-220.

Dreyer, W. (1996): Die Gestaltung von Online-Angeboten, in: Hünerberg, R.; Heise, G.; Mann, M. (Hrsg.): Handbuch Online-Marketing, Landsberg/Lech 1996, S. 183-196.

Dreyer, W.; Summa, H. (Hrsg.) (1996): Internet Business: Online-Marketing, Electronic Commerce und Intranet (Loseblattsammlung), München 1996.

Dréze, X.; Zufryden, F. (1997): Testing Web Site Design and Promotional Content, in: Journal of Advertising Research, March/April 1997, S. 77-91.

Ducoffe, R.H. (1996): Advertising Value and Advertising on the Web, in: Journal of Advertising Research, September/October, 1996, S. 21-37.

ECC European Communication Council (Hrsg.) (1997): Report 1997: Exploring the Limits: Europe's Changing Communication Environment, Berlin u.a. 1997.

Ehrhardt, J. (1996): Welt-Markt oder: die Emergenz der praktischen Globalität, in: Becker, L.; Ehrhardt J. (Hrsg.): Business Netzwerke: Wie die globale Informations-Infrastruktur neue Märkte erschließt, Stuttgart 1996, S. 1-18.

Eichmann, K. (1993): Industrielles Marketing, in: Meyer, P.W.; Meyer, A. (Hrsg.): Marketing-Systeme: Grundlagen des institutionalen Marketing, Stuttgart u.a. 1993, S. 13-76.

Eilenberger, G. (1990): Bankbetriebswirtschaftslehre, 4. Auflage, München, Wien 1990.

Ellsworth, J.H.; Ellsworth, M.V. (1995): Marketing on the Internet: Multimedia Strategies for the World Wide Web, New York u.a. 1995.

Elrod, T.; Louviere, J.J.; Davey, K.S. (1992): An Empirical Comparison of Ratings-Based and Choice-Based Conjoint Models, in: Journal of Marketing Research, August 1992, S. 368-377.

Emery, V. (1995): How to Grow Your Business on the Internet, Scottsdale 1995.

Emery, V.(1996): Internet im Unternehmen: Praxis und Strategien, Heidelberg 1996.

Engel, J.F; Kollat, D.T.; Blackwell, R.D. (1968): Consumer Behavior, New York 1968.

Engelhardt, W.H.; Günter, B. (1981): Investitionsgüter-Marketing, Stuttgart 1981.

Erdmann, A. (1996): Neue Chancen durch Virtual-Reality-unterstützte Car Clinics, in: Planung und Analyse, 1996, Nr. 5, S. 46-51.

Erichson, B. (1980): Ermittlung der Kaufwahrscheinlichkeit durch Logit-Analysen, in: Schwarze, J. (Hrsg.): Angewandte Prognoseverfahren, Berlin 1980, S. 170-193.

Eusterbrock, C.; Kolbe, L (1995): Aufbau und Gestaltung von Online-Services für den privaten Haushalt, in: Der Markt, 1995, Nr. 3, S. 133-146.

Ewerdwalbesloh, G. (Hrsg.) (1996): Telekommunikation für Banken und Versicherungen - Finanzdienstleister im Wandel, Berlin u.a. 1996.

Fantapié Altobelli, C. (1990): Die Diffusion neuer Kommunikationstechniken in der Bundesrepublik Deutschland: Erklärung, Prognose und marketingpolitische Implikationen, Heidelberg 1990.

Fantapié Altobelli, C. (1996a): Internet und integrierte Markt-Kommunikation, in: Zeitschrift Führung + Organisation, 1996, Nr. 6, S. 338-342.

Fantapié Altobelli, C. (1996b): Online-Marketing im World Wide Web, in: Medientage München - Werbegipfel München, Dokumentation 96, Band 1, München 1996, S. 20-27.

Fantapié Altobelli, C.; Bouncken, R.B.; Hoffmann, S. (1997): Internet-Marketing in der

Tourismusindustrie, in: Tourismus Journal, 1997, Nr. 3 (in Druck).

Fantapié Altobelli, C.; Fittkau, S. (1997): Formen und Erfolgsfaktoren der Online-Distribution, in: Trommsdorff, V. (Hrsg.): Handelsforschung 1997/98: Kundenorientierung im Handel: Jahrbuch der Forschungsstelle für Handel Berlin (FFH) e.V, Wiesbaden 1997, S. 397-416.

Fantapié Altobelli, C.; Hoffmann, S. (1996a): Werbung im Internet: Wie Unternehmen ihren Online-Werbeauftritt planen und optimieren, München 1996.

Fantapié Altobelli, C.; Hoffmann, S. (1996b): Die optimale Online-Werbung für jede Branche, München 1996.

Fink, D.H.; Meyer, N. (1996) Multimedia: Wie Visionen zu Geld werden, in: Absatzwirtschaft, 1996, Nr. 3, S. 56-62.

Fink, D.H.; Meyer, N.; Wamser, C. (1995): Multimedia-Einsatz im Marketing, in: Marketing Journal, 1995, Nr. 6, S. 468-470.

Fink, D.H.; Wamser, C. (1996): Die klassischen 4 P's mit Multimedia reicher machen, in: Marketing Journal, 1996, Nr. 3, S. 194-196.

Fishbein, M. (1966): The Relationships between Beliefs, Attitudes an Behaviour, in: Feldman, S. (Hrsg.): Cognitive Consistence, New York u.a. 1966, S. 199-223.

Flenker, M. (1996): Otto Versand, in: Hünerberg R.; Heise, G.; Mann, A. (Hrsg.): Handbuch Online Marketing, Landsberg/Lech 1996, S. 233-246.

Flory, M. (1995): Computergestützter Vertrieb von Investitionsgütern, Wiesbaden 1995.

Forschungsgruppe Konsum und Verhalten (Hrsg.) (1994): Konsumentenforschung, München 1994.

Freitag, A. (1996): Domaine Name: Technische Adresse oder geschütztes Unternehmenskennzeichen, in: Markenartikel, 1996, Nr. 10, S. 495-499.

Freter, H. (1983): Marktsegmentierung, Stuttgart u.a. 1983.

Friege, C. (1995): Preispolitik für Leistungsverbunde im Business-to-Business-Marketing, Wiesbaden 1995.

Fröhling, O. (1994): Verbesserungsmöglichkeiten und Entwicklungsperspektiven von Conjoint+Cost, in: Zeitschrift für Betriebswirtschaft, 1994, Nr. 9, S. 1143-1164.

Fugmann, J.; Hoffmann, S.; Pfleiderer, R. (1996): Infratest Burke: Die ForeRunner der Multimedia Generation: Online-Survey von Infratest Burke, München 1996.

Gaitanides, M.; Scholz, R.; Vrohlings, A. (1994a): Prozeßmanagement - Grundlagen und Zielsetzung, in: Gaitanides, M.; Scholz, R.; Vrohlings, A.; Raster, M.: Prozeßmanagement, München, Wien 1994, S. 1-21.

Gaitanides, M.; Scholz, R.; Vrohlings, A.; Raster, M. (1994b): Prozeßmanagement: Konzepte, Umsetzungen und Erfahrungen des Reengineering, München, Wien 1994.

Gerpott, T.J.; Heil, B. (1996): Multimedia-Teleshopping: Rahmenbedingungen und Gestaltung von innovativen Absatzkanälen, in: Zeitschrift für Betriebswirtschaft, 1996, Nr. 11, S. 1329-1356.

GfK, Horizont, MGM (Hrsg.) (1996): Multimedia-Barometer, München 1996.

GfK, Horizont, MGM (Hrsg.) (1997): Multimedia-Barometer, München 1997.

Gierl, H. (1995): Marketing, Stuttgart u.a. 1995.

Gilster, P. (1994): Der Internet-Navigator, München 1994.

Glabus, W.; Peters, R.H. (1997): Nichts ist unmöglich: Spitzensport im Abo-TV krempelt das Mediengeschäft um, in: Wirtschaftswoche, 1997, Nr. 43, S. 77-78.

Glossbrenner, A.; Glossbrenner, E. (1995): Making Money on the Internet, New York u.a.

1995.

Godefroid, P. (1995): Investitionsgüter-Marketing, Ludwigshafen 1995.

Goldhammer, K; Lange, U. (1997): The Internet - On the Verge of a Modem Society, in: ECC European Communication Council (Hrsg.): Report 1997: Exploring the Limits: Europe's Changing Communication Environment, Berlin u.a. 1997, S. 45-68.

Graf, W. (1996): Conrad Virtual Electronic Warehouse: Ein elektronischer Katalog mit über 25.000 Produkten, unveröffentlichter Vortrag beim 3. Workshop von FORWISS, Erlangen 1.02.1996.

Green, P.E. (1974): On the Design of Choice Experiments Involving Multifactor Alternatives, in: Journal of Consumer Research, 1974, Nr. 1, S. 61-68.

Green, P.E. (1984): Hybrid Models for Conjoint Analysis: An Expository Review, in: Journal of Marketing Research, May 1984, S. 155-169.

Green, P.E.; Krieger, A.M. (1991): Segmenting Markets with Conjoint Analysis, in: Journal of Marketing, October 1991, S. 20-31.

Green, P.E.; Krieger, A.M. (1992): An Application of a Product Positioning Model to Pharmaceutical Products, in: Marketing Science, 1992, Nr. 2, S. 117-132.

Green, P.E.; Krieger, A.M.; Agarwal, M.K. (1991): Adaptive Conjoint Analysis: Some Caveats and Suggestions, in: Journal of Marketing Research, May 1991, S. 215-222.

Green, P.E.; Srinivasan, V. (1978): Conjoint Analysis in Consumer Research: Issues and Outlook, in: Journal of Consumer Research, September 1978, S. 103-123.

Green, P.E.; Wind, Y. (1975): New Ways to Measure Consumers' Judgement, in: Harvard Business Review, Vol. 53 (1975), S. 107-117.

Green, P.E; Srinivasan, V. (1990): Conjoint Analysis in Marketing: New Developments with Implications for Research and Practice , in: Journal of Marketing, 1990, Nr. 1, S. 3-19.

Greff, G.; Töpfer A. (Hrsg.) (1993): Dirket-Marketing mit neuen Medien, 3. Auflage, Landsberg/Lech 1993.

Grimm, M. (1996) Zur Nutzung von Online-Diensten, in: Markenartikel, 1996, Nr. 3, S. 127.

Grimm, R., Zangeneh K. (1996): Bezahlsysteme im Internet, unveröffentlichter Vortrag beim 3. Workshop von FORWISS, Erlangen 1.02.1996.

Hair, J.F.; Anderson, R.E.; Tatham, R.L.; Black, W.C. (1995): Multivariate Data Analysis with Readings, Engelwood Cliffs 1995.

Hance, O. (1996): Internet-Business & Internet-Recht: Rechtliche Regelungen auf der Datenautobahn, Brüssel 1996.

Hansen, H.R. (1995): Marketing über den Information Superhighway - das Internet, in: Werbeforschung & Praxis, 1995, Nr. 1, S. 32-36.

Hansen, U.; Jescke, K. (1995): Beschwerdemanagement für Dienstleistungsunternehmen - Beispiel des Kfz-Handels, in: Bruhn, M; Stauss, B. (Hrsg.): Dienstleistungsqualität: Konzepte - Methoden - Erfahrungen, Wiesbaden 1995, S. 525-550.

Hanser, P. (1995): Die neue Welt des Marketing: Aufbruch in den Cyberspace, in: Absatzwirtschaft, 1995, Nr. 8, S. 34-37.

Hauser, J.R.; Shugan, S.M. (1980): Intensity Measures of Consumer Preference, in: Operations Research, Vol. 28 (1980), S. 278-320.

Hausruckinger, G.; Herker, A. (1992): Die Konstruktion von Schätzdesigns für Conjoint-

Analysen auf der Basis von Paarvergleichen, in: Marketing ZFP, 1992, Nr. 2, S. 99-110.

Hegge, U. (1997): Leistungsmessung im Internet - State of the art April 1997, unveröffentlichter Vortrag im Rahmen des VDZ Seminars, Frankfurt 14.05.1997.

Heimbach, P. (1997): Marktkommunikation mit digitalen Offline-Medien, in: Silberer, G. (Hrsg.): Interaktive Werbung, Stuttgart 1997, S. 23-70.

Heinemann, C. (1994): Computer Supported Cooperative Work im Marketing, in: Werbeforschung & Praxis, 1994, Nr. 6, S. 212-213.

Heinemann, C. (1997): Werbliche Kommunikation im interaktiven Fernsehen, in: Silberer, G. (Hrsg.): Interaktive Werbung, Stuttgart 1997, S. 197-225.

Heise, G. (1996): Integration von Online-Diensten in das Marketing, in: Hünerberg, R.; Heise, G.; Mann, A. (Hrsg.): Handbuch Online-Marketing Landsberg/Lech 1996, S. 217-226.

Helfrich, M. (1995): Wettbewerb und Recht im Internet, unveröffentlichtes Manuskript der Rechtsanwaltskanzlei Preu, Bohling und Partner, München, Berlin 1995.

Hensmann, J; Meffert, H.; Wagner, P.O. (1996): Marketing mit multimedialen Kommunikationstechnologien - Einsatzfelder und Entwicklungsperspektiven, Arbeitspapier Nr. 101, Wissenschaftliche Gesellschaft für Marketing und Unternehmensführung, Münster 1996.

Hermanns, A.; Püttmann, M. (1993): Integrierte Marketing-Kommunikation, in: Berndt, R.; Hermanns, A. (Hrsg.); Handbuch Marketing Kommunikation, Wiesbaden 1993, S. 19-42.

Heun, S.E. (1994): Die elektronische Willenserklärung: Rechtliche Einordnung, Anfechtung und Zugang, in: Computer und Recht, 1994, Nr. 10, S. 595-600.

Hies, M (1996): Banken und Multimedia: schrittweise Annäherung, in: Bank und Markt, 1996, Nr. 3, S. 25-28.

Hildebrandt, L. (1994): Präferenzanalyse für die Innovationsmarktforschung, in: Forschungsgruppe Konsum und Verhalten (Hrsg.): Konsumentenforschung, München 1994, S. 13-28.

Hilke, W. (1989): Grundprobleme und Entwicklungstendenzen des Dienstleistungsmarketing, Schriften zur Unternehmensführung, Band 35, 1989, S. 5-44.

Hinrichs, C. (1994): Multimedia im Bankmarketing, in: Werbeforschung & Praxis, 1994, Nr. 6, S. 213-214.

Hinterhuber, H.H. (1996a): Strategische Unternehmensführung, I. Strategisches Denken: Visionen, Unternehmenspolitik, Strategie, 6. Auflage, Berlin u.a. 1996.

Hinterhuber, H.H. (1996b): Strategische Unternehmensführung, II. Strategisches Handeln: Direktiven, Organisation, Umsetzung, Unternehmenskultur, Strategisches Controlling, Strategische Führungskompetenz, 6. Auflage, Berlin u.a. 1996.

Hoeren, T. (1993): IPR und EDV-Recht, in: Computer und Recht, 1993, Nr. 3, S. 129-134.

Hoeren, T. (1995): Multimedia als noch nicht bekannte Nutzungsart, in: Computer und Recht, 1995, Nr. 12, S. 710-714.

Hoeren, T. (1997a): Das Problem des Multimediaentwicklers: der Schutz vorbestehender Werke, in: Lehmann, M. (Hrsg.): Internet- und Multimediarecht (Cyberlaw), Stuttgart 1997, S. 79-94.

Hoeren, T. (1997b): Die Reichweite gesetzlicher Schranken und Lizenzen, in: Lehmann, M. (Hrsg.): Internet- und Multimediarecht (Cyberlaw), Stuttgart 1997, S. 95-110.

Hoeren, T. (1997c): Werberecht im Internet am Beispiel der ICC Guidelines on Interactive

Marketing, in: Lehmann, M. (Hrsg.): Internet- und Multimediarecht (Cyberlaw), Stuttgart 1997, S. 111-118.

Hoffman, D.L.; Novak, T.P. (1996): Marketing in Hypermedia: Computer-Mediated Environments: Conceptual Foundations, in: Journal of Marketing, July 1996, S. 50-68.

Hoffmann, S. (1996): Werbung für die Werbung, in: Facts & Fiction, 1996, Nr. 1, S. 42-43.

Höhl, M. (1996): Computergestützte Produktberatung bei einem Softwarehersteller, unveröffentlichter Vortrag beim 3. Workshop von FORWISS, Erlangen 1.02.1996.

Holbrock, M.B.; Moore, W.L. (1981): Feature Interactions in Consumer Judgements of Verbal versus Pictorial Presentations, in: Journal of Consumer Research, Vol. 8 (1981), S. 103-112.

Homeyer, J. (1997): Regeln brechen, in: Wirtschaftswoche, 1997, Nr. 27, S. 62-63.

Höpner, C.; Richter K. (1996): Ein multimedialer Produktkatalog für den Mittelstand, unveröffentlichter Vortrag beim 3. Workshop von FORWISS, Erlangen 1.02.1996.

Howard, J.A.; Sheth, J.N. (1969): The Theory of Buyer Behavior, New York 1969.

Hruschka, H. (1996): Marketing-Entscheidungen, München 1996.

Huber, J.; Wittink, D.R.; Fiedler, J.A.; Miller, R. (1993): The Effectiveness of Alternative Preference Elicitation Procedures in Predicting Choice, in: Journal of Marketing Research, Vol. 30 (1993), S. 105-114.

Huly, H.R., Raake, S. (1995): Marketing Online: Gewinnchancen auf der Datenautobahn, Frankfurt/Main, New York 1995.

Hünerberg, R.; Heise, G. (1995): Multi-Media und Marketing: Grundlagen und Anwendungen, Wiesbaden 1995.

Hünerberg, R.; Heise, G.; Mann, A. (1997): Was Online-Kommunikation für das Marketing bedeutet, in: Thexis, 1997, Nr. 1, S. 16-21.

Hünerberg, R.; Heise, G.; Mann, A. (Hrsg.) (1996): Handbuch Online-Marketing: Wettbewerbsvorteile durch das weltweite Datennetz, Landsberg/Lech 1996.

Hünerberg, R.; Jaspersen, T. (1996): Die Erfolgskontrolle von Online-Marketing, in: Hünerberg, R.; Heise, G.; Mann, A. (Hrsg.): Handbuch Online-Marketing, Landsberg/Lech 1996, S. 197-216.

Huth, R.; Pflaum, D. (1993): Einführung in die Werbelehre, 5. Auflage, Stuttgart u.a. 1993.

Hüttner, M. (1989): Grundzüge der Marktforschung, 4. Auflage, Berlin u.a. 1989.

Jäschke, M.; Albrecht, M. (1996): New Media - Von der Euphorie zur Investitionsentscheidung, in: Markenartikel, 1996, Nr. 5, S. 178-184.

Jaspersen, T. (1995): Zur Implementierung multi-medialer Systeme, in: Hünerberg, R., Heise, G. (Hrsg.): Multi-Media und Marketing: Grundlagen und Anwendungen, Wiesbaden 1995, S. 57-84.

Jirikovsky, U. (1996): Mercedes-Benz AG, in: Hünerberg, R.; Heise, G.; Mann, A. (Hrsg.): Handbuch Online Marketing, Landsberg/Lech 1996, S. 247-253.

Johnson, R.M. (1987): Assessing the Validity of Conjoint Analysis, in: Sawtooth Software Conference Proceedings, o.O 1987.

Johnson, R.M. (1991): Comment on "Adaptive Conjoint Analysis: Some Caveats and Suggestions", in: Journal of Marketing Research, May 1991, S. 223-225.

Klaus, M. (1997): Erfahrungen mit Focus Online, unveröffentlichter Vortrag im Rahmen des VDZ Seminars, Frankfurt 14.05.1997.

Kleinaltenkamp, M.; Schubert, K. (Hrsg.) (1994): Netzwerkansätze im Business-to-Business-Marketing: Beschaffung, Absatz und Implementierung Neuer Technologien, Wiesbaden 1994.

Kohli, R.; Mahajan, V. (1991): A Reservation-Price Model for Optimal Pricing of Multiattribute Products in Conjoint Analysis, in: Journal of Marketing Research, August 1991, S. 347-354.

Kols, P. (1986): Bedarfsorientierte Marktsegmentierung auf Produktivgütermärkten, Frankfurt/Main 1986.

Koppelmann, U. (1981): Produktwerbung, Stuttgart u.a. 1981.

Kotler P.; Bliemel F. (1992): Marketing-Management, 7. Auflage, Stuttgart 1992.

Kreikebaum, H. (1997): Strategische Unternehmensplanung, 6. Auflage, Stuttgart u.a. 1997.

Kroeber-Riel, W. (1993): Strategie und Technik der Werbung, 4. Auflage, Stuttgart u.a. 1993.

Kroeber-Riel, W.; Weinberg, P. (1996): Konsumentenverhalten, 6. Auflage, München 1996.

Kroff, G. (1995): Multimedia Online - Die Welt am Draht?, in: Markenartikel, 1995, Nr. 6, S. 260-264.

Kuch, S. (1996): Die Marke als Navigator in der virtuellen Welt, unveröffentlichter Vortrag im Rahmen der Konferenz Werbung und Medien online, Hamburg 2./3.09.1996.

Kucher, E.; Simon, H. (1987): Conjoint Measurement - Durchbruch in der Preisentscheidung, in: Harvard Manager, 1987, Nr. 3, S. 28-37.

Kühnapfel, J.B. (1995): Telekommunikations-Marketing, Wiesbaden 1995.

Kur, A. (1996): Namens- und Kennzeichnugsschutz im Cyberspace, in: Computer und Recht, 1996, Nr. 10, S. 590-594.

Lachmann, U. (1993): Kommunikationspolitik bei langlebigen Konsumgütern, in: Berndt, R.; Hermanns, A. (Hrsg.): Handbuch Marketing Kommunikation, Wiesbaden 1993, S. 831-856.

Langosch, P; Müser, C.; Schielein, U. (1996): Öffentliche Verwaltungen: Von der Auftragsbearbeitung zur Kundenorientierung, in: Little, A.D. (Hrsg.): Management im vernetzten Unternehmen, Wiesbaden 1996, S. 242-258.

Lehmann, M. (1997a): Digitalisierung und Urhebervertragsrecht, in: Lehmann, M. (Hrsg.): Internet- und Multimediarecht (Cyberlaw), Stuttgart 1997, S. 57-66.

Lehmann, M. (Hrsg.) (1997b): Internet- und Multimediarecht (Cyberlaw), Stuttgart 1997.

Lehmann, R.G. (Hrsg.) (1993): Corporate Media, Landsberg/Lech 1993.

Lenk, P.J.; DeSarbo, W.S.; Green, P.E.; Young, M.R. (1996): Hierarchical Bayes Conjoint Analysis: Recovery of Partworth Heterogenity from Reduced Experimental Designs, in: Marketing Science, 1996, Nr. 2, S.173-192.

Lescher, J.F. (1995): Online Marketing Research, Reading u.a. 1995.

Levinson, J.C.; Rubin, C. (1996): Guerilla Marketing Online: Chancen für kleinere und mittlere Unternehmen im weltweiten Datennetz, Frankfurt/Main, New York 1996.

Lilien, G.L.; Kotler, P.; Moorthy, K.S. (1992): Markting Models, Engelwood Cliffs 1992.

Link, J. (1996): Database Marketing und Computer Aided Selling, unveröffentlichter Vortrag beim 3. Workshop von FORWISS, Erlangen 1.02.1996.

Link, J.; Hildebrand, V.G. (1994): Database Marketing und Computer Aided Selling, in: Marketing ZFP, 1994, Nr. 2, S. 107-120.

Little, A.D. (Hrsg.) (1996): Management im vernetzten Unternehmen, Wiesbaden 1996.

Loosschilder, G.H.; Rosenbergen, E.; Vriens, M.; Wittink, D.R. (1995): Pictorial Stimuli in Conjoint Analysis - to Support Product Styling Decisions, in: Journal of the

Market Research Society, 1995, Nr.1, S. 17-34.

Luce, R.D. (1959): Individual Choice Behavior, New York 1959.

Lüpken, G. (1995): Datex-J/Btx für Anwender: Grundlagen, Funktionen, Einsatzmöglichkeiten, 2. Auflage, Planegg 1995.

Maddox, L.M.; Mehta, D.; Daubek, H.G. (1997): The Role and Effect of Web Addresses in Advertising, in: Journal of Advertising Research, March/April 1997, S. 47-59.

Mahajan, V.; Green, P.E.; Goldberg, S.M. (1982): A Conjoint Model for Measuring Self- and Cross-Price/Demand Relationships, in: Journal of Marketing Research, August 1982, S. 334-342.

Maleri, R. (1994): Grundlagen der Dienstleistungsproduktion, 3. Auflage, Berlin, Heidelberg 1994.

Mann, A. (1996): Online-Service, in: Hünerberg, R.; Heise, G.; Mann, A. (Hrsg.): Handbuch Online Marketing, Landsberg/Lech 1996, S. 157-180.

Mazanec, J. (1978): Strukturmodelle des Konsumentenverhaltens, Wien 1978.

McKenna, R. (1995): Real-Time Marketing, in: Harvard Business Review, July/August 1995, S. 87-95.

McKenna, R. (1996): Marketing in Echtzeit, in: Havard Business Manager, 1996, Nr. 2, S. 9-17.

Media Daten & Fakten (1997a): Net-Book 1/97, Wiesbaden 1997.

Media Daten & Fakten (1997b): Net-Book 2/97, Wiesbaden 1997.

Meffert, H. (1992): Marketingforschung und Käuferverhalten, 2. Auflage, Wiesbaden 1992.

Meffert, H.; Bruhn, M. (1995): Dienstleistungsmarketing, Wiesbaden 1995.

Meffert, H.; Burmann, C. (1996): Value-Added-Services im Bankbereich, in: Bank und Markt, 1996, Nr. 4, S. 26-29.

Melichar, F. (1995): Virtuelle Bibliotheken und Urheberrecht, in: Computer und Recht, 1995, Nr. 12, S. 756-762.

Mengen, A. (1993): Konzeptgestaltung von Dienstleistungsprodukten, Stuttgart 1993.

Mengen, A.; Simon, H. (1996): Produkt- und Preisgestaltung mit Conjoint Measurement, in: Das Wirtschaftsstudium, 1996, Nr. 3, S. 229-236.

Merbold, C. (1993): Kommunikationspolitik bei Investitionsgütern, in: Berndt, R.; Hermanns, A. (Hrsg.): Handbuch Marketing Kommunikation, Wiesbaden 1993, S. 857-875.

Merbold, C. (1994): Business-to-Business-Kommunikation: Bedingungen und Wirkung, Hamburg 1994.

Merbold, C. (1996): Zweite Kommunikationsrevolution kommt in Fahrt, in: Markenartikel, 1996, Nr. 5, S.190-192.

Mertens, P. (1996): Electronic Shopping - Formen, Entwicklungsstand und strategische Überlegungen, unveröffentlichtes Manuskript von FORWISS (Forschungsgruppe Wirtschaftsinformatik), Erlangen 1996.

Meyer, A. (1993): Kommunikationspolitik von Dienstleistungsunternehmen, in: Berndt, R.; Hermanns, A. (Hrsg.); Handbuch Marketing Kommunikation, Wiesbaden 1993, S. 895-921.

Meyer, J.A. (1994): Multimedia in der Werbe- und Konsumentenforschung, in: Forschungsgruppe Konsum und Verhalten (Hrsg.), Konsumentenforschung, München 1994, S. 305-320.

Meyer, P.W.; Meyer, A. (1993): Marketing-Systeme: Grundlage des institutionalen Marketing, 2. Auflage, Stuttgart u.a. 1993.

Meyer-Hentschel, G. (1991): Integration der Medien im Kommunikationsmix, in: Werbeforschung & Praxis, 1991, Nr. 3, S. 107-109.

MGM Mediareport (1997): Daten-Fakten-Trends: Telekommunikation: Online-Dienste und Internet, München 1997.

Müller, S.; Kesselmann, P. (1994): Die Preisbereitschaft von Konsumenten bei umweltfreundlich verpackten Produkten - Ergebnis einer Conjoint-Analyse, in: Zeitschrift für betriebswirtschaftliche Forschung, 1994, Nr. 3, S. 260-278.

Müller-Hagedorn, L.; Sewing, E.; Toporowski, W. (1993): Zur Validität von Conjoint-Analysen, in: Zeitschrift für betriebswirtschaftliche Forschung, 1993, Nr. 2, S. 123-147.

Müller-Hengstenberg, C.D. (1996): Nationale und Internationale Rechtsprobleme im Internet, in: Neue Juristische Wochenzeitschrift, 1996, Nr. 28, S. 1777-1782.

Münzberg, H. (1995): Den Kundennutzen managen - So beschreiten Sie den Weg zur Wertschöpfungskette, Wiesbaden 1995.

Murray, K.B. (1991): A Test of Service Marketing Theory: Consumer Information Acquisition Activities, in: Journal of Marketing, January 1991, S. 10-25.

Myers, J.H.; Alpert, M.I. (1968): Determinant Buying Attitudes: Meaning and Measurement, in: Journal of Marketing, Vol. 32 (1968), S. 13-20.

Naether, F.T. (1995): Marktforschung im Cyberspace: Goldene Zeiten für Marktforscher? in: Absatzwirtschaft, 1995, Nr. 12, S. 62-66.

Naether, F.T. (1996): Marktforschung im Cyberspace: Chancen und Grenzen, in: Planung und Analyse, 1996, Nr. 2, S. 28-33.

Naundorf, S. (1993): Charakterisierung und Arten von Public Relations, in: Berndt, R.; Hermanns, A. (Hrsg.): Handbuch Marketing Kommunikation, Wiesbaden 1993, S. 595-616.

Neue Mediengesellschaft Ulm (Hrsg.) (1996): Online: CompuServe, Internet, T-Online, AOL, Europe Online, MSN, München 1996.

Nieschlag, R.; Dichtl, E.; Hörschgen, H. (1994): Marketing, 17. Auflage, Berlin 1994.

Nolte, A. (1997): Werbung mit Werbespielen, in: Silberer, G. (Hrsg.): Interaktive Werbung: Marketingkommunikation auf dem Weg ins digitale Zeitalter, Stuttgart 1997, S. 87-98.

Norusis, M.J.; SPSS Inc. (1993a): SPSS for UNIX: Categories, Chicago 1993.

Norusis, M.J.; SPSS Inc. (1993b): SPSS for UNIX: Professional Statistics, Chicago 1993.

Norusis, M.J.; SPSS Inc. (1993c): SPSS for UNIX: Advanced Statistics, Chicago 1993.

Oehme, W. (1992): Handels-Marketing, 2. Auflage, München 1992.

Oenicke, J. (1996): Online-Marketing: Kommerzielle Kommunikation im interaktiven Zeitalter, Stuttgart 1996.

Oppermann, R.; Schubert, B. (1994): Konzeption der Dienstleistung "Studienreise" mittels Conjoint-Analyse, in: Der Markt, 1994, Nr. 2, S. 23-30.

Paefgen, T.C. (1992): Gernzüberschreitendes Telemarketing im europäischen Binnenmarkt, in: Computer und Recht, 1992, Nr. 7, S. 385-393.

Palloks, M. (1996): Kundenorientierung und Kostenmanagement, in: Marktforschung und Management, 1996, S. 119-124.

Palupski, R. (1995a): Virtual Reality, in: Das Wirtschaftsstudium, 1995, Nr. 8-9, S. 674-676.

Palupski, R. (1995b): Virtual Reality und Marketing, in: Marketing ZFP, 1995, Nr. 4, S. 264-271.

Parfitt, J.H.; Collins, B.J.K. (1968): Use of Consumer Panels for Brand-Share Prediction, in: Journal of Marketing Research, May 1968, S. 131-145.

Pepels, W. **(1992):** Integrierte Marketing-Kommunikation, in: Betriebswirtschaftliche Forschung und Praxis, 1992, Nr. 1, S. 64-85.

Pepels, W. **(1995):** Käuferverhalten und Marktforschung, Stuttgart 1995.

Peters, R.H. **(1997):** Bypass ins Internet, in: Wirtschaftswoche, 1997, Nr. 27, S. 74-75.

Plinke, W. **(1991):** Investitionsgütermarketing, in: Marketing ZFP, 1991, Nr. 3, S. 172-177.

Prokop, H. **(1996):** Versicherungswirtschaft im Wandel, in: Ewerdwalbesloh, G. (Hrsg.): Telekommunikation für Banken und Versicherungen - Finanzdienstleister im Wandel, Berlin u.a. 1996, S. 1-14.

Raffée, H. **(1991):** Integrierte Kommunikation, in: Werbeforschung & Praxis, 1991, Nr. 3, S. 87-90.

Rank, G.J. **(1996):** Entwicklung und Vermarktung multimedialer Zeitschriften- eine Herausforderung an das Verlagsmarketing der Zukunft, in: Jahrbuch der Absatz- und Verbrauchsforschung, 1996, Nr. 3, S. 239-266.

Rauch Möbelwerke (1996): Einkaufs- und Verkaufsunterstützung im Möbelhandel am Beispiel eines Elektronischen Produktkataloges, Freudenberg 1996.

Rautenberg, K. **(1996):** Boom ohne Ladenschluß, in: Werben & Verkaufen Plus, 1996, Nr. 5, S. 132-138.

Rayport, J.F.; Sviokla, J.J. **(1995):** Exploiting the Virtual Value Chain, in: Harvard Business Review, November/Dezember 1995, S. 75-85.

Reimann, E. **(1996):** Kundenbindung in der virtuellen Bankfiliale, in: Bank und Markt, 1996, Nr. 3, S. 29-32.

Reineke, B. **(1996):** Virtuelle Messen, Roland Berger & Partner, München 1996.

Rengelshausen, O. **(1997):** Werbung im Internet und in kommerziellen Online-Diensten, in: Silberer, G. (Hrsg.): Interaktive Werbung: Marketingkommunikation auf dem Weg ins digitale Zeitalter, Stuttgart 1997, S. 101-146.

Resch, J. **(1996):** Marktplatz Internet: Das Internet als strategisches Instrument für Marketing und Werbung. Von der Konzeption bis zur Erfolgskontrolle, Unterschleißheim 1996.

Riedl, J. **(1997):** "Push- und Pullmarketing" in Online-Medien, Arbeitspapier 2/97 des Lehrstuhls für Betriebswirtschaftslehre III Marketing der Universität Bayreuth, Bayreuth 1997.

Riedl, J.; Busch, M. **(1997):** Marketing-Kommunikation in Online-Medien; Anwendungsbedingungen, Vorteile und Restriktionen, Arbeitspapier 1/97 des Lehrstuhls für Betriebswirtschaftslehre III Marketing der Universität Bayreuth, Bayreuth 1997.

Rieke, H.J. **(1996):** Neun Thesen zu Strategie und Aufbau interaktiver PoS-Kiosksysteme, in: Absatzwirtschaft, 1996, Nr. 5, S. 116-117.

Rogge, H.J. **(1996):** Werbung, 4. Auflage, Ludwigshafen 1996.

Röhr, W. **(1993):** Perspektiven der Produktgestaltung in der Versicherungswirtschaft, in: Versicherungswirtschaft, 1993, Nr. 17, S. 1110-1120.

Roland Berger & Partner (Hrsg.) (1996): Grundlage zur kommerziellen Nutzung des Internet, München 1996.

Roll, O. **(1996):** Markting im Internet, München 1996.

Roll, O. **(1997):** Doppelt vernetzt, in: Absatzwirtschaft, 1997, Nr. 1, S. 88-89.

Rosewitz, M.; Timm, U. **(1996):** Basismechanismen für den Einsatz von Produktberatungskomponenten in Verbindung mit Elektronischen

Produktkatalogen, unveröffentlichter Vortrag beim 3. Workshop von FORWISS, Erlangen 1.02.1996.

Roth, M. (1995): Internet II, Schicksal der Piraten, in: EU-Magazin, 1995, Nr. 4, o.S.

Saaty, T.L. (1990): The Analytic Hierarchy Process: Planning, Prioritity Setting, Resource Allocation, Pittsburg 1990.

Samli, A.C.; Wills, J.R.; Herbig, P. (1997): The Information Superhighway Goes International: Implications for Industrial Sales Transactions, in: Industrial Marketing Management, Vol. 26 (1997), S. 51-58.

Sander, M. (1993): Der Planungsprozeß der Werbung, in: Berndt, R.; Hermanns, A. (Hrsg.): Handbuch Marketing Kommunikation, Wiesbaden 1993, S. 261-284.

Sattler, H. (1991): Herkunfts- und Gütezeichen im Kaufentscheidungsprozeß, Stuttgart 1991.

Schaar, P. (1996): Datenschutzfreier Raum Internet? in: Computer und Recht, 1996, Nr. 3, S. 170-177.

Schäfer, M. (1997): Gestaltungsaspekte für Business TV Anwendungen, in: Bullinger H.J.; Broßmann, M. (Hrsg.): Business Television: Beginn einer neuen Informationskultur in den Unternehmen, Stuttgart 1997, S. 35-61.

Schanda, F. (1993): Multimedia und Lernen, in: Lehmann R.G. (Hrsg.): Corporate Media, Landsberg/Lech 1993, S. 317-322.

Schierl, T. (1996): Multimedia ante portas, in: Marketing Journal, 1996, Nr. 1, S. 40-44.

Schmalen, H. (1992): Kommunikationspolitik: Werbeplanung, 2. Auflage, Stuttgart u.a. 1992.

Schmaltz, J. (1996): Info-Brooker, in: Absatzwirtschaft, 1996, Nr. 9, S. 142-143.

Schrape, K. (1995): Digitales Fernsehen: Marktchancen und ordnungspolitischer Regelungsbedarf, München 1995.

Schrape, K. (1996): Marktperspektiven für Online-Medien in der Schweiz, Vortrag anläßlich des New Media Day der MGM MediaGruppe München in Zürich, Basel 1996.

Schubert, B. (1991): Entwicklung von Konzepten für Produktinnovationen mittels Conjointanalysen Stuttgart 1991.

Schubert, K. (1994): Netzwerke und Netzwerkansätze: Leistungen und Grenzen eines sozialwissenschaftlichen Konzeptes, in: Kleinaltenkamp, M.; Schubert, K. (Hrsg.): Netzwerkansätze im Business-to-Business-Marketing, Wiesbaden 1994, S. 8-50.

Schwan, I. (1996): Conjoint-Analyse im Bankensektor, in: Die Bank, 1996, Nr. 4, S. 236-239.

Schwarz, M. (1996a): Urheberrecht im Internet, in: Markenartikel, 1996, Nr. 3, S. 120-125.

Schwarz, M. (1996b): Urheberrecht im Internet, in: Markenartikel, 1996, Nr. 5, S. 215-219.

Schwarze, J. (Hrsg.) (1980): Angewandte Prognoseverfahren, Berlin 1980.

Schweikl, H. (1985): Computergestützte Präferenzanalyse mit individuell wichtigen Produktmerkmalen, Berlin 1985.

Schwerdt, A.J. (1984): Linear-kompensatorische Präferenzmodelle unter explizierter Berücksichtigung merkmalsbezogener Ausprägungsrisiken, Regensburg 1984.

Seidel, R. (1980): Denken und Problemlösen, in: Asanger, R. u.a. (Hrsg.): Handwörterbuch der Psychologie, Weinheim u.a. 1980, S. 74-91.

Selinski, H.; Sperling, U.A. (1995): Marketinginstrument Messe, Köln 1995.

Sieber, U. (1992): Haftung für Online-Datenbanken, in: Computer und Recht, 1992, Nr. 9, S. 518-526.

Silberer, G. (1994): Multimedia als Marketing-Instrumentarium, in: Werbeforschung &

Praxis, 1994, Nr. 6, S. 209-211.

Silberer, G. (1995a): Multimedia im Marketing-Einsatz: Verlockende Vielfalt, in: Absatzwirtschaft, 1995, Nr. 9, S. 76-81.

Silberer, G. (1995b): Marketing mit Multimedia im Überblick, in: Silberer, G. (Hrsg.): Marketing mit Multimedia: Grundlagen, Anwendungen und Management einer neuen Technologie im Marketing, Stuttgart 1995, S. 3-32.

Silberer, G. (Hrsg.) (1995c): Marketing mit Multimedia: Grundlagen, Anwendungen und Management einer neuen Technologie im Marketing, Stuttgart 1995.

Silberer, G. (Hrsg.) (1997): Interaktive Werbung: Marketingkommunikation auf dem Weg ins digitale Zeitalter, Stuttgart 1997.

Silk, A.J.; Urban, G.L. (1978): Pre-Test-Market Evaluation of New Packaged Goods: Model and Measurement Methodology, in: Journal of Marketing Research, May 1978, S. 171-191.

Sixtl, F. (1982): Meßmethoden der Psychologie, 2. Auflage, Weinheim u.a. 1982.

Sixtl, F.; Korte, W. (1969): Der lerntheoretische Ansatz in der Sozialpsychologie, in: HdPsych, Band 7 (1), 1969, S. 180-193.

Smith, R.; Gibbs, M. (1994): Navigation the Internet, Indianapolis 1994.

Spar, T. (1996): Kommunikation im Online-Medium Internet, unveröffentlichter Vortrag im Rahmen der Konferenz Werbung und Medien online, Hamburg 2./3.09.1996.

Spiegel Verlag (1996): Online-Offline: Hauptergebnisse, Codeplan, Hamburg 1996.

Spiegel Verlag (1997): Online-Offline: Nutzer-Typologien, Hamburg 1997.

Srinivasan, V.; Shocker, A.D. (1973): Linear Programming Techniques für Multidimensional Analysis of Preference, in: Psychometrica, 1973, Nr. 4, S. 373-369.

Stadtler, K. (1991): Conjoint Measurement Analyse, München 1991.

Stadtler, K. (1993): Conjoint Measurement, in: Planung und Analyse, 1993, Nr. 4, S. 32-38.

Stallmeier, C. (1993): Die Bedeutung der Datenerhebungsmethode und des Untersuchungsdesigns auf die Ergebnisstabilität der Conjoint-Analyse, Regensburg 1993.

Stauss, B.; Schulze, H. (1990): Internes Marketing, in: Marketing ZFP, 1990, S. 149-158

Steffenhagen, H. (1993): Werbeziele, in: Bernd, R.; Hermanns, A. (Hrsg.): Handbuch Marketing Kommunikation, Wiesbaden 1993, S. 285-300.

Stelzer, M. (1994): Internationale Werbung in supranationalen Fernsehprogrammen, Wiesbaden 1994.

Stern (1996): Der Online-Markt und die Onliner: Marktdaten, Einstellungen, Konsumenten-Profile, Markenpräferenzen, Hamburg 1996.

Sterne, J. (1995): World Wide Web Marketing: Integrating the Internet into your Marketing Strategy, New York u.a. 1995.

Strothmann, K.H.; Roloff, E. (1993): Charakterisierung und Arten von Messen, in: Berndt, R.; Hermanns, A. (Hrsg.); Handbuch Marketing Kommunikation, Wiesbaden 1993, S. 707-723.

Theuerkauf, I. (1989): Kundennutzenmessung mit Conjoint, in: Zeitschrift für Betriebswirtschaft, 1989, Nr. 11, S. 1179-1192.

Thomas, L. (1979): Conjoint Measurement als Instrument der Absatzforschung, in: Marketing ZFP, 1979, Nr. 3, S. 199-211.

Thomas, L. (1983): Der Einfluß von Kindern auf Produktpräferenzen ihrer Mütter, Berlin 1983.

Topritzhofer, E. (1974): Absatzwirtschaftliche Modelle des Kaufentscheidungsprozesses unter besonderer Berücksichtigung des Markenwahlaspektes, Wien 1974.

Tostmann, T. (1996): Internet: Der riesengroße Versuchsballon, in: Marketing Journal, 1996, Nr. 5, S. 310-313.

Trommsdorff, V. (1993): Konsumentenverhalten, 2. Auflage, Stuttgart u.a. 1993.

Tscheulin, D.K. (1992): Optimale Produktgestaltung: Erfolgsprognose mit Analytic Hierarchy Process und Conjoint-Analyse, Wiesbaden 1992.

Überla, K. (1972): Faktorenanalyse, 2. Auflage, Berlin u.a. 1972.

Unger, F. (1989): Werbemanagement, Heidelberg 1989.

Vahrenwald, A. (Hrsg.) (1996): Recht in Online und Multimedia: Gesetzgebung, Rechtsprechung und Vertragsgestaltung (Loseblattsammlung), München 1996.

Vollmer, D. (1997): SPIEGEL ONLINE - ein Werbeträger etabliert sich, in: Silberer, G. (Hrsg.): Interaktive Werbung, Stuttgart 1997, S. 169-196.

Vriens, M.; Wedel, M.; Wilms, T. (1996): Metric Conjoint Segmentation Methods: A Monte Carlo Comparision, in: Journal of Marketing Research, February 1996, S. 73-85.

W3B: Fittkau, S.; Maaß, H. (1996a): Das deutschsprachige World Wide Web, Hamburg 1996.

W3B: Fittkau, S.; Maaß, H. (1996b): W3B-Grundband: Demographie und Nutzungsverhalten: Erhebung April/Mai 1996, Hamburg 1996.

Waltl, P. (1997): Online-Netzweke und Multimedia - Werbung und Vertrieb im Internet, in: Lehmann, M. (Hrsg.): Internet- und Multimediarecht, Stuttgart 1997, S. 185-204.

Wamser, C.; Fink, H.D. (Hrsg.) (1997): Marketing-Management mit Multimedia: Neue Medien, neue Märkte, neue Chancen, Wiesbaden 1997.

Webster, F.E.; Wind, Y. (1972): A General Model for Understanding Organizational Buyer Behavior, in: Journal of Marketing, 1972, Nr. 2, S. 12-19.

Weisenfeld, U. (1989): Die Einflüsse von Verfahrensvariationen und der Art des Kaufentscheidungsprozesses auf die Reliabilität der Ergebnisse bei der Conjoint-Analyse, Berlin 1989.

Wells, W.D. (1974): Life Style and Psychographics, Chicago 1974.

Wenge, H.U.; Müller, A. (1993): Das Management von Messebeteiligungen, in: Berndt, R.; Hermanns, A. (Hrsg.): Handbuch Marketing Kommunikation, Wiesbaden 1993, S. 725-745.

Werner, A.; Stephan, R. (1997): Marketing Instrument Internet, Heidelberg 1997.

Wilkie, W.L.; Pessemier, E.A. (1973): Issues in Marketing's Use of Multi-attribute Attitude Models, in: Journal of Marketing Research, 1973, S. 428-441.

Wings, H. (1996): Cyber-Banking: Bankgeschäfte mit Chips und Multimedia, in: Bank Magazin, 1996, Nr. 5, S. 8-12.

Würgler, A. (1997): Unternehmen im multimedialen Umfeld: Die erfolgreiche Nutzung der digitalen Technologien in der Praxis, Frankfurt/Main 1997.

Ziffer, S.; Moss, S. (1996): Neue Medien, in: Zeitschrift Führung + Organisation, 1996, Nr. 6, S. 343-346.

DeutscherUniversitätsVerlag

GABLER·VIEWEG·WESTDEUTSCHER VERLAG

Aus unserem Programm

Ines Dombrowski
Politisches Marketing in den Massenmedien
1997. XVIII, 274 Seiten, 37 Abb., Broschur DM 98,-/ ÖS 715,-/ SFr 89,-
"Forschungsgruppe Konsum und Verhalten", hrsg. von
Prof. Dr. Peter Weinberg (schriftf.)
GABLER EDITION WISSENSCHAFT
ISBN 3-8244-6572-8
Die strategische Inszenierung von Politik in den Massenmedien ist ein alltägliches
Phänomen. Politiker vermarkten sich und ihre Themen, um die Öffentlichkeit in
ihrem Sinne zu beeinflussen. Ines Dombrowski untersucht die angewandten
Praktiken aus verhaltenswissenschaftlicher Sicht.

Thomas Foscht
Interaktive Medien in der Kommunikation
Verhaltenswissenschaftliche und systemtheoretische Analyse der
Wirkung neuer Medien
1998. XXVI, 417 Seiten, 60 Abb., 94 Tab., Br. DM 138,-/ ÖS 1.007,-/ SFr 122,-
"Forschungsberichte aus der Grazer Management Werkstatt", hrsg. von Prof. Dr.
Hans-Peter Liebmann, Prof. Dr. Ursula Schneider
GABLER EDITION WISSENSCHAFT
ISBN 3-8244-6708-9
Erste Erfahrungen im Umgang mit interaktiven Medien lassen vermuten, daß an-
dere Kommunikationsregeln gelten als in den klassischen Medien. Th. Foscht
untersucht, ob herkömmliche Ansätze die Wirkung erklären können.

Christopher Heinemann
Werbung im interaktiven Fernsehen
1998. XX, 214 Seiten, 28 Abb., Broschur DM 89,-/ ÖS 650,-/ SFr 81,-
"Interaktives Marketing", hrsg. von Prof. Dr. Günther Silberer
GABLER EDITION WISSENSCHAFT
ISBN 3-8244-6620-1
Das interaktive Fernsehen hat das Potential, sich zu dem multimedialen Medium
der Zukunft für den Consumer-Markt zu entwickeln. Für die Marketing-Kommuni-
kation eröffnen sich faszinierende Möglichkeiten.

Marek Jenöffy-Lochau
Medien, Propaganda und Public Choice
1997. XVII, 217 Seiten, 41 Abb., 18 Tab., Broschur DM 89,-/ ÖS 650,-/ SFr 81,-
DUV Wirtschaftswissenschaft
ISBN 3-8244-0329-3
Diese Arbeit versucht, Präferenzen von Individuen als Aggregat in der Vergangenheit aufgenommener Informationen zu verstehen. Dadurch wird erklärbar,
welche individuellen Präferenzen stabil und welche durch Medien beeinflußbar
sind, was unter Regulierungsaspekten von weitreichender Bedeutung ist.

Deutscher Universitäts Verlag
GABLER·VIEWEG·WESTDEUTSCHER VERLAG

Andrea Mäßen
Werbemittelgestaltung im vorökonomischen Werbewirkungsprozeß
Metaanalytische Befunde
1998. XVIII, 303 Seiten, 35 Abb., 31 Tab., Broschur DM 108,-/ ÖS 788,-/ SFr 96,-
DUV Wirtschaftswissenschaft
ISBN 3-8244-0379-X
Andrea Mäßen untersucht die Frage nach einer effektiven Werbemittelgestaltung
unter den heute vorherrschenden low involvement Bedingungen und leitet verhal-
tenswissenschaftlich fundierte Implikationen für die Werbemittelgestaltung ab.

Peter Rohrbach
Interaktives Teleshopping
Elektronisches Einkaufen auf dem Informationhighway
1997. XVI, 245 Seiten, Broschur DM 98,-/ ÖS 715,-/ SFr 89,-
"Markt- und Unternehmensentwicklung", hrsg. von
Prof. Dr. Arnold Picot, Prof. Dr. Dr. h.c. Ralf Reichwald
GABLER EDITION WISSENSCHAFT
ISBN 3-8244-6389-X
Der Autor untersucht auf ökonomisch-theoretischer und auf erfahrungsgestützter
Grundlage Potentiale und Hindernisse auf dem Weg zum interaktiven Teleshopp-
ing. Er zeigt die Probleme auf und erarbeitet Empfehlungen für die praktische
Gestaltung dieses neuen Dienstes.

Tobbias Schlömer
Kundenservice durch Benutzerinformation
Die Technische Dokumentation als Sekundärdienstleistung im Marketing
1997. XXIX, 388 Seiten, 68 Abb., Broschur DM 118,-/ ÖS 861,-/ SFr 105,-
"Focus Dienstleistungsmarketing", hrsg. von
Prof. Dr. Michael Kleinaltenkamp (schriftf.)
GABLER EDITION WISSENSCHAFT
ISBN 3-8244-6432-2
Der Autor analysiert Stellung und Aufgaben der Technischen Dokumentation im
absatzpolitischen Leistungsbündel und in der Servicepolitik des Anbieters sowie
Einsatz- und Wirkungsmöglichkeiten zur Unterstützung von Kundengewinnung
und -bindung.

Jochen A. Siegle
Online-Marketing von Rundfunkmedien
Dimensionen und Perspektiven für Radio und TV im World Wide Web
1998. XV, 166 Seiten, 31 Abb., 7 Tab., Broschur DM 38,-/ ÖS 277,-/ SFr 35,-
DUV Sozialwissenschaft
ISBN 3-8244-4283-3
Dieses Buch bietet einen umfassenden Einblick in die Online-Marketing-Praxis
und -Aktivitäten von Rundfunkmedien im World Wide Web und beschreibt den
Übergang vom eher textlastigen Informationsmedium Internet zu einem echten
Rundfunkmedium.

 **DeutscherUniversitätsVerlag**
GABLER·VIEWEG·WESTDEUTSCHER VERLAG

Steffen Spieß
Marketing für Regionen
Anwendungsmöglichkeiten im Standortwettbewerb
1998. XXII, 233 Seiten, 40 Abb., 8 Tab., Broschur DM 98,-/ ÖS 715,-/ SFr 89,-
DUV Wirtschaftswissenschaft
ISBN 3-8244-0395-1
Steffen Spieß untersucht Möglichkeiten und Grenzen des Marketing zur Profilie-
rung von Regionen im Wettbewerb um Investoren, Arbeitskräfte und Touristen
und entwickelt eine entsprechende Marketingkonzeption.

Armin Waehlert
Einsatzpotentiale von Virtueller Realität im Marketing
1997. XIII, 161 Seiten, 15 Abb., Broschur DM 89,-/ ÖS 650,-/ SFr 81,-
DUV Wirtschaftswissenschaft
ISBN 3-8244-0363-3
Der Autor stellt die Frage, ob Virtuelle Realität für eine Optimierung der Kunden-
ansprache im Marketing eingesetzt werden kann. Dabei werden die Einsatzpo-
tentiale und -grenzen analysiert und Einsatzstrategien herausgearbeitet.

Sandra Warskulat
Handels- und Marketingforschung in Frankreich, Belgien und Kanada
Themen, Methoden, Strukturen
1998. XXIII, 318 Seiten, 57 Abb., Broschur DM 108,-/ ÖS 788,-/ SFr 96,-
GABLER EDITION WISSENSCHAFT
ISBN 3-8244-6635-X
Die Autorin analysiert die wissenschaftlichen Forschungsbeiträge zu Handel und
Marketing und entwickelt eine Charakteristik der frankophonen "communauté
scientifique" bezüglich personaler, institutionaler, methodischer und inhaltlicher
Kriterien.

Erika Woll
Erlebniswelten und Stimmungen in der Anzeigenwerbung
Analyse emotionaler Werbebotschaften
1997. XX, 275 Seiten, 83 Abb., Broschur DM 98,-/ ÖS 715,-/ SFr 89,-
GABLER EDITION WISSENSCHAFT
ISBN 3-8244-6567-1
Aufbauend auf der Werbeforschung und der Emotionspsychologie entwickelt die
Autorin eine computergestützte Methode zur standardisierten, routinemäßigen,
effizienten, zuverlässigen und validen Analyse emotionaler Werbebotschaften.

Die Bücher erhalten Sie in Ihrer Buchhandlung!
Unser Verlagsverzeichnis können Sie anfordern bei:

Deutscher Universitäts-Verlag
Postfach 30 09 44
51338 Leverkusen